[英] 娜奥米·沃尔夫 | 著　殷曼楟 | 译
Naomi Wolf

后浪

美貌的神话

美的幻象如何束缚女性

The Beauty Myth

How Images of Beauty Are Used Against Women

民主与建设出版社
·北京·

杀死幽灵远比杀死一个真人更为艰难。

——弗吉尼亚·伍尔夫

《一间自己的房间》,1929 年

目 录

导　论　001

第一章　美貌的神话……………………………………011

第二章　工　作…………………………………………025
　　职业美貌资格　033
　　职业美貌资格的背景　037
　　法律支持美丽反扑　046
　　职业美貌资格的社会结果　059

第三章　文　化…………………………………………071
　　女主角　072
　　女性杂志　076
　　审查制度　099

第四章　宗　教…………………………………………105
　　新宗教的结构　113
　　新宗教的社会影响　156

第五章　性 ········· 161

远非止于肌肤　165

美貌色情与性虐待　169

它是如何运作的？　171

性战争：利润和魅力　174

经验教训　178

如何抑制女性的性意识　189

年轻人的性意识：彻底变了吗？　197

美貌对抗爱　205

男　性　211

第六章　饥　饿 ········· 219

容易至极　245

第三次浪潮：运动的冻结　254

厌食症的／色情的一代　261

偏离道路　263

第七章　暴　力 ········· 267

行走的伤员　270

健　康　272

制度化的重新分类　278

"健康"是有益健康的吗？　280

利　润　284

伦　理　287

保　护　292

性手术　295

麻　木　304

疼　痛　310

选　择　314

整形手术的未来　318

优　生　323

铁处女挣脱枷锁　325

第八章　超越美貌神话 …………………………… 331

言　说　336

责　备　337

女性主义第三次浪潮　338

代际合作　346

各个击破　347

致　谢　357

注　释　359

参考书目　393

导　论

　　十多年前，当《美貌的神话》初版时，我有机会听到了数千个故事。不少女性尽其记忆之所及，写信或亲口向我吐露她们经历过的恼人的个人战争。通过这些战争，她们从那种被确认为美貌神话的东西中脱身，找到自我。将这些女性联合在一起的并非她们的外表：无论是年轻的还是年老的女性，都向我诉说了对衰老的恐惧；无论是苗条的还是肥胖的女性，都提到了因努力去满足纤瘦理念的要求而遭受的折磨；无论是黑色人种、棕色人种还是白色人种的女性——这些人看起来就像是时尚模特——都承认从能有意识思考的那一刻起，她们就知道理想的女人是个高挑、纤瘦、白皙的金发女郎，她的脸庞上没有一丝毛孔、不对称或瑕疵，她是一个完全"完美"的女性，是她们无论如何都认为自己不会成为的那种女性。

　　我很幸运能写下这本书，它把我自身的经历与各地女性的经历联系在一起——事实上，是与全世界17个国家的女性的经历联系在一起。我更要感谢我的读者们使用本书的方式：她们经常告诉我，"这本书帮助我克服了饮食失调""我现在看杂志的方式不太一样了""我不再厌恶我的鱼尾纹了"。对于许多女性来说，本书是一个赋权的工具。就像侦探和批评家那样，她们正在解构她们自身的美貌神话。

虽然这本书被许多不同背景的读者以不同的方式接受,但它也在公共论坛中引发了相当激烈的论争。我认为电视上的女性因她们的外表而得到补偿,我还认为存在某种双重标准,这一标准并没有对她们的男性同辈的外表做出同样直接的评价。女性电视评论员对我的上述看法颇感恼火。右翼电台主持人评论说,如果我觉得被期望去符合女性所应有的那种理想样貌是有问题的,那我个人必定是有些毛病的。采访者暗示,我对厌食症的忧虑只是一场错位的白人特权女孩心理剧。而在日间电视一场接一场的节目上,针对我而提出的问题经常变得几乎带有敌意,这很可能是受到了这些节目背后的广告的影响,它们被数十亿美元的节食产业所收买,并炮制了一些毫无根据而且现在也属非法的说法。评论者经常或是蓄意或是漫不经心地(但每次都是错误地)认为我宣称女性不应该剃腿毛或涂唇膏。上述理解实际上是一种误解,因为我在本书中所支持的是女性具有选择她自己想要的外貌的权利,具有选择她自己想要成为的人的权利,而不是去服从市场力量以及某个数十亿美元的广告产业所规定的标准。

但总的说来,受众(更多是公众而非我的私人受众)似乎觉得,质疑美丽理想不但是不女性的,而且几乎是不美国的。对于一个 21 世纪的读者来说,上述反应或许令人难以相信,但如果退回到 1991 年,挑战或质疑当时极为死板的美丽理想会被认为相当地离经叛道。我们刚刚走出"邪恶的 80 年代",当时,极端保守主义与我们文化之中强大的反女性主义结盟,声称女性理念看起来是无礼的,甚至是畸形的。里根的长期掌权刚刚开启,平等权利修正案停滞不前,女性活动家们在撤退,女性得知她们不可能"拥有一切"。苏珊·法露迪（Susan Faludi）的《反挫》（*Backlash*）和《美貌的神话》差不多在同一时间出版，就像该书恰当展示的那样，《新闻周刊》告诉女性：她们被恐吓者杀死的概率比在事业中期结婚的概率更大。女性主义（feminism）已经成了骂人的词（"the f-word"）。社会假定那些抱怨美貌神话的女性自身有某种个人缺陷：她们一定是肥胖、丑陋、不能让男人满足的"女纳粹分子"（feminazis），或更恐怖的——女同性恋！那个时代的理想是一个瘦削却有着大胸的白种人，通常我们没法在自然中找到她，这个女性理想被大众媒体同时也经常被杂志读者和电影观众假想为是永恒而超验的。毫无疑问，以某种方式努力符合那个理想看起来很重要。

例如，当我和听众谈到饮食失调盛行或是谈到硅胶隆胸有风险时，我经常得到一种回应，这是直接从柏拉图《会饮篇》中一段有关永恒不变理念的著名对话中得出来的，诸如："女性总是为了美丽而受苦。"简而言之，这时人们通常并未意识到：理念不是单纯源自天堂，它们实际上是来自某处，并且它们服务于一个目的。就像我将要说明的那样，那个目的通常是一种经济目的，也就是增加那些广告商的利润，它们的广告费用的确也驱使媒体创造出了那些理念。我认为，这些理念同时也在为一种政治目的服务：女性在政治上变得越强大，美丽理念就会越沉重地逼近她们，这通常是为了分散她们的精力，破坏她们的进步。

差不多 10 年过去了，情况又有了什么改变呢？关于美貌的神话现今活跃于何处？它已经有了一些变化，因此，我们要用新的眼光思考它。

好吧，最令人高兴的是，你现在很难找到哪个 12 岁的女孩不熟知以下观点：这些"理想"对女孩们过于严苛了，它们是不自然的，而且太盲目地追随这些理念既不健康也不酷。以9岁女孩为目标读者的《美国女孩》(*American Girl*)杂志会讨论热爱自己身体的好处，以及为了快乐而试图看起来像"小甜甜"布兰妮是多么错误。初中学校已经引入了讨论饮食失调的演讲，并在走廊上张贴展示美貌理想之不良影响的拼贴画。这个主张本是局外人的争论，而它现在已经成为女童子军的常规认知，我认为这就是意识进步的一个信号。时机已经成熟，女孩和女人们已经准备好对那些她们认为不公平的东西说不。这就是进步。

然而，虽然最近发展出了这种媒体素养，我也注意到现今年纪越来越小的女孩开始觉得她们必须符合日益性别化的理想。在我年少时，臭名昭著的卡尔文·克莱恩（Calvin Klein，简称CK）广告就把16岁的模特包装得很色情，20世纪90年代早期，被色情化的模特降到了14岁，到了90年代晚期，模特年龄则只有12岁。如今盖尔斯（GUESS）的牛仔裤广告让那些看起来只有9岁的孩子在一种带挑逗性的场景里摆弄姿势。而时下为七八岁小孩设计的衣服就是对穿得像性工作者一样的流行明星的全套时装的再现。这是进步吗？我很怀疑。

我所见过的好些高中和大学的作业都分析了女性媒体形象，其范围从分析一张"看起来完美"的CD，到撰写一篇和头发相关的美国黑人美貌神话的毕业论文，它们都拆解了那些理想。甚至流行文化也对女性的问题做出了回应：例如，流行音乐组合TLC为歌曲《并不美丽》("Unpretty")制作的音乐录像带，里面演的是一个女子只是为了取悦男友便想去做胸部手术，但她最终决定不这么做。然而，尽管《美貌的神话》的确很容易给予许多女孩和女性以力量，使其能够批判大众文化理想，但每一次进步都被各种后退力量以诸多方法削弱了。

当我在1991年写下本书时，隆胸硅胶已经习以为常地被植入女性的身体，色情作品也正以某种方式影响着流行文化，以至于女性近来对乳房的尺寸和形状产生了焦虑。这种对乳房形状的焦虑居然会在数百万女性中立刻产生甚至迅速壮大——如果你对这一现象感到不解，那么请想想性形象该有多么强大吧。由于色情对时尚的新影响，无数女性突然能到处看到"完美胸部"了，她们因而开始担心自己天生"有缺点"的胸部。这个现象会一直持续到关于美貌的神话将焦点转移到下一种焦虑。很多女性通过隆胸手术来回应这个新的乳房理想，而这种手术的广告商也打开了女性杂志的新广告市场，结果又引发了一篇又一篇对隆胸手术不加批判的"吹捧之作"。当《美貌的神话》对硅胶及整形手术的副作用提出警告时，社会几乎没有意识到它们的危险。

现在，十多年之后，硅胶的危险已经得到了极为彻底的报道。胸部植入物厂家面临着大量的诉讼，而且自从20世纪90年代中期以来，数以千计的揭露硅胶植入危险的文章都被刊登了出来。到2000年为止，硅胶隆胸已经退出了普通市场。此外，并非巧合的是，目前人们很少会读到有关乳房尺寸焦虑的消息。为什么？因为对手术日益增强的审查带来了诉讼，这种情况停止了隆胸市场的扩张。再也没有广告预算用来推动有关胸部尺寸焦虑的文章——这种文章曾一度助长了那种焦虑，并创造出对这类产品的更多需求。

这是积极的一面。

现在，来看看消极的一面。尽管在刚开始写这本书时，色情意识对女性自我性别意识的影响才刚开始占据上风，但现在这种影响已经变得极为彻底，以至于关于在性中应该如何自处、看起来如何、怎样行动，年轻女性已经几乎不能将色情为她们塑造的观念与她们自己天生的性别身份意识区分开来。这是一种进步吗？我并不这么认为。

在本书初版时，社会普遍把厌食症和贪食症看成反常而边缘化的行为，其成因也没有——就社会创造理想并施加压力去遵守这一理想而言——被认定成某种社会责任，相反，其原因被设想成个人危机、完美主义、缺乏家庭教育，以及其他形式的个人心理失调。然而，实际上许多来自正常家庭的普通年轻女性，那些仅仅是想坚持一种不自然的"完美"体型和体重的女人和女孩，都普遍患有这种疾病。通过观察自己周围的高中和大学里的情况，我了解到饮食失调在那些从其他方面看很健康均衡的年轻女性之中是很常见的，并且变瘦这一单纯而基本的社会压力在这些疾病的发展过程中是一个主要因素。国家饮食失调协会（The National Eating Disorders Association）证实了美国国立卫生研究院的统计，后者指出 1%～2% 的美国女性（即 150 万～300 万）患有厌食症，而且这些患者通常都是在青春期患上这种病的。美国国立卫生研究院同时也指出，在 15 岁至 24 岁的女性群体中，厌食症的死亡率是每 10 年 0.56%，换算下来的年平均死亡率比所有其他死亡原因加起来还**高出约 12 倍**。厌食症是美国少女的最大杀手。从个人经验和对周围女性的观察来看，我知道饮食失调是一种恶性循环：节食或呕吐一旦开始就变成了一种上瘾的行为。我知道，希望女孩瘦到甚至不太可能来月经这样一种社会期望是一种病态理念，而你常常为了遵从它而不得不变得病态。旨在适应不正常理念的不正常饮食是厌食症的成因之一，而并不一定如现在流行的观点所说的那样，厌食是某种潜在神经症的症状。

当然,现在关于强迫性节食或运动的危险的教育已经很普遍了,并且,有关饮食失调及其上瘾本质和如何治疗它们的种种信息在每一家书店、初中、医生办公室、健身房、高中,以及女性联谊会等处都能获得。现在,**这才是进步**。

然而,从不好的方面来说,这些失调如今已如此普遍——事实上,这种密集的公共关注几乎将其去污名化了——以至于它们实际上变得稀松平常。不仅仅所有的女性社团都理所当然地认为贪食症是主流行为,而且模特现在也向《魅力》(*Glamour*)杂志坦露她们的饥饿进食法。一则新闻专题报道了一群消瘦而野心勃勃的年轻女性谈论体重,她们中的一个说:"呕吐有什么问题吗?"而"支持厌食"(pro-an)网站已经在网络上出现,表明存在一种"支持厌食"的少女亚文化,这些少女发现厌食看来挺吸引人,并承认了它。这肯定**不是**进步。

当关于美貌的神话在20世纪90年代早期得到分析时,这一理念——正如我指出的那样——是相当刻板的。中老年女性的面孔几乎从不会展示在杂志上,即使出现了,她们也必须被修饰成看上去年轻才行。有色人种女性极少作为模特被展示,除非她们就像黑人超模贝弗利·约翰逊(Beverly Johnson)那样有着简直是白种人的容貌。现在,这个神话变得更加多元化了;人们几乎可以说,现在有了许多许多的美貌神话。在《纽约时报》上,一个有着黑人容貌和黝黑皮肤的17岁美国黑人模特作为当前的代言人被报道。同样,贝纳通(Benetton)品牌的广告以各种肤色的模特为特色,她们有大量的种族特征及民族特征。50岁出头的希碧尔·谢泼德(Cybill Shepherd)是封面女郎,而人们喜欢的大码模特埃姆(Emme)则主持了美国E娱乐电视频道的《时尚告急》(*Fashion Emergency*)节目。非白人女性可以更自在地在工作场合装扮传统民族发式和服装，直发梳已经不再像20世纪90年代早期那样是一个必须承受的负担。甚至连芭比娃娃也已被重新设计为更具现实感的体型，并出现了多种肤色。环顾一下，现在的女性已经有更多空间去做自己。

与本书初版之时相比，用以反对美貌产业中的最糟糕主张的消费者保护措施也增多了。现今，像抗老面霜这样的产品也不能再像10年前那样用夸张的说辞描述其产品。10年前，化妆品公司经常宣称它们的年轻面霜能"抹去"岁月的痕迹，在"细胞"层"重组"肌肤，并"从内部""更新"组织——所有这些在物理上都是做不到的，因为它们的成分并不能渗透表皮。这种歪曲太过极端，美国食品药品监督管理局最终有所行动。同样，10年之前由于化妆品公司广告施加的压力，女性杂志很少会描绘25岁以上女性的脸庞，而你也几乎看不到有关皱纹的丁点暗示。另一方面，美国联邦贸易委员会打击了20世纪90年代对节食方案的大肆宣传。他们警告道，在没有充足研究来支撑其效果的情况下，各种节食方案绝不能误导性地允诺持久的减肥效果。消费者权益保护组织还从市场上取缔了一种叫芬-芬（Fen-Phen）的减肥药，因为它会导致与心脏相关的死亡。

消费者和美国食品药品监督管理局的行动省下了女性的钱，但这也触发了一个让女性更没有负担地担忧其年龄的新时代。现在，因为广告压力不是由抗老霜驱动，而是由老年女性——美国富裕消费者中增长最快的那部分——的新消费能力所推动的，女性杂志、电视节目，甚至是好莱坞电影制片人都已经发现，有数不胜数的——而非寥寥可数的——年过40岁极具魅力的女性需要去美化。因为榜样的老龄化，任何年纪的女性似乎都对她们50岁甚至40岁生日的可怕临近多了些敏感，同时绝非巧合的是，今天的女性并没有把变老等同于立刻抹去她们的女性身份：作为活力而性感的女性，她们值得爱和高端新款。"大码"模特在时尚界及化妆品产业的影响与流行正迅速发展。有色人种女性是其中最受推崇的时尚标志。

那么，是否美貌-神话的多元主义在今天已经实现了呢？绝对没有。美貌神话就像许多有关女性气质的意识形态一样，会改变自身来迎合新的情况，并且最终挫败女性增强其力量的尝试。凯特·贝茨（Kate Betts）在《纽约时报》的"流行"版上承认从《时尚》(*Vogue*)杂志的封面上撤走了女星蕾妮·齐薇格（Renée Zellweger）已经拍好的照片，因为她为了《BJ单身日记》中的角色增重之后变得"太胖"了——这所谓的胖也就是达到了正常女性的标准；报纸猜测模特伊丽莎白·赫莉（Elizabeth Hurley）不再是雅诗兰黛的代言人，因为36岁的她"太老"了；而现在的时尚模特通常甚至比20世纪八九十年代的亚马孙人更瘦。

美貌-神话的转变也并不局限于女性，尽管在男性那边，这一现象与其说是由文化反挫所驱动的，不如说更多的是由单纯的市场机会所驱动的。正如我所预言的，一个关于男性的美貌神话已经在20世纪最后的10年间自己建立起来，它从男同性恋亚文化内部向美国的各个杂志摊涌入，并让郊区的爸爸们对自己的肥胖上身有了一种崭新的焦虑——在以前，他们对自己是很满意的。现在治疗脱发的米诺地尔已经进入郊区男人的浴室柜子，和牙膏并排摆在一起。与女性在经济及社会上的权力增长相对应，两性之间的权力差距也正在不断地弥合，男性从他们作为性吸引力和美的仲裁者（而非提供者）的古老位置上被拉了下来。一个庞大的伟哥市场不可避免地打开了。有关男性时尚、健康、仪表的杂志已快速增加。男性整形手术的数目也已达到新高，成为整形业的第三大市场。遭受饮食失调之苦的大学生中也有 10% 是男性。所有年龄段、经济背景、不同性取向的男性都比他们 10 年前更为忧虑 —— 有些人只是有点儿，而有些人忧虑的程度更高些。这难道不是一个无论男女都能被商品化并被评估为物的过程吗？这只是其中最具双刃剑效果的一种。

如果有人能得出一个明确结论，那就是：10 年之后，女性略多了些喘息的空间去做我在《美貌的神话》文末鼓励她们去做的事情 —— 创造她们自身的美貌神话。现今，许多女性感到能自由着装，决定涂不涂口红，选择穿性感衣服或是运动服，甚至有时决定是增重还是减肥，而不用畏惧她们作为女性的价值或是她们作为人的严肃性岌岌可危。就在不久前，我们还不会不带恐惧地做这些选择。现在我们难以想象，10 年之前我们中的很多人会自问："如果我看起来'太女人味'的话，我会在工作中被认真对待吗？""如果我长得'太丑'，人们会倾听我的想法吗？""如果我变重了的话，我是'差劲的'吗？只有我减去每一盎司①，我才是'好的'吗？"如果女性不再这么想（或如果她们被迫这么想时，她们至少知道其中有些东西是相当错误的），它就是无数女性心中一种观念之力量的证明；这是她们有能力不断创造改变，甚至创造更多自由的证据。

你还有力量推动这种自由，使其更进一步。我希望你以一种崭新的方式来利用此书 —— 以除了你以外没人思考过的方式。

娜奥米·沃尔夫
纽约，2002 年 4 月

---

① 1 盎司约为 28 克。——编者注

第一章

美貌的神话

终于，在长久的沉默之后，女性走上了街头。在 20 世纪 70 年代早期女性主义复兴之后的 20 年激进行动中，西方女性赢得了法律权利和生育权利，可以继续追求更高的教育，她们进入了商业与职业领域，推翻了古代人所尊崇的有关其社会角色的信念。一代人过去了，女性感到自由了吗？

第一世界中富足、受过教育、解放了的女性能够享受到以前的女性不可能拥有的自由，但她们并不像自己希望的那么自由。她们感到这种自由的缺乏与某种东西有关，也就是说，与一些看似琐屑的问题，一些实际上不应怎么重要的事情有关，现在，她们不再能把这一感觉限制在她们的潜意识里。很多人羞于承认，这些琐碎的关注——对外貌、身体、面孔、头发、衣服的关注——是如此重要。尽管感到惭愧、内疚并否定了这类关注，越来越多的女性还是会疑惑：这种情况的出现是否并非由于她们完全是神经质的，是否并非只有她一人如此，而是说，有种重要的东西其实正陷于危机之中，它涉及女性解放与女性的美貌之间的关系。

女性打破的法定障碍与身体障碍越多，压在我们身上的美貌形象就越严苛、沉重而残酷。很多女性感到，女性的共同进步已经停止了；相较于早些岁月令人激动的势头，现在存在着一种令人气馁的混乱、分歧、玩世不恭的风气，尤其是一种疲乏不堪的气氛。在多年的频繁斗争和几乎很少得到认可之后，许多年长女性觉得热情已经燃尽；在多年以来将火炬的光芒视为理所当然之后，很多年轻女性几乎不再关心为火炬添加新的火种。

在过去的 10 年里，女性打破了权力结构；与此同时，饮食失调指数式增长，而且整形手术也成为增长最快的医疗行业。[1] 在过去的 5 年里，消费性开支翻倍，色情成为主要的媒体类别，超过了正规电影和唱片的总和；[2] 33000 名美国女性告诉研究人员，她们宁愿减掉 10 磅①到 15 磅体重，而非实现其他目标。[3] 更多的女性有了超出以往的金钱、权力、机会和法律认可；但如果从我们身体的自我感觉来看，我们或许实际上比我们未获解放的祖母感觉更糟。近来的研究表明，在大多数克制、有魅力、成功的西方职业女性的内心深处，有一种不为人知的"私生活"正在毒害着我们的自由；在"美貌"观念的灌输之下，有一种厌恶自我、痴迷身体、恐惧衰老以及担心失控的阴郁心境。[4]

如此之多的潜在强大女性会这么认为，这并非偶然。我们正处于对女性主义的激烈反扑之中，它们利用美丽的形象作为一种反对女性进步的政治武器：美貌神话。这是一种自从工业革命以来一直在有效实施的社会性反应的现代版本。随着女性从家庭生活的女性迷思中解放了自身，美貌神话就接管了其失去的领地并进行扩张，在其衰落时实施扩展，从而继续其社会

---

① 1 磅约为 0.45 千克。——编者注

控制。

当代的反扑是如此猛烈，因为关于美貌的意识形态是古老女性气质意识形态的最后残留，它仍有力量控制那些因女性主义第二次浪潮而变得相对不受控制的女性；它已经变得更为强大，以接管母性、家庭、贞洁、被动性等神话已不再能实现的社会压制。此时此刻，它正试图在心理上偷偷取消女性主义实质上公开为女性所做的一切有益之事。

这一反扑的力量挫败了女性主义在西方女性生活的每一层面所贡献的遗产。女性主义给予我们法律途径来对抗工作中的性别歧视；但英美立刻进化出了判例法——它把基于女性外貌的工作歧视制度化了。家长制宗教衰落了；但新的宗教教条——运用早期崇拜及教派的思想改造技术——又一次围绕着年龄和体重而兴起，它在功能上取代了传统仪式。女性主义者受到贝蒂·弗里丹（Betty Friedan）的激励，打破了家务产品广告商对女性通俗报刊的控制，正是这些人在推销女性奥秘；但立刻，节食和护肤产业成了女性知识空间中新的文化审查官，并且，由于它们施加的压力，瘦弱而年轻的模特取代了快乐主妇，成了成功女性气质的仲裁者。性革命促进了女性性欲的发现；但"美貌色情"在女性的历史中首次人为地把商品化的"美貌"与性欲直接而明确地联系在一起，它入侵了女性主义主流，破坏了女性新兴的、还很脆弱的性方面的自我价值感。生育权令西方女性能支配自己的身体；但时尚模特的体重却骤减，比普通女性体重低23%，饮食失调指数式增长；群体的神经质增加了，它利用食物和体重剥夺了女性的支配意识。女性坚持健全的政治参与；但是入侵性的新技术，潜在致命的"整形"手术的急速发展，重新运用了对女性进行医疗控制的旧形式。

大概从19世纪30年代开始,每一代女性都必须对抗她那个时代的美貌神话。"一切都无足轻重,"女性参政论者露西·斯通(Lucy Stone)在1855年说道,"如果我不能保有对我身体及其使用的绝对权利,那么有权选举、有权拥有财产等都无足轻重。"[5] 80年之后,在女性已经赢得选举权之后,在组织化的女性运动第一次浪潮业已平息之后,弗吉尼亚·伍尔夫写下:离女性说出她们身体的真相仍将有数十年的时间。1962年,贝蒂·弗里丹引用了一位困于女性迷思的年轻女性的话:"近来,当我看着镜中的自己,我是如此害怕我会看起来像我妈妈那样。"8年后,杰曼·格里尔(Germaine Greer)描绘了"刻板印象":"她所拥有的一切都是美丽的,甚至于美丽这个词本身……她是一个玩偶……我讨厌这种掩饰。"[6]这预示了女性主义第二次浪潮巨变的来临。但尽管有第二次浪潮的伟大革命,我们其实并没有被豁免女性的负担。现今,我们可以俯瞰那些被毁掉的路障:一场革命已经突然发生在我们身上,并改变了它道路上的每一件事物,自那时以来已经过去了很长时间,足以让婴儿成长为女性,但最终的权利仍未得到充分主张。

美貌神话诉说了一个故事:被称为"美丽"的那种品质客观而普遍地存在着。[7]女性必然希望去拥有它,而男人们则必然会想得到体现出这种美丽的女人。体现出美对女性而言是必要的,对于男性却并非如此,该情况是必然而自然的,因为这是生物性的,是性别上的,也是符合进化论的:强壮的男人为美丽的女人而战,美丽的女人则在生育上更加成功。女性之美必须与她们的生育能力相关联,并且因为该系统是建立在性别选择的基础之上的,所以是必然的、无可改变的。

以上这些全都错误。"美丽"就像黄金标准那样是一个货币体系。与任何经济形式一样，它由政治决定。并且在现代西方，它是最后的也是最佳的信念体系，它保持了男性统治的完整。在一个根据文化上强加的身体标准而建立的纵向等级制度中，某种价值被指派给了女性。这表达了一种权力关系，在这种关系中，女性必须以不自然的方式去竞争资源，但那些资源是男性划拨出来给他们自己的。

"美丽"并非普遍的或不可改变的，尽管西方假称有关女性美丽的所有观念都源自柏拉图式的女性理念；[8]但毛利人崇拜肥大的阴唇，而巴东（Padung）人则崇拜下垂的乳房。"美丽"也不是某种进化的功能，其观念改变的速度远远比物种进化更快，并且查尔斯·达尔文自己也怀疑他自己的解释："美丽"是"性别选择"的结果，而这种选择偏离了自然选择的法则；女性之间凭"美丽"而竞争，这是一条与自然选择影响所有其他哺乳动物的方式逆向而行的道路。[9]人类学已经颠覆了女性为了被选择交配而必须是"美丽的"这一观点：伊夫琳·里德（Evelyn Reed）、伊莱恩·摩根（Elaine Morgan）等人已经摒弃了社会生物学有关天生的男性—大多妻制和女性一夫一妻制的论断。更高级的雌性灵长类动物是性的发起者；它们不仅寻找许多伴侣并与其享受性爱，而且"在它那个群体的所有成员中，每个未孕的雌性都轮流处在最受欢迎的位置上。并且只要它活着，那一过程就一直轮次"[10]。灵长类动物红肿的粉色性器官经常被男性社会生物学家引述，以类比与女性"美丽"有关的人类安排，但实际上，这在何时才成了一个普遍并且还是非等级化的雌性灵长类特征呢？

美貌神话也不总是这样的。尽管富有的年长男人与"美貌的"年轻女人的配对不知怎么被认为是必然的，但在母系社会女神崇拜的宗教信仰里——它在大约公元前25000年到公元前700年统治了地中海地区——两性的地位是相反的："在每一种文化中，女神都有情人……清晰的模式是年长女性与美貌却总不重复的青年配对——伊师塔和塔慕兹（Ishtar and Tammuz）、维纳斯和阿多尼斯（Venus and Adonis）、西布利和阿提斯（Cybele and Attis）、伊希斯和奥里西斯（Isis and Osiris）……他们的唯一功能就是为神圣的'子宫'服务。"[11]美丽也不是什么唯有女性去实现而只有男人去看的东西：在尼日利亚的沃达贝族部落（Wodaabes）中，女性掌握了经济权力，而部落痴迷的是男性美；沃达贝男人会一起花费数小时精心讨论化妆，并在由女性评判的选美比赛中竞争，他们用挑逗性的油彩和衣服装扮自己、摇晃臀部，表现得很性感。[12]美貌神话并没有历史上或生物学上的正当理由；今天对女性所做的这些事并不是由于什么更崇高的原因，而只是现今的权力结构、经济、文化针对女性进行反击的结果。

如果美貌神话不是建立在进化论、性欲、性别、美学或神学的基础之上，那么它基于什么？它声称与性行为、性欲、生活有关，是对女性的一种赞扬。但它其实是由情感疏离、政治、经济及性压抑所组成的。美貌神话与女性根本无关。它其实与男性体系和制度权力有关。

在既定时期被视为女性美的那些品质，仅仅是那一时期中被认为恰当的女性行为的符号：**美貌神话其实一直在规定着行为而非外表**。女性间的竞争已被塑造为神话的一部分，这样，女性将彼此分离。年轻和贞洁（直到最近才不再如此）在女性中是"美的"，因为它们代表了经验上和性方面的无知。衰老在女性中是"不美的"，因为女性会随着时光而变得更加强大，也因为女性代际之间的联系必须总是被打破,即年长女性害怕年轻的,而年轻女性也害怕年长的,美貌神话一举截断了女性的生命周期。最为紧迫的是,女性身份必须以我们的"美丽"为前提,这样我们将依然易于遭受外在认可的攻击,把我们极其重要的关乎自尊的敏感感官暴露于空气之下。

虽然自父权制社会以来无疑就一直存在某种形式的美貌神话,但美貌神话的现代形式却是一个相当晚近的发明。当加诸女性肉体的束缚变得异乎寻常的宽松时,这一神话却繁荣了起来。工业革命之前,普通女性对于"美丽"并没有和现代女性一样的感受,后者是在与大众散播的身体理念的不断对照中体验着这个神话的。在如银版照相、摄影等大规模生产技术发展之前,[13] 一个普通女性在教堂之外很少接触到这类形象。因为那时家庭是一个生产单位,而女性的工作是男人工作的补充,一个女性若既不是贵族也不是妓女,其价值就在于她的工作技能、经济上的精明、体力和生育能力。身体上的吸引力显然有一定影响;但据我们所了解,对于普通女性来说,"美丽"在婚姻市场中并不是一个重要问题。随着家庭这一工作单位被摧毁,现代形式的美貌神话在工业化巨变之后得到普及,城市化和新兴工厂体系对那个时代的社会专家称为家庭生活"独立空间"的东西提出了要求,这种独立空间支持了一个新兴工种:白天离开家去职场的"养家糊口者"。中产阶级扩大了,生活水平和读写水平提高了,家庭规模缩小了;一个新的文化阶层——有空闲时间的女性——发展了起来,工业资本主义的进化体系正是依赖于她们对强制性家庭生活的顺从。我们关于女性如何看待"美丽"的绝大部分假设都开始于19世纪30年代之后,那时对家庭生活的崇拜才开始巩固,而美丽的标准被发明了出来。

新技术第一次可以在时尚插图、银版照相、锡版照相和印刷页中复制出女性外表应该是怎样的。19世纪40年代，第一张妓女的裸体照被拍摄出来；采用了"美貌"女性形象的广告最开始出现在19世纪中叶。古典艺术品的复制品、社交名媛和皇室情人的明信片、柯里尔与艾夫斯（Currier and Ives）的版画以及瓷雕小人像充斥了中产阶级女性所受困的独立空间。

自从工业革命开始，西方的中产阶级女性就像受到外在束缚一样，受着理念和刻板印象的控制。这一处境是该群体特有的，它意味着我们对"文化阴谋"轨迹的分析在涉及她们时是尤其可信的。美貌神话只是诸多新出现的、被伪装为女性领域之自然构成部分的社会虚构之一，它将那些女性更好地封闭于其中。其他这类虚构在同一时期兴起：要求儿童受到母亲的持续监护的童年观；要求中产阶级女性表现出歇斯底里及疑病症的女性生物学；认为令人尊敬的女性是性麻木的坚定信念；以及认为女性的工作全是诸如刺绣、织花边等重复耗时还很辛苦的差事。所有诸如此类的维多利亚时代发明都服务于双重的功能——尽管它们被鼓励作为一种无害的手段去消耗女性的精力和智力，但女性却经常用它们来表达真正的创造性和热情。

尽管中产阶级女性在时尚、刺绣和抚养孩子上有创造性，但在一个世纪之后，随着郊区主妇的角色从这些社会虚构中演变出来，这些虚构的主要目的实现了：在史无前例的女性主义抵抗运动的150年间，它们有效地抵消了中产阶级女性危险的新闲暇、读写能力，以及摆脱物质束缚的相对自由。

有关女性天生角色的这些耗时费心的虚构，使其自身适于在战后的女性奥秘之中再次出现，但当女性运动的第二次浪潮把女性杂志为家务生活装饰的"浪漫""科学"和"冒险"与郊区家庭生活区分开来时,这些虚构就暂时地失效了。让人腻歪的对"亲密无间"的家庭虚构失去了它的意义,中产阶级女性大量走出家门。

所以虚构只是再次转换了它们的形式:因为女性运动已经成功地拆解了绝大多数必需的女性气质虚构,社会控制的所有运作曾一度覆盖了这些虚构的整个网络,现在则不得不被重新指定到仅存的那一方面,其行动因而要百倍地强化它。它在被解放女性的面孔及身体之上强加了所有的限制、禁忌乃至压制性法律、宗教禁令和生育奴役的惩罚——那些本都不再具有充分效力的限制。源源不断但又短暂地围绕着美貌的工作取代了源源不断而又短暂的家务事。随着经济、法律、宗教、性道德、教育和文化被强行放开以便把女性更公平地包括在内,另一种私人现实却殖民了女性的意识。通过利用各种"美貌"观念,它以其自身的法律、经济、宗教、性、教育及文化重新建构了另一个女性世界,而每一要素都与以前的那些一样是压制性的。

因为西方的中产阶级女性最容易在心理上被削弱——既然我们在物质上比以往更强大——所以美貌神话就像它在上一代人中再次出现时那样,不得不利用比以往更具技术性的诡辩和更加反动的激情。神话的现代武器是散播成千上万承载着当代理念的形象;尽管这种进攻一般被看成一种集体性幻想,但其实它几乎与性无关。这是男性主导的体制受到女性自由之威胁而召唤出的政治恐惧,它也利用了女性罪恶感和女性对自身解放的忧虑——我们潜在地恐惧自己或许做得过火了。这种意象的疯狂聚集是一种集体反动的幻觉,因为男性和女性对性别关系的急速改变感到震惊混乱,所以这种幻觉才产生:它是对抗变化洪流的令人安心的壁垒。把现代女性描绘为"美女",这种大众叙述是对女性的一种否认：在女性正日渐成长、行动并表达自身个体性的地方，正如这一神话所表现的那样，"美貌"却被界定为惰性的、永恒的和共有的。"美貌"如此直接地否定了女性的实际处境，因而上述幻觉既属必要也属人为这一事实就很明显了。

而这种无意识的幻觉正变得越来越有影响力且无处不在，这是由于如今市场的自觉操纵：强大的产业[14]——每年330亿美元的节食产业，[15]200亿美元的化妆品产业，3亿美元的整形手术产业，[16]以及70亿美元的色情产业——已经在由无意识焦虑所构造的资本中产生，并且在一个日渐高涨的经济螺旋中，这些产业能够转而通过它们对大众文化的影响来利用、激发并强化那种幻觉。[17]

这并不是一种阴谋论；不一定是这样。就像个人及家庭所做的那样，社会也给自身讲述必要的虚构。亨利克·易卜生（Henrik Ibsen）称它们为"致命谎言"，而心理学家丹尼尔·戈尔曼（Daniel Goleman）认为它们在社会层面起作用的方式就同它们在家庭内部起作用的方式一样："这种共谋是以下列方式维系的——或是把注意力从可怕的事实处转移，或是以一种令人可以接受的形式重新包装其意义。"[18]他写道，这些社会盲点的代价是破坏性的集体错觉。女性的可能性已经变得无限开放，以至于她们威胁要动摇一个男性主导的文化所依赖于其上的体系，而对男女双方而言，这种集体恐慌的反应都唤起了人们对一种反形象（counterimages）的需求。

对女性来说，这种幻觉成了现实，成了某些太真实的东西。它不再只是一种观念，它成了三维立体的，它在自身中把女性怎样生存与怎样就无法生存结合在一起：它变成了铁处女（Iron Maiden）。最初的铁处女是中世纪德国的一种刑具，一个人形的棺材，上面画着一位可爱而微笑着的妙龄女郎的肢体和面貌。这不幸的牺牲者被缓缓地装入棺材之中；棺盖开始关上，固定住了那个牺牲者。女孩死了——或死于饥饿，或是不那么残忍地死于插入她体内的金属钉。女性被困其中或是自缚于其中的现代幻象也同样严苛、残酷，也统一被美化。当代文化直接把注意力转向"铁处女"的意象时，也审查了真正女性的面孔和身体。

为何社会秩序觉得需要借助规避真正的女性——我们的面孔、声音和身体，并借助把女性的意涵简化为这些刻板而又无限复制的"美丽"形象来捍卫它自己？诚然，无意识的个人焦虑在创造一个致命谎言上可以是一种强大的力量，但是，是经济需要在实际上保证了它。一个基于奴役制的经济体需要推广能够证明奴役制度"合理"的被奴役者形象。西方经济体如今完全是依赖于女性工资一直支付不足这一情况的。他们紧迫地需要一种让女性感到自己"价值低"的意识形态来对抗女性主义开始让我们觉得自己更有价值的方式。这并不需要某种阴谋论；这只是一种氛围。当代经济体目前正依赖于美貌神话中的女性形象。经济学家约翰·肯尼思·加尔布雷思（John Kenneth Galbraith）从经济学角度解释了"家务作为一种'更高等的天职'"这一观点为何继续存在：对于天生困于女性奥秘的"女性"概念，他觉得它"已经经由通俗社会学、杂志，以及小说强加于我们，它掩盖了一个真相，即女性作为消费者的角色对于工业社会的发展来说是必不可少的……对经济不可或缺的行为被转换为一种社会德性"[19]。一旦女性的主要社会价值不再能被界定为实现有德性的家庭生活，美貌神话就把它自己重新定义为"获得有德性的美丽"，以便既能提供一种新的消费义务，又能为工作场所中的经济不公正提供一种新的正当性理由——在这些工作场所之中,陈旧的辩护已经失去了它们对新近被解放的女性的掌控。

伴随着"铁处女"的幻觉,另一种幻觉也出现了:用来丑化女性主义的夸张描述再次复兴,困扰着女性运动的步伐。[20]这种夸张并非独创;它曾被杜撰出来嘲笑19世纪的女性主义。当时的代表人物露西·斯通,其支持者把她看成"女性魅力的典范……如清晨般清新美好",诋毁者则用对维多利亚时代女性主义者的"常规报道"的方式嘲笑她:"一个大块头的男人化的女人,穿着靴子,抽着雪茄,像骑兵一样满口脏话。"[21]就像贝蒂·弗里丹在20世纪60年代预见的那样,这甚至早于那种老套夸张的野蛮翻新版:"今天,女性主义者令人不快的形象并不像女性主义者自身,而是更像激烈反对各州投票选举女性的利益集团所助长的那些形象。"[22] 30年后的今天,她的结论显得比以前更加正确:这一复活了的夸张描述通过紧咬女性的私人自我意识不放,力图为女性的公共行动而惩罚她们。它们成了把新限制强加于各地有志女性的范例。在女性运动第二次浪潮成功之后,美貌神话得到了完善,被用来挫败女性个体在生活中各个层面上的权力。存在于女性体内的现代神经症像传染病一样在女性之中迅速蔓延。这一神话正在侵蚀女性在漫长、艰苦、光荣的奋斗中所赢得的领地——这个过程是缓慢而又不知不觉的,我们还未能意识到这种侵蚀的真正力量。

当下的美貌神话比迄今为止关于女性气质的所有奥秘都更为阴险:百年前,娜拉砰的一声关上了玩偶之家的房门;一代人之前,女性放弃了配备着各种家电并隔绝于社会的家庭这一消费天堂;但今天,女性却陷入了困境,根本没有甩门而去之处。当代美貌反扑的破坏性后果正在身体上摧残女性，并在心理上将女性耗尽。一种重负已经再一次从女性气质中被制造出来，如果我们想要把自己从这种重负中解放，首先需要的不是选票、说客或标语；而是一种新的观看方式。

第二章

工　作

　　由于男性已经把女性的"美貌"用作男性之间的一种流通货币,有关"美貌"的观念自从工业革命开始就已经与金钱观念一同逐步演化,因而,这两者在我们的消费经济中实质上是并行的。女子看上去就像百万美元,她是第一流的美女,她的面孔就是她的财富。在20世纪的资产阶级婚姻市场中,女性学会了把自己的美貌理解为这一经济体系中的一部分。

　　到女性运动进军劳动市场的时候,女性和男性都习惯于把美貌当作财富。两性都为随后的惊人发展做好了准备:随着女性要求获得权力,权力结构就利用美貌神话在实质上动摇了女性的进步。

　　这就像把机器插进了变压器的这一头,而把能源插进了另一头,从而把一种不能用的电流转换成了对机器来说可用的能量。美貌神话在过去的两个世纪里也同样被约定俗成地视为女性与公共生活之间的变压器。它把女性的能量接入权力机器之中,却尽可能少地为了适应她们而改变该机器;同时就如变压器,它在其源头处就削弱了女性的能量。这样就确保了该机器事实上是按照符合权力结构的规范去审查女性所输入的能量。

随着**女性奥秘**的衰落，女性就业人数壮大了。在美国，有工作的女性的比例从二战后的 31.8% 上升到了 1984 年的 53.4%；在那些年龄在 25 岁至 54 岁的女性中，2/3 的人有工作。[1] 在瑞典，77% 的女性有工作，法国有工作的女性则是 55%。到了 1986 年，63% 的英国女性从事有偿工作。[2] 随着西方女性进入现代就业大军，婚姻市场的价值体系原封不动地被劳动经济取代，用来反对女性要求进入权力结构的行动。就业市场如此热情地把经济价值指定给婚姻市场上的那些条件，证明对美貌神话的利用是政治性的而非性方面的：就业市场把美貌神话改变为一种让反对女性的就业歧视合法化的方式。

当女性在 20 世纪 80 年代打破权力结构时，这两种经济最终合而为一。美貌神话不再只是通货的符号形式；它简直就**成了金钱**。婚姻市场之中非正式的通货制度在职场中被正式化，并被载入法律。女性过去一直因经济依附而受限于婚姻市场对她们性方面的贩卖，如今她们虽然已经逃离了这一买卖，但其争取经济独立的新努力却遭遇了几近相同的物物交换制度。并且，这一时期，女性爬上职业层级的等级越高，美貌神话就越是致力于破坏每一步的努力。

从来不曾有这样的一群潜在的、不稳定的外来群体，她们要求的是争取获得权力的公平机会。让我们想想在关于其他外来者的老套说法中，是什么威胁了权力结构？犹太人因为他们的教育传统以及（对那些来自西欧的人来说）阔气资产者的记忆而令人害怕。在英美的亚洲人，在法国的阿尔及利亚人，以及在德国的土耳其人则因为第三世界低薪而累人的工作模式而遭人恐惧。在美国，底层黑人则因为少数派意识与愤怒的爆炸性融合而令人害怕。在女性轻易地熟悉主导文化的过程中，在资产阶级对那些中产阶级人士的预期中，在她们第三世界式的工作习惯中，以及在她们能把受到激发的下层阶级的愤怒和忠诚加以融合的潜能中，权力结构恰当地辨识出了一个由最糟糕的少数派恐怖组成的弗兰肯斯坦式怪物。关于美貌的歧视已成必要，这不是因为他们认为女性会不够好，而是因为他们认为她们会加倍地好，就像她们已经做到的那样。

并且在这个外来群体中，旧有的男性关系网看到了一个更大的庞然巨物，远比那些它用其他少数族裔所制造出的怪物更加庞大，因为女性不是一种少数派。女性占据了人口的52.4%，她们是多数派。

这种情况解释了美貌反扑的险恶本性。这说明了它何以这么快就发展成了极权主义式的。权力精英受到的压力可以类比于统治着某个躁动不安的多数派的少数派统治者，后者正开始去欣赏其自身相当强大的实力。在一个名副其实的精英制度里，各种事件的集聚力将会很快以及永远地改变一些事实，这不但包括权力主体是谁，还包括了权力本身的可能状况，以及它会致力于什么新目标。

雇主们并没有直截了当地发展美貌反扑，因为他们想要官方的粉饰。它从恐惧发展而来。从权力结构的角度来说，这种恐惧是有坚实基础的。这场美貌反扑对于权力结构的存续而言其实是绝对必要的。

女性辛苦工作——有男人两倍那么辛苦。

在全世界，那种情况都是真实的，它比我们现在所保存的记录还要久远。历史学家罗莎琳德·迈尔斯（Rosalind Miles）指出，在史前社会，"早期女性的劳动是艰难而繁重的，无穷无尽并且种类繁多。如果把主要的劳动列出目录，人们会发现，女性做了五份而男人只做了一份"³。她补充道，在现代部落社会中，"女性在白天连续不断地工作，每天，她们通常生产出部落整个食物摄取量的80%……男性成员以前是、现在也同样只是做了群体生存所必需的1/5的工作，然而剩下的4/5则完全是由女性来承担的"⁴。在17世纪的英格兰，纽卡斯尔的一位公爵夫人写道，女性"就像牲畜一样劳作"⁵。在工业革命之前，"没什么太辛苦的工作、没什么太费力的劳动，从而不会把她们排除出去"⁶。在19世纪工厂体系的剥削中，"女性普遍工作得更辛苦……工资却少"于男性，"世界各地的雇主都赞同，女性'比男性更易于被说服去忍受极度的肉体疲劳'"⁷。现在"原始的"女性工作量与男性工作量5∶1的相对比例已经减少到"文明的"2∶1。这种比例被固定下来并且国际通用。根据汉弗莱公共事务学院（Humphrey Institute of Public Affairs）的统计："尽管女性只占了世界人口的50%，但她们的工作时间几乎占所有工作时间的2/3，她们仅获得了世界总收入的1/10，她们所占有的世界总财产都不到1%。"⁸《联合国妇女十年成就世界会议报告》（*Report of the World Conference for the United Nations Decade for Women*）承认：一旦家务活被考虑在内，"全世界女性的最终工作时间将是男性的两倍"⁹。

无论是在东方还是在西方，无论是家庭主妇还是从业人员，女性都比男性工作得更辛苦。一位巴基斯坦女性一周仅在家务活上就花费63小时，¹⁰而一位西方主妇尽管有现代家用电器，工作时间也仅仅少了6小时。安·奥克利写道，"家务活的现代状况是非工作"¹¹。一项最近的研究显示，如果已婚女性所做的家务劳动得到支付，家庭收入将会提升60%。¹²家务劳动在法国总共消耗了400亿小时的劳动力。¹³在美国，女性的无偿劳动一年总计达到180亿美元。[14] 如果女性不做那些她们免费做的劳动，工业化国家的经济将会崩溃：根据经济学家玛丽莲·韦林（Marilyn Waring）的数据，在整个西方，家务劳动生产了国民生产总值的25%到40%。[15]

那么在做全职工作的**新女性**呢？经济学家南希·巴雷特（Nancy Barrett）说："并没有证据证明，随着越来越多的女性参与到劳动力就业中，家庭中的劳动分工情况也跟着彻底改变了。"[16] 或者说，虽然女性从事了全职薪酬的工作，她仍然要做那些她过去做的所有或者近乎是所有的无偿工作。[17] 在美国，从业女性的丈夫给予她们的帮助**少于**家庭主妇的丈夫所给予的：全职主妇的丈夫每天会帮忙75分钟，但是，全职工作女性的丈夫的帮忙却还不足前者的一半——36分钟。[18] 在美国，90%的妻子和85%的丈夫都表示，女性承担了"所有的或者是绝大部分的"家务活。美国职业女性的待遇也没好多少：社会学家阿莉·霍赫希尔德（Arlie Hochschild）发现，双职工夫妇中的女性回到家要做75%的家务。[19] 已婚美国男子做的家务活只比20年前增加了10%。[20] 美国女性的周工作时间要比男性多出21小时；经济学家海蒂·哈特曼（Heidi Hartmann）表明："参照他们所做的，男性其实每周需要增加8小时的家务活。"[21] 在意大利既要抚养孩子又要做全职薪酬工作的母亲中，其中85%的人的丈夫在家里根本不做任何事。[22] 在欧洲，有薪工作的女性通常要比她们的丈夫少拥有33%的闲暇时间。[23] 在肯尼亚，在被给予不平等的农业资源的情况下，女性的收获产量和男性的一样多；而在得到了同等资源的情况下，她们则更为高效地产出了更多。[24]

美国大通曼哈顿银行估算，美国女性每周工作99.6小时。[25] 在西方，有薪劳动一周的工作时间基本是40小时，正视权力结构的一个不可避免的事实是，新加入的女性劳动者来自这样一个群体：她们常常工作得比男性辛苦两倍不止，工作时间也是他们的两倍。而且不只是得到的薪酬更少；她们甚至没有薪酬。

直到20世纪60年代，把无报酬的家务劳动说成"不是真正的工作"这一习惯做法，使女性没能清楚地认识到自身勤劳工作的传统。但一旦女性开始去做男人视之为男性所做的那种工作——被视为值得雇用的那种劳动时，上述策略就失效了。

在西方过去的一代人里，很多这样努力工作的人也获得了平等的教育。在20世纪50年代，美国大学生中只有20%是女性（而她们中只有1/3完成了学业），现在则是54%。[26] 到1986年，英国全日制大学生中2/5是女性。当女性叩响其大门时，一个名义上的精英体系所面对的是什么？[27]

如果再结合到跨越代际的弹性网络中去看，女性的辛苦工作会极大地增加女性优秀的比例，与现状极不相称。反扑被挑起是因为，即使女性受到家务活的"第二班"重压，但女性仍然猛烈地冲击了权力结构；反扑被挑起也是因为，如果新兴的女性自尊打算让这一长期拖欠的对"第二班"的报酬赤字终得兑现，那么其雇主和政府所花费的代价将是极高的。

在1960年至1990年间，美国女律师和女法官的人数从7500人上涨到了18万人；女医生从15672人上升到了108200人；女工程师则从7404人上升到174000人。在过去的15年里，地方民选部门中的女性人数增加了2倍，增至18000人。现在在美国，女性任职于50%的初级管理岗位，25%的中级管理岗位，包括了半数取得执业资格的会计师，1/3的工商管理硕士，半数取得资格的律师，1/4的医生，以及在50所规模最大的商业银行之中的半数高级职员和经理。《财富》杂志调查了职工年均收入为117000美元的顶尖公司,其中有60%的女性人员。即使有两班工作,她们还是以这种速度挑战现状。**某些人不得不迅速想出第三班。**[28]

以某种严苛形式来进行反扑的可能性被低估了,因为美国式思维总是欢庆胜利而回避注意到后果,即胜利者只是赢得了失败者所失去的东西。经济学家玛丽莲·韦林承认,"这样一个系统——半数世界人口在其中做着几乎没有任何报酬的工作,男性是不会轻易放弃的",她也认为:"恰恰是因为一半的人工作却所得甚少,可能也就没剩下什么精力去为其他东西而斗争。"[29]来自全国妇女组织的帕特丽夏·爱兰(Patricia Ireland)赞同这一说法:对男性来说,一个真正的精英制度意味着"工作中更多的竞争,以及家庭中更多的家务"[30]。这一鼓舞人心的主张里所忽视的是半数统治精英的反动作用,他们把持着按能力来讲本应属于女性的工作,而一旦女性无阻碍地升迁,他们就会不可避免地丧失那些工作。

这一外来群体的可怕潜力必须被挫败,否则传统的权力精英将会处于不利的地位。按照定义,一个上流阶层的白人男孩应该是这样的:他不必同时做两到三份工作,他不会感到对教育的渴望——这种渴望是与未受教育的传统相伴而生的,和有文字记载的历史一样古老——并且,他也不会因为被忽视而生气。

权力结构能够凭借什么来保护其自身免受这种攻击?首先,它可以试图加强第二班工作。在孩子小于18岁的母亲中,进入美国劳动大军的比例从1960年的28%上升至68%。[31]在英国,需要供养子女的母亲中有51%为了薪酬而工作。[32]在美国,45%的职业女性要么单身,要么离了婚、寡居或分居,她们是孩子的唯一经济支撑。[33]美国乃至欧洲的国家资助儿童保育法的失败，也在实际上拖累了这一外来群体的发展势头。但是那些能负担得起的女性则一直在雇用更穷的女性来为她们做家务活、照顾她们的孩子。因此，这种通过儿童养育问题而制造阻碍的策略并不足以阻止权力结构最害怕的那个阶级的女性。他们所需的是一种起到替代作用的桎梏；一种将会耗尽女性剩余精力并削弱其自信的新的肉体重负；一种意识形态，这种意识形态能生产出它所需要的女性工人，但只是按它想要她们成为的那种模式来生产。

在整个西方，女性就业是由工业基础的普遍衰弱以及信息及服务技术的转向所刺激的。战后下滑的出生率，以及因此导致的熟练工人的短缺，都意味着女性是受到劳动力市场欢迎的：作为消耗性的、不受工会保护的、低工资的粉领贫民区苦力。经济学家马文·哈里斯（Marvin Harris）把女性描绘为"受过教育而又温顺的"劳动力储备，"因此是现代服务业所推动的信息及人力处理工作的合适人选"[34]。在这样一个劳动力市场之中，最能满足雇主的品质是：低自尊、能容忍沉闷而重复的工作、缺乏野心、高度从众、更尊重管理她们的男性而不是在她们身边工作的女性，以及对她们的生活几乎没有控制感。而在更高的层次上，女性中层管理者是可以被接受的，只要她们把自己认同为男性，并且不会太过反对玻璃天花板，即高层晋升壁垒；而站到顶峰的象征性女性也是有用的，女性传统在她们身上已经荡然无存了。美丽神话是创造这类劳动力的最终的也是最好的规训技术。它在工作时间里把所有这些东西灌输给女性，进而把第三班工作加进她们的闲暇时间。

女超人并没有觉察到它的全部内涵，她不得不把严肃的

"美貌"工作加进她的**职业**计划。她的新任务变得愈发严苛了:仅从展示性职业的职业美女来说,她必须投入大量的金钱、技术、手艺,这些投入都不会低于先前所预期的数量,即在女性违反权力结构之前的数量。女性同时承担了所有这三重任务:职业主妇、职业事业狂和职业美女。

职业美貌资格

在女性大量加入劳动大军之前,为其"美貌"买单的那些工种有着清晰的规定:展示性职业的工作者——时尚模特、女演员、舞蹈家,以及薪水更高的性工作者,比如社交女伴(escort)。直到女性解放为止,职业美女通常是匿名的、地位低下的、不体面的。但随着女性越来越强大,越来越多的声誉、名气和金钱被给予了展示性职业:她们被抬得越来越高于正在兴起的女性领袖,以便让后者仿效。

今天的状况是,所有女性在其中取得了长足进展的职业都在迅速被重新归类为展示性职业——**女性在此范围内才得到关注**。在和最初的展示性职业越发不相干的各行各业中,"美貌"正在被分类,如同乳母的女性特征或是精子捐献者的男性特征,就像美国反性别歧视法所称的实际职业资格(a bona fide occupational qualification,BFOQ),以及英国法律所说的真正职业资格(a genuine occupational qualification,GOQ)的一种变体。

两性平等立法中挑出实际职业资格或真正职业资格作为一项**例外情况**,雇佣中的性别歧视在其中是公平的,因为那一职业本身要求特定的性别；作为机会均等法的一个有意识的例外情况，它的界定是极狭窄的。现在所发生的情况则是对实际职业资格的一种拙劣模仿——更具体地说，就是我要称之为职业美貌资格（professional beauty qualification，PBQ）的东西，它正被极为**广泛地**认可为女性雇佣和晋升的条件。通过用实际职业资格的恶意表达来取代对它的善意表达，那些操纵着职业美貌资格的人就可以把它辩护为没有性别歧视的，即如果该工作要做得恰当，美貌就是一个必需条件。既然不断扩张的职业美丽资格已经如此压倒性地被应用于职场中的女性，却没有应用于男性，那么利用它来雇佣和晋升（当然也包括骚扰和解雇）实际上就是性别歧视，它应该被视为是违背了 1964 年的美国民权法案第七章[35]以及 1975 年的英国性别歧视法案。[36] 但在"美丽"意识形态中的三个新的致命谎言已经在这一时期发展了起来，以便掩饰一个事实，即职业美貌资格在职场中的实际作用是提供一种无风险的、免于诉讼的方式来歧视女性。

那三个致命谎言是：（1）"美貌"必须被界定为女性权力崛起的一个合法而又必要的条件。（2）该致命谎言的歧视目的首先要通过将它稳固地置于美国梦中来加以掩饰（特别是在美国，伴随着它对机会平等辞令的响应），这个美国梦是：任何女性都可以通过努力工作和进取来赢得"美貌"。[37] 这两个致命谎言相互配合，使得雇主对职业美貌资格的利用被伪装为一种对女性价值的有效测验，以及她的专业职责的延伸。（3）职业女性得知她必须以特定的方式来思考"美貌"，而这却一步一步地在破坏着她才开始具有的那种得益于女性运动的思考方式。这最后一个致命谎言将神话的核心法则应用于女性个体的生活中：因为每一次女性主义的行动都会迎来一种同等而又相反的美貌神话反作用。在 20 世纪 80 年代，很显然，随着女性变得越来越重要，美貌也变得越来越重要。女性越是掌握权力，就越是被要求对身体的自觉牺牲。"美貌"成为女性更进一步的条件。你现在太富有了。因此，你怎么瘦也不过分。

20 世纪 80 年代对"美貌"的固恋是女性进入权力位置的直接结果，也是对此情况一对一的制衡。"美貌"意识形态在 20 世纪 80 年代大获全胜，是因为在我们社会的核心机构中存在着一种真实的恐惧：如果自由女性在自由身体之中，通过一个自称为优绩主义的系统而取得了自由的进步，那将会发生什么？让我们回到那个变压器的比喻上来，这是在恐惧一种**集中于某种女性波长**的女性能量，这种未经调和的电量将会打破系统的微妙失衡。

该变压器的中间环节是女性杂志成功指南式的意识形态。这包括了有关优绩制度的一种梦幻话语（"获得一具配得上你的身体""不努力怎么会有好身材"），一种进取精神（"充分利用你天生就有的资产"），对体型和衰老绝对的个人责任（"你完全**能**重塑你的身体""你的面部皱纹如今由你说了算"），以及开放性允入（"终于你也能知道美丽女性藏了多年的秘密"），在这一系列过程中，它们让女性在追逐身份上的彻底个人转型的过程中一直消费广告商的产品，这种身份转型也是消费社会以金钱形式提供给男人的。一方面，女性杂志的成功指南允诺女性，她们能够凭自己的力量做到这些，这种承诺迎合了那些直到最近依然被告知她们凭自己的力量什么都做不了的女性。另一方面，就像社会学家露丝·赛德尔（Ruth Sidel）所指出的那样，美国梦从根本上保护了现状："它阻止那些底层的人发展出对于美国系统的一种可行的政治及经济分析（取而代之的是美貌神话），相反，它促进了一种归咎-受害人思维（blame-the-victim mentality）……这种信仰认为，只有个人更加努力工作，更加努力尝试，他（她）才会'成功'。"但这种企业家式的美貌神话——将女性和自然对立起来的神话——伤害了女性，就如同独创模式（the original model）通过省略"其他一切都是平等的"这些话而伤害了男性一样。

经由这个梦想，女性被说服了，她们将自身的欲望及自尊严格地按照职场的歧视性要求来修剪，同时却把体系的失败只归咎于自身，此时，这种转换是彻底的，同时也是有害的。

女性默默地接受了职业美貌资格，比其他劳动工人对不合理的、会引起反弹的、不做协商的雇主要求的反应更加平静。职业美貌资格挖掘了女性还没来得及清空的负罪感：对于更为幸运的职业女性来说，这种负罪感可以是由行使权力而获得的，也可以是在致力于创造性工作的过程中从"自私"的快感中获得；而对于那些薪酬过低的、单身或共同抚养孩子的大多数女性来说，这可以是由于自己无法提供更多，以及希望为其家庭竭尽全力而带来的罪恶感。职业美丽资格输送了残余的恐惧：因为近年来中产阶级女性因愿意专注于家庭而受到褒奖；街上及办公室里的生活都有着不可知的焦虑，促使她就这样屈从于她母亲和祖母当年不惜一切代价去逃避的那些公共监督。工人阶级的女性长久以来就知道职场中的"美貌"可能会转向残酷的剥削。所有阶层的女性都知道，成就被认为是丑陋的，因此也是要被惩罚的，而在所有阶层中，很少有女性习惯于掌控属于她们自己的大量金钱。

女性习惯了把美貌视作财富，因此易于接受直接的经济奖赏体系，后者取代了婚姻市场的间接奖赏体系。美貌与金钱的等同并没有得到严密的审查，而美貌的权力安慰剂被重新界定，以便向女性允诺金钱赋予男性的那种权力。在20世纪70年代，家庭主妇曾经计算过她们的家务劳动的市场价值，使用与此相似的逻辑，现在的女性发现"精英制度"系统已经过于失衡，单个女性无法改变它。女性心灵的某一部分或许已急于在工作、天赋、金钱方面获得认可，这些是在组装她们形象的过程中就已经要求于她们的。而女性的另一部分心灵则可能已经意识到，考虑到大多数女性工作乏味而单调的性质，职业美貌资格把创造性、快感和自豪这一剂药注入工作之中，这正是工作本身通常缺失的东西。

到20世纪80年代，美貌已经在女性追求地位的过程中占据了重要角色，这就如同金钱在男性追求地位的过程中所起的作用：用来防御女性气质或男性气概领域的好斗竞争者。这两种价值系统都是化约式的，它们的奖赏都不足够，并且两者都很快丧失了与真实生活诸多价值的所有联系。在整整那一代里，就像人们不再用金钱去购买舒适和休闲的时间，而将其投入到为财富而财富的最高追求中一样，对"美貌"的竞争也同样迎来了一种类似扩张：身体愉悦曾经被表述为它的目的——性别、爱、性行为、自我表达，但现在这种愉悦却在一个封闭经济体系内令人绝望的斗争中丧失了，成了遥远而离奇的记忆。

职业美貌资格的背景

职业美貌资格始于何处？正如美貌神话一样，它随着女性解放的发展而演化，并随着女性职业的解放而向外辐射。伴随着女性的职业化，它从美国与西欧的城市蔓延到各个小镇；从第一世界传播至第三世界；也从西方扩散至东方。随着铁幕的撤回，我们将看到它的影响在东方阵营各国的加速。它的中心是曼哈顿，许多在职业等级中晋升到最高位置的女性都集中在那里。

它开始于 20 世纪 60 年代，那时大量受教育的中产阶级年轻女性在毕业后至结婚前的那一阶段开始在城市中工作及独自生活。有关空姐、模特、行政秘书的某种商业性欲化的奥秘同时得到了推广。年轻的职业女性被塞进了一种刻板印象，它利用美貌削弱了她所做工作的严肃性和她新获得的独立意义。海伦·格莉·布朗（Helen Gurley Brown）1962 年的畅销书《性与单身女孩》（Sex and the Single Girl）[38] 正是讨论这种独立性的一个存证。但它的书名变成了一条醒目的广告语，在其中第一个术语抵消了第二个。职业单身女孩必须看上去是"性感"的，这样她的工作、她的单身才不会看起来像实际的样子：那是严肃的、危险的，也是引发震荡的。如果职业女孩是性感的，她的性感也必须让她的工作看起来更可笑，因为很快女孩就将成为女人。

1966 年 6 月，全国妇女组织（National Organization for Women，NOW）在美国成立，同一年其成员示威游行，反对解雇超过 32 岁以及即将步入婚姻的女乘务员。[39] 1967 年，就业机会均等委员会（Equal Employment Opportunity Commission）开始就性别歧视举行听证会。1969 年 2 月，纽约女性涌入了广场酒店只让男性进入的橡树厅。1970 年，《时代》周刊和《新闻周刊》被指控性别歧视，12 名美国环球航空公司的空姐对航空公司提出数百万美元的诉讼。意识正在觉醒的团体开始形成。在学生时代就被唤醒了政治意识的女性进入了就业市场，她们决心让女性问题——而非反战和言论自由问题——占有优先权。

虽然骚乱已经停息，但男性社会已经通过它充分了解了相关信息，法律悄悄地被制定了出来。1971 年，法官判决一位女性每周减 3 磅体重或是坐牢。[40] 1972 年，"美丽"被规定为某种可以合法地让女性获得或失去工作的规则：纽约州人权上诉委员会在"圣克劳斯诉纽约花花公子俱乐部"（St. Cross v. Playboy Club of New York）一案中判定，在一个要高度公开露面的职业中，女性的"美丽"对于雇佣来说是一种真正的资格。

玛格丽特·圣克劳斯是花花公子俱乐部的一名女侍，她"因失去了她的兔女郎形象"而被解雇。俱乐部的雇佣标准根据以下等级来给女侍排名：

1. 完美无瑕的美貌（面孔、身材和仪容）
2. 特别漂亮的女孩
3. 勉强合格的（正在衰老的人或已经出现外貌问题，但那还是可修正的）
4. 失去了兔女郎形象的（既可以是因为衰老，也可以是因为某种不可修复的外貌问题）[41]

圣克劳斯的男性同行在同一场所做着一样的工作，但他们"不用遭到任何的评估"。

玛格丽特·圣克劳斯要求委员会判定她仍然是美丽的，是足以保住她的工作的，她说她已经实现了"在生理学上从年轻的清新可爱面貌向有女人味的成熟面貌的转变"。花花公子创始人赫夫纳的发言人告诉委员会，她并没有。委员会采纳了赫夫纳的辩词而不是圣克劳斯的，他们假定，判定一个女性美不美，雇主明显比女性本人更可靠：那个评估是在花花公子俱乐部所要决定的"工作能力的恰当范围内"的。

他们并没有重视圣克劳斯关于构成"兔女郎形象"的要素是什么的专业意见。在通常的雇佣纠纷中，雇主要努力证明雇员应该被解雇，而雇员则要努力证明自己应该保住工作。然而当"美貌"是实际职业资格时，尽管女性可以说她胜任她的工作，但其雇主说她不行，按照此规则，雇主自动赢了。

上诉委员会在它的裁决中认同了一个概念，这个概念被称为"近乎完美标准"。在法院中，谈论一个假想的某物，就好像它是真的一样，这种做法**让它成了真**。自从1971年以来，法律已经认可了一种完美标准可以存在于职场，女性的身体要根据它来判断，并且如果她达不到这一标准，她就可以被解雇。一个针对男性身体的"完美标准"还从没有被这样合法地决定下来。而且虽然女性被界定为一个肉体存在，但女性标准本身从没得到界定。这个案例奠定了法律混乱的基础，而职业美貌资格将会向此方向发展：女性可以因为长得不行而被解雇，但"长得不错"究竟怎么评判却依然有待解释。

格洛丽亚·斯泰纳姆（Gloria Steinem）曾说过："所有女人都是兔女郎。"[42] 圣克劳斯的案例将作为未来的一则寓言引起人们的共鸣：虽然"美貌"是一个兔女郎做好工作的必要条件这点还有争议，但这一关于女性就业的**概念**已被普遍改写成所有就业女性的刻板范型。斯泰纳姆评论中所蕴含的事实对之后两代人的影响更为深入，无论女性是在什么情况下试图得到并保住有偿工作的，它都适用。

1971年,《女士》(Ms.)杂志的原型出现了。1972年,就业机会均等法案在美国通过;第9条宣布了教育中的性别歧视是非法的。截至1972年,美国20%的管理岗位都由女性占据。[43] 1975年,凯瑟琳·麦克德莫特(Catherine McDermott)不得不起诉施乐公司,后者由于她的超重而撤回了一份入职邀请。[44] 20世纪70年代,女性涌入各种专业岗位,这些岗位再也不会因女性作为妻子或母亲的角色而被贬低为间歇的、临时的或是次要的。在1978年的美国,1/6的工商管理硕士候选人和1/4的毕业会计师都是女性。[45]国家航空公司解雇了空姐英格丽·费(Ingrid Fee),因为她"太胖了"——比标准要求重了4磅。1977年,罗莎林·卡特(Rosalynn Carter)和其他两位前第一夫人在全国妇女组织的休斯敦会议上发言。1979年,为支持女性的企业,美国女性工商企业政策(National Women's Business Enterprise Policy)被制定出来;也正是在那一年,一位联邦法官裁定雇主有权制定外貌标准。[46]到了新的10年,美国政府政策规定必须重视职业女性,同时法律也规定必须重视她的外貌。美丽神话的政治功能在这些判例法的出现时机上都显而易见,即直到女性涌入了公共领域,有关职场外貌的法律才大量涌现。

这一造物——严肃的职业女性——必须是什么样子?

电视新闻业提供了鲜活的答案。一位长辈形象的男性主播搭配了一个年轻得多的、漂亮程度达到职业水准的女性播报员。

年长的男性,面有皱纹、卓尔不群,他旁边则坐着一个年轻性感、浓妆艳抹的女性晚辈,上述双重形象成了职场中男性与女性关系的范式。它的隐喻力量一直是无孔不入的:职业漂亮的条件起初是想要减轻女性僭越公共权威这一令人不快的事实,直到职业美女被雇用为电视媒体人,它就有了自身的生命。到了20世纪80年代,物色主播的代理人在诸如"男主播:40~50岁"[47]等类别下保存录像测试带,但他们并没有针对女性的相应类别,他们把女主播的外表置于其播报技能或其经验之上。

从新闻主播的组合中,我们不难理解下面的启示:有权威的男性是一个个体,无论那个人是否长得不对称、有皱纹、头发灰白,还是戴着假发、秃头、有着圆乎乎的身板、桶一样的身材,抑或是有面部痉挛或颈部有赘肉;他的成熟正是其权力的一部分。如果在电视新闻业向男性运用与女性同样的一种标准,那么大多数男性将会失业。但坐在他旁边的女性必须是年轻貌美的,这样才能进入同一个摄影棚。年轻貌美,脸上用厚厚的妆遮住,这把女主播呈现为一类——用产业的行话来说,一种"克隆复制的主播"(anchorclone)。通用的就是可置换的。这样,借着年轻貌美,职业女性成了可见的,但这也是不可靠的,这种产业让她们感到自己的品质并非独一无二。但如果不年轻貌美,那么她就是不可见的——按字面意思来说,她将无法进入镜头里。

女性在电视新闻业的处境同时也符号化和强化了通常的职业美丽资格:资历并不意味着声誉,而是意味着被抹掉——女主播克莉丝汀·克拉夫特(Christine Craft)声称,对于年过40岁的电视主播来说,97%是男性,"另外的3%才是四十几岁的女性,但她们看上去却没那么大年纪"。变老的女主播经历了"一场真正的噩梦",她写道,因为她们很快就"不够漂亮,不能来做新闻了,再也不行了"。又或者,如果一个女主播是"美丽的",她就"会不断地因自己属于那类只因长相而得到工作的人而困扰重重"。[48]

上述启示成了定论：在西方，最典型的职业女性可以是可见的，倘若她们长得"美"，即便她们不擅长工作；她们也可以既长于工作又长得"美"，并因此而可见，但她并不因其优点而得到信任；又或者，她们能干却"不美"，因而也不可见，所以其优点对她们说来没什么用。最后一招，她们可以如你所想要的那样既能干又美——不过干的时间太长了；基于上述情况，变老了，她们因而也消失了。这种情势现今正扩大到所有劳动群体。

无论她们何时试着对"她们的"世界的事务感兴趣，有关男性和女性外表的这一双重标准，每天早上和晚上都被传输给各国的职业女性。她们通往历史发展的窗户被她们自己的两难处境限制住了。要找出在这世界上正在发生着什么，这个问题总是牵扯到提醒女性**这现象**正在世界各处发生。

1983年，职业女性接到了一份决定性的裁决，这份裁决关于职业美丽资格如何被牢牢地确立了起来，以及它可以合法地走多远。36岁的克莉丝汀·克拉夫特对她的前雇主，堪萨斯城的都市传媒公司（Metromedia Inc.）提出性别歧视的诉讼。克拉夫特引用了她雇主的原话，她被解雇，原因是她"太老了，太没有魅力了，而且对男人也不恭敬"。

她被解雇是在数月遵守职业美貌资格要求之后发生的，职业美貌资格对她的时间和钱包都要求颇多，这既违反了合同，也冒犯了她的自我感受。她被迫花费数小时着装和化妆，每天搭配好一套衣服去上班，而那些衣服都是她自己根本不会选的，而她还要为它们付钱。她的所有男性同僚都没必要做到这样。另一些女主播的证词也表明，她们因都市传媒对她们外表的"狂热痴迷"而被迫辞职。

另一些女性被派来报道这次审理。在镜头里，克莉丝汀·克拉夫特遭到她同行的羞辱。有人暗示她是女同性恋；黛安·索耶（Diane Sawyer）（6年后，当她拿到了6位数的薪水时，她的外表在《时代》周刊封面上受到评价，标题是"**她值这个价吗？**"）[49]在一次全国新闻报道上追问克拉夫特，"在（她）外貌技巧不足的情况下"，她是否真的"在女性中是独一无二的"。她的雇主曾认为自己不会受到质疑，因为这种歧视通常是徐徐灌输给它的牺牲品的：那是一种确保了沉默的羞愧。但克拉夫特无畏地写道："都市传媒以为一个女人决不会承认有人说她是丑的，他们错了。"

她的描述证明，这种歧视如何渗入了其他歧视所无法达到的深处，污染了私人的源泉，而自尊恰是从那里获得的："虽然我可以在理智上不去理会我太没吸引力的说法，但是在我灵魂的深处，我也觉得自己的脸是有些难看的（虽然算不上吓人）。当你被这种极有害的观点所困扰时，你甚至很难温和地卖俏一下。"[50]雇主不能仅通过宣布一名雇员不行就证明她不行。但因为"美"如此深地存在于灵魂之中，在那里，性已经和自尊混在了一起，并且因为它已经成功地被界定为某种不断被外界授予，也总是能被拿走的东西，因而，对一个女性说她是丑陋的就能让她觉得自己丑，让她表现得丑，并且就其经验而言，在感到自己美丽使她完整的那些方面变得丑陋。

没有一个女性会美貌到——鉴于美貌被定义为近乎完美而非完美——能够有自信挺过一个新的审判程序，该程序让牺牲者服从于一项折磨，那对于经历过其他审判的女性来说是很熟悉的：上上下下地打量她，看看她所经历的事情在什么程度上是她自找的。因为并没有什么美貌的"客观"标准，权力精英可以在任何有需要的时候构建一种共识来将"美貌"从一个女性身上剥除。从证人的角度公然对一个女性那么做，就是邀请所有的眼睛去确认她的丑陋，于是那就成了所有人都能看到的现实。这一法律强制的过程确保了可耻的公共奇观能够通过将牺牲者和所有职业的所有女性对立这一代价而得到执行，如果她指控美丽歧视。

克莉丝汀·克拉夫特审判的寓意就在于她所失去的东西：虽然两名陪审员判她胜诉，一名男性法官推翻了那二人的裁决。她似乎已经由于她的法律诉讼而被列入了行业的黑名单。她的例子是否影响了她那个行业中的其他女性？"克莉丝汀·克拉夫特这样的人有成千上万，"一个女记者告诉我，"我们保持沉默。谁能抵得住黑名单呢？"

史蒂文斯大法官的拥护者认为这样做是正确的，其理由是这不是性别歧视而是市场逻辑。如果一个节目主播不能吸引来观众，他或她就没有做好工作。正如它所应用于女性的那样，隐藏在这里的有用信息 —— **用她的"美貌"** 吸引来观众、销售额、客户或学生 —— 对于所有的职业女性来说都已经成了克拉夫特案的遗产。

这一审判的后果是 20 世纪 80 年代的标志之一，一个女性会目睹此后果，感觉就好像它是绕在脖子上拧紧的绳子，并知道她不得不对之保持静默。当她读了法庭的总结陈词时，她知道她不得不让自己远离身上和"克莉丝汀·克拉夫特"相似的那些部分。她的反应可能是开始新一轮的节食计划，或是购买昂贵的新衣服，或是安排一次眼部提拉手术。不管是否自觉，她都很可能做出如此反应；"形象顾问"行业在过去 10 年间增长了 8 倍。在克拉夫特打输官司的那一天，在性行业之外，女性、工作与"美貌"融合了,一个更广泛的疾病周期开始了。女性可能会告诉自己,这不会发生在我身上。

法律支持美丽反扑

随着法律用一系列错综复杂的裁决来支持雇主,这种情况能够而且也确实不断地发生在职业女性的身上,这些裁决确保了职业美丽资格作为一种性别歧视工具发展得愈发有弹性。法律发展出了一堆前后矛盾的使女性无所适从的案例:有一次裁决——"米勒诉美国银行"(Miller v. Bank of America)的官司——把性吸引和性骚扰混淆了,该裁决认为,法律不介入以此问题为中心的雇佣纠纷(法庭判决,"吸引"是一种"自然的性现象",它"在绝大多数的个人决定中,至少起到了一个微妙的作用",因此,法庭不应该深入"这样的事务")。[51] 在另一场官司"巴恩斯诉科斯特尔"(Barnes v. Costle)中,法庭的裁决是,如果一名女性独特的身体特征——如红头发或丰满的胸部——是她的雇主进行性骚扰的理由,那么她的个人外表而不是她的性别才是问题,在这样的案例中,她不能指望1964年民权法案第七章的保护。[52] 在这些裁决之下,女性的美貌立即成了她的工作,也成了她的错误。

美国法律设立了一个法律迷宫,美丽神话在其中封锁了每一条道路,从而没有女性能"看起来漂亮"并获胜(look right and win),借此,美国法律保护了权力结构的利益。圣克劳斯丢了工作,因为她太"老"也太"丑"了;克拉夫特丢了工作,因为她太"老"也太"丑"了,"没有女人味",穿着也不得体。

这意味着，一个女性可以认为，除非她尽到了她的本分，看起来漂亮并穿得有女人味，否则法律不会在雇佣纠纷中公平地对待她。

但她的想法错了，而且错得危险。让我们看看一个美国职业女性，她站在她的衣柜之前，想象那空洞的声音，这是每当她从衣架中取出衣服时法律顾问对她的选择的建议。

"那么，女性化，"她问道，"是对克拉夫特判决做出的回应吗？"

"你是在自讨苦吃。1986年，米歇尔·文森（Mechelle Vinson）在哥伦比亚特区上诉性骚扰，投诉她的雇主梅里托储蓄银行（Meritor Savings Bank），理由是她的老板对她进行了性骚扰，强行抚摸她，让她看到自己的裸体并强奸她。文森年轻"美貌"、穿着用心。地方法院判定是她的外表对她不利：人们可以听到有关她'挑逗性的'衣着的证词，来判定她是不是'欢迎'性骚扰的。"[53]

"她是不是穿着挑逗？"

"就像她的辩护律师愤怒地指出的那样：'米歇尔·文森穿着**衣服**。'她衣着美丽被视为她欢迎雇主强奸的证据。"

"所以，要有女人味，但又不能太有女人味了。"

"小心：在'霍普金斯诉普华永道国际会计师事务所'（Hopkins v. Price-Waterhouse）一案里，普华永道拒绝将霍普金斯女士纳为合伙人，因为她需要学会'更有女人味地走路，更有女人味地谈吐，更有女人味地穿着'，以及'化妆'。"[54]

"也许她做合伙人还不够格？"

"她带来的生意比所有雇员都多。"

"嗯。好吧，但可能还要更有女人味一点。"

"不要这么快下结论。女警南希·法道尔（Nancy Fahdl）就是因为看起来'太女人'而被开除了。"[55]

"明白了，少点女人味。我擦掉我的腮红了。"

"如果你不化妆，你会丢掉工作的。看看'塔米尼诉豪生酒店'（Tamini v. Howard Johnson Company, Inc.）的案子就知道了。"[56]

"这样怎么样，有点……女人样了？"

"对不起。如果你穿得像个女人，你会丢掉工作的。在'安德列诉本迪克斯公司'（Andre v. Bendix Corporation）的案子里，判决是做管理的女性'主管不适合'穿得像个'女人'。"[57]

"那我该怎么做？套个麻袋吗？"

"在'布伦诉东芝加哥城'（Buren v. City of East Chicago）一案中，女性必须'从脖子到脚地把自己裹起来'，因为工作中的男人'有点下流'。"[58]

"着装守则难道不能把我从这种混乱中拯救出来吗？"

"不太可能。在'迪亚兹诉科尔曼'（Diaz v. Coleman）一案里，穿短裙的要求是由雇主规定的，这个雇主据说性骚扰了他的女员工，因为她们照着规定那么穿了。"[59]

要不是这是真人真事儿，这些例子还挺滑稽的。当我们看到英国法律也演化出了非常接近上述情况的一种法律上的必输处境时，一种模式开始浮现了。

我们可以通过英国女性的衣柜来挽救美国女性那令人困扰的着装指南：这是同样一种处境（如果没有更糟的话）。真正职业资格（GOQ）被界定为，当工作除了其他条件还要求身体外形或容貌真实度（譬如模特或演员）时，这是对"性别歧视"的允许。但自 1977 年的"M. 施密特诉奥斯蒂克斯书店有限责任公司"（M. Schmidt v. Austicks Bookshops, Ltd.）案以来，这种规定已经被广泛地解读为,这是让普遍依据外表来雇用或解雇一个女人的行为成为合法。施密特小姐丢了工作、输了案子,这是因为她穿了长裤去书店工作。劳工诉讼法庭(Employment Appeal Tribunal)驳回了她的案子,这是依据一个事实,即着装规定对女性比对男性更严苛,据它规定,不但雇主在"控制其公司形象时有权享有很大程度的自由裁量权",更重要的是,这整个议题都是无关紧要的:他们裁定,告诉一个女性怎么去穿衣只不过是件琐事。在"耶利米诉国防部"(Jeremiah v. Ministry of Defense)一案中,雇主避免雇用女性从事更高薪水的工作,其理由是那个工作是肮脏的,还会破坏她们的相貌。丹宁勋爵(Lord Denning)在裁定中沉思道:"女性的秀发是她的最高荣誉……她不会想要把它弄乱,特别是当她刚刚做了个'发型'时。"[61]雇主的律师声称,以更高的工资而强迫女性破坏她们的发型将会导致行业动荡。

丹纳尔航空公司(Dan Air)在1987年受到指控,因为他们只雇用年轻漂亮的女性做机组乘务员;他们为其歧视行为做了辩护,其根据是乘客偏爱年轻美丽的女性。[两年后,《今日美国》(USA Today)报社在一次社论里采用了同样的逻辑,呼唤回到只雇用年轻美丽的女乘务员以及一旦人老了就解雇她们的岁月。][62]

在"莫林·墨菲和艾琳·戴维森诉斯塔基斯休闲娱乐公司"(Maureen Murphy and Eileen Davidson v. Stakis Leisure, Ltd.,)一案中,我们可以看到未来的潮流。女服务员反对"形象"上的改变:让她们穿一种"更暴露的"制服,并强迫她们化妆和涂指甲油。一个女招待把那种服装描述成"直接从《O的故事》(The Story of O)里走出来的"[63],这种制服包括了超短裙,以及外穿紧身褡或巴斯克紧身衣搭配深V乳沟,它太紧了,紧到她们的腋下都渗了血。在提出诉讼的女性中,有一位怀着孕被迫穿上这种制服。经理承认这种改变是强加给女性的,是把她们作为招揽男性顾客的性吸引物。而男招待没有被提出这种要求。[顺便提一下,女招待有义务在异性面前穿着暴露,这违反了"西斯利诉大不列颠安全系统"(Sisley v. Britannia Security Systems)一案,该案裁定当"衣着暴露"时,1975年的性别歧视法案可以被用来"保护体面或隐私",抵御来自异性的骚扰。[64]]这位女诉讼人的律师徒劳地指出,化妆、暴露性制服、涂指甲油让着装规定性别化,而这种方式并**不能**同样应用于男性。这件案子也被视为**琐事**而驳回——琐碎得无须考虑。那些女人输了官司,但保住了工作——仅保住了6个星期。她们都被解雇了;她们已经提交诉状,指控这种无理解雇。

所以,在英国,如果你拒绝穿上那种性剥削式的衣服去工作,你就会丢掉你的工作。但是在"斯诺博尔诉加德纳·麦钱特餐饮公司"(Snowball v. Gardner Merchant, Ltd.)[65]和"威尔曼诉米尼莱克工程公司"(Wileman v. Minilec Engineering, Ltd.)[66]两案中,女性所觉知的性行为是由让性骚扰对之伤害减到最小化的相关因素来规定的。在后一个案例中,法庭裁决威尔曼小姐因为她4年半的被骚扰遭遇而获得了很有嘲弄意味的总计50英镑(75美元),其理由是,她的感情不可能受到太多伤害,法庭裁决道,因为她穿了"布料少而且有挑逗性的衣服"去工作,"如果一个女孩在店里穿着挑逗性的衣服走来走去,炫耀她自己,她会被骚扰就不是没可能"。法庭接受了男性的证词,把威尔曼小姐的衣服界定为在性方面具有煽动性的。当威尔曼小姐抗议说她的衣服根本**不是**"布料少而且有挑逗性"时,她对上文案件中米歇尔·文森的律师的悲哀呼应在判决中被忽略了。

在这些"恰当的"判决下,职业美丽资格的涓滴效应获得了社会许可。它蔓延到了接待员、画廊和拍卖人员;蔓延到了广告、推销、设计、房地产行业中的女性;蔓延到了录音业和电影业;蔓延到了新闻业和出版业。

然后是服务业:有魅力的女服务员、酒吧侍应、女招待、餐饮员工。这些都是美丽密集型工作,它为农村、乡间和地区内美女们的野心提供了基础,这些美女涌入国家的市中心,她们的视野锁定在展示性行业内的"成功"上——理想上是成为450名全职美国时尚模特中的一员,那些模特构成了精英团队,让1.5亿美国女性听从部署。(模特幻想可能是被所有社会背景的年轻女性所共享的、流传最广的当代美梦。)[67]

于是,职业美丽资格被应用于所有让女性接触公众的职业中。我认识的一位女经理在英国的一家约翰-刘易斯合伙商店(John Lewis Partnership stores)工作,她把"一切"都献给了工作。主管将她喊来,说他对她的工作非常满意,但"她需要在颈部以上部位做一些改善"。他希望她化一些妆——被这个女经理称为"面具"的妆,并漂白和梳理她的发型。"这让我感到,"她对一个朋友说,"就好像我做的所有工作,都没有我闲站着穿得像个花瓶那么重要。这让我觉得把工作做好毫无意义。"她补充说,男性就不需要做类似的事。

于是,它被应用于女性面向男性的所有职业:引证《组织的性别》(The Sexuality of Organization)中的一个例子,一名54岁的美国女性说她的老板有一天没有警告就换了她。"他曾告诉她,他'想看着年轻女子',这样他的'精神能够振奋起来'。她说:'在他向她说那番话之前,她的年龄从未困扰过她。'"[68]

现在,职业美丽资格已经传播到女性并非完全单独完成工作的所有职业中。

不幸的是,当职业女性在早晨穿衣打扮时,她们得不到法律建议。但她们直觉到这种迷局是存在着的。在职业美丽资格在法律方面演变的这 20 年,职业女性对其外表紧张到了疯狂的程度,这有什么让人吃惊的吗?她们的这种神经质并不是因为女性的头脑错乱,而是对职场中故意操纵的"第 22 条军规"的正常反应。从法律上说,女性**并没有**什么东西可穿。

社会学家已经描绘了这些法律所合法化的现象对女性的影响。社会学家黛博拉·L. 谢泼德(Deborah L. Sheppard)在《组织的性别》中描绘了她的一个发现:"有关外表得体的非正式规定及指南一直在变化,这让我们理解了为何那些告诉女性在工作中应该有怎样的形象和怎样的举止的书及杂志会连绵不断地出现。"[69] 组织社会学家们没有提出的观点是:规定或指南一直改变是**因为它们的设定就是要一直保持改变**。"女性,"谢泼德接着说道,"感到自己和其他女性都不断面对着既要'女人味'又要'职业化'的双重经验,然而,她们并没有感到男性体验着同样的矛盾。"[70] 在职场女性这一标签下的服装邮购目录中,"职业化但又有女人味"是令人喜爱的描述,在美国,正是这种难以捉摸的双重性使一家内衣厂商系列广告引爆了强烈反响——职业装被吹掀,露出穿着蕾丝内衣的肉体。但"职业化"和"女人味"两个词正像我们所见的那样,被用来彼此牵制,女性则夹在中间左右为难。"女性,"谢泼德总结道,"感到自己一直受到这种平衡的无法预测的侵犯……外表这个领域,看似是她们感到自己最易于控制别人对她们如何反应的地方。"但"她们也感到自己通常需要对引发这种攻击负起责任"[71]。

女性因引发"侵犯"而责怪自己。这是些什么侵犯?一本《红皮书》调查发现,88%的受访者在工作中经历了性骚扰。在英国,86%的管理者和66%的员工曾遭遇这类事件。英国行政部门发现70%的受访者曾有此经历。瑞典妇联成员中的17%受到过骚扰,一份数据表明瑞典全国有30万女性受到过骚扰。[72]抽查发现,受到骚扰的女性觉得有罪恶感,因为她们害怕自己"也许因为不恰当的穿着而引发别人评头论足"[73]。另一些调查显示,性骚扰的受害者极少能够对施害者说:住手。

所以女性穿得职业化但又有女人味——她们行走在一条不断变动的道路上,不可避免地要失败:她们中的2/3到近乎9/10经历了骚扰,她们把这归咎于她们自己,归咎于她们没有控制好自己的外表。女性能通过工作中的外表表达自己想说的内容吗?不能。据《组织的性别》所言,有5次研究发现:"一个女性的……行为被注意到,并被加上了性的标签,即使她并不想那样。"女性的友好行为常常被理解为和性相关,特别是当"非言语的提示线索是模糊的或是当女性穿着暴露时"[74]。正如我们所见,女性和男性对"暴露"的定义是不同的。当女性试图"通过衣服来表达时",她们感到失去了控制是有道理的。

职业美丽资格和法律的裁定,即女性的服装招致了性骚扰,都基于女性在工作场所中没有穿着统一的制服,但该场所中男性却是穿着制服的。1977年,当女性还是行业新人时,美国形象大师约翰·莫雷(John Molloy)写了一本畅销书《女性成功穿衣指南》(The Woman's Dress for Success Book)。[75]莫雷做了全面彻底的研究,他发现如果不穿着可识别的职业装,女性就会难以引起尊敬、难以被视为权威。在他的实验组选择穿一套"制服"一年之后,职业女性的老板对待她们的总体态度都有了

"戏剧性的改善",并且得到升职推荐的女性是从前的两倍。而在对照组,情况则没有变化。莫雷广泛地测试了"制服",发现西装裙是"成功的套装"[76];他明确推荐职业女性选择这种套装。"没有制服,"他说道,"就没有形象上的平等。"莫雷显然是为了女性的进步而强烈鼓励女性团结一致地穿制服;他引用了由各团体女性签下的誓约,里面说道:"我这么做,是为了女性能有一套和男性一样有效率的工作制服,她们因此就可以更好地在一个平等的基础上竞争。"[77]

莫雷也警告女性,如果选择穿职业装可能会发生什么危险:"整个时尚产业将会被这个景象吓一大跳……他们将会认为这威胁到了他们对女性的控制。他们是正确的。如果女性选择穿制服,如果她们因为选择这么穿而无视时尚产业荒谬的、利益驱动的声明,那么她们将不再是听话顺从的。"他接着预言了时尚产业可能诉诸什么策略来阻止女性穿职业装。

最终,《纽约时报》杂志登了一则声明,宣告莫雷的策略是过时的,女性现在非常自信,所以她们可以再一次放弃套装,展现她们的"女人味"[78]。许多媒体都迅速迎合了这种言论,因为时尚产业为它们提供了相当大的一部分广告预算。美丽、苗条、时装和风格就必须构成一个女性的权威,因为职业装不能为她做到这些。然而对她而言不幸的是,据莫雷所言,证据表明为事业成功而着装与为女性吸引力而着装,这两者事实上是互相排斥的,因为女性散发出的性感能"完全抹去"所有其他的特征。当今的职业女性期望模仿时尚模特。但在莫雷对100名男性和女性专家的研究中,有94人选择了穿职业装的女性,而不是选择展现出专业能力的时尚模特。[79]

在20世纪80年代,莫雷的运动遭到了公开反对,理由是它强制女性穿得像男性——尽管莫雷推荐的形象是高跟鞋、长袜、化妆盘、化妆品、珠宝，这种形象仅仅是在它为女性确立了某种职业装的意义上被视作是男性化的。但时尚产业通过为女性设计出职业装阻碍了这项试验，她们失去了短暂的专业身份和男性制服所提供的适度的性别掩饰。时尚的转变确保了时尚产业不会受损，同时它也保证了女性会为了"美丽"而更加努力工作，为了受到重视而更努力地工作。

法律说，美丽惹来了骚扰，但在决定是什么导致了骚扰时，法律却是通过男性的眼光来看待的。一个女雇主或许会觉得一件被肆意搭在肌肉紧绷的男性侧腹上的裁剪得很好的欧式人字形斜纹衫极具刺激性，尤其是因为它暗示了被我们的文化色情化了的男性权力和地位。但如果她告诉萨维尔街的裁缝店主：他必须在服装剪裁上服务于她的性趣味，否则就会丢掉他的工作，那么法律不可能认为按她的方式来剪裁男服是恰当的。

如果在工作中，女性与那些打扮入时、穿着律师条纹装或银行家的华达呢服的男同事一样，都没有整饰的压力，职场的快乐可能会变少；但一个根基深厚的歧视领域也会相应缩减。自从女性的外表被用来证明她们被骚扰与她们被辞退都是正当的，女性服装所表达的信息就不断地、有意地被误读。自从女性的工作服——高跟鞋、长袜、化妆品、珠宝，更不要说发型、胸部、双腿和臀部——被挪用为色情品，一个法官能看着任何一个年轻女性并相信他看到了一个可以被骚扰的妓女，就像他能看着任何年纪大些的女性并相信他正看着一个可以被解雇的丑老太婆一样。

仿效男性制服对于女性来说**是**困难的。她们迫切地想让传统男子气概的空间少一些阴郁、中性化和愚蠢，这个冲动是一个动人的希望。但她们的贡献并没有缓和这些规则。男性并未以他们自己的奇想、服装或色彩来回应。男性穿制服而女性不穿,这只是意味着女性承担了职场中**全部**的惩罚、负责生产身体吸引力的快感,并且相应地,她们可以合法地受到惩罚或获得晋升,合法地受到侮辱,甚至被强暴。

然而,女性还不敢放弃这种穿着不平等所给予的"优势"。人们只有在对体系的公正奖赏具有信心时才会自愿地穿上制服。除非能确信奖赏体系运转良好,否则她们将不愿放弃"美貌"的保护,这是很可以理解的;各行业不会愿意放弃职业美貌资格的控制功能,除非他们确信女性已经被它打击得意志消沉,以至不会对目前的做法产生真正的威胁。这是一个不安的休战期,双方都在拖延时间;然而,当拖延时间是在美貌神话之下进行时,女性输了。

那么,那种常见的认为女性利用其"美貌"获得成功的看法呢?实际上,社会学家芭芭拉·A. 古德克(Barbara A. Gutek)表示,几乎没有什么证据能够表明女性哪怕偶尔利用她们的性感获得了某种组织奖赏。她发现,恰恰是男性利用自身的性感而获得成功,"相当多的男性说他们在工作时穿着性感"[80]。对比之下,800 位女性中只有 1 人说她利用性感来晋升。在另一个研究中,35% 的男人说他们利用外表在职场中获得奖励,相比之下,这么说的女性只有 15%。[81]

当然,展示中的共谋确实存在。这是否就意味着女性应该对此负责?我听说,常春藤盟校的管理人员、讨论女律师的法官、奖学金评议小组成员,以及其他受雇男性,他们相信并强化了一些公正性概念,却扬扬自得地谈到"女子的心机"——这是对施展美丽以获得女性利益的委婉说法。有权力的男性勉强用赞美的口吻描述她们,就好像"美丽的"力量是一种不可抵抗的力量——让杰出的男人不知所措并无法动弹,把他们变成了魅惑者手心里任人摆布的人。这种态度确保了女性不得不一直利用那些她们有时利用的东西来努力获得她们很少获得的东西。

这种殷勤的惯例是石上铭文的遮布:它是决定关系的权势者;就像是一群成人和一个孩子玩摔跤,他们享受着让孩子觉得自己赢了的乐趣。

在这一点上,美貌构成了女性与制度之间的桥梁,这也正是女性被教导去利用的,后来又被用作证据使女性自身遭受谴责。但为了让自己抓住这根稻草,女性就得隐瞒她所知道的一个事实:权势者要求她以这种方式来展示自己。当权力玩弄美丽之时,对展示行为的要求在女性有机会进入那个她们将被评估的空间之前就已经被精心设计过了。

这种对展示行为的要求是无声的。它细微到女性甚至难以用可信的方式将它指认为一种骚扰(不管怎样,要让被骚扰是可信的,一名女性必须看上去是易引人骚扰的,而这一点又破坏了她的可信度)。这通常没有给被玩弄的"美貌女性"留下什么选择,她们明显缺乏能够发起一定进攻的退路,她们只能与之合作。她或许不得不让她的身体放松,在某次棘手的恭维下不变得僵硬,或是仅仅只能更笔直地端坐着,让她的身体能够更清楚地被看到,或者把头发从眼睛那儿拨开,她知道这样做会凸显她的脸。不论她必须做什么,不必别人说她就知道了,她从有权力的男性的表达和肢体语言中知道这些,她的未来正存在于他的眼中。

当一名既身为杰出批评家又是美貌女性的女人(这是我设的优先次序,未必是教导她的男人所排的次序),在请求一位有影响力的专家成为她的论文导师前穿上了一双黑色软羔皮的高跟鞋，并涂上了鲜红的口红，她是个荡妇吗？或者，她是在对自己负责？是在一个敌意或冷漠环境下的炯炯目光的评估中，在附带天赋的保护之下小心地培养她真实的天赋？她的手是不是在自由意志之下把唇膏塑成了丘比特之弓？

她没必要这么做。

那正是美貌神话想要女性具有的反应，因为那样**他者女性**（the Other Woman）就是空洞的了。她实际上是否必须得这么做呢？

如果有选择，有志向的女性是不必做这些的。她可以有选择：当她所在的领域由女性所领导，由女性大亨、强盗女爵世代捐助，并且这个领域中的大量教职员岗位向她敞开大门时；当一个由女性所领导的跨国公司大声要求年轻女毕业生的技能时；当还有**其他**模样的大学，其中竖立着长达5000年古典学术的女性大师的青铜半身像时；当还有**其他**模样的由雄厚财力维持的研究资助委员会，这些资金是由女发明家的税收提供的，并且委员会的半数席位由女科学家占据时。当她的申请被匿名评审时，她将会有机会。

女性将会有永不屈从的选择，并会因屈从而受到充分的谴责，她们将有机会去思考一个权威委员会对她们的"美貌"的要求可能会是什么，这一刻她们知道她们能指望自身应得的那份公平：最高成就中的52%的席位在向她们开放。只有当她们得知她们一生的最高梦想不会被强制地压进一个倒金字塔结构，不会撞到玻璃天花板，不会被分进令人窒息的粉领区，不会直接被推入一个死胡同时，她们才会因自己现在以任何方式所获得的东西而受到责备。

职业美貌资格的社会结果

职业美貌资格平稳地将剥削的基础放回雇佣关系中,这一基础最近本来已经受到了机会均等法案的威胁。它通过从心理上多层次地影响女性,从而为雇主们提供了他们想要从女性劳动大军中获得的经济利益。

职业美貌资格强化了双重标准。同样的工作,女性的薪酬总是少于男性,而且职业美丽资格也在旧的逻辑依据已是非法的情况下,为那个双重标准赋予了一个新的依据。

男性与女性的身体被加以比较,其方式象征了男性与女性职业生涯的对照。男性不是也期望维持一种职业外表吗?诚然:他们必须符合一种衣冠整齐的标准,他们通常穿着统一并合乎自己所处的环境。但假设因为男性也有外表标准所以两性就得到了平等的对待,那就忽略了一个事实,即在雇用和晋升中,对男性与女性外表的评价是不同的;美貌神话远超出了着装规范,深入了另外的领域。根据法律理论家苏珊娜·莱维特(Suzanne Levitt)所引用的电视台雇用方的指南,男主播应该谨记他们的"专业形象",而女主播则被告诫要谨记"专业优雅"。[82] 这种对外表的双重标准不断提醒着人们男性更有价值并且无须在这方面像女人那么努力。

罗莎琳德·迈尔斯写道,"但凡有保存下工作者工资记录的地方都显示女性比男性挣得少,或是根本什么都挣不到"[83]。那种情况依然存在:1984 年,美国全年做全职工作的女性所挣的工资平均下来仍然只有 14780 美元 —— 这是全职工作的男性收入(23220 美元)的 64%。[84] 相对于男性收入的 1 美元,她们的收入是 54 到 66 美分。[85] 即使看最高的数据,也仍然存有差距,也就是说，在过去的 20 年里这种差距仅仅缩减了 10 美分。在英国，女性一周的收入只占男性一周收入总额的 65.7%。[86] 同种工作中，美国的薪酬差距在整个社会结构中都保持不变：平均地说，年纪在 25～34 岁的男律师的收入是 27563 美元，但同龄的女律师是 20573 美元；男推销员的收入是 13002 美元，女推销员是 7479 美元；男公交司机收入为 15611 美元，而女公交司机为 9903 美元；女发型师收入为 7603 美元，也少于男发型师。一连串意象所带来的密集攻击让女性感到她们不如男性有价值，[87] 或是只在长相上有价值，这使得该状况愈演愈烈。

这再次证明了该神话是政治的而非与性相关的：金钱比性更有效地塑造了历史。可能对于一些男性个体而言，女性自尊不足具有性价值，但它对于整个社会却具有经济价值。女性如今对自己的身体的糟糕评价远不是性竞争的结果，而是市场的需要。

许多经济学家赞成，女性并不期待晋升和更高的工资，因为她们受制于自身的工作经验，不会期待工作状况的改善：赛德尔写道，女性"常常对她们在市场中的内在价值不太确信"[88]。1984 年到 1985 年的耶鲁大学罢工由女性占 85% 的文员工会举行，根据一位组织者的说法，罢工的基本问题是让女性追问自己："我们价值几何？"最大的障碍就是"根本上缺乏自信"[89]。美貌神话使得女性自尊不足，其结果是公司的高收益。

关于美貌的意识形态教会了女性：她们能控制的很少，选择亦极少。美貌神话中的女性形象是简单化和刻板化的。在任何时刻我们都能看到为数不多的可辨识的"美貌"面庞。通过这些对女性的有限感知，女性也终于把她们的选择看作是有限的：在美国，由劳工统计局所列的 420 个职业中，女性仅集中在 20 个职业中。[90] 75% 的美国女性仍旧在传统的"女性工作"中得到雇用,大多数都薪酬很低。阿莉·霍赫希尔德发现,女性被聚集"在那些强调她们身体吸引力的工作中"[91]。

因为女性能够看见自己和让自己被看见的社会角色很少,足有 2/3 的美国女性从事服务业或零售业工作,或是在地方行政机构工作,这些工作都是低工资的,几乎没有晋升的机会。为女性而构想的少量工作,其报酬是廉价的:秘书,其中的 99% 是女性,平均工资为 13000 美元;幼儿园老师,其中的 97% 为女性,平均工资为 14000 美元;银行出纳员,其中的 94% 为女性,平均工资为 10500 美元;餐饮服务员,75% 为女性,平均工资为 8200 美元。

女性出售她们的身体所获得的报酬**确实**比出售她们的技能所得的多。"在这种情况下,"法学家凯瑟琳·A. 麦金农(Catharine A. Mackinnon)写道:"什么才是女性的最优经济选择?[92] 追问这一点能让我们有所启发。"她引用了一些证据,与上述所提的那些"可敬的"女性的工资做了对照,普通曼哈顿妓女的周收入在 500 美元至 1000 美元之间。她的另一项研究表明,样本群体的妓女和来自相似背景的其他女性之间的一种差异是,前者挣得的是后者的两倍;[93] 第三项研究表明,时尚模特和卖淫职业是仅有的两项女性始终挣得比男性多的职业。即使是全职工作,四个女性中也有一人每年工资低于 10000 美元;1989 年,美国小姐挣得了 15 万美元,一份 42000 美元的奖学金,还有一辆价值 3 万美元的汽车。[94]

一个女性如何能在这样的现实下相信优绩?就业市场迂回地酬劳她,就好似她在出卖自己的身体,这个就业市场只是简单地向女性保持了主要的传统雇佣选项,即强制婚姻或卖淫——只是更为委婉而报酬减半。顶尖展示性职业中的薪酬和努力的比值是女性工作及其薪酬之间真实关系的一种讽刺，而女性对此比例一直很了解（"在那些灼热的聚光灯下真的很累人"）。职业美女极端的高薪酬是女性实际经济处境的一种虚假的掩饰。在薪水过高的展示性职业所揭示的炒作幻想下，主导性的文化协助雇主，避免女性对自身实际工作的重复和低收入做出有组织的抵抗。再加上女性杂志在这中间所做的成功指南式的引导，女性学会了自惭形秽。因此，对职业**权利**感的期待——从一份干得出色的工作中获得公正的报酬——仍然与职业女性保持了距离。

雇主们承认："淘汰某份工作的女应征者的一个方法就是以更高的薪水重新发布一次。"一个研究认为，"当谈到如何定义我们的经济价值时，我们就会严重地怀疑自己"[95]。在对身体方面自我认知的种种研究中，女性通常会过高评价自己的体重；在对经济方面自我认知的一个研究中，她们则常常低估自己的业务成本。关键在于，这两种错误的认知是有因果联系的。通过人为地低估女性的技能并且努力把她们的身体价值引入职场，市场保护了它的廉价女性劳动力市场。

这种处境所产生的职业不安感打断了职业美貌资格所确立的生理等级制度：它在"美貌的"女性中被发现，因为即使再多的职业成就也不能让她们确定：是她们自己，而非其"美貌"，为她们挣得了职位；而它在"丑"女人中也被发现了，后者学会了降低自己的价值。

钉在工作场所中的美女照是铁处女意象如何被用来让女性轻视工作这一更大问题的隐喻。在美国的休梅克矿厂（Shoemaker Mine），当出现女矿工时，以嘲笑女人的胸部和生殖器为目标的墙上涂鸦出现了；例如，一个小胸女人被称为"乳头内陷"。面对如此这般的审查，法理论家罗斯玛丽·唐（Rosemarie Tong）的报告说："女矿工发现她们越来越难以维持她们的自尊，她们个人及她们的职业生涯开始恶化。"[96]然而，美国法院所审理的"拉比杜埃诉奥西奥拉炼油公司"（*Rabidue v. Osceola Refining Co.*, 1986）一案中，判决支持了男工人有权在职场中展示色情，无论这如何冒犯了女工人，这一判决的理由是，这种场景反正也是充满了这种意象的。[97]

在英国，全国公民自由议会承认，钉在墙上的美女照构成性骚扰，因为它们"直接破坏了女性个人对其自身及其工作能力的看法"。当工会组成有关墙上美女照主题的讨论小组时，54个小组中有47个把美女照归于扰乱女性的性骚扰之例。公民及公职人员协会（The Society of Civil and Public Servants）把按照性来评价外表以及美女照归于性骚扰。受访女性认为，当美女照被挂在墙上时，她们感到"正在接受直接的比较"[98]。墙上美女照是直接用来危害女性的：在斯特拉斯克莱德区委员会诉波切利（*Strathclyde Regional Council v. Porcelli*）一案中，波切利夫人作证说，她的骚扰者经常"把我与被描绘的裸女外貌做比较，对我的外表指手画脚"[99]。但无论是美国还是英国司法制度都未表现出对一个事实的洞察，即这种骚扰是想让职场中的女性感到自己在身体上毫无价值，特别是在与男性相比较时。它是**想要恢复女性进入那个职场时所消除掉的那些不平等**。在引发女性对丑陋的感觉时——或，如果其"美貌"是曝光和愚蠢的目标——不应该是由于它导致了另一种伤害，就如法律现已界定的那样，才会被我们理解为歧视；这已经**是**一种伤害了。

职业美貌资格让女性始终在物质上和心理上保持贫困。它从那些会带来最大威胁的女性那里吸干金钱，这些女性如果学会了由经济保障所给予的权利感，就会带来威胁。通过职业美貌资格，即使是更富有的女性也远离了男性式的财富体验。其双重标准让女高管花费了远比男主管多的收入，这让这种女性事实上比她们的男同事更为贫困，而那正是它的部分目的。"女性为她们的外表而受到处罚，然而男性却能只穿着件灰色法兰绒外套就成功。"[100]《时尚》杂志的前美女编辑（这很讽刺）抱怨道，她估计了一下，她维护美貌的花费约每年 8000 美元。都市职业女性拿出多达 1/3 的收入来"维护美貌"，并认为这是一项必要投资。她们的雇佣合同甚至指定了她们工资的一部分要用于高档时装和昂贵的美容保养。《纽约女性》(*New York Woman*) 描述了一类典型的野心勃勃的职业女性，32 岁，花费了"几乎她 6 万美元收入的 1/4⋯⋯在自我保养上"。另一人则"愿意每年花费超过 2 万美元"用在有"时尚教练"指导的锻炼上。[101] 少数女性终于挣得和男性一样多了，但她们带回家的金额却因为职业美貌资格而被迫明显少于她们的男同事。它精心设计了"自己动手"的收入歧视。

当职业美貌资格被用来对付新晋的富有女性时，它有助于加强最高水平的歧视，并有助于将之合理化。1987 年，美国商会（U.S. Chamber of Commerce）报告发现，公司女性、副总裁以及更高地位的女性，挣得比男同事少 42%。[102] 露丝·赛德尔说，在 20 种薪水最高的职业中，男性的收入明显比他们的女同事高。这种差异是通过职业美貌资格从该新兴阶层那里吸干金钱、闲暇和**自信**而受到保护的，因此它允许了企业在更高工资水平上利用女性的专业能力，然而却保护了男性主导的组织结构，使其免受已脱离贫困线的女性的可能攻击。

这让女性筋疲力尽。随着 20 世纪走向结束，职业女性精疲力竭了；疲惫不堪的程度是她们的男同事可能没法想象的。最近的一系列调查把女性的压力概括成："一切情况都指向一点：现代女性筋疲力尽了。"[103] 在美国，70% 的资深女高管用疲倦来描述她们的主要问题；18 至 35 岁的美国女性中近乎一半感到"大部分时间里都很累"。1000 名接受问卷的丹麦女性中有 41% 回应道，她们"目前感到累"。在英国，职业女性中 95% 的人把"感到非同寻常地累"置于她们所列诸问题中的首位。正是这种疲惫可能会停止女性未来的集体进步，而这正是它的目的。职业美丽资格的严苛所带来的疲劳加剧是由其不断的饥饿及其无休止的电动跑步机所更新的，职业美丽资格可以最终控制直接歧视所不能实现的东西。因此，成就高的职业女性只有刚刚够用的精力、注意力及时间能把她们的工作做得出色，但极少有精力投入于那些能允许她们质疑并改变结构本身的社会行动或自由思想。如果严苛的要求加倍把女性带向身体的极限，她们就可能会开始只求回家。在美国，在疲倦的职业女性中已经有一些人私下地留恋以前的生活，那是让人一无所获的机械化职业晋升梯级之前的生活。

所有依靠强迫一个劳动力接受恶劣条件和不公平报酬的劳动体系都认识到了，让那劳动力一直筋疲力尽从而让其不惹麻烦是一种有效的手段。

这是对男性职业周期的颠倒。职业美丽资格从形象上教导女性，就像男性迅速获得权力一样，她们必须迅速地屈服于权力。年逾 65 岁的女性，这是美国人口中增长最快的一部分，她们中的 1/5 都生活在贫困之中。在美国，独自生活的 1/3 都是年老的女性，而她们中的半数其存款都不足 1000 美元。如果你是个女性，一位经济学家写道，"你有60%的概率在老年时贫困"[104]。美国老年女性的平均收入是老年男性的58%。[105] 在英国，单身的老年女性与老年男性人数比例是4∶1；而那些老年女性中，需要收入补贴的人是老年男性的两倍多。[106] 平均来说，德意志联邦共和国的退休女性只得到全部养老金的一半。[107] 美国退休女性中仅有20%拥有私人养老金。[108] 在世界范围内，到2000年时，挣工资的女性中只有6%领取养老金。[109] 如果说在我们的文化中变成老女人是可怕的，这并不只是因为你失去了外貌。女性紧抓着职业美貌资格不放，是因为它所威胁的东西是真的：一个年轻女子的确可以通过投资她的性感而在经济上更好，同时这与她通过终身努力工作所得相比，也是一种最优交换率。

"美女们"在少年时就到达了向她们所开放的可能性之顶峰；女性在经济中也是如此。职业美貌资格在经济领域内再生产了"美女"颠倒的生命周期：尽管女性运动第二次浪潮持续了20年，但女性的职业生涯仍然没有像男性一样在中年和晚年攀到高峰。虽然在20世纪70年代早期企业就已经开始聘用女性，这已早得足够给她们时间去进行重要的职业发展，但只有1%～2%的美国高级管理层是女性。[110] 虽然法律学校的半数毕业生是女性，并且私人公司中30%的同事是女性，但仅有5%的合伙人是女性。在美国与加拿大的顶尖大学中，女教授的数量也仅有约5%。晋升障碍促进了传统精英的利益，而它良好的运作秩序是由美丽神话所加强的。

对该情况的一个回应是，在每种职业中已经取得晋升的老年美国女性被迫把年龄的征兆（而这却是男性晋升的辅助品）看作对整形手术的"需要"。她们把这种"需要"视为职业责任，而不是一种个人责任。男性同事有容貌符合其实际年龄的上一代老年成功男性作为榜样，但当代女性几乎没有这样的榜样。

这种对整形手术的雇佣要求把女性带入另一种工作现实中，该现实基于把人类当作工人来使用的观念，而这些观念自从废除奴隶制以来——在那以前，奴隶主有权对他的工人施加身体上的损害——就再没应用到男性身上。整形手术经济当然不是奴隶经济；但在它对身体持续、痛苦而又危险的改造日益增长的要求中，它在奴隶经济和自由市场之间建构了一个类别，其建构就如在其他时空里做文身、烙印和划痕一样。奴隶主可以砍掉抵抗管理的奴隶的双脚；而在这种发展之下，雇主实际上也能切掉女性面孔的一些部分。在自由市场中，工人的**劳动力**卖给了雇主；但她的**身体**是她自己的。

整形手术和自我完善的意识形态可能使女性诉诸法律的希望破灭了。我们可以更好地理解这种发展多么狡猾，如果我们试着去想象，一个种族歧视诉讼引来了一种强大的技术，这种技术能让非白人看上去更白，同时这会伴随着强烈的痛楚。一个黑人雇员现在叫以感同身受地控诉，他并不**想**看上去更白，并且不应该为了保住工作而看上去更白。我们还没开始把这个问题推进到女性的公民权。公民权会让一个女性有权说，她宁可看起来像自己而不是像某个"美貌的"年轻陌生人。虽然职业美貌资格在一个类似的生理等级制中给女性划分等级，但女性身份还远不如种族身份那样被认为是合法的（虽然它已经被微弱地意识到了）。一个女性面对着就像白人霸权神话那样强大的美貌神话，她决心显示她对她的年龄、她的体型、她的自我、她的生命的忠诚，这理应被当作一种政治忠诚而被尊重，就像任何民族或种族的自豪一样，但这对于主导文化来说是难以置信的。

它让女性一直孤立。职场中女性的集体团结将会迫使权力结构做出昂贵的让步，许多经济学家现在相信，如果女性要得到真正的平等机会，这些让步是必要的：托儿所、弹性的工作时间、生育后的工作保障，以及育儿假。这可能也将改变工作的焦点和组织的结构。女性文员、销售人员的联合会迫使西方经济体严肃地承认女性劳动力作出的贡献：根据就业机会均等委员会的资料，英国 50% 的职业女性还未加入工会。在美国，86% 的职业女性还未加入工会。许多经济学家相信，女性是工会的未来——她们是解决过去 20 年"贫困女性化"（the feminization of poverty）问题的方法。"加入工会的女职工的平均所得比未加入工会的女职工高出 30%，这个事实足以说明问题。"有人写道，"聚在一起的女职工做得更好"。文员占女性雇佣劳动者的 1/3，销售及服务行业的人员则超过了 1/4，她们是一些最难加入工会的群体。当女性学会首先把彼此看作美女时，团结最难以发生。美貌神话促使女性相信，每个女性都只顾着自己。

它利用她的身体去表达她的经济角色。当一位女性说"即使我按他们的规则来行事，这也永不会变得公平"时，她就洞察了这个神话真正的运作方式。即使再多劳动也永不会得到足够的报酬；虽然她可能会极为努力，但她永不会真正地"成功"；她的出生并不是一个美丽贵族的诞生，那神秘的物种。这不公平。这就是为什么它存在着。

女性为美丽而付出劳动以及把女性评价为美女而非职工，这些在每一天都给予女性以真正的经济不公正的隐喻，这些不公正是在职场中被施加于她们的：选择性的福利；晋升中的偏祖；毫无工作保障；养老金办法（它只是支付了职工已经投入其中的小部分资金）；一个不可靠的股份投资（由从投资者的损失中获得收益的无耻顾问来掌控）；来自管理部门的虚伪承诺及不值钱的合同；最早被雇用的员工最先被解雇的政策；没有工会，严酷打击工会，而且还有大量不参加工会的工人等待被召唤。

凯瑟琳·麦金农援引道，在一次行为学实验中，一群鸡在每次啄食时都被喂食；而另一群鸡是每当它们第二次啄食时就喂食；第三个鸡群则是随机喂食。当喂食中断时，第一个鸡群立刻停止了努力，然后第二个鸡群很快停下了。而第三个鸡群，她写道，"**从不曾停止努力**"[111]。

随着美貌和工作奖赏她们、处罚她们，女性从不会指望一致性——但可以指望一直努力下去。职场中的美丽工作和职业美丽资格共同教导女性，对她们来说，公正并没有被落实。那种不公正呈现在女性面前，作为不变的、永恒的、适当的、产生于她自身的东西，就像她的身高、发色、性别、脸型那样是她的一部分。

第三章

文　化

中产阶级女性已经从世界中隐退，彼此孤立，她们的传统在每一代被湮没，因此她们比男性更依赖于提供给她们的文化榜样，更有可能被它们留下烙印。玛丽娜·沃纳（Marina Warner）的《纪念碑和少女》（*Monuments and Maidens*）解释了以下现象是如何产生的：男性个体的名字和面容被铭记在纪念碑上，支撑纪念碑的则是统一而匿名的（并且"美貌"的）女性石像。这种情况在各个文化中都很常见。由于世上几乎没有什么角色榜样，女性就在银幕和光滑的杂志页上去寻找它们。[1]

这种模式不考虑作为个体的女性，它从高雅文化延伸到通俗神话："男性观看女性。女性观察自己被人观看。这不仅决定了男女关系，还决定了女性与她们自身的关系。"[2] 批评家约翰·伯格的这段著名引文在整个西方文化史中都是正确的，而它现在比以往任何时候都更加正确。

男人也接触到男性**时尚**模特，却不会把他们视为**角色**榜样。为何女性会对毫无意义的东西——实际上是形象，是一些纸片——有如此强烈的反应？她们的身份如此脆弱吗？为何她们觉得自己必须把"模特"（人体模特）当作是"模型"（典范）？

这个"理想",不论在那一刻呈现出了什么形式,为何女性对她做出的反应就好似她是个无可商量的律令?

女主角

女性的身份并非天生脆弱。但"理想"意象已经变得对女性过分重要了,因为它本来就是为了这一目的而被制造出来的。女性在男性文化中只是"美女",这样文化就可以一直是男性的。当文化之中的女性显示出性格时,与令人满意的天真少女相比,她们就不令人满意了。一个美丽的女主角在术语上是自相矛盾的,因为女主角和个性、有趣、不断变化有关,而"美女"是类的、无聊的、惰性的。尽管文化制造出了道德两难,"美女"却是无关道德的:如果一个女性出生就类似于一件艺术品,这就是个自然的例外,是大众知觉的一个善变的共识,一个特殊的巧合——可它不是一种道德行为。从男性文化中的"美女"那里,女性学到了一个无关道德的苦涩教训:她们文化的许多道德训诫都放逐了她们。

自14世纪以来,男性文化业已通过把女性按美丽区分开而让她们沉默:由吟游诗人所发展出的特征目录,首先麻痹了心爱的女人,让她们进入了美女的沉默。诗人埃德蒙·斯宾塞(Edmund Spenser)在他的赞美诗《婚曲》("Epithalamion")中完善了这些特征的目录;而我们以各种形式继承了它,从在女性杂志上列出你优点的文章,到大众文化中收集了完美女性的各种幻想。

文化把女性气质扁平化为美丽却头脑空空或是睿智却其貌

不扬，从而把女性刻板化，让她们符合神话；女性被允许有脑子或是有身体，但不能两者皆具。一个普通的寓言教会了女性这个教训，那就是漂亮与相貌平平的配对：在《旧约》中是利亚和拉结①，在《新约》中是马利亚和马大；在《仲夏夜之梦》中是海伦娜和赫米娅；在契诃夫的《樱桃园》里是安尼雅和杜尼雅莎；在多帕奇中是黛茜·梅和莎蒂·霍金斯②；在《绿野仙踪》童话中的奥兹国里是好女巫格林达和邪恶的西方女巫；在漫画《阿奇·安德鲁斯》(Archie Andrews) 里是住在河谷的维罗妮卡和埃塞尔；在20世纪60年代的美剧《吉利根岛》中是金吉和玛丽·安；在20世纪七八十年代的美剧《三人行》中是珍妮特和克莉丝；在70年代的美剧《玛丽·泰勒·摩尔秀》中是玛丽和罗达；等等。男性文化似乎极乐意同时想象两种女性，她们被定义为美丽神话中一一对应的获胜者与失败者。

另一方面，女性的作品则颠覆了这个神话。女性文化最伟大的作家们一同寻找光辉，寻找一种具有意义的美丽。被高估的美丽与被低估的、没有魅力但生气勃勃的女主角之间的斗争构成了女性小说的主干。它们从《简·爱》一直延续到今天的平装浪漫小说，在这些小说里，艳丽却心性险恶的对手有着卷发和深深的乳沟，而女主角却只有她充满活力的明眸。男主角是否有能力领会女主角真正的美丽，就是他所面对的主要考验。

这个传统在简·奥斯丁的《爱玛》(Emma) 中，让美丽却

---

① 《创世记》29:17 中古代以色列人的始祖雅各的妻子，为两姐妹。妹妹拉结生得美貌俊秀，雅各更爱她。——译者注
② 多帕奇是漫画家艾尔·凯普的著名连载漫画《莱尔·阿布纳》(又译为《丛林小子》)中的虚拟设定：一种按石器时代的方式生活在一个荒凉小村子里的群落，里面的男人都很懒，不爱工作，但这里的女孩却不顾一切地追求他们。黛茜·梅是个美女，莎蒂·霍金斯则是一个嫁不出去的老姑娘。——译者注

乏味的简·菲尔费克斯（"我不能撇开她的肤色而去看待菲尔费克斯小姐"）和淡雅的爱玛·伍德豪斯竞争；在乔治·艾略特的《米德尔马契》（Middlemarch）中，让无聊的金发美女罗莎蒙德·文西（Rosamond Vincy，"如果你没有得到最好的裁判官的赏识，哪怕你生得千娇百媚，有什么意思"？）与"修女似的"多萝西娅·卡苏朋（Dorothea Casaubon）竞争；在奥斯丁的《曼斯菲尔德庄园》（Mansfield Park）中，有操纵欲的、"极漂亮的"伊莎贝拉·克劳福德（Isabella Crawford）与不喜欢出风头的范妮·普莱斯（Fanny Price）相竞争；在奥斯丁的《诺桑觉寺》（Northanger Abbey）里，是时髦却无情的伊莎贝拉·索普与"特别是在牵涉女性美貌的话题上"对自己没自信的凯瑟琳·莫兰（Catherine Morland）相竞争；在夏洛特·勃朗特的《维莱特》（Villette）中，是自恋的金奈芙拉·范肖（Ginevra Fanshawe，"我今晚看起来怎么样？……我知道我美"）与不起眼的露西·斯诺（Lucy Snow，"我照着镜子瞧瞧自己……然而我对这种惨淡景象并未多加考虑"）相竞争；而在路易莎·梅尔·奥尔科特的《小妇人》里，虚荣的艾美·马奇（Amy March），就像"一座优雅的雕像"来与顽皮的乔（Jo）竞争，乔卖了她身上"一份美丽"来帮衬家里，那是她的头发。这个传统一直传至今日的艾莉森·卢里（Alison Lurie）、费伊·韦尔登（Fay Weldon）、安妮塔·布鲁克纳（Anita Brookner）的小说里。女性书写充满着美丽（无论主人公有还是没有）导致的不公，到了心碎的地步。[3]

但当女孩们读到男性文化的书时，这个神话推翻了上面那些小说似乎要说的东西。在这个神话发挥作用伊始，说给孩子的、作为固有价值之寓言的那些故事对女孩来说变得毫无意义。

以普罗米修斯的故事为例，它出现在美国三年级小孩的沙利文读本漫画书中。为了让孩子社会化，以便融入西方文化，它教导说，一个伟大男人敢于为知识上的勇敢、为进步、为公共事业冒一切风险。但作为未来的女性，小姑娘则要学会世界上最美丽的女人是由男人创造的，并且**她**在知识上的勇敢给男人带来了最早的疾病和死亡。神话让一个阅读的女孩怀疑文化叙事中的道德一致性。

随着她的长大，她的双重视野强化了：如果她读了詹姆斯·乔伊斯（James Joyce）的《一个青年艺术家的画像》（*Portrait of the Artist as a Young Man*），她无意去质问为何斯蒂芬·迪达勒斯（Stephen Dedalus）是他这个故事的男主人公。但在托马斯·哈代（Thomas Hardy）的《德伯家的苔丝》（*Tess of the D'Urbervilles*）里——为什么叙述之光会落到她身上，而不是其他健康而单纯的，在那五月早晨围着圆圈跳舞的韦塞克斯农场女孩身上呢？人们看到了她并发现她是美丽的，所以**事情才会发生在她身上**——富有、穷困、卖淫、真爱，以及上吊。至少可以这么说，她的 生变得有趣，然而她周围的双手粗壮的打谷女孩，她的朋友们——这些人没有幸运/不幸地拥有她的美丽——待在泥泞的外省里继续干艰苦的农活，那可没成为小说的素材。斯蒂芬生活在他的故事里，则是因为他是一个必须也终将会闻名的优秀之人。但苔丝呢？如果她不美丽，她早已从大事件的席卷和恐怖中被略去了。女孩学会，不论故事有趣与否，它们都发生在"美貌的"女性身上。并且，无论有趣与否，这些事件都不会发生在不"美貌"的女性身上。

她早期在神话中所受的教育让她容易被成人女性的大众文

化女主角 —— 女性杂志中的模特 —— 所影响。当想到这个神话时，女性通常会首先提到的正是这些模特。

女性杂志

多数的评论员，就像英国以揭发丑闻而闻名的《私眼》（*Private Eye*）的讽刺作家，嘲笑女性杂志只关心"细枝末节"，他们也嘲笑其社论的腔调："女性杂志是老一套的……把对口淫的了解和深深的多愁善感结合在一起。"[4] 女性也相信它们传递了美貌神话最糟糕的那些方面。读者自己总是纠结于它们所提供的与焦虑混杂在一起的快感。一个年轻女性告诉我，"我买它们是作为一种形式的自虐。它们给我一种期待与恐惧相结合的古怪混合物，一种激起阵阵涟漪的愉悦。是的！哇！我最好就从这一分钟开始！看看她！看看**她**！但之后，我就想扔掉我所有的衣服、我冰箱里的每件东西，告诉我男朋友不要再给我打电话，然后点燃我的整个生命。我羞于承认我每个月都读它们"。

女性杂志伴随了女性的发展及美貌神话的同步演进。19世纪六七十年代之间，格顿学院和纽纳姆学院、瓦萨学院和拉德克利夫学院以及其他为女性提供高等教育的机构被建立起来，就像历史学家彼得·盖伊所写的那样："女性解放正在失控。"[5] 与此同时，锁定了女性美丽形象的大众生产变得完善，《女王》和《时尚芭莎》建立了；比顿的《英国女性家庭杂志》（*English Women's Domestic Magazine*）的发行量翻倍到了五万份。[6] 女性杂志的增加是由资本的大量投资与中低阶层女性及工人阶级女性增强的读写能力和购买力共同造成的：美貌的民主化业已开始。

在世纪之交，杂志最先采用了广告。随着妇女参政论者致力于进入白宫和议会的大门，女性杂志的发行量再次增加了一倍。经由那些青少年与新女性时代，它们的风格已经稳定为现今的模式：安逸、松懈而亲密。

其他作家已经指出，杂志反映了女性状况的转变：维多利亚时代的杂志"迎合了事实上是在家庭束缚下的女性"，但随着女性加入一战之中，它们"迅速发展出一种相应的社会意识"。当男劳动力从战壕里归来时，杂志又回归到家庭之中。在20世纪40年代，它们再次美化了战时－生产的有偿工作与战时－投入的志愿工作的世界。"报界合作"，约翰·科斯特洛（John Costello）在《爱、性与战争：1939——1945》（*Love, Sex, and War, 1939—1945*）中写道，当"战时人力委员会求助于……广告云集的麦迪逊大道来推动全国运动，以吸引初次工作的女工"时，[7]他声称，女性的魅力在招募士兵的运动中是一个主要武器，就像今天的美貌神话为政府和经济体服务那样。

随着女性回应并承担了比男性报酬更高的工作，一种新的胜任感和自信心鼓励了她们。与此同时，科斯特洛写道，广告宣传"试图保持住女性战时工作者可被社会接受的女性形象"。那时的旁氏冷霜广告是这么说的："我们喜欢自己**看上去**有女人味，虽然我们在做着适合男人的工作……所以我们把鲜花和丝带插入发鬓，并努力让我们的脸庞始终看起来如你喜欢的那么可爱。"科斯特洛引用了一个化妆品公司的广告，那个广告承认，虽然战争不会因口红而获胜，但"它象征了我们为何而战的一个原因……即为了女性保持女人味和可爱的宝贵权利"。面对着给了女性以责任、自主性、公办托儿所和可观收入的社会剧变，广告商需要确保其产品还留有市场。科斯特洛注意到，"不只是广告商……杂志的文章也集中在女士们对需要保持其女性系数（FQ）的关注上面"，杂志需要确保其读者们不会把自己从她们对女性杂志的兴趣中解放出来。

当男人退伍时，西方经济体面临了一场危机。在美国，政府需要"对抗这样的恐惧，即美国士兵将会回到一个因女性而饱和的雇佣市场"。人力委员会惊恐地意识到，他们将剥削女性劳动力作为应急之策的算盘打错了："男性主导的官僚政治在暗中筹划战后计划，这是基于一种假设，即大多数女性会温顺地回到她作为妻子和母亲的永恒使命上。但他们错了。"大错特错：实际上，1944年的一项调查发现，61%～85%的女性"当然不想在战后回到家务活里"。委员会在来自工作女性的坚决回应中所看到的威胁是：回来的退伍老兵丢掉饭碗，被低薪的女工人取代，这种情况会导致政治动荡，甚至会导致再一次大萧条。战争结束后的一年，杂志再一次摇摆，倒向鼓吹女性回归家庭生活，这次比以往更夸张。三百万美国女性和一百万英国女性被解雇或是辞职。

虽然很多作家已经指出，女性杂志反映了历史变化，但几乎没有人调查它们的部分工作是如何决定历史变化的。编辑通过解读时代精神而工作有成；女性杂志的编辑则必须对社会要求女性承担什么社会角色保持警觉，以服务于那些赞助其刊物的人的利益，并且越来越多的主流媒体也这么做了。女性杂志在一个世纪以来已经成为改变女性角色最有力的代理人之一，并且，在那段日子里——今日则更甚——它们都始终去美化经济、它们的广告商以及战时的政府彼时需要从女性那儿得到的无论什么东西。

到了20世纪50年代，传统女性杂志的任务恢复了："从心理学上说，"安·奥克利在《主妇》(Housewife)中写道，"它们让疲倦的母亲、负担太重的主妇能够与她理想的自我联系在一起：这种自我渴望成为一个好主妇、好妈妈、持家高手……女性在社会中所预期的角色（就是）在这三种角色中追求完美。"[8]然而，完美这个概念是随着雇主、政客的需要而改变的，而在依赖于消费节节攀升的战后经济中，则也随广告商的需要而改变。

20世纪50年代，广告收入飙升，这改变了编辑部和广告部之间的平衡。女性杂志开始对各公司感兴趣，"随着战争即将结束，这些公司必须让消费品销售取代战时合同"。女性杂志中的主要广告商——女性奥秘的推手——试图推销日用品。

贝蒂·弗里丹的《女性的奥秘》(The Feminine Mystique)中有一章标题为"针对性别的销售"，在这一章中，她追溯了美国家庭主妇如何"缺乏身份"且"缺乏目标……（这些）如何被操纵来促进市场赢利"。她调查了一项营销服务并发现，相对于那三种女性，职业女性从广告商的观点来看是"不健康的"，并且"不让这个群体壮大将会对他们有利……她们不是理想的顾客类型。**她们太有批判性了**"[9]。

营销者的报告描述了如何去操纵家庭主妇，让她们变成缺乏安全感的日用品消费者，他们说道，"必须实现负罪感的转移"，"将资本化……建立在'对隐藏的尘埃的负罪感'之上"。通过强调做烘焙的"治疗价值"，他们建议，"随着X融入家中，你将成为一个不同的女人"。他们力促要给予主妇"一种成就感"，以对她所从事的"无穷无尽"而又"耗费时间"的工作加以补偿。他们敦促厂家提供给她"针对专门任务的专门产品"；

让"家务活成为一种知识和技巧的事务,而不是一种体力活、无趣而不间断地费劲干的事情"。把你的产品等同于"心理上的奖励",一种"近乎宗教虔诚的感觉","近乎宗教信仰"。报告得出结论,对于"加入了心理价值的"产品来说,"价值本身一点也不重要"。现代广告商则在贩卖节食产品、"专业"化妆品,以及抗老面霜,而非家庭用品。1989年,"洗护用品和化妆品"提供给杂志的广告收入是6.5亿美元,而"肥皂、清洁用品和抛光剂"收益仅占总额的1/10。所以当今的现代女性杂志更集中在美丽产品而非家务用品:你可以轻易地用从美丽神话那里得来的恰当的现代对应物来替代上述20世纪50年代引文中所提到的所有东西。[10]

如果各类媒体和商务广告是"**警告买家'一经售出概不负责'的明证**",弗里丹在结论中说道:

> 伪装在编者寄语之中的同样针对性别的推销没那么荒谬,并且也更多了些隐蔽性……有条备忘录从来不必写下,有句话也从来无须在编辑会议上说起;做出编辑决策的人,无论是男人还是女人,他们/她们都常常为了广告经费而降低自己的高标准。

这在现今依然正确。

除了细节之外,有关美梦,结构性的东西毫无变化。贝蒂·弗里丹追问道:

> 为何它从不说出那个真正关键的功能……说出女性充当主妇是为了替家庭买更多的商品?……不知是哪个地方

的哪个人用某种方法弄明白了，如果女性的处境一直是没得到重用，一直在匿名地渴望，全副精力都用来摆脱主妇的身份，那么她们将会购买更多的商品……只有相当精明的经济学家才会清楚，如果主妇市场开始衰落的话，什么能保持我们的富裕经济始终运转。

当躁动、孤独、无聊而又没有安全感的主妇逃离女性奥秘、奔向职场时，广告商面临了主要顾客的流失。如何才能确保忙碌而振奋的工作女性会持续不断地进行消费，还能保持在她们原本那种消费水平上？那时，她们曾经有整天的时间去做这些事，而且几乎没有别的什么兴趣去占用她们的时间。一种新的意识形态是必要的，它将迫使女性陷入同样基于不安全感的消费主义；不同于女性奥秘的意识形态，它必须是一种适合公文包大小的神经症，从而职业女性可以将它随身携带到办公室。让我们改述一下弗里丹的话：为何它从不说，女性充当有抱负的美女的真正关键功能，是**为其身体购买更多的商品**？不知是哪个地方的哪个人用某种方法弄明白了，如果女性的处境一直是追求成为"美女"、自我憎恨、永远失败、饥饿、在性方面有一种不安全感，那么她们将会购买更多的商品。

"精明的经济学家"确实想出了对策，一旦主妇市场在弗里丹此书所鼓舞的女性进步的第二次浪潮之后开始衰退，什么会保持我们的富裕经济持续下去：他们想出了美丽神话的现代形式，随之而来的是其330亿美元的瘦身产业和200亿美元的青春产业。

随着女性奥秘的崩溃和女性运动的复兴，那个过时宗教的杂志及广告商们面临着他们自身的衰退。**现代形式的美丽神话**

出现了，它取代了女性奥秘，从女性革命引起的经济衰退中挽救了杂志和广告商。

美丽神话直接接手了弗里丹所说的家庭"宗教"的功能。术语变化了，效果却是相同的。对于20世纪50年代的女性文化，弗里丹哀叹道，"对于一个想要成为偶像的女性来说，没什么办法"能比得上"一直生孩子"；今天，一个女偶像则必须"一直美丽"。

女性运动几乎成功地推翻了杂志有关女性气质的经济学。在第二次浪潮期间，服装厂商惊恐地发现女性不再花费很多金钱在服装上了。[11]因为中产阶级女性抛弃了她们作为消费主妇的角色，进入了劳动力大军，可以预见到，她们与外部世界事务的接触将令她们完全失去对女性杂志所代表的孤立的女性现实的兴趣。随着20世纪60年代末开始发生的时尚剧变，杂志的权威进一步被削弱，高级女装走向终结，时尚历史学家伊丽莎白·威尔逊（Elizabeth Wilson）和卢·泰勒（Lou Taylor）所称的"普适风格"开始了。[12]解放了的女性还会读女性杂志吗？为什么要读？实际上，在1965年至1981年，英国女性杂志的销售额从每年的5.553亿份迅速下滑到4.074亿份。[13]杂志编辑和出版商能够预见到，他们/她们对女性的传统控制正在因社会变革之风而解开束缚。

高级时尚文化终结了，女性杂志的传统专长也突然不再重要。女性奥秘消逝了；**剩下的仅有身体**。随着女性运动的复兴，《时尚》在1969年推出了裸体风格（Nude Look），这既充满希望，但也许也是绝望的。[14]女性刚感觉到自己从旧时尚的束缚中解放，又遭到了一种关于她身体的新的险恶关系的反扑，正如历史学家罗伯塔·波拉克·赛义德（Roberta Pollack Seid）所写的那样:"《时尚》开始像关注服装一样关注身体,这部分是因为它们的无政府风格几乎没什么影响力。"杂志剥去了自身那过时的专业性,放弃了以前的目标群体和广告手段,几乎是完全人为地发明了一种新的策略。这是一种令人震惊的改变:通过将之前几乎不成问题的东西称作"问题",一种完全的替代性文化发展起来了,它把问题聚焦于女性的自然状态,并把它上升到关乎女性的生存困境。从1968年到1972年,和节食有关的文章数量增长了70%。[15]在大众出版中,1979年全年关于节食的文章有60篇,但这在1980年1月这一个月就激增到了66篇。[16]到了1983年至1984年,《期刊文献读者指南》上所列的文章为103篇;1984年,300本节食书籍被放在书架上出售。[17]有利可图的"罪恶感转移"(transfer of guilt)复活得正是时候。

"罪恶感转移"拯救了女性杂志,这个策略是从主流媒体对复兴的女性运动女英雄的夸张描述那里获得力量的,这种夸张描述已经令人不胜其烦地说了一个多世纪,它总是为同一种反扑服务:1848年为女性人权法案而举行的塞内卡福尔斯会议(Seneca Falls Convention)激起了一篇篇有关"无性的女人"的社论,盖伊写道,它们暗示这些女性已经变成激进主义者,因为"她们对找丈夫这件事太过排斥……这些女性完全没有个人吸引力"。他所引用的另一个反女性主义宣传员则把这些女性的特征概括为"混血,半男半女,却不属于任何一方"[18]。当支持者堪萨斯的莱恩议员代表"124名美丽、聪明和有才华的女士"递交予以女性公民权的请愿书时,另一个社论抗议道:"那种诡计……是不会成功的。我赌一个苹果,那人提到的那些女士并不'美丽'或是有才华。她们十个有九个肯定都人老珠黄。她们都有鹰钩鼻,凹陷的眼睛周围有鱼尾纹……"[19]一个对女性主义骚动做出回应的医生这样描述这些"堕落的女性":"她们嗓音低沉、身体多毛、胸部扁平。"[20] 根据盖伊的说法:"女性主义者被诋毁为失败的女性,是半个男人,是啼叫的老母鸡……各处的幽默杂志和带有敌意的立法人员都传播了一个可怕的画面——散发男子气概的吓人泼妇对着下议院高谈阔论。"[21]

20世纪60年代,女性一开始大声说话,媒体就采用了那一时代的致命谎言所要求的梦工厂,训练美丽神话来打击女性的外表。1969年美国小姐选美大赛引起抗议,媒体对这次抗议的反应为接下来的反扑做好了准备。新闻报道集中在符号解读上,**美国小姐只有一个错误——她是美丽的,而嫉妒会让你一无所获**。[22] 很快,《时尚先生》把女性主义者格洛丽亚·斯泰纳姆勾勒为"聪明的美女",而《评论》将女性主义驳斥为"一群……丑陋的女人,在电视上朝着彼此尖叫"。《纽约时报》则引用了一个传统女性领导者的话:"她们中实在有太多人太没吸引力了。"[23] 1970年在第五大道上的游行示威被《华盛顿星报》解读为重要的一步,因为这"让关于女性解放论者是丑陋的的谣言退散",记者皮特·哈米尔(Pete Hamill)已经"好些年没有在一个地方看到如此之多的美女了"[24]。在美国著名作者诺曼·梅勒(Norman Mailer)和著名女性主义者杰曼·格里尔在市政厅展开那场著名的辩论之前,梅勒对格里尔说:"你比我原以为的更好看。"[25] 头条新闻写道,**女性正在造反**。[26] 女性采用了他们描述运动的那种方式,这些夸张描述起作用了。

虽然许多女性意识到她们的注意力正这样被聚焦,但几乎没有人充分认识到这种聚焦是如何彻底地在政治上运作的:把注意力吸引到女性领袖的身体特征,在此过程中,**她们就可能因太漂亮或是太丑陋而出局**。其实际效果就是阻止了女性对政治事务的认同。如果公共女性被指太"漂亮",她就是一个威胁、一个对手——或简单地说是不严肃的;如果她被嘲笑为太"丑陋",人们就会因自己认同于她的政策而冒上自己和她是一路货色的危险。**没有一个女人或是一个女性群体**——无论是主妇、妓女、宇航员、政治家或女性主义者——能在美貌神话令人全无胜算的审查下毫发未损,这个事实的政治意涵还没有全方位地得到整理,因此以各个击破为策略的梦工厂是有效的。因为"美貌"追随着时尚,而这个神话判定了当某种女性的因素成熟起来时,它将是不时髦的。在这个神话的透镜下,女性主义的成熟被粗鲁但又有效地歪曲了。

女性运动之后的杂志新潮流借助焦虑——这种夸张描述在成功女性中诱发这一焦虑——而得到流行。不管怎样,新潮流在1965年由改版后的《大都会》(Cosmopolitan)所开创,它较之于弗里丹所攻击的早期服务性杂志,确实是一场革命。它们的方案包括了一种雄心勃勃的、个人主义的、敢闯敢干的腔调,告诉你,你应该做到最好,什么都不能阻挡你;也包括了一种对私人关系及性关系的关注,它肯定了女性的野心和情欲;也在呈现女模特性别化形象时传达出女性性解放的思想,虽然只是比那些针对男人的形象微妙些。但这个方案必须也包含某种与上述内容相抵触的因素,它会破坏一切支持女性的进展。在节食、护肤、美容整形的过程中,它贩卖给女性钱可以买到的美貌神话最致命的版本。杂志所提供的这一强制性的美貌神话配料,在它们的读者中诱导出了一种让人狂乱、心痒痒而又火烧火燎的对商品的渴望,也诱出一种持久存在的幻想:渴望某个神仙教母会降临在读者的家门并使她入睡。当她醒来时,她的盥洗室将会放满带有步骤说明书的最合适的护肤品,还有那最需要的化妆调色盘。这和蔼的幽灵会完美地染好并修剪好沉睡者的头发,改造她的面孔,毫无痛楚地给她做好美容。在她的衣橱里,她会发现一整套行头,它们按照季节和场合放得整整齐齐,配好色也装饰好的饰品撑在了鞋楦上或放在了帽盒里。冰箱里则放满了小蔬菜,它们被精巧地展示在预先准备好的美食中,还有巴黎水和依云矿泉水被整齐地排列在那里。她会把自己交付给一个女性消费者神话的世界,超越了食欲的世界。

杂志信息的肯定与否定部分的极端不一致在女性中激发了极端的反应［1970年,《妇女家庭杂志》(The Ladies' Home Journal)成了愤怒的女性静坐示威的靶子］。为什么女性如此关心杂志说了什么和展示了什么?

她们关心是因为,尽管杂志是琐碎的,但它们表现了极为重要的某种东西:女性大众文化。一份女性杂志不只是一份杂志。女性读者和其杂志之间的关系与一个男人和其杂志之间的关系是极为不同的,它们根本不属于同样的范畴:一个阅读《大众机械》(Popular Mechanics)或《新闻周刊》(Newsweek)的男人,他只是在浏览一般男性导向的文化,浏览这无处不在的文化的无数视角中的一种。而一个阅读《魅力》(Glamour)的女性手中捧着的却是女性导向的大众文化。

女性深深地受到了那些杂志所说内容(或者说,她们所相信的杂志告诉她们的内容)的影响,因为作为了解女性集体感受的一扇窗口,这些杂志就是大多数女性所拥有的一切了。一般文化对于什么才有新闻价值采用了一种男性的视角,所以美国橄榄球超级杯大赛会登在头版,而儿童保育立法上的改变却被埋没在某内页的一个段落里。而对于谁值得去看,这也采用了一种男性的视角:在《生活》(Life)杂志长达50年的封面中，虽然刊登了许多的女性，但其中只有 19 名不是女演员或模特；也就是说，只有这部分人不是因为其"美貌"而出现在封面上（实际上，美貌神话的真相是，对于总统夫人埃莲诺·罗斯福，几乎每一位采访者都提到她出了名地"丑"）。报纸把关于女性的事务贬低到"女性页面"；电视新闻节目把"女性的故事"打发到了日间时段。相形之下，女性杂志是流行文化中唯一随女性的实际状况而变化的产品（这不像浪漫小说），它们大多数是由女性为女性写下的有关女性事务的文章，并认真对待女性所关注的问题。

女性对杂志的信息不一致反应如此强烈，是因为她们或许已经认识到杂志的矛盾正是她们自己的矛盾。杂志在经济方面的实际情况正是女性个人在经济上的实际情况的放大；它们反映了一种不稳定的休战，其中，女性用美貌思维为她获得的眼界及力量而付出代价。**女性杂志自身也隶属于职业美丽资格的文字版本**。就像其读者那样，杂志必须为其往往严肃的、支持女性的那些内容而付出些代价，那就是美丽反扑的陷阱；它必须这么做以安抚其广告商，这些人感到了一种威胁，那是女性新闻杂志中太多优秀的内容可能对女性心灵造成的影响。杂志的个性被劈成了两半，一边是美貌神话，另一边则是女性主义，这恰恰与它们的读者被分裂成两半的情况一样。

杂志是不是琐碎的、可耻的、反女性主义的？美貌神话是的；但迄今为止的社论内容，只要在可以逃离美貌神话的情况下，却显然不是的。许多关心女性文化的女人都被吸引来搭上女性大众意识的这一溪流，无论她是作为编辑、作家还是读者。在女性主义复兴之后，杂志的社论内容变得完全不同，变得更好了。20 年前，在《妇女家庭杂志》的办公室示威的积极分子们曾提出了一个有关文章应持有何种理念的乌托邦式清单：杂志不应再描述"莎莎·嘉宝的床"，她们提议的话题是："怎样堕胎""女性是如何被分裂的，以及为什么""怎样离婚""日间托儿所的发展"，以及"我们的洗涤剂会对河流与小溪带来什么影响"[27]。而这一切都已发生了：人们把这每一条曾经显得极端的建议认作是女性杂志新潮流的典型进展。

很少得到承认的是，这些杂志比其他媒介更广泛地普及了女性主义观点——当然要比鲜明的女性主义杂志普及得更广泛。正是通过这些用光纸印刷的杂志，源自女性运动的各种议题扫除了各种障碍，并从学术的象牙塔吹进了工人阶级女性、农村女性、没受过高等教育的女性的生活之中。从这个角度来看，它们正是社会变革的有力工具。

这些杂志中的女性主义内容达到了贝蒂·弗里丹所攻击的塞西尔·比顿（Cecil Beaton）的《时尚》或是《红皮书》所无法想象的水平：文章定期地讨论关于堕胎、强奸、女性受虐、性的自我表现以及经济独立的内容。其实，较之于其他地方，对美丽神话所做的批判在它们之中也更为频繁。例如《魅力》杂志——"如何认同你已有的身体"；《她》——"脂肪不是一种罪"；《大都会》——"我们应该怎么应付色情？"还有《魅力》——"真实女性的呼吁"。（"为巧舌如簧的女演员让路，她们无须绚丽就能得到男人……她们的性吸引力来自精力、爽快的玩笑、聪明，而不是雕像般的体型或漂亮外表。"）即使是那些处理情感状态和个人关系的文章，那些最常受到嘲笑的文章，也不是可笑的，只要人们考虑到共同体怎样通过这种"情感家务"（emotional housework）——女性被期望天生地知道怎么去做这些——团结在一起。

当强调的重点放在了它们所呼吁内容的"大众"部分时，女性杂志的政治重要性变得更加清楚了。许多书和杂志都从女性运动中借鉴了些议题来讨论少数派：中产阶级受教育女性。但新出现的女性杂志却是有史以来的第一批先驱：它们对女性中的大多数人、那些正在经济上奋斗的人说话，告诉她们，她们有权先定义自己。这些女性杂志为她们指出了获得权力的种种方式：学习武术、炒股、管理自己的健康。这些杂志登载女性小说，登载成功女性的简介，并讨论与女性相关的法律。如果我们只从为讨论女性的政治和文化经验提供足够的空间来看，那么对于女性的进步来说，最无足轻重的女性杂志恰恰是比最具重量级的综合期刊更为重要的一股力量。

它们也通过信件、长篇连载，以及不断变化的撰稿者，为女性与女性彼此之间的论争提供了一个珍贵的平台。因为这些杂志是女性了解其他世界正发生什么事的唯一空间，相较而言，"严肃"期刊却太过浮光掠影地承认了女性的现实，因此，女性对它们强烈的爱恨交加是有道理的。在这些方面，我们应该非常严肃地看待杂志的作用。对于一个向历史变革做出了回应的大众女性文化来说，它们是女性所拥有的一切。

难怪女性会厌恶这些杂志版式中的各种元素，因为它们遵循了重复的模式。难怪她们会在杂志看似向美貌神话可耻的经济底线奴颜婢膝时感到混乱。如果女性杂志仅仅是逃避现实的消遣，那么它们是不会激发如此强烈的感情的。女性议题理应得到严肃对待，但在没有主流杂志把这些议题看待为严肃议题的情况下，女性杂志就承担了一个极有意义的负担——以及责任——这一负担将会以另一种方式蔓延至市场中"严肃"期刊的半数疆土。

我们自身关于美貌的困境是作为对女性获得新眼界和新权力的一种道歉而出现的。女性杂志并不只是简单地反映了这一点，而是还强化了它。甚至其编辑也担忧，许多读者还没有学会如何在杂志中把支持女性的内容与美貌神话区分开来，后者的地位主要是经济上的。

不幸的是，美貌反扑蔓延开来，广告、照片特写、光滑纸页上的美女信息在女性之中煽动了循环的自我憎恨情绪，而在这种循环下，美貌反扑也因而得到了强化。这些东西组成了关于美貌的索引，女性阅读它时很焦虑，这就如同男人在阅读股市报告一样。它允诺要告诉女性男人真正想要什么，什么样的面孔和身体会吸引男人浮躁无常的注意力。在当时的环境下，男男女女极少能在公共场合一起诚实地谈论彼此真正想要什么，美貌神话就成了一个有魅力的允诺。但是，它们提供的铁处女形象并非男人欲望的直接模板，男子健美的照片也不会说出女性欲望的全部真相。这些杂志并不是代表男性说话的神使。的确，就如一个研究所发现的："我们的数据暗示了女性获得的信息是不准确的，它夸大了男人希望女人纤瘦的程度……她们**被**给予了错误的信息，这很可能是节食产业之中的广告在女性中宣传纤瘦的结果。"[28] 看起来编辑必须得这么说：**男人**想从女人那里得到的东西正是杂志的**广告商**想从女性那儿获得的。

这些杂志给出的**有关神话**的信息取决于其广告商。但是，读者与其杂志之间的关系所处的语境并不是一个鼓励读者去分析该信息其实被广告商的需求所影响的环境。它是情绪化的、交心的、防御性的和不平等的："这种关系把读者和其杂志绑定在一起，最亲密的纽带，就像有人所称的那样，信任。"[29]

这一神话让每一代人彼此孤立，而杂志看似提供给她们明智的建议，提供经受了经验检验的、来自一位值得尊敬的年长女性亲人的建议。一个现代女性几乎很少能在其他地方找到这种角色榜样。她被教会去否定她母亲有关于美貌、装饰和魅力的指导，因为她母亲已经失败了——她正在衰老。如果她足够幸运地拥有了一个导师，这就将会是处在一种专业关系里，在这种关系中，亲密的技巧并不是培训的一部分。杂志的声音提供了一位不可见的女性权威，让女性去钦佩和遵从，这与男性之间的导师-门生关系相一致，许多男性被鼓励去在其教育和工作中打造这种关系，但除了在女性时尚光面杂志中，罕有其他地方将这种关系提供给女性。

　　这声音鼓励了那种信任。它已经演化出一种腔调——效忠于读者，带着一种知道如何去做同时也有资源的优越姿态站在你这边，就像是一种女性经营的社会服务："很多化妆品公司正在现场提供帮助"；"我们知道怎么让你与众不同。让我们的美容专家一步步指导你"。杂志提供了实际的服务，列出了帮助项目，提供了读者调查，给予女性做预算和金融资讯的各种工具。这些综合在一起让杂志看起来不只是一份杂志：这些让它显得就是个大家庭、利益代理、政党和协会的综合体。它们让它看来就像一个把读者的最高利益置于心中的利益团体。一位编辑说道："一份杂志就像一间俱乐部。它的功能是提供给读者共同体的舒适感，并以其身份为傲。"[30]

　　因为人们相信这个俱乐部，也因为这一声音是如此有吸引力，对于广告收入如何彻底地影响了信息，人们很难以一种敏锐的眼光去解读它。这很容易就会误读整个东西——广告、美丽的相关报道、模特形象，就好似这是编辑告诉女性的连贯信息："你应该这样。"有些杂志施加给女性的伤害就是来自这种误解。如果我们能在获得更多信息的方式下阅读它们，我们就可以只享受乐趣并远离它们造成的痛苦，而杂志有着不同的广告商，它们可以充分地发挥自己应有的能力，供给女性只有严肃大众市场的女性新闻才能提供的东西。

女性也对杂志的美貌神话那方面内容做出了回应，因为装饰是女性文化的一个庞大部分，同时也通常是令人愉快的部分。并且，它们几乎不能在其他任何地方以如此广泛的方式参与到女性文化之中。这个神话并不仅仅一代代地孤立女性，它还怂恿了女性根据外表而彼此警惕，它试图把她们从所有她们自己不了解及不喜欢的女性那里分离出来。尽管女性有知交好友的圈子，但这个神话以及直到最近的女性环境，一直阻碍女性去了解如何去做那些让整个男性社会的变革得以可能的东西：如何以一种非个人的方式与其他陌生女性产生认同。

这个神话想要女性相信，陌生女性是不可接近的；她在开口之前是可疑的，因为她是她者女性（Another Woman），并且美貌思维驱使女性在相互接近时把对方当作潜在对手，除非她们知道彼此是朋友。陌生的女性有时相互评估，这种目光说明了一切：迅速地、简单而谨慎地上下打量，它看到了影像，却忽略了那个人；鞋子、肌肉紧张度、妆容都被精确地注意到，但双眼却彼此掠过。如果她们长相太"好"，女性可能会相互厌恶，而如果她们长相太"差"，她们又可能会相互漠视。因此，那种让男性俱乐部和组织团结一致的经验却极少让女性从中受益：那就是属于一个群体的团结，其成员或许在外面并不是私人朋友，但他们却统一在一个共同的利益、议程或世界观之下。

讽刺的是，这个神话既驱使女性分离也把她们绑定在一起。对这个神话的同情并不亚于一个婴孩把陌生女性领入了令人愉快的接触之中，同时还打断了她者女性的警戒线。对卡路里的一丝苦笑，对某人发型的抱怨，都能让女盥洗室荧光灯下针对对手的愠怒审查消失。一方面，女性被训练为所有其他追求"美貌"的女人的竞争者；而另一方面，当某个女性——如一个新娘或一位精品店的顾客——需要为一个盛大场合而装扮时，其他的女性都会慷慨地一起扑过来，围着她手忙脚乱，团队似的，就像个足球赛一样轻轻松松地筹划起来。这些甜美而令人满足的所有人统一阵线的仪式，这些很少出现的共享女性气质的庆典，都是留存下来极少的女性共享的仪式；因此也是她们的美好和力量的展现。但可悲的是，当女性重新进入公共空间并恢复其孤立、不平等、互相威胁、猜忌地警戒着的"美貌"位置时，这些令人愉快的纽带关系就频频被解除了。

女性杂志迎合了那种超越个体的女性团结的美妙感觉，这种感觉与第二次浪潮的巅峰水平相比已经是太过稀有了。它们激发了女性对私密聊天的渴望，这跨越了潜在妒忌和预判的障碍。当其他女性从男性凝视和文化中出逃时，她们事实上在想着、感觉着、体验着什么？这些杂志为女性提供了她们极少被允许拥有的激动人心的感觉：毫无敌意地加入无数志同道合的同性人群中，虽然男性能在他们的群体中不断地感受到它。虽然杂志的言说不幸地打了不少折扣，但女性实在是太缺乏这种语境了，因此即使是在一种稀释的情况下，它也是有力的。每一位读者，美国菲尼克斯的摩门教主妇，英国兰开夏郡的教师、悉尼的概念艺术家、底特律接受救济的母亲、曼哈顿的物理学教授、布鲁塞尔的妓女、里昂的互惠生，都沉浸于同样的画面之中。在这样一种世界范围的女性文化中，所有人都能以这种方式参与其中，它虽然是不充分的，而且最终是有害的，但在女性所被允许的团结形式中,它仍旧是极少数的女性庆典之一。

考虑到这一点,我们看待"完美"面孔的方式就会不一样了。它的力量并不是由于面孔的某些天生的特殊性而影响这么深远:为何是那个人?其唯一的力量就是,它是被指定为"那个面孔"的——并因此,数百万计的女性正在同时看着它,并知道它。一则迪奥的化妆品广告从一辆公交车上瞪着一位在马德里某个阳台上喝牛奶咖啡的老太太。同样是这一形象,它放大的硬纸板广告牌竖立在多塞特某个小村子的当地药房里,它盯着参加青年培训计划的十几岁的工人。这个广告同样在亚历山大市的某个集市上闪闪发光。《大都会》出现在17个国家里;通过购买娇韵诗,女性"加入全世界数百万的女性之中";减肥中心的商品提供给"朋友。更多的朋友。更多更多的朋友"。

矛盾的是,美丽神话也提供了某种团结运动、某种共产国际的允诺。还有什么其他地方会让女性感到与数百万的女性之间有正面或甚至负面的联系吗?女性杂志之中的形象建构了专属于女性的文化经验,它开始向女性之中可能的广泛团结致意,毕竟这一团结运动涵盖了半数的人类。这是一个尚有欠缺的世界语言,但在缺乏一种属于她们自身的更好语言的情况下,她们不得不凑合着用这种由男性创造、被市场驱动并且也会伤害她们的形式。

我们的杂志只是反映了我们自身的困境:因为它们的许多信息都是有关女性进步的,许多的女性神话不得不随同这些信息一起出现,并缓和其冲击。因为这些杂志相当严肃,所以它们不得不也相当轻佻。因为它们给予女性以权力,它们不得不也宣扬受虐狂精神。因为女性主义诗人玛吉·皮尔斯(Marge Piercy)攻击了《新女性》(*New Woman*)中的节食崇拜,因此其文章的对页不得不刊登一页有关肥胖的骇人信息。虽然编者为她们自己及其读者向前迈进了一步，她们也不得不为了她们的广告商向美貌神话后退一步。

广告商是西方世界彬彬有礼的审查员。他们混淆了编辑自由与市场要求之间的界限。杂志可能表现出了俱乐部、协会或大家庭的亲密感，但它们不得不像做生意一样开展运营。由于它们的广告商的利益，一种心照不宣的筛选发生了。这不是有意识的政策，它并没有在备忘录中传播，它并不需要被想到或被说起。可以理解，对"美貌"的某些看法会疏远广告商，而另一些则宣传了他们的商品。由于需要维持广告收入以保持出版的运转（这是不方便明说的一点），编辑还不能好似这个神话没有付钱那样去分配专题版面和检验商品。一份女性杂志的利润并不是来自其封面售价，所以其内容也不能游离广告商的商品过远。在《哥伦比亚新闻评论》(Columbia Journalism Review) 中，一则报道所用标题是"杂志危机：为广告而甩卖"，迈克尔·霍伊特（Michael Hoyt）报道了女性杂志受到其广告商的压力；所谓的新情况只是要求的强度发生了变化。

在这种保证盈亏底线的编辑义务方面，女性杂志并不是唯一的。这种情况在女性杂志之外也正在增长，让所有媒介都日益依赖于这个神话。20世纪80年代，杂志激增，每份杂志都为其广告份额而疯狂竞争。这种压力现在也落在了报纸和新闻刊物之上："编辑要努力地维持其纯洁性，他们正面临着一段更为艰难的时期"，《基督教科学箴言报》(Christian Science Monitor) 的编辑说道。《哈珀》(Harper) 系列杂志的编辑刘易斯·拉普曼（Lewis Lapham）指出，纽约的编辑们会提到"词语的脆弱性"[31]，以及"在涉及的话题可能会令大版面广告位的买家感到担心时，建议谨慎行事"。"美国的新闻界是并且一直是起助推作用的，其社论页的典型做法是跟随付费广告文案而推进同样的讨论。"他写道。根据《时代》周刊报道，当下的现代媒介管理是"把读者视为一个市场"[32]。所以出版方必须寻找合适的高端广告商，并为迎合高消费叙事而施加压力。"现今，哪怕你手头有水门事件这样的新闻，你也不得不和市场营销部确认一下。"[33] 主编托马斯·温希普说道。《哥伦比亚新闻评论》引用了《波士顿环球报》(*The Boston Globe*) 前编辑的话："'杂志是商品，商品就是要销售货物的，目前的竞争是极激烈的。'[34] 他承认现今他自己也极其依赖于时尚广告。'我们过去常常在广告与社论之间设置一道温和的幕墙，但现在不再这样了。'好几年来，有些出版社已经放弃了原本的方式，竭力创造广告商所认为的良好社论氛围，以便吸引他们。"[35] 霍伊特写道，《哈珀》系列的主编约翰·R. 麦克阿瑟（John R. MacArthur）相信，"为广告商而编写稿件"将会破坏让杂志有价值的东西——"一种高品质与信任的环境"。如果继续放任这一趋势发展，很快就不会有什么媒体会自由地审查或质疑美貌神话，甚至提出替代方案，而不去担心对广告的影响。

由于媒体机构最近的改变加剧了视觉竞争，社会的氛围现在也比以往任何时候都充满了铁处女的多重版本。1988 年，美国普通人看电视广告的数量比 2 年前增长了 14%，也就是每周 650 条电视广告，作为每天总共 1000 条广告的一部分。[36] 电视产业把下面这种情况称为"观众困惑"（viewer confusion）：650 条广告信息只有 1.2 条能被记住，这比 1983 年的 1.7 条下降了一些；广告业正处于日渐增长的恐慌中。

所以女性形象和"美丽"变得更为极端。正像广告高管们告诉《波士顿环球报》的那样："你需要更大力点地推动……让她们动摇、震惊乃至被攻破。现在竞争更加激烈,大量更加粗暴的底层粗汉也出现了〔底层粗汉(rough trade)是男同性恋者的俚语,用来指一个虐待狂的异性恋玩伴〕。现在做生意要更拼命地去诱惑……它渴望推翻抵抗。"[37]强奸就是当前的广告隐喻。

此外,电影、电视和杂志被迫与色情业竞争,后者现今是最大的媒介类别。全世界范围内,色情业产生了约每年**70亿美元**的收益,这比合法电影业和音乐产业加在一起的收益还多得多。[38] 色情电影与其他电影的数量比高达3∶1,仅在美国,其总额就达3.65亿美元,或者说,一天100万美元。[39] 英国色情杂志一年售出两千万份,每份2~3英镑(约3.20~4.80美元),一年总额达5千万英镑。[40] 瑞典色情业一年要挣3亿至4亿克朗;那里的一家性用品商店会提供500种商品,而一家街角烟草店提供20~30种商品。1981年,有50万瑞典男人每天都购买色情杂志;到了1983年,在瑞典,每4部出租影片中就有1部是色情片;而到了1985年,在街角的各报摊的最大的批发商要卖出1360万份色情杂志。[41] 在美国,一个月会有1800万的男性购买总计为165种的不同色情杂志,其年收益约为5亿美元;[42] 1/10的美国男性每月会读《花花公子》《阁楼》或是《好色客》;[43]《花花公子》和《阁楼》是加拿大阅读量最大的杂志。[44] 意大利男性一年要花费6000亿里拉在色情业上,色情片相当于意大利全部影片销售总量的30%~50%。[45] 据研究人员介绍,全世界的色情业正变得越来越暴力。(正如杀人狂电影制片人赫舍尔·戈登·刘易斯所说,"我在电影里把女性弄得残缺不全,因为我觉得这会带来更好的票房"[46]。)

为了再一次增加压力,这种形象竞赛在世界范围内电视广播监管放松的过程中上演着。[47] 美丽神话随之也从西方输出至东方，从富人传输至穷人。美国节目泛滥至欧洲，而第一世界的节目也泛滥到了第三世界：在比利时、荷兰和法国，30% 的电视节目是美国制作的，[48] 在发展中国家，71% 的电视节目是从发达国家进口的。[49] 在印度，电视拥有量在 5 年里翻了一番，而广告商自 1984 年就已经开始赞助节目了。[50] 直到 10 年前，绝大多数的欧洲电视都还是国营；但私有化、有线电视和卫星电视改变了一切，所以到了 1995 年，已经有了 120 个频道，除了少数几个，几乎全都是由广告商资助的，截至 2000 年，其收入预计会由 90 亿美元上升至 250 亿美元。[51]

美国也不例外。"广播业经营得小心翼翼"，《卫报》报道。在 10 年里（1979—1989），在有线电视、独立电视台和录像的冲击下，广播失去了 16% 的市场："其结果是一场浮华的广告战。"[52]

伴随着开放政策，美貌神话正藏在铁幕之后被输入进来，这遏制了女性主义的一种可能的复兴，同样也在其实几乎不存在什么消费者的环境里模拟了大量的消费者。纳塔利亚·萨卡罗瓦（Natalia Zacharova），一位苏联社会评论家说道："**开放政策和经济改革**"[53]，"……似乎把苏联女性带入了矛盾的自由之中。魅力将会是其中之一"[54]。她的评论是预见性的：《改革》（*Reform*）是匈牙利首份展现暴露身体的小报，1/10 的匈牙利人阅读它，这份报纸在每页上都有一个要么袒胸、要么没穿下装的模特。[55]《花花公子》赞誉苏联的纳塔利亚·涅戈达（Natalya Negoda），把她称为"苏联第一性感明星"[56]。中国在 1988 年开始举办了环球小姐大赛，[57] 这一年，紧跟古巴和保加利亚之后，第一届莫斯科选美大赛举行了。1990 年，《花花公子》和女性魅力杂志的过期杂志开始运到了苏联阵营；我们可以在那里看到美貌神话的逐步发展。苏联女性主义者塔季扬娜·马马诺瓦（Tatiana Mamanova）就有关西方与俄罗斯之间差异的问题做了回应，她回答道："色情业……到处都有，甚至在广告牌上都有……（它）是另一种侵犯。我并不觉得这是自由。"[58]

审查制度

在自由的西方，有很多东西是女性杂志不能说的。1956年第一次"协议"出现了，一个尼龙厂商协会预定了《女性》杂志的一个价值12000美元的版面，编辑答应不在本期杂志中发表任何明显报道天然纤维的文章。"这些沉默，"贾尼丝·温希普写道，"无论是否被意识到，（它们）都成了司空见惯的现象"[59]。

我们继承了那些沉默，它们也抑制了我们言说的自由。根据格洛丽亚·斯泰纳姆的说法，《女士》丧失了一个重要的美妆客户，因为杂志在其封面上刊登了苏联女性，而按照广告商的看法，她们的妆不够浓。一个编辑卡罗尔·萨勒埃尔说她发现女性抹上化妆品之后很难显得聪明，媒体援引了这句话，第二天，一条价值35000美元的广告被从这家英国杂志中撤回了。[60]为一家权威女性杂志工作的银发编辑告诉一位满头银发的作者玛丽·凯·布莱克利（Mary Kay Blakely），一篇有关银发之荣誉的文章让她的杂志失去伊卡璐6个月的赞助。[61]一名职员告诉我，《纽约女人》的一个编辑被告知，出于经济的原因，她必须在封面上刊登一个模特，而非她所希望介绍的一名杰出女性。格洛丽亚·斯泰纳姆还记得自己尝试投资一家超脱于美貌神话之外的杂志，但困难重重：

……我们不想去重复传统的、围绕着"女性化的"广告类别而设计的专栏——让食品变得更佳的食谱方面的广告，涉及美丽产品的美丽专题文章，等等——我们知道这会在经济上遇到困难。（幸运的是，我们并不知道有多难。）让广告商相信，女性看洗发水的广告，而无须提供教她如何洗发的文章，就像男人看刮胡产品的广告，而无须提供教他们怎么刮胡的文章，这很难。较之于这种情况，刊登传统上不针对女性的汽车、音响、啤酒及其他商品的引起人兴趣的广告，被证明是更容易的。[62]

正如她后来在《新女性》的采访中更为疲倦地提出的，"广告商并不相信女性舆论家"。斯泰纳姆相信，必须改变的是广告商。而且她相信他们也会改变，尽管或许在她有生之年不会。[63]然而，女性也同样需要改变；只有当我们认真对待我们自身的大众媒介时，只有当我们抵制它的那个预期——我们会服从更多关于"怎样洗护秀发"的指示——时，广告商才会让步，承认女性杂志必须有权像那些为男性而办的杂志一样，拥有广泛的言论自由。

另一种审查则更为直接：女性杂志在一个极度自我审查的媒介中传输了关于美丽产品的"信息"。当你读到关于护肤霜和圣膏（holy oils）的文章时，你并不是在阅读自由言论。宣传美貌的编辑并不能告诉我们有关其广告商产品的所有真相。在《时尚芭莎》的一篇名为《每天都更年轻》的文章中，有关不同抗衰老霜的观点都只是而且也完全是从10家化妆品公司的总裁那里获得的。[64]化妆品和化妆用品也比其他任何行业耗费更高比例的费用在广告上。这个行业越健康，女性消费者和公民权就越病态。化妆品行业的股票每年上涨15%，[65]而美丽信息只不过是广告。《文饰》(Cover-up)杂志的佩妮·乔尔顿说，"宣传美貌的编辑""罕有能自由撰写关于化妆品的文章的"[66]，因为广告商要求一种社论推广，以作为放置广告的条件。根据美貌信息的推荐而购买一件产品的女性，她是在为被两种来源所欺骗的这一特权而埋单。

这个市场转而又被另一种更加严重的审查形式所鼓励。身为两份女性杂志编辑的达尔马·海恩(Dalma Heyn)证实，粉饰女性面孔以掩盖其年龄是一种惯例。她注意到女性杂志"忽视了年老女性或假装她们不存在：杂志试图避免刊登老年女性的照片，并且，当她们的专访名人是已过六十的女性时，'润色艺术家'便协力'帮助'美丽的女性看起来更美丽；即让她变年轻"[67]。

这种审查制度从女性杂志一直扩散到了老年女性的所有形象：鲍勃·查诺(Bob Ciano)，这位《生活》杂志的前艺术总监说道："从没有一张女性的照片未经润色……即使是一名不想被润色的(年老)女性名人……我们仍然坚持努力让她看起来像50多岁。"这种占据了女性寿命1/3的审查，其影响对于海恩来说是很清楚的："至今为止，读者并不知道一个印刷出来的真实的60岁女性面孔看起来是怎样的，因为它被修饰得貌似45岁。更糟糕的是，60岁的读者在镜子里审视自己，然后认为自己看起来太老了，因为她们把自己和某些经过润色的、在杂志上向她们回笑的面孔相比较。"[68]模特身体的照片总是经过削剪的修整。"计算机成像"——这种成问题的新技术篡改了摄影的真实——已经在女性杂志宣传美丽的广告中被运用多年。女性文化是一种掺假的控制性的媒介。西方价值，这个憎恨审查并信仰思想自由交流的西方价值又是怎么融入其中的呢？

这一问题并非小事。它关乎最基础的自由：想象自身未来的自由，以及为自身生命而自豪的自由。如果所有的黑人正面像都被常规地调淡肤色，这当然会引起一种反响，而粉饰女性的面孔以掩盖其年龄也会产生同样的政治回应。这种篡改对女性生命的价值形成了一种价值判断，这与对黑人肤色形成的价值判断是一样的：年轻/肤色浅即好。粉饰女性面孔以掩盖其年龄就是抹杀女性的身份、权力和历史。

但编辑必须追随那种正在发挥作用的准则。她们不敢冒险提供许多读者声称希望读到的文章：把她们包括在内的照片、不会以居高临下的姿态说教的文章以及可靠的消费者报告。这是不可能的，许多编辑都这么断言，因为读者还没有充分地渴望那些东西。

想象一份女性杂志正面刊载了丰满的模特、矮小的模特、年老的模特——或甚至根本没有刊载模特，而只刊登真实的女性个体。让我们假设有一项避免残忍对待女性的政策，就如现在一些地方有支持不残忍对待动物的产品的某项政策。并且，它不再包含关于疯狂节食，关于只为实现自我憎恨的咒语，以及那些为切开健康女性身体的那种行业所做的推广软文。让我们也假设，它刊登赞美岁月痕迹之伟大的文章，展示美好的、关于各种身段和比例的女性身体的专题摄影报道，以温和而好奇的态度去检视身体在生育、哺乳后的变化，提供食谱却不带惩罚、不引起罪恶感，刊登有魅力的男性照片。

这种做法会受挫，失去其大多数的广告商。杂志，无论它们是自觉的还是半自觉的，都必须投射一种态度，即看上去和年龄相称是不好的，因为它们6.5亿美元的广告收入都来自那些广告商，如果暴露年龄看起来不错，那么这些人就会破产。[69] 无论是否自觉，它们需要促使女性相当憎恨自己的身体，这样她们就能变得饥渴，让广告商有利可图，因为全国食品支出的1/3的广告预算都依赖于她们的节食所带来的欲望。[70] 让女性大众文化变得可能的那些广告商，他们依赖于让女性对自己的面孔和身体感觉糟糕，这样她们就会把更多的钱花在毫无价值的或是会带来痛苦的商品上，而不是花在那些她们感觉自己天生就美貌时会买的商品上。

但更加值得注意的是，杂志也会陷入困境，这是因为，女性已经在美貌神话的熏陶之中受到了充分的训练，以至我们通常把它内在化了：我们中的许多人还不能使自己确信，女性在不"美貌"的情况下也是有吸引力的。或者，倘若美貌思维没有混入其中的话，女性议题本身对她们来说就已牵涉颇深，足以让她们付一大笔钱去阅读。

因为自我憎恨人为地扩大了需求和提高了价格，所以只要美丽反扑毫发无损，从女性杂志那输送出的全部信息就必须保持否定而非肯定。因此，其他杂志不会采用的威吓腔调在女性杂志这里会被用来教导成年人该如何花口袋里的钱：责骂、暗示、屈尊俯就地指导应该做和不该做的事。在男性杂志中，出现诸如**你得**投资免税债券，**不能**投共和党的票这类同样的腔调是不可想象的。因为广告商依赖于女性的消费行为，这只能通过威胁和强迫而实现，这种威胁和强迫也拖垮了杂志中其他有价值的社论内容。

女性现在到处审视周围的面孔和身体，这不是因为文化魔法似的显露了一个清晰的男性幻想，而是因为，广告商需要趁着意在削弱女性自尊的混乱图像轰炸中卖出自己的商品；并且，由于政治而非性别的原因，现在男女两性都关注面孔与身体的形象。而这意味着，随着竞争的加剧，这个神话一定会变得超级超级有力，除非发生了如下意识改变，即人们开始意识到，只有女性相信自己是更有趣的，女性杂志才能变得更有趣。

于是，杂志越是将读者引向积极的智识之旅，同时也就越会把她推向美貌成瘾的困境。并且当沿着这一方向所感受到的体验变得更加极端，女性的疯狂感也会变得更强，这种疯狂感是我们文化所具有的一种分裂人格，通过让人眼花缭乱的各个封面之间的一种有魅力、令人尴尬、具有挑战性并满载负罪感的代替物，它被传递给我们。

第四章

宗　教

美貌仪式

美貌神话**被杂志传播**为一种新的宗教福音。在阅读它们时，女性参与到一种信仰体系的再造过程中，这体系就像所有教会曾经的控制一样强有力，虽然后者对女性的控制现在已经很松动了。

美貌教就像铁处女一样，是一个具有两面性的符号。来自底层的女性热切地信奉它，把它作为一种填充精神空虚的手段，这种空虚随着她们与宗教权威的传统关系的削弱而增长。社会秩序取代了宗教权威，急切地把它凌驾于女性生活之上，就好似要将一股监察力量强加于女性的生活。

美貌仪式反击了女性新的自由，其方式是通过中世纪式的迷信反对女性进入世俗的公共世界，以最稳妥的方式保持了权力不平等。随着女性开始了一场与正进入新千年的世界之间的战争，她们逐渐地被一个有力的信仰体系压垮了，这个体系让她们的部分意识一直僵化地以为，男性世界已随着中世纪一起被抛弃了。如果说一种意识聚焦于中世纪信仰体系，而另一种意识却完全是现代的，那么当代世界及其权力应归于后者。这些仪式是陈旧而原始的，因此部分的女性意识核心也能一直保持陈旧和原始。

男性同样也对女性的这种宗教抱有虔诚感。基于"美貌"的等级体系得到了捍卫，就好似它是源自一个永恒的真理。人们想当然地以为，谁不是以这种对其他什么东西的绝对信仰来接近这个世界的呢？21世纪，大多数思想领域已经被一种理解所改变，即真理是相对的，认知是主观的。但"美女"的等级体系之公正性和永久性却被那些研究量子物理、人种学、民权法的人视为理所当然的；而那些无神论者、那些对电视新闻表示怀疑的人，那些不相信地球是在七天之内创造出来的人，也同样这么认为。人们不加批判地相信这个作为信条的美貌体系。

面对女性美丽这一对象，现代的质疑精神蒸发了。它现在仍然被说成是并不由凡人所决定和并不由政治、历史及市场所塑造；而是有一个高高在上的神圣权威，他颁布了有关让女性看起来美貌的东西的永恒圣典。实际上，这种做法比以往更甚。

这种"真理"是以上帝曾经如何发号施令的方式被看待的——上帝站在一个命令链条的顶端，其权威向下传递给世上的代表：选美比赛的裁判、摄影师，最终来到街道上的男性这里。即使是他，这系统上的最后一环，也分有了一些凌驾于女性之上的神圣权威，就像弥尔顿的亚当拥有凌驾于夏娃的权威："他为神而造，而她为他里面的神而造。"一个男人有权对任何女性的美貌予以判断，而他自身却不用受到评判，这种权力是免于审查的，因为它被认为是上帝赋予的。对男性文化来说，去行使那种权力已经变得极为重要,因为它是原封不动地从过去种种男性特权中保留下来的最后一种未经审查的权力,即人们普遍相信,上帝、自然或其他绝对权威授予所有男性施加于所有女性之上的权力。这样,它一天天更为严厉地得到实践,为了补偿其他那些如今已经永远丧失了的凌驾于女性之上的权力以及控制女性的方式。

许多作者都已注意到在美貌仪式与宗教仪式之间形而上的相似点:历史学家琼·雅各布斯·布伦伯格(Joan Jacobs Brumberg)指出,即使是最早的节食书籍,其语言都"回荡着有关诱惑和罪的宗教观念",也"仿效了加尔文主义的斗争";苏珊·博尔多(Susan Bordo)谈到了"苗条与灵魂";历史学家罗伯塔·波拉克·赛义德追溯了在"福音启示下减肥群体及书籍崛起的奇观"中,基督教福音的"减肥圣战"所发挥的作用(控制体重的耶稣体系,**上帝对肥胖的回答 —— 减去赘肉、祈祷体重远离,多点耶稣少点自己,耶和华啊,求你帮助 —— 撒旦想我发胖!**)。[1]赛义德这样描述减肥狂热:"我们的新宗教⋯⋯没有提供拯救,只给予了永恒且不断升级的原罪与危险救赎的轮回。"

尚未被意识到的是,这种比较应该并非隐喻:美丽反扑的仪式并不是简单地仿效了传统的宗教和崇拜,而是**在功能上取代它们**。从字面上讲,它们**的的确确**从旧信仰中重构了一种新的信仰,的的确确利用了神秘化和思想控制的传统技巧,就像过去的福音浪潮一样彻底地改变了女性的思想。

美貌仪式是各种崇拜和宗教的一个令人眩晕的复合物。随着宗教的远去,这种形式比绝大多数形式都更活跃,对其成员不断变化的精神需求的反应更灵敏。各种零零碎碎的想法和多个信仰体系在其中拼凑在一起，当它们不再有用时就被抛弃。就像大型神话，其宗教的结构会弹性地变换自身，以抵消女性的独立自主向它提出的各种挑战。

它的图像及方法都粗糙地模仿了中世纪天主教。它所要求的对女性生活的统治是绝对教宗式的。它对现代女性的影响就像中世纪教会对所有基督教徒的影响，这种影响已经远远超出了个人心灵的范围，而是构成了时代的哲学、政治、性别和经济。教会不只是对信仰生活加以塑造并赋予意义，而是对共同体的一切事务这么做，不容许世俗和宗教的分割；仪式全面地弥漫于现代女性的每一天。就像中世纪教会，人们相信这些仪式就像梵蒂冈的磐石一样，显然是基于信条之上[①]：真有这么一种美貌，它是神圣的，女性应该竭力去实现它。这两种制度都依赖什一税的供养，十分富裕；两者都不宽恕顽固的离经叛道者和异端。这两种教会的成员都自幼就学会了教理。两者为了维系自身都需要其追随者的盲目信仰。

除了这种仿中世纪天主教的基础，美貌仪式还积累了几种新要素：一种路德宗式的教义，其中时尚模特是选民，而剩下的我们是要下地狱的；一种适应消费主义要求的主教制，其中女性可以渴求通过（赚钱的）好工作去天堂；一种纯粹强制的正统犹太主义，在会议记录和对数以百计戒律的精心释经中，评注吃什么、穿什么、对身体做些什么，以及何时去做；还有从死亡与新生仪典的厄琉西斯秘密仪式中吸收的核心部分。在所有这些之上，现代崇拜运动的最高灌输技术已经在信仰方面

[①] 梵蒂冈圣彼得大教堂的穹顶上铭刻着"你是彼得，我要把我的教会建造在这磐石上"（《马太福音》16：18）。在希腊语以及拉丁文中，"彼得"是岩石的意思。——编者注

调整好了。它们直接的心理操纵有助于在一个并不自发宣称信仰的时代里赢得皈依者。

美丽仪式能够这么成功地孤立女性，是因为公众还没有意识到这些信徒陷入了某种比时尚更为严重，比私下里的自我形象扭曲更具社会普遍性的境遇中。我们还没有按照仪式实际上所表现的东西来描述它们：那就是一种新的原教旨主义，它改造了世俗的西方，并像其东方对手一样专制而教条。当女性设法满足着她们最近才被吸纳进的超现代性（hypermodernity）时，一种力量正在将其全部压力推在她们身上，那实际上就是一种进入了中世纪世界观的大众催眠状态。同时，这庞大的权威也一直未引起注意，而女性却正是生活在它的阴影之下。当其他女性提到它时，总是带着一副自我贬低而压低了嗓子说话的态度，就好似要描述一个所有女性都能看到的幻觉，而非一个无人承认的具体现实。

随着女性运动而来的这种仪式牢牢地控制了女性的思想，因为压制是憎恨权力真空的；它们将女性在上帝死去时业已摆脱的东西重新给予女性。在上一代，不断变化的性观念放松了宗教对女性性行为的约束；战后教堂礼拜出席人数的减少，以及传统家庭的衰退也削弱了宗教把道德强加给女性的能力。在宗教权威随时可能出现真空的危险情况中，一种风险是隐而未说的，即女性可能把权威授予抚慰性的共产主义女性传统，这一传统就是卡罗尔·吉利根（Carol Gilligan）在她的《不同的声音》(*In a Different Voice*) 中所研究的。[2] 那种道德权威的改造可以很好地引导女性按照其方针进行持久的社会变革，并且有信心称那些变革为上帝的意志。同情可以取代等级；传统中女性对人类生命的尊重可能严重地损害了一个基于尚武精神的经济体，并损害基于把人用作消耗性资源的就业市场。女性或许会把人类的性重塑为一种身体神圣的证据，而非其有罪的证明。而以前可用的那种把女性特征与堕落相等同的信念或许会被淘汰。为了占得先机，美丽仪式最近接管了传统宗教权威不能坚定掌控的工作。新的宗教在女性头脑中逐渐灌输一种内在的监察机制，让女性不至于乱套，在这个问题上它通常比旧形式的宗教做得更好。

新的宗教迅速地散播开来，因为它利用女性暂时感到丧失了道德方向的感觉，按照身体的术语为她们再造了早先推崇的"好女人"社会角色，这种"好女人"包括：贞洁而克己的母亲、女人与妻子。旧式防卫型礼仪的任务——"适当性"——以及得体与不得体的区别通过仪式得到了重建。在过去的25年里，随着全社会从传统宗教道德的约束中挣脱，旧的道德准则虽然在范围上受到了削弱，比以前更为收缩，但在功能上却并未改变，它加强了对女性身体的管制。

就许多女性来说，她们是欢迎这种在几个层面上都让人安心的约束的。新宗教随着社会的混乱而散播，而女性则正在一个已经破坏了旧时真理的世界里建构规则。这新宗教恢复了她们有关自身的社会重要性的感觉、女性同盟的感觉，以及随着旧宗教而失去的那种让人安心的道德结构。竞争性的公共领域奖励非道德，女性为了成功必须让自己适应它；但美丽仪式给予职业女性一种把无害的私人道德秩序带入当下社会角色的方式，在这种社会角色中太多守旧的顾忌会妨害她的职业生涯。女性作为世俗野心家总是受到孤立，但作为宗教的追随者，她们分享了一种舒适的纽带。

整个社会不再把宗教的重要性置于女性童贞或婚姻贞洁

上,不再要求她们忏悔自己所犯之罪或是保留一个严格洁净的厨房。在"好"女人的根基被破坏之后,在她获得真正的权力和权威之前,在这一小段过渡期里,她失去了旧日的语境,正是在那一语境里,她被给予了一些关于自身的重要性与荣耀的外部标志。虔诚的女性确实被称为"好的"(虽然她们只要是虔诚的就是"好的")。但在与女性运动并行的世俗化时代,虽然女性不再在每个礼拜日听到她们该被罚入地狱的话,但她们也极少再有机会听到她们是"圣洁的"。玛丽"在女人们中……被祝福"[3],以及英勇的犹太女人听到"她的价值胜过红宝石"[4],而所有的现代女性在这种情况下能够希望听到的则是她看起来极美。

美貌仪式也通过满足女性当前对色彩与诗意的渴望来引诱她们。当她们进入总是乏味而情感呆板的男性公共空间时,美貌的圣礼比以往更加光彩照人。当女性难以应付对她们时间的索求时,仪式化的商品给予她们一个借口,让她们给自己留点私人时间。从仪式最好的那方面说,它们让女性重新获得了一些神秘及官能性的体验,以补偿她们在职场的刺眼灯光下度过的日子。

女性因她们与教会的历史联系而准备好接受这些仪式。自从工业革命以来,女性被归入的"独立空间"明确地将虔诚赋予了女性气质。这反过来证明了中产阶级女性与公共生活分离的合理性:既然女性被指定为"纯洁的性别"(the pure sex),她们就可能被迫置身于通常的争论之外,专注于维持那份纯洁。同样地,今日的女性则被指定为"美貌的"性别,这将她们归入了行之有效的对那种"美貌"的专注保护。

然而,后工业时代的女性化宗教并没有给予女性以宗教权威。历史学家南希·科特（Nancy Cott）在《女性气质的枷锁》（*The Bonds of Womanhood*）中写道，"清教徒……崇拜一个家长式的上帝，但……在新英格兰教会里，女性在数量上超过了男性"[5]。她指出，虽然女性多数派群体在整个19世纪增长了，但教会的等级结构依然"完全是男性的"。宗教的女性化与男性世界的世俗化一起增强。琼·雅各布斯·布伦伯格同意这种观点，她认为，"无论新教的宗教机构在美国内战后经历了怎样的扩张，这都是由女性而非男性所激起的"。女性直到这一代才被承认可以成为牧师和拉比。直到最近，她们的训练还都是毫不迟疑地接受男性牧师对上帝想要女性做什么的解释。自工业革命以来，她们的角色不仅包含了宗教顺从，也包含了对教会活动的谦卑支持，根据安·道格拉斯（Ann Douglas）在《美国文化中的女性化》（*The Feminization of American Culture*）中的看法，这包括了维持对常驻神父或牧师的个人崇拜。[6] 简而言之，女性参与宗教权威，这只是相当晚近的一个传统，而她们顺从于宗教权威，却有着相当长的历史；尽管女性很少支配教会的利润，但她们总是毫不迟疑地献出仅有的一点钱。

维多利亚时代的女性虔诚与这些仪式同样服务于双重需要：从一个男性主导的社会视角来看，它让受教育的、悠闲的中产阶级女性的精力一直保持在无害甚至有益的状况下，使其远离反抗；而从那些女性的视角来看，它为她们那种经济上无收益的生活赋予了意义。英国经济学家哈丽雅特·马蒂诺（Harriet Martineau）这样评论美国中产阶级女性，她们"（无论是过去还是现在），都如追求一份职业一样追逐宗教"，因为她们"被阻止以其他方式去施展她们全面的道德、智力及身体上的力量"[7]。南希·科特写道："宗教皈依的形态学回应了女性所期待的自我顺从和服从,然而,它也向皈依者提供了极令人满意的保证。"[8] 同样有诱惑性的折扣店现今也是以同样的方式来运作的。

犹太教-基督教传统中的反女性偏见为新宗教的发展留下了沃土。其厌女症意味着,如果女性要成为信徒,她们必须搁置批判性思考,甚至要比男人更彻底。在奖赏女性在理智方面保持谦逊的过程中,在让她们承担罪孽及性罪恶感的过程中,也是只通过顺从于一个男性中保而得到救赎的过程中,它交给这个发展中的宗教一份关于女性轻信的遗产。

女性正被灌输去接受新的信仰,这一苛求的新信仰究竟是什么?

新宗教的结构

创 世

犹太教-基督教的创世故事是进化型宗教的核心。由于那三行诗句(《创世记》2:21—23)——开始于"耶和华神使他沉睡,他就睡了。于是取下他的一条肋骨……"[9]——女性才是美貌仪式所操纵的信徒群体。西方女性从那些诗句中接受了一种观念,即她们的身体是第二等的,是后来添加的一样东西:虽然上帝按照自己的形象,用尘土造出了亚当,但夏娃却是一根可牺牲的肋骨。上帝直接把生气吹进了亚当的鼻孔,让他的身体有了神性;但夏娃的身体是从造物主的手中被再次转移出来的,是从物质中产生的有瑕疵的物质。

《创世记》解释了为何女性——那些经常需要将其身体提

供给任意男性凝视的人——会认可美貌神话。"美貌"现在给予了女性身体上帝所未给予的合法性。许多女性直到赢得了官方认可才会相信她们是美丽的,而男性身体在我们文化中拥有的这一认可仅仅是因为《圣经》说他们看上去像他们的圣父。那一认可必然是从某种男性权威那里得来或是赢得的,那权威是一个圣父的替身:整形医生、摄像师或法官。女性往往担心身体上的完美,这是一种男性极少会采取的方式,因为《创世记》说所有的男性都创造得很完美,然而女性却是以一块无生命的肉作为开始的;是可塑的、没有造型的、未经认可的和不成熟的——有瑕疵的。

耶稣敦促男人道:"所以你们要完全,像你们的天父完全一样。"[10] "原谅过去。改善现在。完美未来。"伊丽莎白雅顿这样向女性承诺——因为像模特宝琳娜·波日斯科娃(Paulina Poriskova)这样的女性是完美的。女性对"完美"的渴望是由一个信仰点燃的,即她们的身体劣于男性的身体——是二等的物质,会更快老化。"男人当然不那么容易衰老。"[11] 美容师莎莉·威尔逊声称。"第二阶层,"奥斯卡·王尔德在他的《论艺讲稿》(Lecture on Art)中写道,"我是指那类在价值上不断减值的人。"[12] 当然,在身体衰老方面男人并没有好多少。他们的更不易衰老只是根据社会地位来说的。我们有这样错误的认知,是因为我们的双眼被训练成把时光视为一种女性面容之上的瑕疵,但它在男人脸上却是一种性格的标志。如果男性的主要作用是装饰性的,并且如果男性青春期被视为男性价值的巅峰;那么一位"杰出的"中年男子看上去会有惊人的瑕疵。

第二等级,是女性生来就被烙印上的,女性身体总是有待完成,以男性-制造的方式去令它完美。美貌仪式被提供出来以在美貌的窑炉中烧制女性的身体,净化其渣滓,给予其"完成性"。在美貌仪式中,基督教对于死亡所做的允诺是针对疼痛做出的,即信徒将会在彼岸醒来,闪耀着光辉的身体洗净了凡人的——女人的——污秽。在基督教天堂中,"一"是净化了的身体:"没有男女的分别了。"[13] 而在仪式中,女性净化了她们自身性别的污秽。女性相貌的新式丑陋只是代替了作为女性的旧式丑陋。女性总是气恼于我们认为非常原始的自我憎恨的冲动。但在注意到美貌仪式是如何基于创世故事之后,我们就可以原谅我们自己:这个传说在长达 3500 年的时间里教导女性她们来自哪里,以及她们是由什么所造,这一传说的重负并不会在 20 年里被轻松摆脱掉。

另一方面,因为男性是按照其自身形象来创造诸神的,所以他们感到其身体在本质上是令人满意的。研究表明,女性是以否定的态度不切实际地曲解了她们的身体,而男性则是以肯定的态度这么做了。[14] 建立在男人肖似上帝这个概念基础之上的西方宗教遗产意味着,对女性来说,对自身身体的感觉错误是一个信条,无须反映出现实。尽管只有 1/10 的男人"极不满意"自己的身体,却有 1/3 的女性这么看待自己的身体。[15] 虽然两性超重的比例相当,都是约 1/3,但参与减肥计划的人 95% 都是女性。[16] 当女性超出全国平均体重值 15 磅时,她就会认为自己面临了一个严重的问题;男人则要直到他们的体重超出平均值 35 磅时才会关心这个问题。这些数值并不证明相较于男性这一具有神灵般相貌的性别,女性是相貌邪恶的;要说有什么区别的话,那也是和男性相比,有更多的女性肖似某个文化理想,因为她们更为努力。这一切所反映的都是犹太教-基督教传统:女性的肉体是神给予的错误的证据;而胖男人只是发胖的诸神而已。肥胖症的实际人口统计资料在这里是不相关的,因为这个宗教不是指向谁的身体为胖,而是谁的身体为错。

美貌仪式把整形医生指定为艺术家-牧师,一个比母体或是"自然母亲"更加专业的创造者,而从母体那里,女性有了她最初不合格的诞生。从外科文献来看,许多医生自己似乎就持这一观点:一次在华尔道夫饭店召开的鼻整形术会议的会标就是一张石雕的女性脸孔,一张破损的面孔。穆罕默德·法迪(Mohammed Fahdy)医生在一份整形外科的专业期刊上,把女性的肉体描述成"黏土或是肉块"。《纽约时报》报道了一次讨论美貌的座谈会,这是由纽约艺术学院和美国整形外科学会联合发起的。[17] 在另一篇《纽约时报》的文章中〔它有着恰如其分的标题:"相貌好的圣杯"("The Holy Grail of Good Looks")〕,医生罗纳德·A. 弗拉根(Ronald A. Fragen)承认,最好首先在黏土的面孔上练习,因为"你能改动你的失误"[18]。托马斯·D. 里斯(Thomas D. Rees)医生在《不止是一张漂亮面孔:整容手术能怎样改善你的外貌和生活》中写道:"即使是有史以来最伟大的艺术家,偶尔也会对一幅画的某个部分做些返工。"[19] 整形外科医生是现代女性神圣的性象征,他为自己索要着19世纪女性奉献给男性上帝的那种崇拜。

原　罪

问:我只有21岁。我需要用囊泡抗衰老系列吗?……

答:当然。引起衰老的因素已经开始出现了,即使表面还看不出什么迹象。

问:我已经过了45岁。开始用囊泡抗衰老系列是不是太迟了?

答：永远不会太迟。[20]

美貌仪式把原罪重新定义为不是生为凡人，而是生为女子。在反扑发生之前，女孩和老妇人们都不被允许参加礼拜活动——因此也处在了潜在消费者行列之外。但这个仪式如此重塑了原罪：没有一个年轻女孩会觉得担心女性丑陋（衰老或肥胖）的污点还为时尚早，这种丑是自出生起就藏在了她身上的，等待着她去发现。老年女性也不能把这仪式抛诸脑后。护肤霜和节食书籍用了一种语言，这是浪子吸取教训的寓言：尽管罪人过着任性的生活，但她永远不会被抛弃，而忏悔也永远不会晚。如果忘掉这仪式永远不会为时尚早或是为时过晚，那么，在女性生活之中，她们就没有一个时刻能在以自身的堕落行为影响其他女性的同时无罪地生活。

这种神学诡计的一个例子就是倩碧的"科学"图表，这个表格在"面部皱纹"的标题之下列出了几个范畴：相当多、一些、很少、极少。"无"这个概念范畴则根本没有。毫无瑕疵是不可想象的；生为一个女性，即使是一个青春期的少女，也会有瑕疵。

这种情况的销售效果和基督教信条的效果是对应的。不能指望一个没有罪恶感的崇拜者去拥护教会；也不能指望一个自觉没有瑕疵的女性为她的"修复"而花钱。原罪是罪恶感之源。罪恶感及其随之产生的牺牲也构成了新宗教型经济的核心运动。瞄准男性的广告通过恭维他们的自我形象而获得了成功，而为这些仪式性商品所做的广告，就和瞄准了一般女性的广告一样，是通过让女性尽可能地感到罪恶而成功的：广告告诉她，有关她的衰老或体型的唯一道德责任就在她自己手中。"即使是最无辜的表情——包括斜视、眨眼和微笑——都产生了负面的影响"（娇韵诗）；"自1956年开始，干燥肌肤已经不能被原谅了"（露华浓）；"你是否大笑、哭泣、皱眉、忧虑、说话？"（娇韵诗）；"你现在该为你的肌肤做些什么，这难道不是很明显吗？"（萨图尔尼亚温泉）；"停止损伤你的肌肤"（伊丽莎白雅顿）；"一个更美的胸部取决于你自己"（娇韵诗）；"控制你自己的轮廓"（娇韵诗）。

食物中的性

其他作者也已经提到了这一类似情况：金·彻宁（Kim Chernin）在《强迫症》（*The Obsession*）中追问道："那么，我们今天有没有可能正在以我们的女性祖先及其医生担心女性性欲的方式在担心饮食和体重？"[21] 但还没被讨论的是这些焦虑及其真正功能的尊贵源头：现代文化压抑女性的食欲就如同维多利亚文化通过医生压抑了女性的性欲——**自权力结构顶层而下，都为了一个政治的目的**。当女性性行为失去了其有效的处罚时，这些仪式取代了恐惧、罪恶感和羞耻心这些女性曾被教导说必然会随快乐而来的东西。

原罪让我们感到在性方面有罪。当性革命参与到消费主义之中，与之一起创造出性方面可用的女性时，就立刻需要在身体上对女性的罪做出重新的定位。美貌仪式事实上取代了每一条犹太教-基督教反对性欲的禁令，代之以相应的食欲禁忌。它"将展示"的有关渴望、诱惑、投降、恐惧的整个口腹剧本，拼命从身体中清理掉"证据"的努力，以及最终的自我厌恶，这些与大多数未婚年轻女性的性现实一样几乎未曾改变，直到堕胎和避孕变得合法，而婚前性行为洗去了污名；也就是说，直到一代人之前。

在教会中,尽管男性被性欲引诱,但女性被塑造为其邪恶的化身。简单地说,尽管男性也有食欲而且发胖了,但女性的食欲是耻辱的社会化身。

罗莎琳德·迈尔斯写道,"月经禁忌……意味着在她们成人生活的 1/4 时间里,每四周里就有一周,早先的女性会定期地受到非难并被孤立,从她们那个社会的生活中被摒弃、被排挤"[22]。它们的循环把女性界定为:在"倒霉的那几天"是不洁的,在性方面让人厌恶,是无理性的,不适合公共职位。女性在其体重周期的"肥胖期"里同样感到被贬低并被排除在外,通过把女性——甚至是向她们自己——描述为道德上软弱、脏,在性方面无价值,二者服务于同样的目的。经期禁忌把女性排除在社会生活之外,而现今,女性却把**她们自己**隐藏了起来。在正统犹太教里,经期女性处于经期**不洁**(niddah)中,被禁止和家人共食;肥胖不洁(fat impurity)也起到了同样的作用。

性不洁的律法通常让位于食欲不洁的禁忌。女性在生殖上要为上帝而贞洁;现在,她们在口腹上要为美貌之神而贞洁。婚姻生活之中为了生育的性行为是可以接受的,然而为愉悦而进行的性行为是一种罪孽;现今,女性在为了维持生存而进食与为愉悦而进食之间也做了同样的区分。男性,而非女性被给予了性特许上的双重标准,这双重标准被复制了,照此标准,男性拥有了更高的口腹许可。以往一个性方面不洁的女孩是"堕落的";现今女性从其饮食制度中"堕落"了。以往女性对其丈夫"不忠";现在她们则对其节食"不忠"。吃了某种"被禁止之物"的女人是"没规矩的":她会说,"只限今晚"。"我太想要了"变成了"我要做的就是看着那一个"。"我就是一个不能拒绝的女孩,"推销果冻的模特宣称,"这种说法会让你屈服的时候感觉好些。"对于小麦薄饼,人们会说:"你不必在早晨就怨恨自己了。"念珠换成了卡路里计算器;女性说:"我的肥胖纹显示了我的罪。"过去,如果她做了真情实感的忏悔,她会被允许领圣餐,而今,一个女人"如果真诚地在努力节食和运动",也会被赐予一个给定的程序。她脂肪的处境,就如同过去她处女膜的处境一样,都是一种共同体关怀:"让我们为姐妹祈祷"变成了"我们都支持你减掉它"。

净化循环

美貌是天堂或一个魅力之所;肌肤或脂肪细胞数就是灵魂;丑陋即地狱。"天堂,我在天堂,"减肥温泉疗养中心的安嫩代尔健康水疗院宣传道,"在这世上别无他处……美丽疗法让你感到如同拥有了双翼……你如何去往天堂?只要好好的——并剪下优惠券。"小小一份甜点是"诱惑",而提出 70 卡路里消耗法的女星杰西卡·阿尔芭则是"拯救者";《新女性》杂志上的一篇文章详细列举了冰激凌里的卡路里热量,篇名为《圣代崇拜》("Sundae Worship")。

女性所处之地既非天堂也非地狱——她既不会因如何美貌而成为非凡之人,也不会因其如何丑陋而无望堕落。她永不是被选中的,但能通过好好干来拯救自己。美容产品就是她的中保:治疗者、天使或是心灵导师。

她循着过量和忏悔的日程行事,一个身体的狂欢节和大斋节,用新年决心来为仲冬的狂欢而赎罪。在"关键期",就像萨图尔尼亚温泉所言,崇拜者将被一位公正的上帝评估,在他那儿,一切都无从隐藏。用犹太人赎罪日的话来说,在这日子里，持续 10 天的真正忏悔是可能的，这之后，"生命之书"在一年中剩下的日子里被封存起来，一位美容师的广告告诉纽约人："你在接下来的 10 天里做了什么将决定余下的一年里你的肌肤看起来如何。"那"关键的时刻"就像末日审判，把忏悔者放在一个秤上称。新福音教导道，"这秤不会说谎"。女人们被告知"你吃下的每一口都会体现在你的臀部上""你的皮肤暴露出你往肚子里塞了什么"。在这些警告下，她学会了"畏惧这全能的上帝，万事在他的面前都无从隐藏"。

这种持续的监视感对女性会有什么影响？在《女性疾病：妇女、疯狂与英国文化，1830—1980》(The Female Malady: Women, Madness and English Culture, 1830—1980，以下简称《女性疾病》) 中，伊莱恩·肖瓦尔特 (Elaine Showalter) 描述了监视是如何被现代精神病院所利用，来让女病人易于管制。"在收容所……女性被鼓励、被说服、被教导着成为测量员，'始终保持对自己的观察'，并且，通过受监测而让自身成为有魅力的对象。"肖瓦尔特写道，化妆品，例如"剩下的一截唇膏"及"花粉色的粉饼盒"，被收在病房的盒子里。"毫不奇怪，"她总结道，"在（精神分裂症患者）的女性叙事之中，嘲笑、审判、命令、控制……等威吓人的精神力量……差不多总是来自男性。他输出关于外貌和行为的连续批评，它伴随着女性的成长，成了其意识流的一部分。"[23] 出于相似的原因，持续不断的监视也被用来对付政治犯：强行取消隐私——这剥夺了他们的尊严，也打破了他们的抵抗。

这种仪式性的不断监视生动地体现了隐藏于神话背后的真实动机：在此文化中，女性的纤瘦和年轻并非本身就是近乎神圣的。社会实际上并不关心女性的外貌本身。真正重要的是，女性仍然甘愿让他人告诉自己她们能拥有什么、不能拥有什么。换而言之，他们观察着女性，不是要确定她们会"乖乖的"，而是要确保女性知道自己正在接受观察。

这个神是老大哥。"规训即解放，"运动领袖简·方达写道，她对其回响——战争即和平，工作即自由——充耳不闻。许多女性内化了老大哥的目光：减肥中心让女性为互相监督而付钱；女性的杂志告诉她们，"要一直带妆，即使你只是在遛狗。你永远不知道你会遇到谁"。耶稣说，"所以你们要警醒，因为你们不知道家主什么时候来，或晚上，或半夜，或鸡叫，或早晨"[24]。《绝对美丽》（*Positively Beautiful*）命令道，"裸身站在全身镜面前，看看你自己，从前面、从后面、从侧面。从你的双眼里移走所有的遮挡，面对真相"[25]。"你的肉是不是在颤动，并看起来有小坑？你能看见凸起吗？你的大腿很粗吗？你的肚子是不是凸出来了？"[26]这正是为灵魂保留的自查。

19世纪写灵魂日记的女性写下了每一次道德上的心灵起伏，正如其中的一句所说的那样，意识到"如果不依赖我们的努力，对我们宝贵灵魂的拯救就不会生效"。心理学家理查德·斯图尔特（Richard Stuart）在1967年——"爱之夏"失控的那一年①——发明了行为修正技术，该技术让受试者记录她们于"何时何地"进食，吃了"什么"，"在什么情况下"吃，[27]就这样，为了拯救女性的身体，它用自我监控的、准时的精确记录增加了女性的负担。

这种净化循环经常随季节而变化：害怕自己有"东西要去隐藏"的女性惧怕夏天的来临，她们渴望在她们节食并把自己

---

① 指1967年风行至巅峰的嬉皮士文化。——译者注

鞭笞至无可指摘的就绪状态之前,火热的天气和清凉的穿着追不上她们。中世纪的基督徒害怕在他们的灵魂依然充满罪孽的黑暗时,死亡会突然降临到他们身上。杂志们利用教会神父的方案来处理女性隐藏起来的身体,伪君子公正的表面之下掩盖了可憎:"把诸多罪孽掩盖在冬季时装下很容易。"唯有在苦行下,崇拜者才"敢于暴露一切",并像美国的"日光浴"(Bain de Soleil)护肤品的天使那样"毫不畏惧暴露"。减肥循环模拟了复活节循环:自我审查导向苦修,并进而引起喜悦。

在其死亡−复生的核心,女性进入了人类学家所谓的"阈限阶段"(liminal phase),一个"模棱两可"的状况,在这种状况中,崇拜研究专家威拉·阿佩尔(Willa Appel)认为,"在新手拥有某个崭新的身份之前,他/她必须变成无"。旧的身份直到新身份能得到认定之前都是搁置着的。这是一个神奇的过渡,它被特效所包围,这些特效在事实上而非隐喻上导向了一种易感的、改变了的状态:黑暗、低沉的音乐,蒙住眼睛;体验者通常被触摸、沐浴并沉浸在例如香气或湿度变化等感官刺激中。在温泉浴场和美容院中,女性脱掉外出服,穿上相同的白色或着色长袍。当她们摘下珠宝时,她们的状态是被搁置的。她们把自己交付给按摩师或美容师的触摸。美容垫放在了她们的双眼上,芳香的液体覆盖住了她们的脸。"金色大门"之水有着圣母崇拜圣地法国卢尔德之水的效果。改变中的阈限时刻在旧的妆容被移除之后而来临,却又发生在新的妆容敷上之前;在整形手术中,病人穿着她的病号服,她准备好了,然后失去了知觉。在一则兰蔻广告中,一个女性仰躺在阴暗的灯光之下,就像死去了一样,这时一只神秘的手以耶稣的姿势下落,触摸着她的脸。

在迷失的深处，加入一种崇拜通常会经历一场切割或一次针对耐性的试验：有疼痛、饥饿或流血，无论是真实的还是象征性的。在那一刻，女性被用发射出电击的针刺，她们被切开或是被用酸灼，又或者她们的头发被连根拔出，她们的肚子被清空。阈限阶段随着另一次浸没在液体之中而结束，这种液体唤起了复生之水：那通常是鲜血。它就像基督教中的"羔羊之血"或是奥西里斯崇拜的公牛之血。这是被钉上十字架的耶稣身处墓中的阶段，基督教徒浸在洗礼圣水之下的阶段，病人在麻醉中流血的阶段，水疗信徒被包裹、处在蒸汽之下或是草本浴的阶段。

最后的阶段是成功和新生命：老旧者在荒漠之中的死亡，被污染的一代人得到救赎，重获新生，她可以进入应许之地。受洗礼之人获得了另一个名字，共同体之中的一个新位置。以新方式化妆的、做发型的或消瘦的女性，有着整形后的"新面孔"的女性，庆祝着她的新身份并回去占据她所希望的提升了的位置。为了重返，她被告知要去买衣服、整发型、戴上符合改变后个性的各种配饰。那种忠告体现为减肥的动机、整形手术的伪装，它是基础的魔法。

新宗教在另一方面做了改进，因为救赎并不持久。节食产业的"支持性"修辞掩饰了一些明显事实：它最不愿意的就是女性一劳永逸地变瘦。98%的节食者会体重反弹。"节食产业是企业家的乐事，"布伦伯格写道，"因为市场是自我生成的并且会自发地扩张。虽然节食被断言会必然失败……但消费者对节食技巧、技术及商品的兴趣似乎是无止境的。"这同样也适用于抗衰老产业，这个行业会被真正有效的产品（或者说普遍的女性自尊）破坏掉。幸运的是，对于这种产业来说，即使是接受了整形手术的人仍会百分之百地继续衰老。"新的我"会随着晚间洗浴而被洗掉。该循环必须再一次从头开始，因为活在时间之中和为生存而饮食都是与美丽之神相对立的罪——当然，也都是无法避免的。

当女性极好地适应了行业的苛责时，就需要界定优雅的体重或年龄骤降，以此来调整：那个模特又减了10磅，整形医生把第一次面部拉皮手术的"预防性"年龄又降低了10岁。从行业观点来看，比女性在这个作弊游戏中获胜更糟的情况就是她们彻底没有了玩这个游戏的兴趣。净化循环的重复循环阻止了这一情况的发生。一个女性在她必须再次承担起重负之前几乎没被给予思考的机会，旅程每次都变得更为费力。

死亡警告

美貌仪式打算让女性变得如最初那样的病态。五百年前，男性在与死亡的关系中思考他们的生命，就像现今的女性被要求去想象美貌的生命期那样：被突如其来而又无法解释的死亡包围，中世纪的基督教使崇拜者不断意识到困扰他一生的必死命运。分娩的危险增强了女性死亡的意识，就像分娩女性用《旧约·诗篇》第116篇所例证的那样："死亡的绳索缠绕着我，阴间的痛苦抓住我……我便求告耶和华的名，说，耶和华啊，求你救我的灵魂。"[28] 这种一次发作便持续一辈子的病症（oncegeneral morbidity）成了19世纪主要的女性气质。科学进步缓和了男性的宿命感，但进入工业时代，分娩时的死亡幽灵迫使女性经常去仔细思考她们灵魂的状况。在消毒降低了母亲的死亡率之后，一旦女性是作为美人而非母亲而变得更有价值，这种专注于失去的情绪就被引导到了害怕"美貌"消逝的情绪。

那么多的女性仍感到她们会被随时袭来的她们无法理解的力量所包围，摧毁那些向她们表现为生活本身的东西。当一个背对电视摄像机的女性描述了一台搞砸了的整形手术时，她说："它夺走了我的美丽。一下子，全都没了。"她这是在表达一种无助地顺从的感觉，这种感觉让人回想起前工业社会应对自然灾难的方式。

要理解这种宗教的根本力量，我们需要注意到男人只死一次，而女性却死两次。在她们身体死亡之前，女性就已作为美女而死去了。

现今美丽绽放的女性总是在心中为美貌的减少和失去保留着一块空间。中世纪的死亡意识——意识到"凡有血气的，尽都如草"这一死亡警告——让男人在经济方面与教会保持思想一致，教会给予他们"新生命"，从而超越他们的自然寿命。对于女性来说，被敦促去不断思考美貌的脆弱与短暂则是一种努力让我们顺从的方式，这种顺从通过在我们之中维持一种宿命论而被实现，尽管那宿命论自从文艺复兴时起就不再存在于西方男性的思维中。女性被教导，上帝或自然把"美貌"赐予或是没有赐予她们，这只是随机的，非恳求所能及，这样，女性就活在了一个魔法、祈祷和迷信具有意义的世界里。

光

夏娃的罪意味着女性为丧失恩典负责。"恩典"在文艺复兴时期被重新界定为一个世俗的术语，并用来描绘"美貌"女性的面容与身体。

护肤霜——新宗教的"圣膏"——在其广告中允诺了"容光焕发"。许多宗教用光隐喻神性：当从西奈山下来时，摩西的面孔闪耀得如同太阳；而中世纪图像学则用光轮环绕着圣徒。圣膏产业将装在管子和瓶子里的恩典之光卖回给女性，以救赎女性的身体，因为女性身体的性欲已经屈从于他人，贞洁及母性崇拜已经不再能为女性身体环绕神圣之光。

事实上，光是这样一个问题，它是许多（即使不是大部分的）男女所共有的一种看待美丽的固有方式的核心。这种看的方式正是美貌神话努力要去压制的。在描述光的这一品质时，一个人会变得不安，很快把它否认为感伤或神秘主义。我想，否认的源头并非在于我们没有看到这一现象，而是在于我们把它看得太清楚了；并且公然说出它威胁了某些我们社会组织的基本前提。它，而非别的什么东西是人类非物的证明：人类"发亮"，而物则不行。同意这是真的，将挑战一个社会系统，该系统是通过把一些人指定为比其他人更似物，并把所有女性指定为比所有男性都更似物而起作用的。

这种光并不能被描绘得很逼真，不能按一到十的标准来测量，也不能在一份试验报告中被量化。但大多数人都意识到，光辉可以从面孔和身体中显现出来，让她们真的变美。

有些人把那种光辉看作是与爱及亲密不能分割的，它不能通过单独的视觉而得到，而是熟悉的事物的运动或温暖的一部分。其他人或许在一个身体的性感中看到它；还有些人则在脆弱或智慧中看到它。它经常因某人的面容而打动人，那人或是在讲一个故事或是在专心地倾听其他人的话。很多人已经谈论过创造行为看起来如何能照亮人们，并且也注意到了它如何笼罩在大多数的孩子身上——那些还未被告知她们不美的人。我们经常记得自己的母亲是美丽的，这只是因为在我们眼中它点亮了她们。如果可以做出通用描述的话，这之中似乎包含着一种完整感，或许也包含着信任。看来，要看到这光，一个人不得不去追寻它。诗人梅·萨藤称它为"纯洁之光，自爱人处闪耀"。可能每个人都有一个与众不同的名字来称呼它，并且各自以不同的方式感知它；但大多数人都知道它是为他们／她们而存在的。重点在于，你已经看到了它——这是你自己的看法——并可能被弄得目眩神移、兴奋或是受到吸引；但根据美貌神话，这不算数。

社会严格限制了对这种光的描述，从而使其一直未能承担社会现实的力量。例如，社会告诉女性去散发这种光芒，但仅仅只是在把她们的身体交付给男人或孩子之时："光芒四射的新娘"和"光彩照人的准妈妈"。社会几乎从未告诉男异性恋者他们是耀眼的、光芒四射的或是让人目眩神移的。美貌神话卖回给女性的是光芒的仿制品，但那光芒其实是我们已经拥有的，是我们被禁止说我们已经见到的核心恩典。

为了做到这一点，他们要求女性用二维的规则来与一个三维世界谈判。女性"知道"，时尚照片是从专业角度运用光亮来模仿这种耀眼的品质。但因为身为女性的我们被训练得把自己看成时尚照片的廉价仿制品，而不是把时尚照片看成女性的廉价仿制品，我们都被怂恿着去学习种种方法以使我们的容貌光彩照人，就好像它们是被动作所破坏的照片，它们充当了我们自己的灯光师、造型师和摄像师，我们的面孔被处理得就像博物馆的珍藏，被巧妙地打上强光、低光、灯光特效、冷光、光粉、虹彩光和铱光。

人造光总是随规则一起出现的。年老女性不能用冷光效果。人们会在什么光源下看到女性——在办公室灯光、日光和烛光下？女性的梳妆镜上安了灯；如果我们困在一种没有意料到的环境下，我们就会被暴露出来，就像一张照片在错误的光源下变得什么都不是。那种对特殊光效的强调有助于让女性在心理上沉溺于传统女性空间的"得体"室内照明；让我们害怕自发行为和脱轨状况。美丽的自我意识意在停留于皮肤层，以便阻止女性深入欲望的核心或是广泛地进入公共领域的广阔空间。它意在确保我们不会在一个全新的光源下瞥见自身。

其他的一些实践也同样驱使女性安于室内。一旦她使用了全反式维A酸（Retin-A），就不得不**永远地**放弃阳光。整容手术要求女性隐身室内，在6周至6个月内远离阳光。"光老化"的发现已经创造出了一种对阳光的彻底恐惧，而这与对皮肤癌风险的恐惧毫无关系。尽管臭氧层的确正在变薄，但这种恐惧阳光的心态却正在割断女性与自然界的联系，把自然转化为可怕的敌人，这其实是男性传统下的视角。如果女性传统不是处在围攻之下，受到破坏的臭氧层应该把女性送入环境堡垒中来保护自己。美貌神话刺激了女性对样貌衰老的恐惧，以便让我们驶上相反的方向：再一次只在室内，在孤立的空间，在女性奥秘中；在每种文化中为女性提供的最恰当位置——最受压抑的位置。

无论是在室内还是室外，女性都必须让她们的美丽闪耀，因为她们是**如此难以被男性所注意**。她们闪耀，以争取注意力，否则男性便只勉强给她们些许注意力。采光在一种基础的明显反射动作下吸引了眼球：婴儿未经开发的眼睛总是追随着闪亮的对象。这是女性被允许去引起注意的一种方式。另一方面，闪耀的男性要么是地位低下的人，要么就不是真男人：金牙、闪闪发光的珠宝；滑冰者，利伯拉切（Liberace）[①]。真男人是无

[①] 美国钢琴演奏家，作者在这里提到他，应是影射他的同性恋身份。——译者注

光泽的。他们的外表决不能分散人们对他们所说内容的注意力。但每一个上层女性都是闪亮的。戴尔·斯彭德（Dale Spender）在《男人创造语言》(*Man Made Language*)中指出，当人们交谈时，迄今大多数情况是男人打断女人，并且，男人只给予女性话语间歇性的关注。[29] 因此灯光和色彩的绚烂必然伴随着女性的发言，用以诱使男性持续地注意，那种注意力在女性张嘴说话时是游荡着的。女人的样貌被认为是重要的，因为女人说什么并不重要。

年龄恐惧崇拜

为了推销两种虚构的仪式产品线——人造光和短暂瘦身——美丽仪式很有技巧地调整了标准崇拜技法，以教育女性适应它们。在美国，以下场景正在电视中上演：一位颇有魅力的白衣指导者正在向听众发表演说，她的脸熠熠生辉。女人们听得入迷了：在整个独处时间，采用三个步骤。"给自己点时间……集中注意力。真正地感受它，"她说道，"虔诚地跟着做每个步骤。"女人们见证道："我一开始也不相信。但现在你看我。""我不想要委身于它。我想尝试一切，我只是不相信其他任何东西能为我做到这样——我从不知道还有什么能像它一样。它改变了我的生活。"镜头聚焦在她们脸上。最终，所有人都穿上白衣，聚集在指导者周围，两眼闪闪发光。摄像机转回到赞美诗声音的方向。众人所分享的秘密之源是皮肤胶原蛋白精华营养液，一个月只需 39.95 美元。

这些视频的转换策略仅是对商场中主要崇拜活动的一种补充，在商场里，50% 的圣膏销售都落在"购买点"上。这种计划是精心组织的纯粹宗教。

一个女性从街上走进一家商场，看上去无疑是非常普通的，她的头发被风吹散，她的本来面貌显而易见。为了走到化妆品柜台，她必须经过镜子、灯光、气味交织在一起而构成的棱镜，那是故意令人迷失方向的，它们一起让她服从于"感觉超载"，后者常常被催眠师与教派用于鼓励暗示。

她的另一边是天使的队列——炽天使及智天使——展示着模特的"完美"面孔。在她们后面，穿过一个作为阈限的柜台——在那里安排着允许她跨过的魔法，光自下面照亮，守护天使站立一旁。她知道，女售货员是人，但她"完美得"就像围绕着她的天使，从天使的队列中，这个女性看到了她自己"有瑕疵的"面容，那面容被反射映照回来，把她排斥在外。她在男性-制造的商场天堂里迷失了，她不能集中思考是什么让活生生的人和照片上的天使看起来那么相像地"完美"：因为她们都涂了厚厚的妆。这涂抹好的形象与外部世界几乎没什么关系，就像在城市街道的时尚拍摄中那格格不入的相貌所表明的。但，她在所有这些优雅事物之间感到如此格格不入，在这种羞愧下，凡人世界在那女人的记忆里崩溃了。顾客停留在过错感之中，她们渴望能够跨越。

化妆品女销售员接受了一些技巧培训，这些技巧类似于那些由专业崇拜转换者与催眠师所运用的技术。一个"上帝的子民"的前任成员在威拉·阿佩尔的《崇拜在美国：天堂的程式》（*Cults in America: Programmed for Paradise*）中说，她找到了那个在购物中心里的人，"她看上去迷惘而脆弱"。这个沿众神之廊走来的女性被弄得在她眼里看似是"迷惘而脆弱的。"[30] 如果她坐下并同意"化个妆"，她就会成为宗教强行推销的对象。

女销售员会靠近购物者的面庞，表面上是在涂抹东西，但其实一般比所需要的距离靠得更近。她不停地啪啪轻拍着，注意力集中在瑕疵、皱纹以及女人眼下的眼袋上。崇拜转换者被训练得站得非常靠近潜在对象，并"目不转睛地盯着她们的双眼……你在人们身上寻找弱点"[31]。那女人于是听到她被判有罪与犯错，而那却把她置于危险之中："你在你脸上用了什么？""才23岁，看看这些皱纹。""好吧，如果你满意那些痘痘。""你在**伤害**你眼下的娇嫩皮肤。""如果你不停止你现在的做法，10年后你的整张脸就会满是皱纹。"另一位接受阿佩尔采访的教派成员描述了这一过程："这整个是一个散发自信，保持直接沟通的事，这种直接沟通极有说服力，你完全控制了局势……你必须宣扬这样一种情绪，即所有这些人都没有感到真实的安全，对未来将会发生什么没有意识，并为继续重复旧错误而担心。"

顾客可能会屈服，并接受兰蔻做她的救世主。可一旦回到街道，昂贵的瓶瓶管管就立刻失去了它们的光环。而那些从崇拜中逃脱的人则在事后感到，她们已经从某种她们只能朦胧记得的东西中挣脱了出来。

印刷广告现今必须以更复杂的方式接近潜在的教派成员。两代人以来，她们/他们已经运用了一种神秘的语言——就像天主教用拉丁文，犹太教用希伯来语，共济会用秘密的密码那样：如一种富有声望的"逻各斯"授予其创始人以魔法力量。对外行来说，这是科学与伪科学的胡言乱语。例如，"植物淡纹""植物消脂""多体""SEI复合成分""生物活性组织肽LMP"（瑞士莱珀妮）；"吸湿元素及天然保湿因子"（香奈尔）；"独特生物护肤的均衡混合"；"复合成分#3""网硬蛋白和黏多糖"（芦荟系列）；"原胶原蛋白和透明质酸"（美国里茨查尔斯);"细胞含氧酸盐"(萨图尔尼亚温泉);"糖鞘脂"(卡尔诗);"类脂质体、微粒体、防护性醇"(资生堂)。

"西方许多社会自从第二个千禧年的初叶开始,"罗莎琳德·迈尔斯写道,"都发展了自己的技术,以便确保'新学问'不会扩散到大量的底层女性中。"通过这样一套伪权威的语言,一个在智力上排外的漫长历史先于我们当下的威吓而存在。

那些广告完善了这让人生畏的荒谬语言,以掩盖一个事实,即护肤霜实际上什么也没做。圣膏产业恰如一块巨石,40年来,它根本上什么都没有卖给女性。正如杰拉尔德·麦克奈特(Gerald McKnight)所揭示的那样,这产业"只不过是一个大骗局……商业抢劫的一种甜美伪装形式"[32]。其利润空间超过了它在全球 200 亿美元总收益的一半;在 1988 年,护肤品仅在美国就总共赚了 30 亿美元,在英国赚了 3.37 亿英镑,在意大利赚了 8.9 万亿里拉,在荷兰则从 1978 年的 1830 万荷兰盾增长到 6920 万。

40 年来,该产业一直都在声称错误的主张。1987 年之前,美国食品药品监督管理局只是不太激烈地表达过两次异议。在过去的 20 年里,圣膏制造者已经超越了粗暴手段,声称要延缓衰老(露华浓抗老紧致凝胶)、修复肌肤(夜间修复),以及重构细胞(全效细胞修复,G. M. 科兰的强化细胞再生,伊兰纤姿的再生)。当女性遇到 20 世纪 80 年代计算机化的劳动力时,这些广告又抛弃了"瓶中的希望"这样的朦胧描绘,而采用了伪技术的新意象,即图表和统计,从而与微芯技术的权威相呼应。虚构的技术性"突破"加强了女性的一种感觉,即美貌指标正在不受控制地膨胀,其主张对人的大脑来说公布得太快,以至于人们无法加以组织或核实。

过度的信息又把新技术加入喷雾和照片修补中，以便给予女性一种感觉：那审查本身已经变成了超人。摄像机之眼就像上帝之眼，发展出了一种显微镜式的判断，它超越了有瑕疵的人类之眼，放大了一个凡人所无法察觉的"缺陷"：在20世纪80年代初，法国血清生物实验室的莫里斯·赫斯登把自己描绘为一个"伪科学家"，他说道："于是，我们就可以看到并测量那些以往所不可能看到的事物了。它是在空间计划技术变得可行，并且当我们被允许利用其精深的分析技术和生物技术进步时发生的，这些技术允许我们在细胞层面上观察事物。在那之前，我们不得不触摸和感觉它。"[33] 赫斯登所说的是指，通过测量肉眼不可见的组织——它超越了"触摸和感觉"——美丽之战因而被调换进了一个极为微小的焦点，这场战争本身因此变得形而上了。女性被要求相信：消除皱纹现在是一个合理的道德律令，尽管它实在是太微弱了，人类几乎注意不到。

在圣膏声称能做什么以及它其实做了什么之间的薄弱联系已经完全被打破了，并且也将不再有什么意义。"这些数字毫无意义，除非所有的测试及等级排名都被标准化"，一份女性杂志引用了行业发言人格鲁夫医生的话，并且进一步指出"消费者总得记得，机器所测量的结果对于肉眼是不可见的"。

如果"敌人"是不可见的，"屏障"是不可见的，"侵蚀作用"也是不可见的，那么圣膏的疗效"可能也不会为肉眼所见"。我们正处在某种纯信仰的维度上，在此维度上，"可视的改进"给治疗后能在针尖上跳舞的天使数量提供了"图表证据"。到了20世纪80年代中期，圣膏对衰老之战的这整个戏剧化叙事开始了，它拉开了一个彻底"编造谎言"的阶段，它发明了心灵缺陷以便贩卖心灵治疗法。从那时起，女性的脸和身体的特征中的那些会让她们不开心的部分将越来越成为不能被其他人看见的部分。女性远比以往更加孤独,她们被安置在理性慰藉无法到达的地方。现在,完美必须在艺术家的框架之外持续,并且还要在显微镜下幸存。

甚至是许多行业圈内人也都承认这些面霜并没什么作用。根据在联合利华工作的一名生物化学家巴迪·温德伯恩所言:"把胶原蛋白涂抹进皮肤的效果是可以忽略不计的。……我认为没有什么成分能进入这些区域——当然也没有任何成分能阻止皱纹产生。"[34]在美体小铺的美容护理连锁店工作的阿妮塔·罗迪克说:"**没有**什么敷用品,没有什么局部敷用品可以摆脱悲伤、压力或深深的皱纹……没有任何东西能让你看起来更年轻。没有这样的东西。"[35]安西亚·迪斯尼,这位女性杂志《自我》(Self)的编辑补充说:"我们都知道没有任何产品能让你看起来更年轻。"[36]正如"山姆大叔"杉山("Sam" Sugiyama)[①],资生堂的合作导演总结道:"如果你想避免衰老,你必须活在太空里。一旦你从子宫里出生,没有其他办法可以避免长皱纹。"[37]

专业学院的精神一直默默地帮助维持这些行业主张的欺骗性本质,这种专业精神被宾夕法尼亚大学的阿尔伯特·克里曼(Albert Kligman)教授姗姗来迟地打破了,他的揭秘必须被置于以卜语境中:他是全反式维A酸的开发者,这种物质看似会导致一些危害,包括让肌肤易发炎,不耐受阳光,以及持续地严重脱皮。"在当今的产业中,"他很有预见性地向其同行写道,"伪造正取代鼓吹……消费者与食品药品监督管理局的制裁是不可避免的,它正在破坏可信性"。他在访谈中进一步指出:"当

[①] "杉山"是指20世纪六七十年代为资生堂执导过众多广告的杉山登志。——译者注

他们声称要抗衰老，声称某种物质有生物学上的深入效果时，就必须阻止他们了。这纯粹是胡说八道……已经越过了理性与真理的界限。"他又说道，新产品"完全不能做到其赞助者及制造者所称的那些效果，因为，能渗入皮肤并对皱纹造成任何持久的变化，在肉体上是不可能做到的。同样的原理也适用于皱纹的消除或是永久防护细胞老化"。希望有种产品能实现这样的效果，他说道，但这种希望"实际上永不可能"。

克里曼承认："我的一些同事告诉我，'女人太蠢了！她们怎么能买香脂这样的东西？受教育的女性，她们去过拉德克利夫女子学院、剑桥、牛津和巴黎大学——她们脑子进水了？为什么她们会去布鲁明戴尔百货公司花 250 美元买那个垃圾？'"[38]

女性"这么蠢"，因为现存体制及其看门狗都认同化妆品行业的决定，即我们就"这么蠢"，我们也必须一直"这么蠢"下去。在美国，这种"镇压"终于在 1987 年来临了——但这不是为了关心每年被 200 亿美元骗局所剥削的女性消费者。第一根稻草是心脏病专家克里斯蒂安·巴纳德（Christiaan Barnard）医生研发了卡尔诗（Glycel）（"假货，彻底的假货。"克里曼医生说道）。这个医生的声望，以及他对产品超级无耻的辩护在整个行业中激起了嫉妒（"这是史上第一次，一个医生把他的名字和一个化妆品系列联系在一起，"赛诺菲美妆公司的斯坦利·科伦伯格说道）。根据杰拉尔德·麦克奈特的一份材料："有人把它捅到了局里，如果他们不采取行动，把这产品从货架上清出去，这个行业将确保食品药品监督管理局的名誉被搞臭。"于是食品药品监督管理局把矛头对准了整个行业，"因为我们都在这么做，即做出不切实际的声明"。管理局要求 23 家主要化妆品公司的高管解释"他们在杂志、电影，以及所有可以做宣传的领域公然声称的……即他们把'神奇的'抗衰老和细胞替代成分加入了他们的产品"。食品药品监督管理局要求"立刻撤回这种声明或者如药品一样提交检测报告"。食品药物监督管理局的主管丹尼尔·L.迈克尔给他们写道:"我们不知道任何可以证明这些物品的安全性和有效性的实质性科学证据。我们也不知道,就其预期用途来说,这些药物通常被认为是安全有效的。"[39] 换言之,管理局说,如果这些面霜能实现你们所称的效果,它们就是药品,必须得到检测。如果它们不是药品,你们就是在做虚假声明。

所有这些是否证明了有人真正关心一个行业,一个把女性作为其宗教欺骗目标的行业?莫里斯·赫斯登指出,"食品药品监督管理局只是在说:'看,我们关心你在*说*什么,而非你们在做什么。'这是一个术语上的问题,一个专业用词的问题,一个词汇上的问题"。管理局的头几乎提不出反对的声音。"我们不是想要惩罚任何人,"他在1988年向《纽约时报》的记者黛博拉·布鲁门萨尔说道。布鲁门萨尔相信这些产品会依然保持不变,只是某些声明的"超现实主义性"会消失。[40] 3年后,这些"超现实主义"的声明再度出现了。

想想这些暴行:20年以来,这些圣膏利用伪造的图表和数据,做出对"证实改善""明显见效"的"科学"声明,这些都属于非外部鉴定。美国之外,同样的制造商仍然在进行虚假声明。在英国,几乎所有的圣膏广告都忽略了"英国广告准则"的警告:不允许"包含任何声称提供恢复青春效果的声明,即阻止、延缓或逆转由年龄增长所引起的或是与之相关的生理变化和退化情况"[41]。英国贸易工业部最终在1989年仿效了美国的做法(正如英国皮肤科学者罗纳德·马克斯所说的,"大量此类说法都只是化妆品的胡言乱语"），但英国贸易工业部还没有承诺具体执行的时间或对策。无论是在哪个国家，都没有公开地向这个行业施压，要求其撤回声明或是向女性道歉；而条例的更改上也不可能为女性消费者这么多年来受到的彻底欺骗提供经济补偿。

这么严肃地看待这种欺骗是不是反应过度了？是否就像在大众话语中所反映的那样，女性与圣膏的关系是小事，我们信仰的痛苦是无害的甚至是可爱的？女性是贫困的；比男性更甚。我们的一年200亿美元有什么重要的？仔细地说，这个价格**每年**可让我们买下大约3倍于美国政府所提供的日托服务，[42] 或是2000所女性健康中心；或是让75000名女性欣赏电影、音乐、文学或参加艺术节；或是办50所女子大学；或是为居家老人提供100万名高级医护人员；或是雇用100万名从事家务或儿童看护的高收入工作人员；或是建立容纳33000名受虐女性的庇护所；或是制造20亿管避孕霜；或是为夜间安全交通提供20万辆车；或是为付不起继续教育的年轻女性提供40万份整四年的全额大学奖学金；或是买下2000万张环游全球的机票；或是在四星级法国餐厅享用2亿次五道正菜的晚餐；或是兑换成4000万箱的法国凯歌皇牌香槟。女性是贫困的，而贫困之人需要奢侈品。当然，女性应该自由地去买她们想要的任何商品，但如果我们打算花出我们辛苦挣得的钱，这些奢侈品就应该兑现它们承诺的效果，而不只是榨取负罪金。没有人严肃地看待这些欺骗，那是因为它对应的选择是真实的社会威胁：女性将首先接受其衰老，接着承认它，并最终乐在其中。浪费女性的钱所造成的损害是可预测的；但通过它所制造的恐惧衰老的传统，这一欺骗对女性所造成的损害却是不可估计的。

食品药品监督管理局的"制裁"避免了一个可能性，即恶化的情况会转变为让女性爱上她们岁月的痕迹。出色的广告语言立刻把语调转向了情感威压的层面，每个词都经过仔细的市场调查。这些有关女性私密需要及恐惧的散文诗甚至比早先的科学谎言更具有说服力。一个信仰系统的成功依赖于宗教领导者对其目标的情感状况了解得有多深入。圣膏广告开始把它受众的情绪冲动和最先进的精确性连在一起。

如果分析一下那些广告，我们会发现女性正处在极大的压力之下。许多人虽然在公开场合很自信，私下里却感到易受伤害、筋疲力尽、不知所措，感到被围困。在这种新的情境中，不可见的危险袭击了某位不设防的女性受害者：

"回避……环境刺激……减轻……各种天气因素的影响……防护霜"（伊丽莎白雅顿）；"在你和环境刺激之间……的一道无形的屏障……一种无形的防护"（雅诗兰黛）；"防护性的……增强防护的……防护性醇，一种多种防护成分的有效复合物……面容受到不断的伤害……当今更污染的环境……疲劳、压力……环境侵害和生活方式的变化"（娇韵诗）；"抵消今日生活方式的压力及紧张"（爱美）；"每天……遭受着伤害性环境的侵害，这些环境连同压力与疲倦会产生有害的影响，并扰乱自然平衡"（若珂）；"加强……自然防护……以抵抗日间环境的压力……一种对抗外部侵害物的防护障"（里茨查尔斯）；"隔离于环境刺激之外……减轻……各种天气因素的影响"（雅诗兰黛）；"受到年龄与暴露于紫外线之中的威胁……一种对抗环境中化学及物理侵袭的防护性屏障……你身体的自然防御……

及时买吧。发现你最佳的……防护"(克莉黛拉);"细胞组织……成块地脱皮,留下了易损的皮囊……暴露在你日常的环境下……荧光灯、过热的办公室……都会引起皱纹……一个不可见的敌人……70%的女性都经历着无形的侵蚀影响"(东方世界);"受到外部因素的侵袭……外部的侵害"(奥尔基代亚);"肌肤防护者……抗敏屏障……中和环境刺激……在承受新一天的伤害之前,开始防护吧……减缓岁月的负面影响"(雅诗兰黛);"生活的每一天都在侵袭之下……一个必需的屏障……有助防护自身"(欧莱雅)。

这种女性如此痛苦地接受的情景是什么?它关乎成功而有控制力的职场女性的生活中缄默而阴暗的另一面:关于性暴力、街头骚扰和某种怀有敌意的职场环境。每一个词都合理地触及了女性恐惧的神经,即她们拿衰老毫无办法或是对产品品质没有办法。公共领域不但对于女性来说是陌生的;它还**确实充满了**看不见的危险。

在我们每天的生活中,女性**都在**遭受着"看不见的侵袭者"的攻击:研究一再表明,至少1/6的女性曾遭到强暴,并且多达44%的女性遭受过强暴未遂。[43]我们**的确**有一个易于遭受攻击的"易损的皮囊"——那就是阴道。艾滋病病毒感染女性的程度还犹未可知;但我们**的确**需要"防护性的屏障"——避孕套和子宫帽。在美国,21%的已婚女性曾受到其配偶的身体虐待。[44]每年有150万美国女性受到伴侣的攻击;1/7的英国女性受到丈夫的强暴。[45]女性之所以对保护自己免受攻击这一梦想有所回应,那是因为我们**正**遭受着攻击。

几乎所有的职业女性都聚集在20种社会地位低的工种里；我们确实有一个"不可见的敌人"——制度歧视。性猥亵这个词在大街上是一个日常的粗鲁词汇；女性被暴露于"环境压力"下。女性在自尊测试中得分低于男性；我们**确实**必须克服"多年来的负面影响"——被内化的女性自我憎恨。在美国，几乎有2/3的婚姻以离婚告终，在此处境下，女性的生活水准下降了73%，而男性的生活水准则提升了42%；[46] 女性**是**"未受保护的"。超过800万的美国女性独立抚养至少一个孩子，其中仅500万被判得了子女抚养费，但其中只有47%的女性拿到了全部金额，37%的女性所得的抚养费少于一半，而28%的女性则根本没有领到任何抚养费。[47] 女性**正**受到"生活方式变化"的"侵害"。美国女性在1983年的收入中位数是6320美元，而男性的收入则是其两倍多。[48] 2/3到3/4的女性在工作中曾遭到性骚扰。[49] 我们**确实**面临着"环境的刺激"。过度工作和低收入**确实**让我们在"过热的办公室"的"荧光灯"下"压力重重"。相对于男性所得的1美元，女性只挣得了59到66美分。[50] 我们可以买一瓶被称作均衡器的圣膏。凡士林特别护理提出，"最终……平等对待……她们理应得到的对待"。只有5%的高层管理者是女性。强生制造了普尔波斯（Purpose）抗过敏系列产品。平等权利修正案在美国国会没有通过；女性**的确**需要一个缓冲器。女性**的确**需要一种更好的防护。

圣膏允诺了一种保护，女性不再能从男性那里得到它，也不能从法律那里得到它。它们是在美梦的层面上实现的。基于所唤起的恐惧，它们以穆斯林女式黑袍、贞操带、丈夫或是一件防辐射服等形式被提供，在粗暴的男性世界（许多女性已经成功进入的这个世界）中保护女性的安全。

有些广告抓住了女性对她充满压力的新角色的矛盾心理——或更精确地说，是对进入一个歧视系统的矛盾心理，在其中，女性主义由于让女性遭受了一个性别歧视的外部世界所带来的高度压力而备受责备。对于为了男性所定义的"成功"而付出的代价，以及远离子女时在时间上所付出的代价，很多女性喜忧参半。这是一个肌肤护理的"后女性主义"学院：

"（减缓）压力……表面紧张。"（爱美）"紧张肌肤的精华液……面对困境时获胜……解决20世纪皮肤问题。"（伊丽莎白雅顿）"压力与紧张。"（碧欧泉）"成功是否在你脸上造成了伤害？……你的生活方式让你暴露在忙乱节奏和大量压力之下……确实侵袭了皮肤（这是你们母亲并不担心的）。"（幽兰）"接受你生活的现实。发生在你身上的事正在落到你的皮肤上……致女性，她们的整个生活方式都提出了难以置信之要求。"（美奇丝）"现代女性繁忙而喧闹的生活意味着她们不幸地并没照顾好自己的双腿。"（G. M. 科兰）"当你的皮肤运作混乱。"（悦木之源）

美国的离婚率在1970年到1981年之间近乎翻倍。自从1960年起，离婚率几乎在欧洲的每个国家都翻了倍，在荷兰增长为原来的3倍，在英国为5倍，在拉美的巴巴多斯则上升了10倍；在孟加拉和墨西哥，1/10的已婚女性离婚或分居，在哥伦比亚是1/5，在印尼是1/3。[51]伊丽莎白雅顿的眼部修复啫喱以"软管"的形式给予了我们女性历史的最后一个周期："（细胞）之间的关键支撑结构被分解，导致皮肤变得脆弱和易损。"她的免疫量保护人们不受"削弱皮肤支撑结构和破坏的射线"

的辐射。未经治疗的皮肤显得"极为缺乏内聚力"。女性传统的支撑系统,如家庭、男性的经济支持,甚至是女性主义第二次浪潮的女性群体,这些都已经失败了。倩碧"帮助支持需要呵护的皮肤。这是一个充分的理由"。在拯救幻想中,单身或努力奋斗的女性读到:雅诗兰黛的微粒体"就像高性能的磁铁一样,会被最需要帮助的表层细胞所吸引,修复、加强并重建"。这些"支撑系统"现在能被"动态作用""修复和重建",于是当核心家庭和立法机构业已辜负我们之时,女性还可以在药剂师那里获得它。

这种编码词语将会随着女性的潜意识焦虑而改变。但假如女性想要摆脱这一昂贵的信仰系统 —— 它通过这些信息来设法强迫我们 —— 我们就会读出它是圣膏的信息,知道这并不关乎产品,而是对我们时代潜在恶魔的一种令人难忘的精确写照。

广告同样也在一种极其个人化的层面上解读女性的需要。它们知道,女性有时会感到需要复原,需要被滋养。借助美貌仪式,女性在鼓励下被驱使着从当下重返过去。那种将过去理想化的崇拜被称作复兴运动 —— 纳粹主义就是一例。

在年龄和体重的双重神学之下,女性拥有了伊甸园的记忆 —— 蒂沐蝶洗发水的"秘密花园",以及失乐园的记忆:孩童之时,所有女性都有"无瑕的"皮肤,并且,绝大多数女性只要想吃就会得到爱的投喂。这两个词的变体被极为频繁地重复运用,几乎没有广告能摆脱它们,这两个词就是"活化"(revitalize)和"营养"(nourish)。爱美说"给予新的生命"。若珂用了"活化";里茨查尔斯旗下的奥拉塞瓦则说"活化进行时",让人们"新生"。娇韵诗用了在一片嫩叶中"活化"9次的说法。你可以借伊丽莎白雅顿"新生"。娇兰给予你活化醇。

这两个词催眠式地在一个广告里重复着。以一个被称作千禧年（Millennium，雅顿的一个产品）的圣膏为例，"重生"在其某一份单页传单中重复出现了28次。在基督复临所预告的千禧年，死者将会复生；而女性将会恢复青春，仪式说她们那时将最有活力。

广告商知道，无论是在身体上还是感情上，女性都感到营养不良。我们抑制了我们的饥饿——承认饥饿是一种软弱。但我们的营养不良体现在了圣膏信息中，它细数了禁用的丰醇或甜美，圣地的甜蜜，圣母马利亚的乳汁：如蜜乳、牛奶滋润强化乳6号、雅诗兰黛的白金级护肤霜，小麦胚芽滋润蜜、蜜丝佛陀的2000卡路里浓密睫毛膏、思亲肤（skinfood）、乳霜、慕斯、鱼子酱。① 女性提供给她的肌肤那些她无法毫无罪恶感或是毫无心理矛盾地送入口中的养分。在《纽约时报》的一篇名为《精神粮食》（"Food for Thought"）的文章中，琳达·韦尔斯（Linda Wells）写道，"最新的皮肤护理成分……可以被人误认为是一份豪华餐饮里的菜单"[52]；她列出了鹌鹑蛋、蜂蜜、香蕉、橄榄油、花生、鱼子酱、鲟鱼子，以及百香果。饥饿的女性只被允许从外部满足她内心真实渴望的东西。

1990年，维珍妮（美国女士香烟品牌）对3000名女性做了调查，半数人觉得"男性只关心他们自己的性满足"。最"密集的营养"是由夜间晚霜所保证的，"当你的皮肤能够吸收更多的营养时。这正是滋养它的时候……（借由）专门的营养品"（爱尔美密集营养复合物）。夜间正是这样的女性会最深切地感到缺

---

① 这里应用了大量与食品有关的双关词，或形似词，取双关意。如 Mousse 有摩丝和慕斯两意。——译者注

乏营养的时候。皮肤"营养"从科学角度来说是不可能的，因为任何成分都不能渗入角质层。女性供给她的皮肤以养分，就如同用许多女性都缺少的爱来供养她们自己。

女性被催促着，把她们希望从自己与男性关系中所获得的东西投射到这些产品上。首版《海蒂性学报告》表明，女性渴望更多的柔情。有一种感性而亲密的基督教神秘主义，其中基督是一个爱人，他提供给神秘主义者一种浪漫而又纯粹的结合。耶稣这个新郎已经成了女性的一个幻想支柱。圣子的化妆品版本是温柔的。他完全知道乞求者所需之物。油膏"使人平静""抚慰人心"和"令人舒适"；它们提供了一种"脂膏"[1]，这种脂膏就如乳香一样，被给予"敏感"而又"受刺激的"皮肤或自我。从广告来看，较之于从男性那里所得到的（"他们永远不会给你任何个人的关注"——倩碧），女性想要更多的呵护和关注，还有缓缓伸来的双手和更舒适的碰触。香膏"如丝般在皮肤上滑过"。瓶中精灵做到了现实中的男性显然做得不够的事情：他会轻柔地碰触她，承诺永远爱她，理解并关心她，为她做到女性为男性做到的那些事。他化身为一支唇膏，"你可以与之维持一段持久关系"。他提供了"更多呵护，纯粹的呵护""彻底护理的面霜"，"特殊呵护"，"集中呵护"（强生），"爱怜的呵护"（伊卡璐），"天然的呵护"（娇韵诗）。他了解她的性节奏，采取了"温温柔柔的方法"，提供了女性一直"渴望的""那种爱怜"。他降低了性的罪恶感：她"能恢复那种纯天然的感觉"。他恒久忍耐，是"共感"的洗发水，是"温和"的

---

[1] Balm，双关语为"慰藉物"。下文中的"Gilead's"指"balm of Gilead"，即《圣经》中减轻痛苦的"乳香"。——译者注

清洁剂,是"爱抚"的香皂,是"丰富"的护发素。如魔法一般,女性的性需要不再是冲突之源:"你的肌肤敏感时刻不必是一个问题……你全身都需要敏感的呵护……这是身体最复杂的器官。"其他产品则提供以"奢华的润滑","确保最大限度的进入","直接回应你的需要……特别呵护……无论在何时何地,你需要它"。("你知道的啊,"弥撒书祈祷着,"我迫切需要的美好之物是什么。")毕竟,女性的性欲就是那样:"有时你需要一点点技巧,而有时你又需要很多很多技巧。"

在其他情绪中,有些女性可能会因渴望而再次屈从于消逝的权威——圣父——而受折磨。另一些销售宣传则让她们甘心受罚。女性需要"驯服",需要一个严厉的指导者,他会训练她控制自己的本能冲动带来的混乱;一只男性气概的手伸向她、征服她,公正而仁慈,温和却坚定。她需要"对问题皮肤做额外的控制",就好似她是一个问题儿童:"衰老皮肤最不需要的就是被纵容。"人们告诉她,不管不顾会糟蹋皮肤:"去除角质。攻克它。尽可能强硬地去做。"(倩碧)她能买到"改善和预防的"功能(雅诗兰黛),广告也会采用少年留堂式的土话:"皮肤松弛?绷紧你的脸"(娇韵诗)。

女性为别人而牺牲自己,她们就是这样回应这些从她们的牺牲中获得光环的实体。死亡业已进入了这个实体,而它必须创造奇迹。在瑞士莱珀妮温泉浴场,刚夭折的羊胚胎每周因其"新活细胞"而被"牺牲"[53]。(一个顾客将之说成是"一种灵性体验"。)胎盘素是面霜的一种常用成分,它是猪的胃酶。哺乳动物的胚胎细胞已经被制成了这类东西;意大利奥尔基代亚提供"乳腺提取物"(mammary extract)。根据杰拉尔德·麦克奈特的说法,在英国、法国、加拿大,人类胎儿组织细胞被卖给了护肤霜的制造商。他引用了一些记录在案的例子，贫穷国家的孕妇被劝说去为了约 200 美元而迟至七个月还堕胎，卖给赚钱的秘密行事的化妆品胚胎组织。[54] 在 17 世纪的罗马尼亚，一位伯爵夫人屠杀了农村处女，以便能在姑娘们的鲜血中洗澡并永葆青春。吸血鬼从不会老去。

魔法效力也来自经济上的牺牲。"较之（女性）所支付的价格，真正的材料所花费的只有 10% 或更少。"一个曾在赫莲娜和《时尚》工作的线人告诉麦克奈特。"惊人的巨大加价"用在了支付广告和"研究"的费用上，她说道。据悉，虚高的价格实际上是圣膏对女性吸引力的一部分：另一篇由琳达·韦尔斯刊登在《纽约时报》上的文章《看不见的价格》（"Prices: Out of Sight"）[55] 指出，雅诗兰黛为"声誉"提价了。"整个行业定价都过高，"露华浓的一位董事长说道，"价格在猛涨……有些公司相信这个势头已经盛极而衰了。同时，其他人则正把他们的价格进一步推到了最高。"高价**使得**女性买圣膏。麦克奈特追问："如果价格急剧降低……她们在买这些东西时还会这么满意吗？正是交易中的这　方面让社会学家和心理学家同样感到困惑。"[56] 他提供了一张图表，证明产品价格每下降 7.5 美元就放弃了价值 0.75 美元的原料。以一个敲诈似的价格卖出毫无价值的东西，这造成了低成本。

女性对高价格的这一"让人困惑的"喜好其实不该如此令人难解。那些原料是无关紧要的；甚至它们的功效也是无关紧要的。罐子里是真实的绵羊脂还是石油衍生物（即凡士林）就像是谁画了都灵的耶稣裹尸布那样，是不相干的。那些价格高昂的彩妆至少达到了它们要达到的效果；与它们不同，价格高的圣膏带来的只是减轻罪孽，只是献祭的冲动。以这种方式，伟大的中世纪赦免及赎罪券产业在今天以圣膏产业的形式再次出现了。

赎罪券的价值**是**它们向忏悔者收取费用。它们最基本的心理学意义在于忏悔者愿意为宽恕付出多大的牺牲。销售员也是这样,威胁女人如果不付钱就谴责她。她所害怕的甚至不是丑陋的地狱 —— 而是罪的边缘。如果她不涂面霜而衰老,人们会告诉她,她这是自找的,因为她不愿意做出适当的金钱上的牺牲。如果她的确买了面霜 —— 而又衰老了,她其实不管怎样都一定会老的 —— 至少她会知道她已经为避免有罪付出了多少。一百美元的账单是她曾努力过的白纸黑字的证据。她真的累了。害怕有罪而非害怕衰老,这才是驱动力。

肥胖恐惧崇拜

对衰老和体重的恐惧是该宗教最为大力发展的两种崇拜,[57] 很多女性对它们的恐慌都与她们的思想似乎过于陷入无理性的沮丧有关,就如这种恐慌与"那问题"本身有关那样。美貌仪式恐惧衰老的那一面以某种奥妙的手法利用了已经被认可的崇拜方法。但恐惧发胖这一方面却**在事实上改变了脑力工作的方式**。困在其中的女性被一种由来已久的、典型的思想控制所支配。

如果一个女性自发地加入崇拜并且可以在任何她想离开的时刻选择离开,那么体重狂热实际上就并不重要。但体重控制的心态是令人恐惧的,因为它利用了一些技术,这些技术让信徒对崇拜思维上瘾,扭曲了她对现实的感知。一开始选择加入崇拜思维的女性可能会很快地难以自拔。之所以如此,有很多身体上和精神上的理由。

体重控制崇拜刚开始是一个美国现象。但它就像其他以美国为基地的崇拜——如摩门教、统一教会——那样，已经传播到了西欧和第三世界。这种崇拜和其他崇拜一起，在动荡和无根感中繁荣起来，而动荡和无根感都是美国景观。

美国的绝大多数崇拜是有关千禧年的，它们围绕着圣人和罪人的斗争而发展起来。崇拜活动集中于为末日审判所做的净化准备。通常的行为是恍惚、偏执、歇斯底里和附身状态。

崇拜的形成条件与决定女性晚近历史的那些条件相同：活跃反叛后紧接着的是消极撤退。当激进主义挫败之时，积极分子们都向内转。威拉·阿佩尔写道，追随千禧年崇拜的人是一些群体，"他们的期望都经历了突变"，他们感到"挫败和困惑"。他们试图"重造现实，在旧的世界观业已丧失意义的情境下建立一种个人身份"。千禧年主义对边缘人是有吸引力的，他们"没有政治发言权，缺少有效的组织，并且也没有供其支配的常规的、体制化的补偿方法"。这些崇拜提供了"在传统体制似乎正走向失败的社会中的各种成长仪式"。

那就是现今女性生活的故事。尽管许多人已经在过去的20年里赢得了权力，但那种权力并不是以女性身体为中心的，这就像早期女性的成人仪式一样。女性仍然缺少组织、体制和集体声音。任何一位城市职业女性都会吟诵一段"挫折和困惑"的祷文，并改变自己的期待。女性活在一个制造崇拜的现实之中；所需的一切就是崇拜。体重控制的神学适应了这一需要：它和其他成功的崇拜一起分享了三大基本构成。

崇拜遵从一种专制结构。节食者们追随她们不得偏离的"制度"，她们不得越轨："耶和华啊，求你禁止我的口"。天主教弥撒书诉求道，"把守我的嘴"[58]。节食书的语调和特征也是独断和明确的。"专家"指导她们努力节食,专家永远是知道得最清楚的。

崇拜灌输"弃世"。节食者放弃了食物的快乐。她们避免外出就餐,约束自身的社交生活,并且远离可能会让她们面临诱惑的那些情境。厌食者放弃了绝大多数的世俗快乐——电影、小饰品、玩笑——这些都是禁食行为的延伸。

崇拜成员相信,唯有她们才拥有"天赋真理"。有体重强迫症的女性对于赞美是充耳不闻的,她们觉得只有自己才真正知道,隐匿在视野之外的身体是怎样令人厌恶。厌食者确信她们正着手追求一件其他人无法通过注视她们而理解的东西。自我否定会把女人锁入一种自以为是的状态里,使其对他人,对那些没那么虔诚的女人产生一种吹毛求疵、自鸣得意的优越感。

据阿佩尔的看法,崇拜成员是从以下这三个确信中发展而出的:"一种道德优越性的态度,一种对世俗法则的蔑视,思想刻板,以及对个体降低关注。"对崇拜群体的顺从被赋予了极高的价值;而对其的偏离会受到惩罚。"美貌"是派生的;符合铁处女的才是"美貌的"。美貌思维在体重或年龄上的目标是要僵化女性思想。崇拜成员被鼓励去割断与过去的一切联系:"我销毁了我所有的肥胖照片";"这是个新的我!"。

洗脑的行动决定了一个崇拜能在多大程度上控制其成员的想法。有一种美貌指导采用了阿佩尔确认出的六种实践方式,这也是崇拜用以改变意识的方式:祈祷、冥想、吟诵、群体仪式、心理戏剧疗法和忏悔。

在考虑食物的时候,这种轻微警觉的循环往复表明了女性的想法是怎么被改变的。人们都知道,这种警戒让女性**觉得**自己有点疯了。人们没有认识到的是,它如何**的确**让女性有点疯了。当女性发现我们没法不去想食物时,我们不是神经病——我们相当有自我意识:这种重复的形式,迫使任何已经陷于压力之下的人在实际上改变其大脑的机能。崇拜中的吟诵存在于一种"半睡半醒的状态"之中。在这样的状态下,她们受到攻击性冲动或自毁性冲动的折磨。通过指导女性怎么思考食物和肥胖,使其入迷的诱导产生了。同样的非理性感觉能让我们害怕。仪式引导女性,让她们认为攻击性和自毁性是源自内部的或不是真的。但这是一种真实的、正式的、来自外部的疯狂灌输。

卷入这种思维的女性在早晨睁开双眼,她献上了某种类似于过度祷告的东西。吟诵在催眠似的祷文中被指定。这个女人咀嚼食物32次,一天喝10杯水,在咬下食物的间隙放下她的餐叉。"想象下在两臀之间夹住一枚硬币……在任何时候都尽可能这么做……走路时、看电视时、坐在桌旁时、开车时、在银行排队时。"她被鼓励在等电梯时收缩起阴道肌肉,在挂起她洗好的衣服时收紧下颌。这些祷文咒语是她整日对卡路里摄入量和消耗量的不断计算。卡路里圣歌,低低的哼声,对许多女性的思想来说是如此习以为常,以至于克利希那派教徒(Hare Krishna)每天长达7小时的吟诵对她们来说就是小儿科。就像卡路里圣歌一样,在身体忙着其他事时,咒语在一条思想轨道上不断重复。

体重崇拜教导人冥想。有一种"一碗"节食法,按这种方法,一个人坐在一个静静的角落里,端着一碗食物,全神贯注于人想吃什么以及为什么想吃。女人被教导拿着、抚摸着、感受着一个橙子20分钟。她们被要求把注意力集中在胃上,以确认"胃口"是真的"开了"。女性每时每刻都想着食物,因为这种崇拜巧妙地坚持要她们这么做。如果说一个女人的肥胖损害了她的健康，那么带来这种损害的更有可能是这种崇拜，而不是肥胖本身。

团体仪式有很多。在有氧运动课里，对生气勃勃的运动的机械模仿给了女性一种无害的快感。克利希那派教徒练习的弹跳舞步也是为了同样的效果。金·彻宁描述过一种群体暴食并净化的仪式，在大学校园里很常见；以及当女性一起翻阅杂志时进行的一种自贬仪式，那就是嘴里念叨着熟悉的套话："我恨她！她那么瘦！""你真瘦！""哦，算了吧！我？你在说什么呐？"

当女性碰上权威时，心理剧就发生了。那一幕发生在减肥中心团体的头儿公开贬低信徒的时候："来吧，告诉我你究竟吃了什么。"这也可以是来自某个家庭成员的强迫：老公告诉他的妻子，他实在是耻于被看到与她走在一起；或是妈妈为了奖励女儿的体重减轻而给她从布鲁明戴尔百货店买了件新潮衬衫。

忏悔在各个减肥团体里正式上演，它高度形式化，也是遍布极广的仪式单元。减肥中心已经有 800 万美国妇女登记在册；整个美国每周开有 12000 堂课，传播并强化着类（宗教）崇拜的行为。在荷兰，200 名员工以每周 17 荷兰盾价格，每年为 18000 名学员提供 450 门课程。在过去的 25 年里，它遍布世界各地，3700 万会员涌入 24 个国际班。[59]

刚讨论的六个洗脑技术被统一教、EST 训练法、[①] 科学教、生命泉源培训（Lifespring），以及其他公认的崇拜教派所采用。它们在群体压力的情境下被制定，以营造一种取消个体的环境。

---

① Erhard Seminars Training：一种通过结构化的练习和互动来帮助个体实现自我提升的方法。——编者

体重崇拜利用了取之不尽的群体压力。它比其他崇拜形式定位得更好,因为群体压力是被制度压力和文化压力放大的。统一教只拥有《华盛顿时报》,而体重崇拜却使绝大多数的女性媒体获益。

威拉·阿佩尔解释说,对命令的需要既是生理上的,也是思想上的。她描述了形觉剥夺(pattern deprivation)实验和感觉剥夺(sense deprivation)研究,来解释在灌输过程中崇拜成员身上发生了什么。一方面不能理解高度亢奋的新的感官输入,而另一方面却被剥夺了关键的激励物,她们变得辨不清方向,越来越不能进行理性思考,易被说服和影响。于是,她们才能欢迎一个"善恶终极之战"的剧本。美貌色情文化的不断骚扰,再加上最近的社会动乱,构成了一种全新、混乱而又令人搞不清方向的环境;绝大多数女性所遭遇的食物方面的自我节制是某种形式的感官剥夺。所以善与恶变成了瘦与胖,它们为女性的灵魂而战。[60]

千禧年崇拜描绘了一个危险而邪恶的外在世界。得救者,就像美女,往往是一类无面孔者。一种失控感带领着忠诚的信徒在她们等候世界末日之时进入净化仪式。她们总是需要把自己累趴下:一种印地安式的崇拜,在等待最终审判的时候,鬼舞者们跳着把自己带入崩溃。女性的健身仪式也耗尽了她们。后千禧年世界是一个同样含混不清的天堂——"当我减掉了这些体重……"。"它假设,"阿佩尔提到的千禧年信徒写道,"只拥有这种长久以来的权力就能带来幸福了。"[61]

就像女性服从于美丽仪式,弥赛亚信徒"也拒绝自身内部威胁其新身份的那些部分"。古典崇拜以及仪式"既提供希望,也提供美妙的新身份"。易受崇拜影响的人都缺乏认同感,这种薄弱的认同感需要通过"以尽可能多的方式成为另一个人"来加强。很少有女性拥有一种强烈的身体认同感,美貌神话让我们以为,一张"美貌的"面具比我们自己的面孔和身体更好。从属并需要他人认可,这也是决定因素。洗脑的理想对象是这样一些人,她们"没有可以坚定认同的组织或职业"[62]。她们对"这个世界的失败者"感到同情,因为那些人没那么幸运或得到利用。从这些迹象来看,最容易被改变思想的信息所影响的对象是20世纪晚期的职业女性,她们正奋力要在一个混乱的世道中争得一席之地。

和统一教接触一周,就像读到这样的一份女性杂志。如阿佩尔所指出的那样:

> 努力试着学会必要的反应以赢得认可,加上缺少睡眠、营养不良,以及总是活动——这活动没有为休息或沉思留下余地,这些都开始产生负面影响。客人丧失了她们的批判能力。筋疲力尽、情绪也过度紧张,她们发现不做声、保持安静,不追问、不表达对她们被要求去皈依的那种世界观的质疑,从而不激起对团体的愤怒和不赞成,这样会更轻松些。[63]

这正是今天许多女性的经历的真实写照。一旦置身于体重崇拜之中,个人就不再是个人。人们对男子身体的那种想当然的礼貌态度并不适用于女性身体:女性几乎没有身体隐私。身体上的每一寸变化或体重的增减都会被公开观察、品评和讨论。

对于一个念念不忘地想着锻炼或节食的女性,崇拜中的严格计划也消除了选择:崇拜成员还剩下了什么自由时间?他/她太累了，简直无法思考。营养模式被改变，降低了智力和情感上的抵抗力。就像塞入 8 码[①]牛仔裤的那一时刻，"'高光'的时刻"，阿佩尔写道，"是对所有辛苦工作和自我牺牲的明确回报"。

节食者所体验过的一种强有力的崇拜压力，是统一教所称的"爱之轰炸"（love bombing）：如果她"跟上了这个计划"，她就会从周围所有人那里获得一连串的赞赏。爱之轰炸带有一种隐含的威胁，即它会一直被扣着不给。崇拜用爱来奖赏顺从；赢得爱变得越来越难，而被要求去做的行为却甚至更加顺从。

在"美貌"崇拜内部的某个特定阶段，节食变成了厌食、强制性进食或暴食症。赏罚是崇拜式生活的支点，根据阿佩尔所言："现在撒旦潜伏在各个角落，等候每个不经意的瞬间……引诱神圣。"[64]执着于食物的女性无时无刻不看见诱惑。因为女性的食欲是魔鬼，崇拜的成员因此陷于无望逃脱的罗网之中。阿佩尔写道，"通过把被其他社会成员视为自然的、人性的那些欲望及思想归之于撒旦"，"崇拜把其成员置于一个无止境的情绪和思想束缚中……强迫她从心底拒绝所有的'自私'情感……它们不可避免地侵入了她"。[65]活着就会想要满足食欲，但"她们又不得不拒绝个人天生的那些方面，这种持续的紧张令人筋疲力尽。皈依者作为人，只能将（她的）成员身份置于群体之中，而把（她的）自己的'拯救'置于危险之境"。[66]一个前崇拜成员说，"你本来的样子根本无法被接纳。……一切都是和最高实在（the Ultimate）相关的。天呐，如果你拉屎，那也和最高实在相关的。当你蹲马桶时，他们居然告诉你坐在那儿冥想。而你则

[①] 相当于中国身高 167 厘米至 172 厘米对应的码数，也就是 M 码的衣服。——编者注

感到不能一直专注于最高实在是大罪"[67]。女性开始认为食物和身材与最高实在相关,要以各种方式去思考它们,而它们有时会带来侮辱。

在美国盛行的崇拜"把追随者们的不抵抗、精神饥渴、渴望命令"改造为"专门用于流动资本的赚钱生意"。体重崇拜也是如此。

为了成功消除洗脑的影响,我们必须向逃避崇拜的人说明:她所遭受的事情"真实存在而且力量强大",同时我们要让她相信这种狂热产生于虚无。这种路径对于尚未逃避崇拜的人也有意义。直到向她们说清,疯狂是外界施加的,而且这种疯狂是通过陈旧的三流心理花招来影响她们的想法的,陷入罗网的女性才能抛弃这种思想。如果那些渴望逃离的女性能相信她们已经遭受了一场宗教灌输,而这种灌输运用了行之有效的洗脑技术,那么,我们就能同情自身,而非厌恶自身;我们就可以开始明白我们的思想在哪里被改变了,并且是如何被改变的。

新宗教的社会影响

向新近拥有选举权的女性灌输美貌仪式,这引起的国际范围内的后果是:我们再一次在政治上被麻醉了。这些仪式运用了三个要素:饥饿、对混乱未来的恐惧和负债感。这三个要素已经在全世界被政治领袖广泛地运用,他们希望让被损害的群体保持恭顺,保持沉寂。

美貌仪式通过它每天无休止地推延着的那些假定前提,维持了自身在女性中的麻醉效果。

这种宗教声称，一名女性的美貌并不属于她自己，就如同古老的信条说她的性属于他人。如果她以不洁之物、油腻的食物、廉价的乳霜亵渎了美貌，她就犯了罪。她身体的美貌之处并不属于她自身，而是属于上帝。但丑陋之处却是只属于她本人的，是其罪孽之证，应予以谴责。她应虔诚地触摸其肌肤，只因一副光滑青春面庞的"美貌"是由上帝所赐。但她也被允许拧、敲、电击她那女性的大腿，只因那是她挥霍的证据。

这些都让女性不能充分地栖居于她的身体之中，让我们永久等待一种永不会到来的神圣理想。这意味着让我们远离肉体安逸和当下的安稳，这两者恰恰会在性欲和政治上对女性不利；哀悼过去、恐惧未来，一切太平。

有些宗教需要顺从的崇拜者，对这些宗教来说，不断延迟是基本手段：崇拜者忍受各种不公平、压抑或虐待——任何饥饿——因为当你死去之时会有一个虚幻的允诺。延迟式宗教一直是女性的领域，因为它们让女性忙于一种并非当下所是的生活，并提供给她们权力的微型版本——这种权力令真正的权力无人竞争。国家鼓励女性参与这些活动，从古罗马的由女性主导的厄琉西斯秘仪、中世纪的圣母马利亚崇拜，到今天的美貌仪式。

在美貌反扑之前，这一不断延迟的永远在准备中的状态至少有某些现世的方向：一种是，总是随时准备着被拯救她的男性所注视。婚姻是圆满的；之后，就是生活在她的丈夫和孩子所带来的共同体之中。无论准备实现的目标是多么压抑，这一目标都至少将会在此生及此身中赢得。

这类女性的数量不断增长，对于这些女性来说，延迟意味着此生不再有放松。这个新宗教在某种意义上甚至比旧宗教更黑暗。早先的信徒相信死亡会带来放松和满足；今天的信徒则被禁止去想象此生或来世的自由。我们的生活是永不停息的试炼，是诱惑和审判的困境，她们在其中必须奋斗到永远："一旦体重减轻了，就要接受一个事实——自我监视就是一项终身责任。"我们了解到，此生是无尽的苦难。它给予生活本身一个妥协的意义：以最瘦、皱纹最少的状态死去的女性将获胜。

在《新约》中，聪明的伴娘为新郎囤好"油"，而糊涂的伴娘则烧完他们的"油"。女性被敦促地去为了美貌而囤积自身的愉悦；厌食症患者担心会失去在低于"正常"体重的间隙中积累的满足感；女性囤积从商店里偷来的美容产品、金钱、食物和奖赏。我们被要求相信自己随时会被喊去解释，然后发现自己无法令人满意，然后被抛入外在黑暗之中：可怜的晚年、寂寞无依、得不到爱。

克里斯托弗·拉什在《自恋主义文化》(The Culture of Narcissism)中描述了对未来的绝望如何引导人们痴迷于变年轻。[68]这些仪式教会女性恐惧自身的未来，恐惧自身之所需。活在对自己的身体和生活的恐惧之中，根本就不是活着。而随之而来的生活恐惧症是无处不在的。它们暗藏在那些寻求爱人、去尼泊尔、学跳伞、裸泳、要求提升的女性之中，"当她减轻体重时"——但在这永恒的此间，她的贞洁誓言或自我否定保留了下来。它们存在于永不能享受一顿美食，永远觉得自己不够瘦的那些女性心中，又或者那场合够特别，从而让她失去警惕，得以享受当下。它们也藏在那些女性心中——她们对皱纹太过恐惧，以至于无论是在一次派对中还是在做爱的时候，她的眼角纹都泛着圣膏的光泽。女性必须永远地等候"使用天使"(the angel of use)新郎的到来，他将会授予女性的努力以尊荣，并补偿她的付出；他的存在将会允许我们栖居于我们"受保护的"面孔和身体并使用它们。这代价的损耗过于高了，它让我们不能点燃灯芯，燃烧自己直至燃烧殆尽，在自己的时代中借着自己的光而生活。

美貌仪式向现代女性灌输这些生活恐惧症，它们使我们无法思考新的自由意味着什么，实际上它对女性没什么好处——因为我们赢了全世界，却害怕我们自身。

第五章

性

宗教罪责感压抑了女性的性欲。性研究者阿尔弗雷德·金赛认为，用政治分析家戴比·泰勒（Debbie Taylor）的话说："宗教信仰对男性性快感的影响微乎其微，却像割礼刀一样有力地刺入了女性的愉悦，用罪恶感和羞耻感损害了她可能会体验到的任何快感。"[1] 守旧的宗法式宗教渴望控制女性，从埃及的阴蒂切除术、苏丹的竹制阴道轴罩（bamboo vaginal shaft and shield）直至德国的贞操带，就如罗莎琳德·迈尔斯所控诉的那样："宗教经由某种技术控制了**所有**女性，这一技术暴露出了一种有意识的决心，即通过完全破坏女性的性征来解决女性的性'问题'。"[2] 美貌的新宗教也采用了这一传统。

准确来说，女性性器官**是**旧宗教所畏惧的"贪得无厌的阴部"。可以进行多次高潮、不断高潮、急剧而让人透不过气的阴蒂高潮，它看似在情感上是压倒性的，以阴道为中心，通过抚摸乳房而产生，并把所有反应结合在一起，有着无穷变化。女性生殖器快感的能力从理论上说是无穷无尽的。

但女性惊人的性能力并没有反映在她们当下的性经验中。研究数据一直显示，性解放让许多女性陷入困境，与她们充分感受快感的能力相去甚远。实际上，美貌神话与第二次女性主义浪潮及其性革命同时打击了女性，尽管前者是对抗后者的，它们造成了对女性真实性意识的普遍压抑。女性的性意识本来几乎因为避孕和合法堕胎的流行、性双重标准的终止而得到解放，然而它很快再次被美貌色情与美貌虐待的新兴社会力量所抑制，后者的出现将罪、羞耻、痛苦重新送回女性的性经验中。

性冲动由社会所形塑。甚至连动物都不得不学习如何进行性行为。人类学家现在相信，是习得而非本能，导致了成功的繁殖行为：实验室养大的猴子在性方面是笨拙的，而人类也必须从外部提示中学会如何进行性行为。较之于女性性意识真正释放时会采取的形式，美貌色情及虐待的外部提示把它重塑为一种更可控的形式。[3]

美丽色情看似如下：一个完美的女人俯卧着，骨盆压在下面。背弓着，嘴张着，她闭着眼，乳头坚挺；她的金色皮肤上泛有美丽的水雾。另一种是女上位的姿势；这是觉醒的阶段，高潮即将来临之前的停滞阶段。在下一页，又是另一个版本，嘴张着，眼闭着，要去舔一管粉色口红的尖部。再下一页，她四肢着地，趴在沙地上，臀部顶到半空，她的脸埋进一条毛巾中，嘴张着，眼闭着。读者在翻阅的是一份普通的女性杂志。在为锐步鞋所做的一个广告中，女性读者看到了一个裸体女性，脸背了过去。在法国莉莉（Lily）内衣的广告中，女读者看到一个裸体女人，眼睛闭着；在鸦片香水的广告中看到的是一个裸体女人，背和臀都裸着，头朝下垂在床沿；在三菱淋浴器的广告里，出现的是裸女，弓着背，双臂用力地向上挥；在慢跑胸罩的广告里，裸体女性只露出了她的躯干，面部被隐去了。而那些看得到脸的形象却总是一副面无表情的扭曲迷醉模样。女读者从这些形象中懂得：她如果想有那样的感觉，就必须看起来像那样。

美貌虐待则又不同：在 CK 激情迷惑香水的广告中，一个毫无生气的女人裸体搭在一个肌肉发达的男人肩上。在爱马仕香水的广告中，一个用黑色皮革捆起来的金发女郎倒挂着，尖叫着，她的手腕被扣在链条里，嘴被缚住了。在富士磁带的广告里，一个女机器人有着玩伴女郎的身体，但是是钢制的，随着暴露在外的性器官飘浮，她的脚踝被拴住了，脸部戴着一副钢制面具，只露出了眼睛和嘴。在奥伦纳素（Erno Laszlo）的护肤品广告中，一个女人坐起身乞求，她的手腕被皮革带扣在一起，那带子同时拴着狗，那狗以同样的姿势坐直身子乞求着。在新港香烟（Newport）的一则美国广告中，两个男人抓住一个女人，并扯着另一个女人的头发；两个女人都在尖叫。在另一个新港烟广告中，一个男人把一个女人的头强压下，让她肿大的嘴含住他拳中握着的一段喷管；女人的眼睛充满恐惧。在萨博汽车的广告中，一个镜头的画面是，一个时尚模特的大腿配着文字："别担心。下面是丑陋的。"在《观察家报》（*The Observer*，伦敦）一个时尚版面的设计中，五个黑衣男用剪刀和烙铁棒威胁着一个模特，模特一脸震惊之色。在《尚流》（*Tatler*）和《时尚芭莎》中，出现了"设计师强奸系列"（女性被打、绑、掳走，但打扮得纯洁并拍得很有艺术性）。在克里斯·冯·万根海姆（Chris von Wangenheim）的《时尚》版面设计中，几只杜宾犬攻击了一个模特。杰弗里·比尼（Geoffrey Beene）设计的金属色凉鞋，其陈列的背景是 S 与 M（施虐与受虐）元素的装饰件。女性从这些形象中学会了：无论她在这世上多么自信，私下里屈服于控制才是让她性感的原因。

上述这些形象随历史而进化：性追随时尚，而时尚追随政治。在 20 世纪 60 年代"权力归花儿"（Flower Power）的嬉皮士时代，流行文化把爱作为当时的标语，而性则是爱的表达；纵欲、轻浮、玩闹流行一时。男性留长发并修饰他们的身体，突出他们所能探索的女性的一面，因为女性还未曾思考其自身的自由。尽管他们挪用了女孩的快感，但那仍是一场男孩的派对。

直到 20 世纪 60 年代中期，色情还主要是一种男性经验；女性与它的联系被限制在男性杂志的封面上。但在 20 世纪 70 年代，美貌色情进入女性文化的舞台。随着女性变得更自由，色情也更自由。1953 年《花花公子》杂志创刊。1960 年，避孕药在美国上市，并于次年在英国获准用于处方药；1967 年，英国的堕胎法生效；美国的审查制度在 1969 年变得宽松；1973 年，美国最高法院关于罗伊诉韦德案的判决令美国女性获得了合法堕胎权；绝大部分的欧洲妇女到 1975 年也都获得了合法堕胎权。

20 世纪 70 年代，女性跟跟跄跄地进入了权力岗位。随着她们进入劳动力市场并被卷入女性运动，女性所渴望之物的本质成了一个严重问题，也成了严重的威胁。20 世纪 60 年代的女性性方式在流行文化中是被摒弃的，因为女性那样体现性意识——畅快、充满肉欲、嬉戏玩闹，毫无暴力或羞耻，也毫不畏惧后果——将彻底打破那些自从女性仅仅改变其**公共**角色以来就已摇摇欲坠的体制。

在女人对女性身份产生政治意识的那 10 年，流行文化把温柔、亲密的性重塑为无聊的。匿名成了那时的春药：顾巴先生（Mr. Goodbar）[①]、"不拉拉链的性交"（zipless fuck）、一夜情。女性如果要拥有性自由和某种程度的世俗权力，她们最好学会像男人一样进行性行为。反复节奏下带来的热血上涌的却毫无灵魂的合成高潮，让迪斯科成了与陌生人约会的最佳音乐。赫尔穆特·牛顿（Helmut Newton）身着皮革的裸体摄影作品出现在《时尚》上，而大卫·汉密尔顿（David Hamilton）拍摄的发育前少女的裸照则在书店售卖。"理想的"女性身体被扒光了衣服并被到处展示。这在历史上第一次给予了女性有关完美形象的细节，她们据此衡量自身。这也引入了一种新的女性经验：对身体的焦虑和时时刻刻的审查，**它们与女性性快感错综复杂地联系在一起**。很快，"完美"被表现为一个女性的"性铠甲"，它让20世纪80年代取得的一项成就变为更迫切的要求了，当时艾滋病强化了一种氛围，即暗示女性，只有那种非人的美貌才会让一个男人冒生命危险而追求性。

远非止于肌肤

在20世纪80年代的影像风格转型中，上流社会色情摄影（如《花花公子》）的传统，开始普遍被用来向女性出售商品。这让随之而产生的美貌思维和之前所有的美貌思维极为不同。看着一张预期高潮的脸，即使那是演的，也是一种有力的营销：在缺乏其他性形象的情况下，许多女性开始相信，她们必须拥有那样的脸、那种身体，以获得那种极乐。

---

① 指小说 Looking for Mr. Goodbar（1975）中的人物，亦指1977年的同名影片。——译者注

两种传统进入了女性文化，它们来自隐晦色情与露骨色情：前者"只是"把女性身体物化，而后者则对那身体施暴。猥亵法部分是基于一种观点，即你能避开侵犯你的人。但在色情论争中通常采用的术语并不能充分解决这一问题。有关猥亵、裸露或共同体标准的争论并没有处理好这种发展对女性造成的伤害：在广告、时尚摄影、有线电视，甚至在漫画书中，"美貌"加入色情传统的方式影响了女性和孩子。男人可以选择进一家成人书店；女性和孩子却不能选择回避被带回家的性暴力影像或美貌色情影像。

性"暴露"（explicitness）并不是问题。如果"暴露"是指诚实和透露真情，那么我们可以更多地运用它；如果存在着全方位的各种情色形象，它们展现了在性信任的语境下，不被强制的真实男女的性形象，那么美貌色情在理论上可以不伤害任何人。色情的捍卫者把他们的立场建立在言论自由的理念之上，把色情形象描绘成语言。通过运用他们自身的论点，关于女性身体的表现（representation）出现了一些异乎寻常的东西：这种表现受到了严格审查。我们看到多种版本的裸体铁处女，社会要求我们相信，我们的文化推进了对女性性态的展示。但实际上什么也没有展示。它审查女性身体的各种表现，这样只有官方版本才是可见的。我们没有看到**关于**女性欲望或**为**女性欲望**而**服务的形象；我们所看到的是活的时尚模特在模仿，其目的是对女性欲望加以扭曲和怪异化，她们被固定在灼热的灯光下，显得不舒服，我们所看到的是预先安排好的专业形象，它们几乎没有显示女性性意识。在英美都没有公开裸露的传统，女性极少——在某种竞争环境之外几乎从没有——看到其他**女性裸露**的样子；我们只看到随意以女性身体为基础的完全相同的人形产品。

美貌色情与性的施虐受虐不是坦露性的，而是欺骗性的。前者声称女性的"美貌"**就是**我们的性感，事实却正相反；后者则声称女性喜欢被强迫和强暴，而性暴力和强暴是时髦、优雅且美丽的。

20世纪70年代中期，朋克摇滚舞台开始美化SM：高中女生把安全耳针穿过她们的耳朵，把嘴唇涂成淤青色，撕碎她们的衣服以暗示性战争。在那10年快结束的时候，SM已经以镶嵌黑皮革、腕套、钉鞋的形式，从街头时尚提升为高雅时尚了。时尚模特从暴力色情中吸收了被侵犯女性愤怒噘嘴、怒目而视的形象。充满爱意、非暴力的"普通"的性方式看起来过时了。

20世纪80年代，当许多女性拿下专业学位从学校毕业时，反对女性的愤怒之声在电视广播中噼啪作响。我们目睹了暴力性影像的极速增加，在其中，女性是受虐者。1979年，学者杰克·沙利文（Jack Sullivan）在《纽约时报》[4]中明确了"惊悚片的流行体裁，即试图通过堆积女性尸体来产生刺激"。简·卡普蒂（Jane Caputi）将现代称为"性犯罪的时代"，根据她的观点，在20世纪70年代末至80年代，基于性施虐者的电影描绘变得很寻常：《剃刀边缘》（*Dressed to Kill*）,《捆着我，绑着我》（*Tie Me Up! Tie Me Down!*），《蓝丝绒》（*Blue Velvet*），《爱你九周半》（*9½ Weeks*），《黑色手铐》（*Tightrope*），《粉红色杀人夜》（*Body Double*），类似的电影还有很多。那个年代把"第一人称"和"主观镜头"完美化了，这鼓励了观众对杀手或强奸犯的认同。1981年，美国影评人吉恩·席斯科（Gene Siskel）和罗杰·埃伯特（Roger Ebert）痛斥，描绘"女性身处危险境地"的电影是一种反女性主义的反扑；几年后，他们却对其中的一部一致好评，因为它让"我们"真正了解到"虐待女性是什么感觉"。[5] 20世纪70年代的地下漫画刊物《打击》(*Zap*)描绘了儿童在枪口威胁下被虐待和强奸；到了1989年，《纽约时报》刊登了一篇文章，专题报道了儿童漫画中兴起的虐待现象，而在连环画《胖得掉渣》(*Fat Slags*)中，英国漫画杂志《维兹》(*Viz*)开始从性别上贬低女性。没有暴力，性就不再是性了。女性正在失去控制，这一感觉被两性的罪恶感和愤怒的恐惧之情包围着，在这样一个世界里，公众迅速失去了对普通而无害的裸露的兴趣。更能吸引男性——以及最终也将吸引女性——注意力的，是表现性战争之焦虑的影像，它再现了近期的社会变革业已质疑的权力不平等：男性主导、女性服从。女性裸体变得非人化，"完美"得超越了亲密，奇特得就像一件塑料雕塑，并常常被侮辱或被侵犯。

暴力性影像的热潮从男性对女性获得权力的愤怒，以及女性因之而产生的罪恶感中获取了能量。在20世纪50年代的文化中，美貌的女性或结婚或被引诱，而在现代文化中，美人被强暴。即使我们从来不寻找色情，我们也经常能在性应该正常发生的地方看到施暴。绝大多数的女性为了能在这种被戏弄的状态下生存，努力不让自己意识到这点，因此要记住这些是需要耗费精力的。根据演员工会1989年的一项调查——当年女性担当主演的影片仅占总量的14%——越来越多的女性角色都把女性塑造为强暴受害人或妓女。[6] 在法国，电视观众一周会看到15次强暴。[7] 较之于其他题材——如观看谋杀——这种题材对观众有不同的影响：毕竟1/4的人都不太可能被谋杀。但即使一个女人逃避了色情，通过观看主流的通俗戏剧、电影和电视，她也会详细地了解到她可能会面临的强暴威胁传统，然后对自己的真实感受保持沉默。

社会告诉我们,投射到文化之中的强奸幻想是无害的,甚至是有益的,而评论者借助于凯瑟琳·麦金农所讽刺的男性性欲"水工模型"(the hydraulic model,它释放掉了多余精力)认为它不值一提。我们正习惯于认为,男性对这种幻想感兴趣是无害的;**女性**对这些感兴趣也是无害的(尽管许多女性可能会有强奸幻想,但并不是由于微妙的心理原因,而只是因为那种性形象是她们所目睹的主要形象)。不过现在正发生的情况是,男女两性的私人性心理史本不会把他/她们引向性暴力的色情化,但他/她们现在却正从这些镜头中**学会**对之感兴趣。换而言之,我们的文化正在把性描绘为强暴,**以使**男人和女人对它感兴趣。

美貌色情与性虐待

目前的权力分配是由大量充满敌意和暴力的性形象所维持的,但又受到了相互的情欲或女性欲望的影像的威胁;权力结构中的精英看来相当清醒地了解这一点,从而据此行事。由上至下地强加美貌色情与美貌虐待体现在了有关淫秽行为的法规中。我们看到有关女性裸体与女性面孔的语言受到了审查。审查制度也适用于哪种性影像和性信息能够被传播:施加给女性的性暴力并不淫秽,女性的性好奇却是淫秽的。英国法和加拿大法都把淫秽解释为勃起阴茎的暴露,而非女阴及乳房的暴露;而按照苏珊·G. 科尔(Susan G. Cole)在《色情与性危机》(*Pornography and the Sex Crisis*)中所说的,勃起"根据美国习俗……并不是那种经销者能放在报摊上,与《时代》周刊比邻而放的东西"[8]。

马斯特斯（Masters）和约翰逊（Johnson）在《花花公子》中被要求对阴茎平均尺寸发表评论，他们审查了自己的发现：两人"断然拒绝评论"，担心那将会"给《花花公子》的读者以负面影响"，会让"所有人都随身带着量尺评价别人"。

这种审查制度管辖了那些同样目睹色情产业空前发展的年代：在瑞典，暴力性的厌女主义色情的贩卖因为言论自由原则而得到了保护，但"当一份杂志上出现了一个跨页裸男时，（当局）就会在几小时内从报摊迅速拿走（它）"[9]。女性杂志《亚当的肋骨》(Spare Rib)在爱尔兰被禁，因为它向女性演示如何检查自己的乳房。[10] 美国的赫莲娜基金会撤回了对巴纳德学院的一次女性会议的资助，因为一份校园女性杂志展示了女性的"暴露"形象。有几家艺术画廊禁止朱迪·芝加哥（Judy Chicago）展出合作秀《晚宴》(The Dinner Party)，因为它描绘了女性史上女英雄们非写实的生殖器。[11] 美国国家艺术基金会受到国会抨击，因为它赞助了一场展示超大阴茎的展览。安大略省警方的 P 项目认为，出于满足男性欲望而将裸体女性捆绑而使其瘀伤、流血的照片不是淫秽的，因为没有阴茎勃起；但一部加拿大女性影片却因为 5 秒钟的给勃起阴茎戴上安全套的镜头而被禁。[12] 在纽约地铁上，市警没收了手工制的反艾滋病海报，海报向不识字的人展示了怎么把安全套戴在阴茎上；他们原封不动地留下旁边的成人杂志《阁楼》的广告，后者是由纽约市公共交通局展出的。姑且不论暴力性影像做了什么，有一个事实倒是很明显的：在支持权力不平等的主流文化中，对于男性与女性的裸露程度存在着由官方执行的双重标准。

例如，在一个绝不可能露出阴茎的场景中，露出乳房的做法却被描绘成微不足道的，因为乳房并不像阴茎或阴道那样

"裸露";而且,说男性可以以近似方式半裸也没有实际意义,因为男性并没有与乳房相应的身体部位。但如果我们想到,女性的生殖器是如何从物理意义上来说是隐匿的(而不像男性那样),而女性乳房是如何从物理意义上来说是暴露的(也不像男性的那样),那么这个问题就可以从不同的眼光去看:女性乳房相应于男性阴茎,可作为身体上易受攻击的"性欲之花",这样,展示前者并隐藏后者就让女性身体易受攻击,而男性身体则得到保护。从跨文化角度来说,不平等的裸露几乎总是表达了权力关系:在现代监狱,男囚在穿着衣服的狱警面前被剥去衣服;在美国南北战争前的南方,年轻的黑人男奴在服侍穿着衣服进餐的白人主人时是裸露的。生活在一个女性通常裸露而男性不裸露的文化里,就是终日从各种细微处学会了不平等。因此,即使我们同意性影像实际上是一种语言,它显然也是一种业已大量剪辑过的,用以保护男人性信心的语言,因而它也是保护社会信心的语言,然而这种语言却削弱了女性的性信心以及女性的社会信心。

它是如何运作的?

这些形象通过干预我们的幻想生活,把异性恋的异化制度化了。[13] 戴比·泰勒在《女性:一份世界报告》(*Women: A World Report*)中写道:"色情是如此强大,它如此顺利地融入产品广告中……以至于许多女性发现她们自己的幻想和心目中的自我形象也扭曲了。"她指出,爱情小说"很少在性描写上露骨,它往往有淡出性的倾向……当两个爱人第一次亲吻时"。

同样的性回避也呈现在主流文化里几乎所有讲述爱情故事的戏剧中。屏幕上的恋爱和亲昵情境中的性暴露是如此少见，以至于我们的文化似乎认为温柔的性行为是不正常的或堕落的；但这个文化却拥抱暴力或侮辱性的性，将之视为正确而健康的。泰勒说，这在男性与女性的思想中"留下了性场景"，"空虚而色情的形象自由地担任了主角。这一舞台上的两类主角是由男性扮演的施虐狂以及由女性出演的受虐狂"。

直到最近，性幻想的中心都充满了实际上一瞥而过的形象或是真实感受到的感觉，还包括了受真实世界启发而形成的私人想象，以及一个梦——轻飘飘的形象是从它那儿飘散出来并被想象改造的。它利用他人身体的这些暗示和痕迹，为孩子成长、进入成人性环境，以及面对面与爱人相遇做了准备。幸运的男女可以遵从一条清晰的路径很好地到达那个梦，随着他/她们年老，用满足他/她们的场景和形象来充满这个梦，这是用他/她们自己身体的彼此交融而创造出的；他/她们选择一个爱人，仅是因为外套的气味、一种走路方式、嘴唇的形状，这些都栖息在想象的内心中，与回溯的时光共鸣，这些意象深入骨髓，让人深入追忆起童年时光与青春期的想象。一个幸运男人的幻想的中心没有机器人；而一个幸运女人的幻想的中心也没有掠夺者；他/她们在花园中毫无暴力地成年。

保卫人们的幻想生活正变得日益困难，特别是对年轻人而言。一连串的美貌攻击让女性的幻想中充满了"美貌的"裸体幽灵，这些幽灵声称拥有她的领地，把一个幽暗的私人空间转变为一个由著名的陌生人展示他/她们自身的电影布景，而那陌生人却是与她毫无关系的。20世纪80年代，美貌神话的目的是让男男女女的性内部充满暴力，把优雅地受虐的铁处女心理植入每个人的黑暗内心之中,并用尖刻的想象腐蚀孩子们想象的沃土,使其变得贫瘠。目前,这个神话正在与我们性个体化的作战中获胜,最蛊惑人心的个人形象是从我们的童年、笨拙的青春期,从我们的初恋中获得它的联想力量的。它确保了一点,即男性与女性如果只是自由地找到彼此,那就必然会错过。

通常有关色情的讨论都集中在男性身上,或是集中于这种色情对他们关于女性的性态度起到了什么影响。但美貌色情对女性的相应影响至少也同样重要:那种影像对女性关于自身的性态度有何作用?如果我们已经证实,非暴力的、主流的、软色情描绘让男性不太可能去相信一个强奸受害人;[14] 如果它的脱敏作用持续了很长时间;[15] 如果性暴力电影让男性逐步地忽略了他们所见的向女性施加暴力的严重性;[16] 并且,如果最终只有对女性施暴才被男性看作性爱,那么,难道针对女性的相应影像不可能对女性如何看待自身产生同样的后果吗?证据表明影响确实存在。[17] 温迪·斯托克(Wendy Stock)发现,接触到强奸影像增强了女性对强奸的性兴奋,并加强了她们的强奸幻想(尽管这并不会使她们相信女性喜欢性行为中的强迫。)[18] 卡罗尔·克拉夫卡(Carol Krafka)发现,她的女性受试者"看得越多,就越少因[针对女性的]暴力而不安",当这种题材向她们展示得越多,"她们就越认为这题材没有那么暴力"。[19]

在一份有关美国女性的研究中,E. 哈里通博士(Dr. E. Hariton)发现,49%的女性都具有顺从性的性幻想。法律正根据强奸幻想在整个文化的传播而做出裁决:1989年,一名英国女性起诉她的理疗师强奸了她,这一民事诉讼被驳回了,因为据称她曾幻想过强奸,并且这种幻想在女性中是很常见的。暴力性影像也重新界定了法律中有关性的观念:当另一名英国年轻女性控告一个警官强奸时，她身上的瘀伤和挫伤，以及警官用警棍攻击她咽喉的擦伤，都被裁定为是符合"性爱角逐"中的你情我愿。

经典色情描写是否让男性对女性有暴力行为——关于这一问题的争论一直持续着。但显然，美貌色情让女性对自身采取暴力。证据就在我们身边。这边，一名整形医生拉开了乳房被割开的皮肤。而那边，另一个整形医生把他全身的重量都压在一个女性的胸部上，徒手捏碎硅胶块。另一边则有个骨瘦如柴的行尸。还有女性在吐血。

性战争：利润和魅力

为什么现在这些形象如潮水般涌现？它们不仅仅是对业已存在的深层的内在欲望的市场反映。它们的出现也是——甚至主要是——为了设立一套关于性的别有用心的计划，并创造它们的欲望版本。历史学家苏珊·G.科尔写道，灌输社会价值的方式就是让它色情化。通过形象把女性物化或把贬低女性的行为色情化，这些趋势的兴起抵消了女性新近获得的自我肯定。它们受到欢迎并且是必要的，因为两性已经太过接近而令权势者不安了；在宗教、法律与经济的压制都已经势弱到无法继续维持性战争的时候，它们都起到了让男性与女性分离的作用。

在女性运动之前，异性恋之爱被女性对男性的经济依赖所破坏。双方平等自愿地付出爱——这是女性运动的产物，也是一个相当晚近的历史可能性，因此也相当脆弱。它也是这个社会最强大的一些利益集团的敌人。

如果大量的男女都形成平等、非暴力的性方面的团结,女人和男人都同样推崇各自的原则,那么结果将会比当权者最可怕的噩梦——同性恋"转向"(homosexual "conversions")——更加激进。大量异性恋者转向柔情和互相尊重,这对于现状而言将意味着真正的麻烦,因为异性恋者是最强大的性别多数。权力结构将会面对大规模的倒戈:从每一段关系中,都可能会出现一种双倍的努力,将社会改造为一个公开建立在传统女性价值观之上的社会,这极为清楚地展现出对从男性统治的世界中拯救出一个两性世界的诉求。好消息将会传播到大街上:自由的女性拥有更多乐趣;更糟的是,自由的男性也同样。

男性统治的制度——特别是公司利益——认识到了爱的逃亡对它们造成的危险。爱自己的女性是有威胁的;而爱真正女性的男人则更危险。摆脱了性别角色的女性已证实是可驾驭的:那些极少数有力量的女性正在被重新训练为男性。但随着大量男性开始与真正的女性发生热情的真实性关系,大量的金钱和权威就会叛逃,与敌对方合作。这样的爱将是比俄国革命更激进的政治剧变,也会比核时代的终结更加影响世界权力平衡的稳定。正如我们所知,这将是文明的垮台,也就是说,男性统治的衰落;而对于异性恋之爱,这则是开始。

形象把性扁平化为"美貌",把美貌扁平化为某种非人之物,或是令她屈从于色情的折磨,这种形象在政治上和社会经济上是受欢迎的,它破坏了女性的性尊严,并确保男性与女性不可能形成共同事业来反对社会秩序——这种社会秩序依赖两性的相互对抗,通过他/她们对孤独的不同看法而得到滋养。

芭芭拉·艾伦瑞奇(Barbara Ehrenreich)、伊丽莎白·赫斯(Elizabeth Hess)、格洛丽亚·雅各布斯(Gloria Jacobs)在

《重新创造爱》(Re-Making Love)中指出,性产品的新市场要求资金快速周转的性消费主义。[20]这一点不仅适用于性饰品市场,也适用于整个消费经济。消费者指标最不希望男性和女性去做的,就是搞清楚怎样去爱彼此:1.5万亿美元的零售产业依赖于男性与女性之间的性隔阂,并以性不满为动力。广告并不销售性——如果性意味着异性恋男女彼此求助并满足,那这会适得其反。它们所销售的是性不满。

尽管这颗行星的存活依赖于男女价值的平衡,但消费文化却依赖于在两性之间保持的沟通障碍并促进相应的性不安。哈雷机车(Harley-Davidson)和美膳雅厨电(Cuisinart)指代了男性与女性。但性满足减轻了物质主义的束缚,因为地位象征看起来不再是和性相关的,而是与之不相干。在情感与性欲增强的情况下,对产品的欲望则会削弱。我们为人为鼓励这一市场所付出的代价就是我们内心的欲望。美貌神话在男女之间维持了一道幻想的裂缝。那一裂缝是用镜像创造的;并没有自然法则支持它。它让我们不断花费大量的金钱并心烦意乱地四处环顾,但它的烟雾和映像干扰了我们自由地在性之中做我们自己。

消费文化得到的最有力的支持来自这样一个市场,它由以下三者构成:性克隆,想要物的男性与想要成为物的女性,以及渴望不断变化的、一次性的、由市场支配的物。消费色情中的美貌对象具有内置的淘汰性,以确保与一个女性形成一种长达数年甚或终生的纽带联系的男性尽可能少,并确保女性对自身的不满将会随时间的流逝有增无减。情感不稳定的关系、高离婚率以及大量人口涌入性市场,这些在消费经济中有利于商业。美貌色情意欲让现代的性变得残忍、无聊,使其像镜子上的水银一样肤浅,使其对男女来说都是反情欲的。

但有比消费指标强大得多的利益依赖于异性恋者的疏离，并会受到异性恋者彼此和谐的威胁。军队是由美国政府近 1/3 的预算所支持的；军国主义所依赖的是男性选择彼此之间的纽带，而不是他们与女性和孩子之间的纽带。爱上女性的男人会转回对家庭和共同体的忠诚，因而会远离这样的想法：成为一个男性就是离开家人，长期放逐。真正的爱人和父亲不会愿意相信军国主义的标准宣传：他们的妻儿会因他们的壮烈牺牲而得到好处。母亲并不害怕母亲；如果男性对女性及其孩子的爱让他们首先把自己界定为父亲和爱人，那么战争宣传就将会无人理睬：因为敌人也是父亲和配偶。这一经济的利润提成面临着来自异性恋之爱的危险。就如身为爱人的男性与女性之间的和平和信任不利于消费经济和权力结构一样，世界和平也不利于军工复合体。

异性恋之爱威胁着要引起政治变革：一种建立在非暴力的相互关系而非支配与痛苦基础上的性爱生活体现了它在卧室之外的吸引力。女性自爱的后果是女性增长了对自身社会价值的信心。她对自己身体的爱会不受限制，而这种自爱正是女性认同的基石。如果一个女性热爱她自己的身体，她不会嫉恨其他女性对她们自己的身体做了什么；如果她热爱女子本性，她会捍卫它的权力。他们关于女性的论断是正确的：**女性是**永不满足的。我们**是**贪婪的。如果事物是停留在原地的话，我们的欲望确实需要被控制。如果世界也是我们的，如果我们相信我们能侥幸成功，我们**将会**渴望更多的爱，更多的性，更多的金钱，对孩子更多的承诺，更多的食物，更多的关怀。这些性别的、情感的，以及物质上的要求**将会**延伸到社会需求：照顾老人的报酬、产假、儿童保育等。女性欲望的力量将会极大，社会将会真正不得不重视女性想要的东西，无论是在床上还是在广大的世界中。

目前的经济也基于一种否定家庭的男性工作结构。男性监督彼此对性的认识，禁止彼此将两性爱恋和家庭置于生命的中心；而女性把她们自己界定为成功地根据她们的能力维持了性欲上的爱恋关系。如果太多男女之间形成了共同事业，那么关于成功的新定义将会向男性呼吁，把他们从回响着竞争性男性气质的风洞中解放出来。当针对男性时，美貌色情有助于防止这一可能性的效果，即防止他们发现性爱之中的和平。男人对喷笔绘制的插页女郎的瞬间幻想总是模糊地出现在他面前，让他一直在追逐中处于不稳定状态，无法专注于每个早晨都递给他报纸的那个女性的美——熟悉的，有岁月痕迹、有皱纹的，让他感到亲近的。

这个神话冻结了性别革命，让我们绕了一圈又回到原地，用其高昂的经济标价回避了性爱。19世纪把异性恋约束在包办婚姻之中；今日城市的杰出人士则把其性爱命运移交给交友中心与他们对工作的力比多：一份调查发现，许多雅皮士夫妻共同患有阳痿/阴痿。上一世纪的刻板性别成见把男女分离，正如现在刻板的身体成见让两性疏离。在维多利亚时代的婚姻市场里，男性做判断、做选择；在美貌市场的利益关系中，也是男性做判断、做选择。当女性没有法定权力时，她们知道爱一个狱卒很难。但爱一个法官也不那么容易。美貌色情是维持战争的力量，它稳定了处于异性恋爆发的威胁之下的，一个社会的各种制度。

经验教训

迷人的强奸场面明显让性战争充满了色情。但非暴力的美貌色情又如何呢？危害是显而易见的，把性重塑为被锁在一条贞操带里，而"美貌"是其唯一钥匙——通过这一方法，这类影像压制了女性的性意识，贬低了女性的性自尊。自从关于美貌的神话开始利用女性性欲来从事政治工作，通过在一种不断重复的包围中，将其与"美貌"形象配对，它便比以往任何时候都更强有力地掌控了女性。随着性被"美貌"绑架，这个神话也不再只停留在表面，而是深入核心。

西方女性的性意识可能被神话所危及，就如同许多东方女性的性意识被更加粗暴的做法所危害。金赛1953年的研究表明，仅有70%至77%的女性曾达到高潮，无论是通过自慰还是性交。女性的性满足并没有与"性革命"的表面进程保持同步：希尔·海蒂1976年的数据表明，仅有30%的女性经常从性交中获得高潮而无须自慰，另有19%的女性则需要伴随阴蒂刺激才获得高潮；29%的人在性交中没有获得高潮；15%的人根本没有自慰过；而11.6%的人根本没有性高潮过。[21]海伦·卡普兰（Helen Kaplan）1974年的研究表明，8%到10%的女性从未性高潮，而多达45%的人只有在阴蒂刺激的辅助下才能在性交过程中获得高潮。[22]在西摩·费希尔（Seymour Fischer）1973年的研究中，只有30%的女性经常在性交中高潮。[23]

20世纪80年代令人惊讶地表现出了少许变化：到了1980年，温迪·福克纳（Wendy Faulkner）发现只有40%的英国女性在40岁之前自慰过，相比之下，男性却有90%。[24]在一份1981年的研究中发现，只有47%的丹麦女性曾经自慰达到高潮。[25]在英国，1989年一份对一万名女性的研究发现，36%的人"很少"甚至"从未"在性交中经历过高潮，"大部分人承认只是假装高潮以取悦她们的丈夫"。西方女性的性意识可能受到了美貌神话相当大的威胁,甚至东方的接受过割礼的女性也有更多的快感:相比之下,难以置信的是,一份对4024名接受过割礼的苏丹女性(按照伊斯兰教规的割礼,她们的阴蒂被割掉)的重要研究显示,她们中88%的人体验过性高潮。[26]

性交当然不必被设定为女性必须围绕着它来调整其快感的主要行为,但尽管如此,如下追问是合乎情理的:性交和自慰作为潜在快感的其中两种源泉,为何现在给予了女性如此少的满足?西方异性恋女性并没有从她们自己的身体或男性的身体里得到快感,而那本是她们应得的或是能得的。是不是从文化上教导男女性交的方式有问题?是不是女性被要求体验自己身体的方式有问题?美貌神话可以解答这一不满的大部分内容。

这个神话想要阻止女性明确地把自己看成在性方面是美丽的。美貌色情对女性产生的损害并不像通常被归于色情的危害那样直接而明显:一个女性知道她为什么在看到另一个挂在肉钩上的女人时心生憎恶,并且能够表达她的反对意见;但如果这个女性试图说清她为什么对关于美貌的"软"色情感到不适,她却会感到困惑。

这种对色情难以言说的恐惧相当令人沮丧,它也延伸到政治领域。我们可以在各类群体的女性中发现这种情况:在抗议反色情运动、主张"言论自由"的女性主义者中;在那些不关心女性主义论争的女性中;在不认同露骨或隐晦的色情描写里的"坏"女人的那些女性中;在信教女性和世俗女性中;在滥交女性和处女中;在女同性恋者和女异性恋者中。受到它伤害的女性并不一定确信在"真实的"色情与性暴力之间的联系;但她们没法毫无羞耻地讨论这一危害。女性无法用自己的世界观合理地解释,为何要反对"美丽的"女性裸体——这对她没造成什么明显伤害,对于这类女性来说,什么能解释她内心受到的伤害呢?

她的沉默本身就是这个神话的结果:如果女性感到丑,那这是我们的错误,我们没有不可剥夺的权利去认为我们在性方面是美丽的。如果一个女性反对色情,她必定不会承认这一点,因为这会让她感到在性方面不吸引人,这攻击了她性意识的根基。无论男性或女性,我们都需要感到自己是美丽的,以便在两性交流中受欢迎:在受欢迎、被渴望、被珍爱意义上的"美丽"。被剥夺了那一点,一个人就会为了自我保护而将自己或别人物化。

我有一次和其他年轻女学生谈到了软色情,我们学校的公共休息室会订阅这类杂志。我全搞错了。我提到了政治、符号学、男性文化空间、社会排斥、商品化。一个有思想的年轻女性专心听了一会儿,但眼中并没有闪过回应。"我会支持你,"她最后说,"虽然我对你在说的东西没什么概念。我只知道,它们让我对自己感觉难以置信地糟糕。"

通过向女性展示她所熟悉的各类模特,软色情的杂志封面接近了女性心灵,这些类型的模特来自她自己的幻想生活,但这幻想却是由电影、电视、女性杂志所提供的形象构成的。不像硬色情的"陌生"妓女——这类形象的"美貌"还不及模特所能实现的那种程度——这些模特是她的榜样:她们是"她的"未穿衣的模型。"(《花花公子》创办人)赫夫纳是爱浪漫的,他着迷于所有的美,"成人杂志《性交》(*Screw*)的出版商阿尔·戈尔茨坦(Al Goldstein)说道,"他的女孩是邻家女孩。我的女郎则是隔壁妓女,有粉刺、妊娠纹,杂志用的纸也是廉价的黑白油墨印刷。"如果那两种形象是女性仅有的两种表现性别的可能选择，难怪她们会急切得要死似的寻找美丽了。

"浪漫的"模特以催眠的方式向女性揭示了根据我们熟悉的受保护面孔而勾勒出的完美身体；玫瑰色的阴唇和胭红的乳头可以据周日增刊模特的饰带来想象，模特闪亮的侧腹和蜿蜒的腹部可以根据时尚排版来想象。女性把自己的身体和这一给消费者看的脱衣舞娘的身体相比较。她可能感到扭曲的谦虚，一种欲望的解毒剂，或者她可能会感到一种自我陶醉的"符合标准"感，以一种色情的方式输入却最终导致了反情色的结果，因为那些"满足了要求"的女性并没有赢；她仅是被允许去满足铁处女的轮廓。实际上，"美貌的"女性很可能在色情介入其幻想生活时会更为脆弱，因为她们能在色情描写中"看到"自己，而其他女性却不能。

一个女性不喜欢《花花公子》，可能是因为它的性欲核心并不容易取消。尽管她可能已经将自我形象屈服于其他的羞辱，但在抵抗的最后一站，这性本质将展开奋力鏖战。她会厌恶《花花公子》，因为她厌恶自己在性中感到丑陋——或者，如果（在性中感到）"美"，那她的身体就由色情来界定和贬低。它在她心中抑制了某种她的生存所需的东西，并给予她最终的制欲剂：自我批判的性凝视。艾丽斯·沃克（Alice Walker）的文章《崩溃》（"Coming Apart"）对色情已经造成的伤害展开调查：（女人）把自己和她爱人的色情对象相比较，她"愚蠢地"断定自己不美。[27]

在南希·弗蕾迪（Nancy Friday）有关女性性幻想的文集《我的秘密花园》（*My Secret Garden*）中，"贝蒂"说道："我幻想……我变成了非常漂亮而又迷人的女人（在现实生活中，我知道我有些平胸）……我闭上双眼，好像是在注视另一个美丽女性，她是来自他处之我，是我自身之外的我。我能极为生动地看到她，甚至想给她呐喊助威……'享受吧，你值得的。'搞笑的是，这另一个女人并不是我。""莫尼卡"写道："我突然不是我自己了。这身体……不是我的这个可笑的胖身材，它不是我……它是我的漂亮姐妹……它总不是我，它是所有发生在我脑海中的这两个美人身上的情况。"[28] 那些声音——"它不是我"；"我突然不是我自己了"；"它是这另一个美丽女性"——在反复出没。仅仅在这20年里，在爱的行动过程中，这个神话已经悄悄更换了橱窗里的影像，好把女性与她自己的身体相分离。

当她们讨论这一话题时，女人身子前倾，压低了嗓音。她们诉说着自己可怕的秘密。她说，这是我的胸，我的臀部。这是我的大腿。我讨厌我的胃。这不是审美上的厌恶，而是深层的性羞耻。身体的部分形形色色，但每个描绘它的女性所分享的是一种信念，**那**正是美貌色情最迷恋的东西。胸部、大腿、臀部、腹部；这些女性最具性征的中心部位，它们的"丑陋"因而成了女性无法不去关注的东西。这些是施虐男性最经常攻击的部位，是性谋杀犯最经常损毁的部位，是暴力色情最经常玷污的部位，是美容整形医生最经常剖开的部位。但这些也是生育及哺育孩子、感受性欲的部位。一个厌女的文化已经成功地让女性厌恶起那些厌女者所讨厌的东西。

格里尔写道，"女士，爱你的阴部"。然而海蒂数据显示，大约1/7的女性认为自己的阴道是"丑陋的"；同样比例的女性认为它气味"不好"。女士，热爱你的身体——这在一代人之后将会是一个甚至更加紧迫的讯息：1/3的女性"极不满意"自己的身体，那身体导致她们体验"更严重的社会焦虑，更低的自尊，以及**性功能障碍**"（强调文字来自该书作者）。[29] 马西娅·杰曼·哈钦森（Marcia Germaine Hutchinson）医生估计，65%的女性不喜欢自己的身体，并且，身体方面的低自尊导致女性羞于身体亲密。[30] 那种降低自尊和削弱性意识的方法是美貌色情在女性完整的身体中挖出的心灵黑洞。

自我憎恨的黑洞能够迁移：对胸部的强迫症能逐渐消失，但一看到大腿时就产生的强烈反感会取而代之。许多女性充满惧意地阅读美丽指标，因为它经常引入新的而且也是意料之外的厌恶点。

这种对性欲的灾难性定义是如何产生的？"美"和性一般都被误解为某种超验而必然的事实；美貌神话错误地把两者联系在一起，这让女性为了性感而必须"美丽"这一观点看似加倍地真实。当然，这观点根本不对。"美丽的"与"性欲的"（sexual）这两个定义都在不断变化，以便为社会秩序服务，而这二者之间的关联则是一个晚近的发明。当社会需要女性贞洁时，童贞和忠诚赋予女性美丽［宗教原旨主义者菲利斯·施拉夫利（Phyllis Schlafly）最近重申，婚外性行为破坏了女性的美丽］，并且她们的性欲就不必存在了：彼得·盖伊指出，维多利亚时代的女性被假想为"性麻木"（sexually anaesthetic）的，温迪·福克纳引用了维多利亚时代作家的信念——中产阶级女性"天生性冷淡"。直到最近，由于一群作为潜在性对象并缺乏性安全感的女性最有利于社会，"美丽"才被重新界定为性。为何？因为不同于所有女性天生的女性性态，"美丽"是需要努力维持的，几乎没有女性是生来就美丽的，并且它也不自由。

在这类形象生产中"美丽"和性不一致的现象，与我的一段记忆产生了共鸣：我曾有一个模特朋友萨莎，那时她15岁，向我展示了她第一次参与内衣拍摄的照片，那是为一家大型百货公司的周日增刊广告拍的。我几乎认不出她了：她原本笔直而古板的黑发被弄乱了，带着挑逗意味。她高耸的胸部被覆上了一层黑粉相间的华美丝绸。照片中，萨莎扮演的女人在一个风格时尚而凌乱的床上蹲坐，床上的被单褶皱得就像吹落的西洋玫瑰。当时我们就坐在她自己的床上看着那些照片，她的床是张单人床，折叠整齐、朴素，用一床灰色的棉床单罩着。在我们上方，是翻烂了的中学生版莎士比亚戏剧、她的生物书和一个计算器；根本没有那一串串的珍珠、钻石袖扣和雄蕊突出的艳丽唐菖蒲。萨莎所扮演的那个东西弓着它的背，所以她的胸部下侧引人注目。"你可怜的背"，我说，想到她绷紧的肩胛。萨莎有脊柱侧凸的毛病。她必须得戴着由钢材和硬塑胶做成的支架。矫形支架存在于裁切照片之外的某个地方，那里是我们都凝视着的精致的橙色暮光处。萨莎涂了唇膏的嘴唇在她齿上张开，就好像她把一只手浸到了滚烫的水里。她的眼睛半闭着，但在其中，萨莎却被抹去了。萨莎和我一样是处女。

　　回顾过去，我能想象那一形象如何在那个周末被冲洗出来：在字里行间爆发出了自己的生命。许许多多的成熟女性会盯着它，她们会知道那时我们两人还没能开始去想象的秘密。她们会脱衣、刷牙。她们会在昏乱的灯光下，在镜前转身，在黑暗的天空下，萨莎那擦洗得发光的躯壳会在这些女人脑中转悠。她们会关掉灯光，走向她们温暖可爱的大床，张开双臂，满怀内疚地接受更严厉的践踏。

　　美貌色情与性之间的联系并不是天然的。人们理所当然地认为，希望看到无数不断替换的杂志插页的欲望天生就是属于男性的，因为那种观看形式被认为是男性天生滥交的升华形式。

但因为男性并不是天生滥交，而女性也并非天生喜欢一夫一妻，因此，关于美貌色情的老生常谈——男性需要它是因为他们在视觉上被唤起了，而女性则没有被唤起——并没有生物学上的必然性。男性在视觉上被女性身体唤起，而较少被女性的个性所唤起，这是因为他们早年被训练成那种反应。女性则由于训练而不易在视觉上被唤起，而更多是在情感上被唤起。性教育上的这一不对等维护了男性在这个神话中的权力：他们看着女性的身体，评估，然后看下一个；他们自己的身体却没有被看、被评估、被接受或被忽略。但并不存在所谓的"磐石般不移的性别"（rock called gender）来解释这一现象；它能改变，从而让真实的相互关系——同样的凝视，同样的脆弱和同样的欲望——把异性恋的男女团结在一起。

在各自的身体方面，美貌神话向男性和女性讲述的谎言是不一致的，这令他/她们在性上一直保持疏离。有关身体谎言的系列神话否认了一个异性恋女性所了解的关于男性身体的真相。女性被认为应该是"皮肤柔软"的性别，但一个女性却知道男性的乳晕是极软的，他的身体表皮有几处部位比女性表皮的任意部位都更软：龟头，以及覆盖在阴茎上的脆弱部分。女性是"敏感的"性别；然而女性身体没有哪个部分像睾丸那样脆弱。女性必须在各种天气下都穿上衣，这表面上是因为她们的乳头是性征。但男性的乳头也是性征，但在气温超过华氏80度（约27摄氏度）时，这也并没让男性遮住自己的乳头。在有妊娠纹的部位，女性是"丑陋的"。男人的臀部也会有同样的肥胖纹，但他们往往意识不到。女性的胸部必须完美对称；而男性的生殖器则无须如此。有完整的文献记录了古代人极度反感女性身体的气味，反感看到她们的身体；但男性却可以气味难闻，看起来令人害怕。女性总是爱他们。

把女性转换为性对象的各种形象激增,这种情况与性革命相伴,这不是为了迎合男性的幻想,而是为了帮助他们抵御自身的恐惧。当小说家玛格丽特·阿特伍德问女人们最害怕什么时,她们回答:"我们害怕他们杀我们。"当阿特伍德问男性同样的问题时,他们回答:"我们害怕她们会嘲笑我们。"当男性控制了女性的性欲时,他们可以免受性评估的威胁。比如罗莎琳德·迈尔斯提到,一个 18 世纪的日本女性被教导要"总是说他的**阴茎**又大又好,比其他人都大……而你(女性)则会继续说'充满我,哦我的奇迹!'以及其他一些诸如此类的恭维话"。一个 16 世纪的受教育女性没那么多赞美之语:"那老男人吻她,就好像一只鼻涕虫在她迷人的脸上拖曳。"[31] 随着女性体验到性欲,男性就会有风险,他们会听到女性每天都听到的那些话:有一些他们应该参照的性征标准。他们的恐惧是被夸大的:即使在性自由的情况下,女性也维持了严格的礼仪规范。一份女性杂志嘱咐:"绝不要在公开场合提到他(阴茎)的尺寸……,绝不要让他知道其他人知道(那尺寸),否则你会发现它萎缩并消失了,那是你自作自受。"这段引文承认,当应用于男性时,评判式的性征比较是直接的制欲剂;要么我们还没有意识到它对于女性有完全一样的影响,要么我们并不关心这一点,要么**我们在某种程度上知道,现在那一结果是令人满意而合宜的。**

女性评判男人的外貌、身高、肌肉发达程度、性技巧、阴茎尺寸、个人仪容或穿着品味 —— 当我们做所有这些评判时,一个男人不太可能听到这些。事实是,女性可以把男性视为性评估和审美评估的对象,恰如男性这么对待女性;我们也能轻松地从一组人中选出"理想的"男人;并且,如果我们能像拥有其他一切事物一样拥有男性美丽，绝大多数人也不会说不。但那又怎样？即使有上述评判，女性大体上总是选择把男性首先看成人本身。女性或许被训练得很容易把男性首先看成与性有关的。如果女孩从未经历过性暴力；如果一个女孩了解男性性征的唯一窗口是容易获得、光线很好的源源不断的廉价照片，照片中的男孩比她本人略大一些，不到20岁，他带着鼓励的微笑，露出令人喜爱的玫瑰色或摩卡色的勃起阴茎。她可能会看着照片自慰，并且作为一个成人，她"需要"以男性身体为基础的美丽色情。并且，如果一开始那些阴茎向女孩们呈现时，就是充分勃起的，也不摇晃，有肉桂或森林浆果的味道，没有混乱的毛发，并且随时就绪；如果它们出现的旁边就标着尺寸、长度，以及具体到1/4英寸的围度；如果它们看起来是可供她使用而毫无讨厌的个性；如果她的愉悦似乎是它们存在的唯一理由——那么，一个真实的年轻男性很可能是带着一颗满是挫败的心靠近那年轻女性的床。

但那又如何呢？受过训练并不意味着不能拒绝训练。男性恐惧他们被物化，就像他们对女性的物化那样，这种恐惧或许是没有理由的：如果两性都被给予选择，能把对方视为性对象与人类的复合体，那么两性都会认识到，满足感在于将这两个术语都包含在内。但正是这种两性之间没有根据的恐惧对美貌神话最有利。

在一个男性无法再掌控性但又第一次必须赢得它的环境中，只关注女性身体形象的思维得到助长。全神贯注于自身吸引力的女性不太可能表达她们自身所希望的东西，也不太可能去追寻那些东西。

如何抑制女性的性意识

杰曼·格里尔写道，当女性对女性性欲有一个正面定义时，她们就会自由。这种定义将会很好地把美貌色情转变成对女性完全中立的立场。一代人之后，女性仍然缺少它。女性性欲不仅被否定地界定，还被否定地建构。女性很容易吸收美貌神话对我们性意识的干预，因为我们的性教育就是为了确保这一弱点。女性的性意识从诞生那一刻起就被颠倒了，因而"美貌"才能取代它，让女性的眼睛一直向下看，关注于她们自己的身体，抬眼一瞥只是为了检查男性眼中她们的反射影像。

这种在女性中培养的由外向内的色情，是通过施加于女性性意识的三种极不自然的压力而实现的。第一种是，小姑娘通常并不受到父亲的亲密照料。第二种是强大的文化影响，这种影响让女性以外在于自己身体的视角单纯地把女性看作性对象。第三种是性暴力的流行，这种性暴力阻止女性性意识有机地发展，并让男性的身体看起来具有危险性。

1. 裸体的铁处女有力地影响了女性，因为绝大多数人在婴儿时期都由女性照料。女性身体和女性胸部首先作为女婴的渴望焦点，而男性的胸部和身体则是缺席的。随着女孩长大，那个神话把性焦点始终集中在女性身体上。但是，不像异性恋男性和女同性恋者所感受到的它的吸引力，异性恋女性不那么称心的赞美经常掺杂了妒忌、失去极乐的遗憾，以及敌意。这一情况在女性之中创造出了一种对男性眼光的上瘾，强制推行了诗人阿德里安娜·里奇（Adrienne Rich）所称的"强制性异性恋"（compulsory heterosexuality），它在根本上禁止女性把其他女人的身体看作性快感的源泉。在此神话之下，其他女性身体的美丽让女性痛苦，产生了金·彻宁所称的"对女性身体的残酷痴迷"。当异性恋女性注视另一女性的身体时，这种受阻的关系给予她困惑、焦虑的愉悦，正是这种受阻的关系把女性留在竞争的终身痛苦之中，而这种竞争实际上只是爱情初始形态的有毒残渣。

2. 女性性意识的文化倒置开始得很早，从自慰禁忌产生以来就出现了。性完整性（sexual integrity）从童年期自我中心的升华中产生，在童年时期，性给予（sexual giving）是作为慷慨而非顺从出现的。但女性自慰也经历了文化审查。早期独自的欲望是少有的能提醒女性以下事实的记忆之一，这个事实就是，在"美貌"引起人注意之前，我们是充分性感的，并且在美貌神话之后和之外，也可以这样持续下去；并且性感绝不必依赖于被观看。

男性本身将这一核心视作理所当然：我们发现，男性的性意识受到文化认可，就这样**存在**着。他们无须用外貌来挣得它。我们发现男性的欲望先于与女性的联系。它并不潜伏着等待在回应某个女性愿望的过程中出现。从高雅文化到低俗文化，独立的男性欲望都得到了呈现，从菲利普·罗斯（Philip Roth）、安德烈·纪德（André Gide）、卡尔·夏皮罗（Karl Shapiro）、詹姆斯·乔伊斯，到向听众说的黄色笑话。我们都知道青春期男孩的性欲望。但年轻女性**自身之中**的性觉醒的场景并不存在，除了在为男性偷窥狂所提供的模拟场景里。在一个文化真空中，人们很难想象独居女性的欲望看起来是什么样的。女性的身体被描绘为包着一个空盒子的有吸引力的包装；我们的生殖器并不是**为了女性**而被色情化的。男性的身体也不是**为了女性**而被色情化的。其他女性的身体也不是**为了女性**而被色情化的。女性自慰不是**为了女性**而被色情化的。不管是从哪个地方，每个女性都必须自己学习如何感觉性（尽管她不断地学习如何看上去性感）。她没有被给予反主流文化的、向外看的女性欲望，没有获得对她生殖器感觉方面的复杂而好奇的**在场的**描写，也没有去不断充实她身体方面知识的方法。她独自被留在黑暗之中，她几乎没有选择：她必须把主导文化的幻想吸收为她自己的。

20世纪70年代，10岁的孩子们迫切地要谈论以女性口吻所写的性行为，在营地中轮流大声朗读影片《O的故事》或《一个妓女的惊世自白》(*The Happy Hooker*)的盗版剧本；前一部影片是有关受虐狂被教化，而后一部则是关于无灵魂的商业性交易。小女孩因为缺少任何更好的素材，只好从手头的东西中学习。她们并不缺少事实；她们缺少的是一种正面的性文化：小说和诗歌，电影、笑话和摇滚乐，这些作品作为最有效的男性色情文化被写下来，它们被写出来并不是为了销售，而是为了探索、沟通和庆祝。对于女孩的教育，只有某个女性被绑在墙上，她的嘴张成O的景象；或是一个有敏锐的商业意识的女性平淡乏味地数着钞票。

然而，男孩们却有着为他们准备的一种现成的文化。他们歌唱、顶着腹股沟弹奏空气吉他："棕色甜心，嗯！为何你尝着这么棒？啊……就像一个年轻女孩应该的那样。"（"我们应该的那样？"小姑娘们吃惊，"像棕色甜心吗？"）但就女孩们自己的经验来说，她们自己的感觉告诉她们——在学校过道里男性刺鼻的汗水味儿，他前臂新近突然变黑的神秘，嗓音由高音转向低沉，弹力牛仔裤绷在大腿上的懒散姿势，金馥力娇酒（Southern Comfort）在文化程度不高的人的舌头上的味道，从穿着讲究的人那儿偷来的不带过滤嘴的好彩香烟（Lucky

Strikes）的味道，以及胡荽带来的侵蚀感和风的灼烧感——她们注意到所有这一切，她们看到了这一切；但她们无权去讲述这一切。这些形象引起了讲述者和聆听者的尴尬，这个事实证实了我们是何等不习惯去面对我们文化中的作为性觉醒**主体**的年轻女孩。男性身体的异化美丽在为他们而准备的文化中无处可寻，尽管女孩偶尔会在柏拉图的《斐德罗篇》（*Phaedrus*）和王尔德的《道林·格雷的画像》（*The Picture of Dorian Gray*）中发现它；但男性身体的魅力和吸引力并不是以一种女性口吻向他们描述的；而男性对他们女朋友的吸引力也根本没有被描述过。

她们的性精力，她们对青春期少年和其他女孩的评估都受了挫，缄默地转回到女孩身上，而她们探索的渴望目光回到她们自己的身体。我渴望谁？为什么？我要为它做些什么？这些问题转而变成了：我会渴望我自己吗？为什么？……为什么不？我能做点什么？

在那些书籍和电影中，她们从年轻男孩的视角看到他与一个女孩大腿的第一次接触，他的视线第一次扫过她的胸部。女孩们坐着聆听、吸收，她们熟悉的胸部变得疏远，就好像它们不是女孩们身体的一部分，她们的大腿不自然地交叉，她们正在学会如何脱离身体，从自己之外来看自身。因为她们的身体是从陌生化和欲望的眼光被观看的，难怪本应是熟悉的、被感觉为完整的身体变得疏远并被分成好几部分。小女孩学到的不是对他人的欲望，而是被渴望的欲望。女孩学会顺从男孩的立场来注视她们的性；那一做法占用了女性的空间，这空间本应致力于弄清她们其实想要什么、正在阅读什么，对于性写着什么，寻求它并获得它。性被美貌所绑架，借助比广告商或色情作家所知的更美妙的工具——文学、诗歌、绘画、电影，它的赎回要求早年就被深深地铭刻在女孩的心中。

这种自外而内观察自己性征的视角，导致了该神话核心处的一个困惑。女性把充满性欲的样子与被充满性欲地看到混淆了（"伊卡璐……这正是你想要的样子"）；许多人把性欲方面的感觉与被感到是性感的这二者混淆了（"吉列剃须刀……女性想要这样去感觉"）；许多人把渴望与令人渴望混淆了。"我的第一次性记忆，"一个女人告诉我，"是我第一次刮腿毛的时候，当我的手从光滑的皮肤滑下时，我感觉到如果这是另一个人的手，对方会有什么样的感觉。"女性说，当她们瘦下来时，她们"感到更性感了"；但阴蒂和乳头的神经末梢并不会随体重减轻而增加。女性告诉我，她们嫉妒那些从女性身体中得到如此多快感的男人；她们想象在男性身体内，而男性身体是内在于她们自己身体里的，这样她们就能间接体验到欲望。

那么，女性相对于男性在情欲唤起上出名地慢，她们有复杂的幻想生活，在许多性交经验中缺少快感，这一切都可能与这种文化上否定的性形象——这种否定立场确认了女性的观点，即文化禁止把男性身体看成是快感的工具——有关吗？这可能与禁止把性交表现为异性恋女性获得某种机会——为自身的满足而积极地追逐、控制、享受并消费男性身体，就像她为了男性的满足而被追逐、被控制、被享受、被消费那样——的禁忌有关吗？女性性意识的倒置阻止了女性控制她们自己的性经验。针对年轻男性的软色情形象的一个麻烦在于，被拍成照片的女性没有真的在性意识上回应了任何东西；年轻男孩长大，被训练成把形象色情化，但那种形象没有教给他们任何关于女性欲望的信息。年轻女性也没有被教导把女性欲望色情化。于是，无论是男性还是女性都往往只是把女性身体及男性欲望色情化。

这意味着：对于男性对自身性冲动的渴望，女性过于敏感了，而对于女性对自身性冲动的渴望，男性则过于迟钝。这种把女性性感觉依赖于男性性感觉之上的连锁反应，正是卡罗尔·卡塞尔（Carol Cassell）在其《神魂颠倒：为何女性混淆爱与性》（Swept Away: Why Women Confuse Love and Sex）[32]中所描绘的现象的原因。许多女性在能够体验到欲望之前需要感受到"神魂颠倒"，所以只有48%的女性经常避孕。在美国，48.7%的堕胎是由于没有保护措施的性交。[33]如果女性性欲受到极高的评价并被用心培养，从而使得她们能保护自己而完全不必担心会减少性感觉，那么一半的堕胎悲剧将不会在当下发生。随着艾滋病流行，向"神魂颠倒"屈服的女性不仅冒着怀孕的危险，还冒着死亡的风险。

3. 对于女性被偏离的性意识以及对性交的矛盾心理，最后一个解释与她们对性别力量的生活经验有关。被滥用的铁处女意象所具有的暗示力量必须在实际针对女性的性暴力这一语境下来理解。

根据1983年戴安娜·罗素（Diana Russell）对930名旧金山女性所做的随机抽样调查，[34] 44%的女性经历过FBI所界定的强奸或强奸未遂，有此经历的人中有88%认识攻击者，1/7的人曾被其丈夫或前夫强奸过。[35]在一份对1054名20至40岁、受过良好教育的荷兰中产阶级女性的研究中，15.6%曾受到亲属的性侵犯，24.4%的人在儿童时受到过亲人以外的人的性侵犯，32.2%的人在16岁前被迫有过性经验。在另一份对4700个荷兰家庭的研究中，20.8%的人经历过来自丈夫或爱人的暴力，其中半数的人经历了数次暴力行为，1/25经历过极为严酷的暴力，导致了永久性的伤害。[36]在1980年至1988年期间，荷兰的强奸报道增长超过 1/3。在瑞典，1981 年至 1988 年间，针对女性的暴力的相关报道增长了 70%，强奸报道则增长了 50%。[37] 在加拿大，1/4 的女性的第一次性经验是在强迫的情况下发生的，通常是遭受了某个家庭成员或是与家庭关系亲密的人的强迫。[38] 在英格兰，1/7 的妻子被她的丈夫强奸。[39] 1981 年对 1236 名伦敦女性的研究中发现，1/6 曾被强奸，1/5 击退过强奸企图；1985 年及 1989 年其他研究的数据中也有同样的比例。[40]

女性从爱人那里遭受暴力的体验是很普遍的。[41] 1980 年对美国 2000 名已婚夫妇的研究发现，其中 28% 的人曾遭受攻击，在过去的一年中报告的暴力事件就有 16%。1/3 的暴力行为是严重的：拳打、脚踢、用物品打、用刀或枪攻击。在 1985 年的跟踪调查中，比例还是一样。美国权威调研机构哈里斯民意调查所（Harris Poll）的报告显示，男女关系中 21% 有暴力行为[42]，这和戴安娜·罗素在 1982 年随机取样的结果相一致。在一场攻击中，94%～95% 的情况下受伤的是女性。[43] 每年至少有 150 万美国女性遭受其伴侣的攻击。[44] 美国 1/4 的暴力犯罪是殴打妻子。[45] 匹兹堡大学的研究者试图找到一组没有遭受过虐待的女性对照组——但**对照组中**的 34% 汇报说伴侣曾打过自己一次。[46] 1/10 的加拿大已婚女性被其配偶殴打，1/8 会遭受与她生活在一起的男人的殴打。[47] 在美国大都市医院急诊室里治疗的每 4 个企图自杀的女性中就有 1 个是挨了打的。在美国国家心理健康研究院（National Institute of Mental Health）的一项调查中，21% 的接受过急诊手术的女性遭受了殴打，使用急救服务的受伤女性一半都是遭受了殴打，年过三十的被强奸女性一半都是巴特氏综合征患者。[48] 世界观察研究所（Worldwatch Institute）在 1989 年声称，针对女性的暴力是世界范围内最常见的犯罪。

当然，发生于 1/4 到 1/3 的女性人口身上的儿童性侵很早就把性与强迫联系在一起。金赛在 1953 年就发现，在他所调研的 4000 名女性中，近 1/4 的人在儿童时期经历过成年男性的强奸或强奸未遂。[49] 戴安娜·罗素的调研在 1987 年发现，38% 的女性在 18 岁前曾被成年亲属、熟人或陌生人性侵；28% 的人在 14 岁前曾遭受过严重虐待，12% 的人曾被家庭成员虐待。[50]《洛杉矶时报》的主编巴德·刘易斯（Bud Lewis）在 1985 年开展了对本州所有男性与女性的随机抽样调研，他发现，在 2627 名受访者中，有 22% 的人在孩提时受过性侵，27% 的女性曾有此经历。他于是又问了 1260 名男性是否曾性侵过儿童；10 人中有 1 人承认自己曾做过。[51] 全球范围内，从不同国家（澳大利亚、美国、埃及、以色列、印度）采集的调查暗示 1/4 的家庭有乱伦现象；在那些案例的 80% 到 90% 中，女孩们被某个男性亲属性侵，而侵犯者经常就是父亲。在开罗，33%～45% 的家庭有女儿被某个男性亲属或家庭友人性侵的情况；金赛在 24% 的美国家庭中发现了乱伦，这个数据与澳大利亚及英国的数据一致。2/3 的以色列受害人年龄小于 10 岁，1/4 的美国受害人年龄小于 5 岁。戴比·泰勒把调研数据扩展到了世界其他国家，提出多达**一亿**的年轻女孩"可能被成年男性强奸——通常是她们的父亲——往往是日复一日、周复一周、年复一年"[52]。

这些数字令人惊愕；同样令人惊愕的是我们想到，在大多数女性生命的某个时刻，在性与暴力以某种方式被联系在一起的环境下，美貌神话正在投射有关女性的性暴力形象以及完美形象，后者更是要求女性对自身实施暴力。对女性施加的伤害会让她们更愿意伤害自己吗？《光辉》（Radiance）杂志的一项发现表明，一个诊所 50% 的厌食症患者都受到过性侵犯。[53] 在许多患者承认她们是儿童性侵的受害人之后，整形医生伊丽莎白·摩根（Elizabeth Morgan）探究了乱伦与整形欲望之间的关系："我开始明白，她们中的很多人想要抹去她们看起来就像当年那个被侵犯的孩子时的记忆。"[54] 对经历过不幸、经历过乱伦的人的临床研究表明，她们害怕"她们的性快感来自一个龌龊的地方……大多数人相信，她们做错了事，她们应该得到惩罚，并且如果没有人伸张正义，她们会把罪行归诸自己"[55]。

强奸幸存者最常见的反应是一种无价值感，然后她们会憎恨自己的身体，同时经常会伴有饮食紊乱症（通常是强迫性暴食或厌食，以确保她们会变得极胖或极瘦，因为那是"安全的"）和性撤退（sexual withdrawal）。如果实际发生的性侵对女性对身体的自爱产生了这种影响，那么性侵的形象与侵入女性性隐私的形象也会造成类似伤害吗？

性暴力流行及其与女性的美貌相联系的方式营造了一种氛围，这种氛围更为无孔不入的影响是，女性——或许，特别是随这种暴力形象一起长大的年轻女性——被迫害怕，不相信自己的美丽，并且对于要通过服装、行动或装饰方式来从身体上表达她们自身的性意识而感到矛盾。现今，当年轻女性穿得性感时，她们会觉得自己正陷入某种危险，这种情况可能比以往任何时候都更严重。

年轻人的性意识：彻底变了吗？

看起来，对时尚暴力的接触与性意象的物化已经伤害了年轻人。性爱理论家还没开始意识到美丽色情对年轻人的影响。[56]

格洛丽亚·斯泰纳姆和苏珊·格里芬（Susan Griffin）把色情与爱欲区分开来——如果爱欲在性心理的历史中最先到来，那么这种区分就是有道理的。就像芭芭拉·艾伦瑞奇所相信的那样，对于那些从其他人那里学到自己的性欲的人来说，强奸幻想可能是不重要的。但现在的年轻人并不是从远方、从危险那里要求某种性快感：它是被强加于她/他们的。史上第一次，儿童在长大的过程中，其最早的性印记不是来自某个活生生的人或是他/她们自身的幻想；自从20世纪60年代色情激增以来，儿童的性意识已经开始被那些不人道的暗示所塑造。在我们人类的历史中，从没有发生过类似的情况；它驱逐了弗洛伊德。现今的孩子和年轻男女的性认同，是朝着报纸和电影的幻象而盘旋的：从《花花公子》到音乐电视，再到女性杂志里空洞的女性躯干，她们的特色被遮蔽，眼睛无神。她们是被印上某种性欲的形象，那是大批量生产的、蓄意去人性化的，是不人道的。

结果，年轻人的性意识似乎正在发生某种丑陋的转变：努力把性重新调教为暴力的做法几乎赢了。心理学家希尔德·布鲁赫（Hilde Bruch）把生于1960年之后的年轻女性称为"厌食的一代"。因为在20世纪60年代关于猥亵的法律较为宽松，出生于1960年之后的儿童是在一种暴力及侮辱性的性形象（年轻女性通过厌食逃避这种形象）渐增的氛围中长大的，我们必须把生于1960年之后的年轻女性视为"色情的一代"。

年轻女性现在正受到由过度接触美貌色情形象——她们用以想象女性性欲的唯一来源——所引起的辐射病的连续轰炸。她们进入这个性意识不受保护的世界：她们已经被剥夺了对自身性价值的有限信心，而这种信心是由贞洁或一枚钻戒授予的——在一个男性签订契约保证终生努力以求保持其使用权的日子里,一个人的性价值实在太具体了——但是,她也还没有拥有与生俱来的性自豪感。在1960年之前,当应用于女性时,"好"和"坏"与"不性感"和"性感"是一致的。在美貌色情产生及性革命进行到半途之后,"好"开始指"美-(瘦)-因而-性感",而"坏"则指"丑-(胖)-因而-不性感"。

在过去,女性感到易受伤害,从婚前的床上到怀孕、非法堕胎,再到被抛弃。现在,年轻女性感到易受伤害是因为外界的判断;如果一句难听话被传播(这甚至只是她的怀疑或推断),饱受痛苦的不是她的名声,而是她道德世界的稳定性。她们并不渴望探索性革命并把它变成自身的革命。在旧锁链变僵冷之前,当年轻女性还在按摩自己的脚踝使其恢复血液循环并试探性地举步向前的时候,美貌产业对女性的进一步调查索取了高昂的费用,而美貌色情提供给她们时尚的束缚。

对年轻人长达30年的教育——性即时髦的物化或施虐受虐——或许已经制造了一代人,这一代人真诚地相信:性是暴力的而暴力是性的,只要这暴力是针对女性。如果他/她们相信这一点,这不是因为他/她们是精神病,而是因为那种表达在主流文化中**是常态**。

英美父母中有12%的人允许他/她们的孩子观看暴力和色情电影。[57]但你没有必要去看上述任何一种电影来了解这点。苏珊·G.科尔注意到音乐电视(如美国的摇滚乐电视频道)"似乎是在遵循色情标准"[58][花花公子频道仅仅播放它选择的"热门摇滚"(Hot Rocks)]。随着摇滚视频的演进,男女同坐在一个房间里观看文化的官方幻想路线,即他/她们应该一起做什么——或更通常地说,当他做着自己所做的事,看着她时,她看起来应该怎样。这种素材不像它在时尚杂志和电影中那样,而是在以新的方式把年轻女性的性焦虑与美貌之间的关系复杂化了。因为它增加了超越简单姿势层面的指示，现在她们必须做笔记了：怎么移动、脱衣、做鬼脸、噘嘴、呼吸，甚至在"性"接触期间如何叫喊。当接触的媒介从印刷品转向录像带时，她们的自我意识也成了三维的。

她们的时尚危机感也是同样。性杀手在音乐电视上被刻画为男英雄：滚石乐队的《午夜漫步人》（"Midnight Rambler"）是对波士顿绞杀魔（Boston Strangler）的赞歌（"我会把匕首直插入你的喉咙"）；瘦利兹乐队（Thin Lizzy）的《屋中杀手》（"Killer in the House"）是关于一个强奸犯的（"我正寻找某个人……我会找你"）；特雷弗·鲁宾（Trevor Rubin）唱了《开膛手》（"The Ripper"）。在莫特利·克鲁乐队（Motley Crue）的音乐视频中，女性作为性奴被关在笼子里。在瑞克·詹姆斯（Rick James）的视频里，他强奸了他的女朋友。在迈克尔·杰克逊的《你给我的感觉》（"The Way You Make Me Feel"）中，一伙人跟踪了一个单身女性。杜兰杜兰乐队（Duran Duran）展示了囚禁中的女性人物，而苏珊·G.科尔观察到，他们的《电影女孩》（"Girls on Film"）"看上去就好像他们刚刚从X级色情电影里走出来"。据《卫报》报道，在艾利斯·库柏（Alice Cooper）的秀中，"一个真人大小的女性玩偶躺在地板上，在他面前戴着手铐，穿着撕破的渔网服和紧身衣。她看上去已经被塑料男式紧身裤噎住而窒息死亡了"[59]。"我曾经爱她，"枪花乐队（Guns N' Roses）唱道，"但我不得不杀死她。"对摇滚极端主义的批评正让一个人面临自己是保守分子的指控。但诉诸这些形象的摇滚乐本身恰恰是保守主义的。被勒死的女性、笼中女性的形象并没有打破任何界限；它们是一个主流社会秩序下的主流老套话。当摇滚乐把同样旧体制的施虐受虐色情化,而非巧妙运用性别角色以让我们重新看待它们时,它就违背了自身颠覆性的传统。

不幸的是,音乐创意并不是唯一处于危险之中的东西:音乐电视现在为年轻女性设置了美貌指标。如果说大众文化中描绘的女性是"美貌"而受虐的,那么虐待就是吸引力的标记。对于年轻男性来说,"美貌"被定义为永不说不,并且它事实上是不人道的东西:约会强奸的数字显示了它到底教了什么。1986年,加州大学洛杉矶分校的研究者尼尔·马拉姆(Neil Malamuth)报道说,30%的男大学生曾说过如果他们有把握能逍遥法外,他们会实施强奸。当调查把"强奸"一词改成另一表述——"强迫一个女性发生性关系"时,58%的人说他们会这么做。[60]《女士》杂志受国家心理健康研究院资助和委托开展了一项研究,该研究采样了6100名大学生,有男有女,涵盖全美32个大学校园。[61] 结果表明,在《女士》调研的前一年,2971名男大学生犯了187起强奸罪,157起强奸未遂,327起性胁迫,854起企图实施(女人)不愿的性接触。《女士》研究的结论是:"电影电视中反映暴力和强迫性关系的镜头与熟人强奸直接地相关。"[62]

在另一项对114名男大学生的调研中,出现了下述回答:

"我喜欢控制女人。"(91.3%)
"我享受性征服的部分。"(86.1%)
"有些女人看上去就像她们想要被强奸。"(83.5%)
"当一个女人在性行为时挣扎,我会变得兴奋。"(63.5%)
"动武去征服一个女性会让人兴奋。"(61.7%)[63]

在《女士》的调研中，1/12 的男大学生或 8% 的调查对象自 14 岁以来曾强奸或试图强奸一个女性（这组人与那些没有袭击过女性的人之间仅有的始终一致的区别在于：前者说他们"非常频繁地"阅读色情作品）。[64] 美国埃默里大学与奥本大学的研究者发现，30% 的男大学生给女性面孔评级，认为展现情感痛苦——如疼痛、恐惧——的面孔比那些显示愉悦的面孔更具性吸引力；在那些受访者中，60% 实施过性攻击行为。[65]

女性正面临糟糕的处境。在《女士》的调研中，1/4 的女性受访者曾有过符合美国法律定义的被强奸或强奸未遂的经历。在 3187 份女性调查中，上一年有 328 起强奸和 534 起强奸未遂；837 名女性经历过性胁迫，2024 名女性经历过非自愿的性接触事件。[66] 数据显示，约会强暴要比被陌生人强奸更多，这说明在年轻人中已经产生了性与暴力的混淆。就被强奸的女性来说，84% 认识袭击者，57% 是在约会中被强奸的。因此，约会强奸比左撇子、酗酒、心脏病发作更常见。[67] 1982 年，奥本大学的一份研究发现，25% 的女大学生至少有过一次被强奸的经历；其中的 93% 是熟人犯罪。从奥本大学男大学生的情况来说，61% 的人曾违背女性意愿对她们进行强迫的性接触。[68] 圣克劳德州立大学 1982 年的研究显示，29% 的女学生受到过强奸。在南达科他大学，20% 的女大学生经历过约会强奸；在布朗大学，16% 的女学生受到过约会强奸。11% 的布朗大学男生承认他们强迫过某个女性进行性行为。同年在奥本大学中，15% 的男生承认他们在某次约会时强暴了某个女性。

女性被熟人强奸的可能性是被一个陌生人强奸的 4 倍。性暴力在年轻女性看来是正常的，就和年轻男性所认为的一样："一个又一个的研究已经表明，被熟人强奸的女性甚至并不把她们的经历确定为强奸。"在《女士》的研究中，只有27%的人认为这是强奸。她们不能把发生在自己身上的事称为"强奸"[69]，难道这意味着她们逃避了强奸后遗症吗？30%被强奸的年轻女性，不论她们是否称其经历为强奸，其后都想到过自杀。31%的人寻求心理治疗，82%的人称这个经历永久地改变了她们。41%的受强奸女性承认她们期望被再次强奸。创伤后应激综合征在1980年被视为一种心理障碍，而今大家普遍认为这在强奸幸存者之中是常见的。那些不将自己经历的强奸称为强奸的女性仍会患上同样的抑郁症，会有自我憎恨、自杀冲动，就如那些认为该经历是强奸的女性一样。她们的经历很可能带有年轻女性在性方面的特征：在《女士》的研究中，41%的被强奸女性是处女；38%的人受袭击时年龄在14到17岁之间。在同时对强奸者和受害人所做的研究中，当事人被强奸时的平均年龄是18.5岁。大学女生正经历着包括身体暴力在内的男女关系：21%～30%的年轻人报告曾经历过来自约会对象的暴力行为。[70]

在更年轻的青少年中，趋势甚至更糟。在加州大学洛杉矶分校对14～18岁青少年所做的研究中，研究人员写道，"我们似乎揭露了某种更令人忧虑的迹象：新的一代正进入的成人世界中的男女关系夹带着可怕的陈旧包袱"[71]。超过50%的男孩和近一半的女孩觉得，如果一个男人被某个女性引起了性冲动，那他是可以强奸那个女生的。多伦多大学最近的一份调研报告显示，孩子在年龄较小时就在学习支配与服从模式。[72] 13年级中，1/7的少年表示自己拒绝接受拒绝，1/4的同龄女孩表示曾遭遇性强迫。在十几岁的女孩中80%报告说，她们曾身处一段暴力性的关系中。据苏珊·G.科尔的观点："尽管我希望有相反的结果，但色情和大众文化正在用强奸瓦解性意识，强化男性支配与女性服从的模式,以便让许多年轻人相信性就是这样的。这意味着未来的许多强奸犯会相信,他们是在社会所接受的规范里行事。"

把贬低加以美化的文化表现已经在年轻人之中创造了一种情境,在此情境中,男孩强奸而女孩被强奸成了**一种常态**。男孩们可能甚至不知道他们所做的是错误的;暴力的性形象很可能已经培养了一代年轻男性,他们会强奸女性而甚至根本不知道那是强奸。1987年,一个年轻的纽约女性詹妮弗·莱文(Jennifer Levin)在中央公园被性虐后杀害;一个同学干巴巴地和朋友说,他认识的所有人都只使用这样一种性方式。1989年,5个纽约青少年强奸并野蛮地殴打了一个年轻女慢跑者。报纸充斥了令人震惊的问题:这是种族问题吗?这是阶级问题吗?没有人注意到,在提供给年轻人的幻想亚文化中,**这是常态**。

这些数据显示,大部分的艾滋病教育都绝对天真了。如果有1/4的年轻女性在某个时刻、在一场性接触中失去了控制,她们几乎没有可能保护自己免受这种致命疾病的侵害。在耶鲁大学一次有关性暴力的讨论中,最常见的主题是一种在很大程度上被忽略的新罪行:当某个女性规定的是一次安全的、非插入式的性接触时,男性却违背她的意愿体内射精了。艾滋病教育不会有太大的进展,除非年轻男性被教会如何不去强奸年轻女性,以及如何把信任和赞同色情化;除非年轻女性得到支持,承认她们需要重新界定她们的欲望。只有当上述情况发生时,艾滋病时代的性才会摆脱恐怖气氛,而这种恐怖气氛现在似乎正在如此之多的大学校园里继续着。

在最近年轻人的文学与电影中,性暴力或性疏离是其标志。在史蒂文·索德伯格(Steven Soderbergh)的电影《性、谎言和录像带》(Sex, Lies, and Videotape)中,男主人公不能和一个真正的女性做爱,而是对着女性所录的性自白自慰;在布莱特·伊斯顿·埃利斯(Bret Easton Ellis)的《零下的激情》(Less Than Zero)中,无聊的富家子看着色情凶杀片——一个青春期前的女孩,被绑在一张床上,再三被强奸,这是贯穿始终的背景形象;在塔玛·贾诺威茨(Tama Janowitz)的《纽约奴隶》(Slaves of New York)中,女性在交换住房的过程中是性奴(布鲁明戴尔百货店的广告以此小说为基础,问道,你是不是"你男朋友的奴隶");在苏珊·米诺特(Susan Minot)的《色欲》(Lust)中,女主人公把她的滥交描述成让自己感到"就像一片被捣碎的小牛肉";凯瑟琳·特谢尔(Catherine Texier)的《温柔地爱我》(Love Me Tender)中女主人公越来越多地寻求暴力性的性羞辱〔"喜欢我们狠狠做爱的日子,"西尼德·奥康纳(Sinéad O'Connor)唱道,"墙上染着血"〕。浪漫而亲密的性爱在年轻人的文化中几乎只限于同性恋关系,就如在戴维·李维特(David Leavitt)、迈克尔·沙邦(Michael Chabon)、珍妮特·温特森(Jeanette Winterson)的小说中那样。就好像,在一种暴力的异性恋影像的气氛中,年轻人已经撤退到了一种迟钝的、疼痛的性疏离中——那甚至超出了战争的范围;更像军事化城市中的日常生活,在那里,平民与士兵彼此几乎无话可说。

这样的影像显然对性有害。那它有益于爱吗?

美貌对抗爱

在女性奥秘之下,男性一直不知道女性性欲和分娩的细节。

初为人父者一直被留在医院的候诊室里。除了保护他自己免于性病和奉子成婚之外，男性把避孕的任务也留给女性承担。月经是禁忌。家务和育儿的污秽部分是避开男性的。这些细节都属于女性生活的领域，它们用一条他/她们不会跨越的界线把女性与男性分离。对于一个男性来说，接触生殖、家务这样的"女性奥秘"，似乎就是把他自己置于阉割性的魔法力量的支配之下：它被假定为会让男性昏倒、成为懦夫或只是把事情弄得一团糟。所以当疲惫的爸爸恼怒地把宝宝递给自鸣得意的妈妈时，他是在为他的无知和她的专业技术向她唱颂歌。她生来就知道最佳答案。跨越性别的边界令男性遭受嘲笑。

现在，很多男性可以自由地成为真正的父亲了。那些为作为父亲而得到的经历感到高兴的人可以从此场景下回头看，看到先前的做法是如何把他们排除于某些珍贵的东西之外。旧式的颂歌把苦差事留给了女性，这看起来似乎是在开她们的玩笑。但因为"女性奥秘"的枯燥无聊与快乐不可分，所以这也是在男性身上开了个玩笑。不久前，当涉及这些工作时，劳动分工还被认为是生物学意义上的并且不会改变。但它变化了。

现在，在性意识方面，"女性奥秘"围绕着美貌，美貌即性，这看似是生物学意义上的并且不会改变。它们也被掩盖在操纵女性的奉承话之下，然而它们似乎给予了男性更好的性待遇。它们也让女性负担了许多义务，同时让男性在同辈压力下远离一种欢乐之源。今天的男性，如果他越过美貌神话加入他伴侣的队伍，他必然会面对其他男人的嘲笑。此时，玩笑开在了两性双方身上。但这个情况也是能改变的。

这一美丽之谜占据了女性奥秘所腾出的空间，它现今构成了女性自我审查的主题。至少一个重要研究证明，男性和女性一样对美貌神话感到恼怒。"专注她的外貌、关心脸和头发"[73]，这些已经跻身于男性对女性最恼火的品质前四名。这些未解之谜，都是男性不知如何与他们想要不带伤害地去爱的女性讨论的话题。它们让一些东西回复原位，那本是当女性离开婚姻奴隶的身份时几乎已消失的东西：怀疑、敌意、缺乏理解、谄媚、愤怒。让我们假设一个男人真的爱一位女性；他把她看作与自己平等的人，看作他的盟友、他的同伴；但她进入了另一领域，并变得不可理解。在他甚至不能看清东西的氩气聚光灯之下，她堕落了，离开了他的高尚种姓，变成了低等的不可接触者。

他可能知道她是自信的；但她站在体重秤上，陷入自责的哀号中。他知道她是成熟的；但她顶着一头失败的发型回到家，为了她甚至耻于表达的苦恼而哭泣。他知道她是节俭的；但她没穿冬靴就出门了，因为她在狡猾包装起来的矿物油上花了半周的薪水。他知道她愿意听他分享对乡村的爱；但她拒绝陪他去海滨，直到她的春季禁食结束才同意去。她是好交际的；但她无礼地拒绝一份生日蛋糕，却在晨曦的寒光中狼吞虎咽地吃所有食物的残渣。

他就此能说的所有话都不对。他没法说。无论他说什么都会进一步伤害她。如果他通过说这些只是小事来安慰她，那他就是不懂她。而且那根本不是小事。如果他赞成她的看法，认为那是严肃的，那甚至更糟糕：他可能不爱她，他认为她又胖又丑。如果他说就是爱她本身的样子，还是很糟：他不认为她美丽。如果他让她知道他爱她是**因为**她美丽，那最糟糕，尽管她不能和任何人讨论这事。那本应是她在这世上最想要的东西，但它让她感到缺失、不为人所爱、孤独。

他正在见证某种他也许不能理解的东西。他认为他的爱人是在一种不可理解的地带里,这样,她行为的神秘性得到安全保证了。在男人和女人可能想要休战的地方,它保护了一片无人区,一个男女都不适宜居住的领土。

他或许举起双手。他或许变得烦躁或有优越感。这种情况赋予他以一种权力,但除非他享受这凌驾于她的权力,否则他可能会很厌烦。如果她爱的男人陷入如此无意义的事务中,女性也会很厌烦,在那些事务里,任她说什么也不能被他理解。

即使某对男女在某处设法建造了那种沙堡——一种平等关系——并居住其间,这也还是一种不愿去倾听的局势;它确保了女性身上仍有一个标签,那标签把她标记为其他同样守旧的东西,半是小孩半是野蛮人。他可以自己选形容词——至少这里旧式的侮辱仍然用得上。

歇斯底里。迷信。不开化。与生俱来的。等等。

她说:"她挺漂亮,不是吗?"他说:"她还行。"她问:"你觉得我也那么漂亮?"他答:"你很漂亮。"她问:"我是不是该剪那样的发型?"他说:"我喜欢你现在的样子。"她恼怒地问:"那是什么意思?"文化已经构建了这样一种模式,致使男女必然不断地在这些问题上彼此伤害、冒犯。只要关于美貌的不平等权力保持不变,两性就没有一方能赢。在上述对话中,男人说出了某种超出美丽神话的文化中的看法,那看法是相当深情的:他爱她,身体上也爱,因为她就是她本身。在我们的文化中,尽管女性被迫把他的礼物朝他的脸上扔回去:她认为,那个礼物没有他把她评价为顶尖的艺术品那么有价值。他爱她"本来的样子",如果女性认为这个想法比男人评给她四星级更令人激动,那么她会感到安心、满意、不可替代——然后她将不需要购买那么多的产品。她会太爱自己。她会太爱其他女人。她会提高她的音量。

　　因此美貌神话是这样来构建的：被盛赞为一件艺术品，这是一个女人从她的爱人那里所能求得的最有价值的礼物。如果他欣赏她的脸和身体，只因为那是她本人的，那就几乎没有价值。这非常简便巧妙：这个神话谋划的是，当男性给予诚实的赞赏时，让女性审查这些赞赏，从而让她们冒犯男性；它也能让男性仅因给予了诚实的赞赏便冒犯女性。它能设法污染"你是美丽的"这句话——在表达男女之间尊重的纽带时，这句话仅次于"我爱你"。一个男人无法告诉一个女人他爱看着她，而不用冒着让她不开心的风险。如果他从不告诉她，她**一定**会不开心。而所有人中"最幸运的"女性，男人告诉她，他爱她是因为她"美丽"，这个"幸运的"女人却经常因为缺少被渴望的安全感而感到苦恼，因为她只是看起来像讨人喜欢的那种形象。

　　这种无效争论的影响远比简单地展示女性缺乏安全感更为深入。并不是不安说出了女性的界线，而是——如果她确实有自尊——敌意表明了这个界线：为何她的爱人只因为是男性，就处于一种可以用其他女性来评判她的位置？为什么她必定需要知道她的位置且痛恨她的这一需要，并痛恨自己知道？为何他的回答具有如此夸张的力量？它确实有。当他/她们下一次做爱时，他并不知道他所说的内容会影响她感受的方式。她为许多充足的理由而生气，但这些理由或许与这个具体男人的意图根本无关。这种交流提醒她，尽管有着小心编织的种种平等的完整结构，但他/她们在此方式下并不平等，这一事实极为关键，以至于它抓住的线索解开了其余的内容。

　　正如"美貌"并不与性有关，它也不与爱有关。即使拥有美貌，它也并不把爱授予某个女性，尽管美貌神话声称一定会这样。正是因为"美貌"是如此敌视爱,所以许多美貌的女性冷嘲男性。"哦上帝,亲爱的,"叶芝轻快地写道,"能独因为你本身而爱你吗/而不是因为你的金色头发。"[74]这本来是想写些轻松快乐的诗句,但它在三个方面上使其成了个史诗悲剧。美丽的女性永远地被排除于特定之爱的奖赏与责任之外,因为她不能相信有人会"独因为她本身"而爱她。在这个神话中固有地存在着一种地狱般的怀疑,它让非人的"美貌"成为爱的先决条件:当美貌消失时,爱会往哪里去?并且,如果一个女性不能"独因她本身"而被爱,她又是为谁而被爱的呢?奥登知道,男女"骨子里"都渴望"得到唯一的爱/而不是博爱",美丽神话提供的"爱"是普遍的:这一年是丰唇的金发女郎,这一季是头发蓬松的茶发少女。

但我们渴望以我们曾经的方式被爱,如果我们那时就如孩子般幸运:每一次脚尖碰触,每支手臂都高兴地惊叫着上举,因为那是我们独有的,不可与人比较。作为成年人,我们寻求从浪漫爱情的比较等级中解放出来:在挚爱的人眼中,最老套的话也值得相信,我们每个人都将是"最美的女人",因为我们会被真正地看见,并因我们自己而为人所知。然而,美貌神话给予我们的前景却截然相反:如果有一系列可爱的特征,那么这些特征都是可替换的。那些让每个女性独特的要素——她的脸不可重复的不规则性,童年创伤的疤痕,一种因思考与欢笑、悲痛与愤怒而出现的皱纹——都把她排除到神秘美貌的等级之外,被排除在让人着迷的爱的游乐场之外。

因为必须在爱人面前把自己"呈现"为"美貌的",女性依然没有被充分了解。她黎明时离开他的床给自己化妆。她离开他的怀里,绕着安了铁丝网的水库跑步。她需要和陌生人调情,因为他对她的渴望不能填满黑洞或补偿她所做的牺牲。他/她们都在不信任的轴线上保持彼此的平衡：她的脸，她的身体。玛丽·戈登（Mary Gordon）在《最终偿付》（*Final Payments*）中描写了美貌神话让女性对男性隐瞒的方式："我的肚子还挤在我的内裤裤腰那里，我的大腿还粗得蹭在一起，我知道我不可能以现在这副样子去看他……在我要去看他之前，得做好多事。因为我知道，如果我不美，他不会爱我，并且在知道这个事实时，我一度很恨他。"[75] 只要那个男人永远不了解现在的她，他也将永远不会充分了解她；并且，只要她不能信任他现在爱着她颇为黯淡的"美貌"，她也决不可能彻底地信任他。

美貌实践被过分强调，以至于尽管有为了推动平等而进行的社会运动，男女之间的关系也会继续有专横之感。把女性快感、性、食物或自尊置于某个人的判断之上，这就把男性转变为女性快感的立法者，而非她的同伴。"美丽"如今处在女性性高潮过去所处的位置上：它是由男性所给予的东西，如果女性屈服于自己的角色并且幸运的话。

男　性

对于许多男性来说，这神话是一剂药，将他们隔离在自我认识的危险之外。注视由一个活生生的女性所制成的艺术品，这是一个男性能欺骗自己，认为自己不朽的一种方式。如果女性的眼睛是他的镜子，镜子衰老了，那么凝视的男人必然看到他自己也在衰老。一面新镜子或是由"美貌"而非由衰退的血肉之躯所制造的幻想之镜把他从这一自我意识中救了出来。接

触会摧毁这一镜像的幻想本质。济慈在《希腊古瓮颂》中写道:
"她不会老,虽然你不能如愿以偿,/ 你将永远爱下去,她也永远秀丽!"[1]诗句混淆了语法,它让那一代女学生夜不能寐,它向女性反复重申,她们会得到爱,只要她们逃离时间。你将永远爱下去,**因为**她将永远秀丽?女孩听到了这句话的阴暗一面:如果她不永远秀丽,那么他就不会永远爱她?

美貌神话对男性有益吗?这神话也伤害了他们,方式是教导他们如何避免爱上女性。这阻止了男性真正地看到女性。和它自己所声称的意识形态相反,它没有刺激并满足性渴望。在建议用想象代替一个女人时,它有了种令人麻木的效果,将所有的感觉归为视觉,甚至最终也损害了视觉。

西蒙娜·德·波伏娃说,没有一个男人会真的自由地去爱一个胖女人。如果那是真的,男性又多自由?女性可以想象男性对神话感到的情感上的无趣;如果她们回想她们的爱人,试图想象她们的女性朋友和同事因她的配偶不像希腊雕刻家普拉克西特利斯的驾车人[2]而批评她们,无论她的配偶是如何机智、强大、著名、性感、富有或和蔼,那么她们会有同样的感受。

女性懂得,有两种不同的经济系统:身体吸引力和"理想"。当某个女性看看一个男性时,她可以生理上不喜欢他的身高、肤色、体型带来的感觉。但在她喜欢上他并爱上他之后,她就不会希望他看上去是任何其他样子了:对许多女性来说,随着她们逐渐喜欢上躯体内那个人,那躯体看上去会逐渐变得美丽与情色。真实的身体、气味、感觉、嗓音和走路的方式,

---

[1] 济慈:《希腊古瓮颂》,载于《穆旦译文集 3:拜伦诗选 济慈诗选》,查良铮译,人民文学出版社,2005 年,第 437 页。——译者注
[2] 疑误,普拉克西特利斯可能没有以此为题材的作品。——译者注

经由让它充满生命的那个可意的人而饱含热力。格特鲁德·斯坦（Gertrude Stein）甚至这样说毕加索："初看之下，他没有任何特别吸引人的地方……但人们在他身上所感受到的光辉，一种内心的火焰，给予他某种我无法抵抗的魅力。"[76] 同样，一个女性也可以把一个男人赞美为一件艺术品而失去对他的性趣，如果他是个傻瓜的话。女性在性方面看待男性身体的方式证明：一个人**能够**从性欲的眼光来看一个人，而并不把他或她简化为一个一个部分。

如果一个男人的唯一目标是女人的美貌，那么他在得到了一个漂亮女人之后会变成什么样？他阻挠了他自己。他没有朋友，没有同盟者，没有相互信任：她充分了解她为何被选择。他成功地购买到一套相互猜疑的不安全感。他确实获得了某样东西，即其他男人的钦佩，后者发现他所得到的这个物品让人印象深刻。

有些男人的确是从某个女性的客观的"美貌"那里得到了性充电，就像有些女性在想到某个男人的钱或权力时所感到的性快感。但这经常是一种带点醉意的状态，一种自我炫耀的形式，它从男性那里得到它的力量，而那男性所想象的是：他的哥们想象他正在做的那事，而他正做着那事。有些男人感到一种闻到新型奔驰汽车皮革内饰的性兴奋。并不是说那种兴奋不是真实的，而是说，那是基于其他男人指定给那皮革的意义。它并不是对于皮革本身的一种深厚的性心理的依恋。当然也有一种对美貌神话冷经济（cold economy）的反射性的而非本能的男性反应；但那可以完全与性吸引力（即出于渴望的热情对话）区分开。

当男性更多是由性欲的符号所唤起而非由女性本身的性欲

所唤起时，他就是拜物教者。拜物主义把部分看作整体；仅根据女性的"美貌"而选择爱人的男性是把女性看待为一种恋物对象，也就是说，只把她的某个部分、她的视觉形象，甚至不包括她的皮肤，看作好像那是她的性自我。弗洛伊德建议说，拜物是对抗性无能的法宝。

女性作为恋物对象的价值在于，在其他男性眼中，她的"美貌"如何给予那个拥有她的男人以地位。所以当一个男人仅因为某个女人不具人格性的美貌而选择她，那么当他与她发生性行为时，房间里还有许多其他人与他一起，但那女人却不在其中。这种关系让男女双方都受挫了，因为两性都必须生活在公共空间里才能获得对女性的高交换价值的持续不断的肯定。但性关系总是回归到私人领域，在私人领域中，美女就如其他任何女性一样是乏味的，会一而再再而三地犯"要求男人理解自己"的错误。

有些男性至今还不能回应铁处女之外的任何女人。一个写作教授说，每年当他布置一篇讨论媒体影像的文章时，年轻女性们会写到她们的爱人表达过失望情绪，因为这些女性看上去并不像那些色情描写中的女性。如果有些男人已经开始"需要"美貌色情，这是因为刺激反应的铭记发生在了最佳的试验条件里，即社会试图在男性中维持对女性性欲的无知。这种男性"需要"的性质就如比奈（Binet）做过的一个简单实验，该实验证实，当性影像是以一只靴子的形象为引导时，他能创造出对一只靴子的性反应。

所以即使那些女性把男性的美貌色情放在心里，努力遵从，甚至成功地看起来像它了，她们也是注定要失望的。阅读美貌色情的男性并不这么做，因为他们想要的是看上去与那个相像的**类的女人**(women)。她们所拥有的特质的吸引力是,它**不是一个女性**,而是一个二维女形的空白(two-dimensional woman-shaped blank)。这种素材的吸引力不是模特会活起来的幻想;而恰恰是她永远不会活起来。她变成现实会破坏想象。这和生活无关。

理想的美丽之所以是理想的,是因为它不存在:行动存在于欲望与满意之间的裂缝中。没有距离的情况下,女性不是完美的美女。在一个消费文化中,那个空间就是有利可图的。美丽神话作为一个海市蜃楼向男性移动;其力量存在于它不断远离的本质。当这一裂缝合上时,爱人拥抱的只是他自己的幻灭。

这一神话实际上破坏了性吸引。吸引是一种对话或舞蹈或高空走钢丝般的平衡协调行动,它依赖于独一无二的品质、记忆、欲望模式,它把两个人都卷入其间;"美貌"则是类的。吸引与某种性匹配有关:两个人想象彼此如何携手行事。

"美貌"只是视觉的,它在电影或石头上会比在活生生的三维生活中显得更真实。视觉是被广告商所垄断的感觉,后者能操纵它,让它比区区人类所能展示的好得多。但如果加上其他感觉,广告就处于不利地位:人类能嗅、尝、触、听,这些能力都远胜最好的广告。所以为了变得可靠,人类,这缺乏性安全感的消费者,不得不接受训练,以避开这些其他更为感官的感觉。一个人需要距离,甚至她在卧室中也需要,从而能获得真正的好外貌;其他感官则更陶醉地关上了。"美貌"排除了气味、身体反应、声音、节奏、化学反应、肌理、匹配度,而只爱枕头上的一幅肖像。

身体的体型、重量、肌理、感觉对于快感而言都是关键的,但有吸引力的身体不会雷同。铁处女是大规模生产的。随着每个人——首先是女性,很快就是男性——开始看起来相像,整个世界的吸引力变得更加乏味、冷淡。随着更多的面具被人类采用,人们失去了彼此。信号被遗失了。

不幸的是,允许男女发现最让他/她们中意的伴侣的那些标记被性不安全感扰乱了,这种不安全感其实是由美丽思维所开发的。一个有自觉意识的女人不能放松地让她的感官发挥作用。如果她饿,她会紧张。如果她"精疲力尽",她将警惕在他眼中自己的映像。如果她为自己的身体感到羞愧,躯体的行动将会停止。如果她觉得无权要求被注意,她将不会要求空间去大放光彩。如果他的想象天地已经被"美貌"打包——这是个不断在萎缩的框子——那他将完全不会看她,看不见就站在他面前的真正的爱人。

克里斯汀·拉克鲁瓦(Christian Lacroix)将女人味还给女性——时尚标题如此写道。"女人味"(femininity)外加社会恰巧在销售的任何东西,是女性本性(femaleness)的准则。如果"女人味"指的是女性性征及其美好,那么女性决不会丧失它,也不需要把它买回来。不论我们在什么情况下感到愉悦,所有女性都有"好"身体。我们无须花费金钱,无须挨饿、斗争并研究如何变得性感;我们生来就是这样的。我们不必相信我们必须以某种方式**赢得**性爱方面的呵护;我们总是应得的。

女性本性及其性意识是美貌的。女性已经在很长时间里暗暗怀疑这一点。在那种性意识中,女性的身体是美貌的;是极好的;是令人惊艳的。

很多男性也是这么看的。一个想把自己定义为女性的真正爱人的男人,他欣赏在一个女性面孔上所显示出的她过去的种种痕迹:在她见到他之前,她身体所经历的冒险和压力,创伤的伤疤，分娩带给她的改变，她与众不同的特点，她表达中的洞见。已经这样去看的男性的数量远比权威人士想要引导我们去相信的更多，因为他们需要去讲述的故事会随着相反的道德而终结。

弥天大谎是这样一种概念，即如果一个谎言足够大，人们会相信它。认为性特征已经充分发育的成年女性不足以刺激并满足异性恋男性的欲望，而"美貌"可以使她们完善，这一观念正是美貌神话的弥天大谎。在我们周围，男性正在反驳它。事实是，性意识的神话版本在定义上就是不对的：大多数男性此刻正在被女性唤起，与她们调情，与她们相爱，梦到她们，迷恋上她们或与她们做爱，而他们的对象都是那些看起来就像她们自己的女性。

神话通过表象将性意识僵化为漫画：一个极端是所谓的"男性"，他由经典的色情所强化，他是匿名的、重复的、非人性化的。而在另一极端的则是"女性"，她的性欲望不是某种分离的东西，而是涵盖了所有生活，它不只限于生殖器，而是漫过了整个身体；它是个人的、触觉的、敏感的。

这两极不是生物学上的两极。与极端"女性"所允许的特征相比较，自由长大的女性无疑性心理更成熟、有着健康的利己心理，并对男性身体感到一种积极的好奇；而与极端"男性"所允许的特征相比，自由长大的男性可能情感上更投入、更脆弱，更拥有健康的付出品质，感官对他们整个身体更有影响。性美貌是一种平等共享的等分，它同时属于男与女，而感到目眩的能力是不分性别的。当男女超越美貌神话而彼此对视时，它将引起更强烈的兴奋，同时也会带来更多坦诚。我们并不像我们此刻打算去相信的那样，在性意识上彼此无法理解。

第六章

饥 饿

> 我看见这一代最杰出的头脑毁于疯狂、挨着饿……
> ——艾伦·金斯伯格,《嚎叫》[1]

有一种疾病正在蔓延。它轻叩美国长子们的肩,那是美国最出类拔萃的一群孩子。一触之下,他们便厌恶了食物。他们的骨骼由于肉体萎缩而鼓起。阴影侵上了他们的脸。他们行走缓慢,像老人那般费力。他们的唇上涌出白沫。他们只能吞下几个小粒面包和一点儿稀牛奶。一开始只是几十家,然后是几百家,再然后几千家,直到在绝大多数富裕家庭里,1/5 的年轻儿子是患病的。许多人住院,许多人死去。

贫民区男孩年纪轻轻地死去——美国已经接受了这样的现实。但上述这些男孩是黄金一代,世界的情感都轻轻地投入他们身上:普林斯顿大学足球队长,伯克利大学辩论俱乐部首席,哈佛大学学生日报《哈佛深红报》(*Harvard Crimson*)的编辑。那时 1/4 的达特茅斯学院橄榄球队员生病了;1/3 的耶鲁大学秘

---

[1] 译文参见李斯:《垮掉的一代》,海南出版社,1996 年,第 291 页。——译者注

密社团新成员生病了。国家论坛的继承人、最优秀的人、新委员也部分日渐消瘦。

美国疾病向东蔓延。它攻击了各地的男青年：索邦市，伦敦的律师学院，海牙的行政部门，交易所里，德国《时代周报》(Die Zeit)的办公室内，在爱丁堡、宾根、萨拉曼卡等城市的各个大学里。他们变得消瘦，越来越瘦。他们几乎不能大声说话。他们丧失了力比多，不再有力气开玩笑或辩论。当跑步或游泳时，他们看上去很可怕：臀部塌陷、尾椎突出、膝盖相撞、肋骨撑开在骨架上，上面绷着薄如纸的皮肤。这一切并没有医学上的原因。

疾病再次突变。在美国各地，一个趋于明显的现象是：每个出身名门的活骷髅旁边，至少还有其他三个男青年，他们也在繁华城市生活，也做着某种奇怪的事。一旦他们吞下牛排和莱茵白葡萄酒，他们就躲起来，把手指插入咽喉，吐出体内所有的食物。他们游荡回莫里酒店（Maury's）或"21点"赌桌，摇摇晃晃、面色苍白。他们最终这样安排自己的生活，这样就能每天都花好几小时像那样弯着腰，他们高度受训的大脑压缩成只绕着两个耻辱的黑洞转来转去：嘴，马桶；马桶，嘴。

同时，人们正等他们各司其职:《纽约时报》的助理岗、证券交易所的席位、联邦法官的书记职位。发言需要写下，在小木槌的锵锵声和传真机的呼呼声中辩护状需要研究。我们优秀的青年男性身上正发生着什么呢？他们剃着小平头，穿着卡其色长裤。注视他们就是一种痛苦。在费用能报销的午餐上，他们把嫩牛肉藏在生菜叶下。偷偷腹泻。他们在大学入学的宴会后、在比赛的车尾聚餐会后呕吐，牡蛎酒吧的男盥洗室里沾满了这东西。在校园里最自豪地说起他们自己名字的人里有1/5会这么做。

　　这些男孩正在因饥饿而大量地自我牺牲,美国会对它钟爱之子的这种行为做出怎样的反应?西欧会怎么吸收这样一种疾病的输出?人们会期待一种应急反应:危机工作组集合在国会听证会的会议室里,校友会议临时召开,找能负担得起的最好专家,新闻杂志上的封面故事,一连串的社论、指责与反驳、公告栏、警告、征候、更新资料;一场用粗体红字宣布的流行病。特权之子**是**未来;而这未来正在自杀。

　　当然,事实上这一切正在发生,只是性别对调而已。庇护并推动这些疾病的制度正蛰伏着。公众意识正在熟睡。年轻的女性正死于制度性紧张症(institutional catatonia):一学期从学校资助中获得400美元,用于在女性中心学习"自救";花费50美元支付某位来访医生的一次午间谈话。世界没有走向末日,这是因为,我们所珍爱的这个穿5码①衣服的孩子,这个"选择"慢性死亡的孩子是个女孩。并且,她只是在她最好的时光里把社会期待她做好的事做得太好了。

　　高达1/10的年轻美国女性和1/5的美国女学生陷入了单人-女子挨饿营。当她们倒下时不会有追悼会,不会有"意识加强计划"的介入,不会有来自学校和学院的官方消息告诉女孩们:社会宁愿它的年轻姑娘吃东西并茁壮成长,也不愿她们生病和死去。旗帜没有因承认如下事实而降下,这事实便是:在每次穿着黑袍的仪式队伍中,5列里就有1列队伍是骷髅头。

　　弗吉尼亚·伍尔夫在《一间自己的房间》[1]里有一个愿景:年轻女性有朝一日能进入男性学院藏书丰富却禁止女性进入的

---

① 5码对应身高是100厘米,是童装尺码。——编者注

图书馆，坐上他们凹陷的草坪，用上他们的牛皮纸，照上暗红色的灯光。她相信这些能给女性一种精神自由，那看起来是她从她的处境中所想象到的最美妙的自由：那处境源于管理员的错误——他因为她是女性，就将她从图书馆赶走。现在年轻的女性已经推开了挡住伍尔夫道路的职员，大跨步地走过了伍尔夫只能书写一下的四方草坪，但她们却停住了，被一种伍尔夫所未曾预见的无形障碍所阻拦。她们的头脑被证明是很有能力的；但她们的身体却自我摧毁。

当伍尔夫为大学中的年轻女性设想某个未来时，她的预见只是从不充分的愤世嫉俗情绪中支吾说出的。没有这种预见，人们几乎很难设想最近男校及学院对女性问题的现代解决方案：他们承认女性的思想，却放弃了她们的身体。年轻女性领悟到：她们不能既生活在这些大门之内，同时又生活在她们的身体之中。

减肥崇拜从幼年女孩那里征募女性，饮食疾病就是崇拜的遗产。厌食症和暴食症是女性疾病：90%～95% 的厌食症患者和暴食症者都是女性。已经进入男性领域的女性在美国数量最多，但美国的女厌食症患者也居世界之首。女性杂志报道说有多达一百万的美国厌食症患者，但美国厌食症暴食症协会发表声明说，**每年**就有一百万美国女性患上厌食症和暴食症，还有三万人成了催吐成瘾者。[2]

有关厌食症的致死率还没有可靠的统计数据，但它侵袭了 5%～10% 的美国女性，并且是致死率最高的精神疾病，作为严重而潜在致命的流行病，它理应得到媒体的调查。然而，这种致死的流行病从没有登上《时代周刊》的封面；它被移交给了"风格"版块。国立卫生研究院迄今还没有任何与之相关的教育及预防项目。看来，即使面对这样的死亡人数，为何西方女性必须挨饿这个基本问题还是过于危险而不能过问。

琼·雅各布斯·布伦伯格在《禁食女孩：神经性厌食症作为一种现代疾病的出现》(Fasting Girls: The Emergence of Anorexia Nervosa as a Modern Disease)中指出，厌食症患者的数量占所有美国女孩与成年女性的5%～10%。她相信，在有些大学校园里，5个女学生中就有1个是厌食症患者。自20年前开始，患病女性的数量在整个西方世界业已戏剧性地增长。饮食疾病专家，纽约市格瑞斯广场医院的查尔斯·A. 穆尔科维斯基（Charles A. Murkovsky）医生说，20%的美国女大学生定期狂吃和人工腹泻。[3]金·彻宁在《饥饿的自我》(The Hungry Self)中指出，美国至少有一半的校园女性在一段时间里会遭受暴食症和厌食症的痛苦。[4]罗伯塔·波拉克·赛义德在《决不要太瘦》(Never Too Thin)中同意道，年轻美国女性中5%～10%有厌食，并且，校园中暴食症患者的数量要增加到多至6倍。[5]如果我们采用上述所有数据中的最高值，那么这意味着，10个美国大学年轻女性中将有二成是厌食的，六成是暴食的；只有两成是正常的。于是，年轻的中产阶级美国女性的准则便是，要成为一个某种形式的饮食疾病患者。

这一疾病是致命的。布伦伯格报告说，5%～15%住院治疗的厌食症患者在治疗中死去了，这让它成为精神疾病中致死率最高的疾病之一。《纽约时报》引用了同样的致死率。研究者 L. K. G. 徐（L. K. G. Hsu）给出的致死率上升到19%。[6] 40%～50%的厌食症患者从没有彻底痊愈过，相比之下，1944年至1945年，在荷兰饱受战争摧残期间，因饥饿而住院的患者的痊愈率则达到了66%。[7]厌食症的医学后果包括低体温、水肿、低血压、心动过缓（心动受损）、长汗毛（体毛增长）、不孕、死亡。暴食症的医学后果包括脱水、电解质紊乱、癫痫发作、异常心律，以及死亡。当这两种疾病合二为一时，它们会导致牙齿腐蚀、食管裂孔疝、食道擦伤、肾功能衰竭、骨质疏松以及死亡。[8] 医学文献开始报道说，由于母亲在意体重，婴儿和儿童营养不良，这些孩子正遭受生长发育不良、发育延迟、成长停滞。[9]

它正蔓延到其他工业化国家：英国现在有350万个厌食者或暴食症者（其中95%是女性），而且每年会新增6000个病例。另一项只针对英国青春期少女的研究显示，1%的人现在是厌食症患者。根据女性新闻报道，至少有50%的英国女性为饮食失调所苦。[10] 希尔德·布鲁赫称，上一代人里，在俄罗斯、澳大利亚、瑞典、意大利，以及英国和美国的出版物中，已经出现了更多的患者群体。[11] 目前瑞典的情况是，十几岁女孩的患暴食症的比例是1%～2%，16岁以上的女性的患病比例相同。[12] 荷兰的患病率是1%～2%；意大利青少年也是同样的比例，1%患有厌食症或暴食症（其中95%是女性），这一人数在10年内上升了400%。[13] 这对于西欧和日本来说仅仅只是个开始，因为这些数字近似于美国10年前的数量，并且也由于这些国家就像美国过去的情况那样，患病率正在以指数规模迅速上升。现在，厌食症患者本身也比前几代的病人更瘦。厌食症随着熟知的美丽神话模式的运动而发展：它一开始是一种美国中产阶级疾病，现已向东方传播，并沿着社会阶层向下传播。

一些女性杂志报告说，60%的美国女性有严重的饮食问题。看起来，大多数的美国中产阶级女性都患有某种厌食症或暴食症[14]；但如果厌食症被定义为一种对食物的强迫性恐惧和固恋，也许在进入美丽神话反扑的20年后，大多数西方女性可以被称为精神性厌食症患者。

发生了什么？为何是现在？第一个明显的线索是，20世纪对铁处女身体上的女性解放因素的逐步消除。直到75年前，在西方男性艺术传统中，女性天生的丰满还是她们的美貌；而对女性裸体的表现则沉溺于女性丰饶的生育能力。性感脂肪的不同分布方式是根据时尚而被强调的——15世纪到17世纪是宽大而成熟的腹部，19世纪早期是圆润的脸和肩膀，直到20世纪才日渐大方地描绘了带酒窝的臀部和大腿，在女性解放被纳入法律以前，从来没有对女性体态（female state）的全盘否定，时尚历史学家安·霍兰德（Ann Hollander）在《通过衣服来观看》(Seeing Through Clothes)中认为，除了我们自己的这个时代，无论从什么年代的视角来看，这种全盘否定之后的状态都可以被描述为"生病的样子、贫穷的样子和神经衰弱的样子"。[15]

当西方女性在1920年左右收到选票时，节食和消瘦就开始成了女性的关注点；在1918年至1925年之间，"令人吃惊的是，新的直线形式非常迅速地取代了更具曲线美的形式"。在倒退的20世纪50年代，女性天生的丰满可以暂时地被再一次享有，因为她们一心想着的都是闭塞的家务。但当女性全体进入男性领域中时，那种快感不得不被紧急的社会对策所压倒，曾经她们的家是监狱，而这种对策把女性的身体转变为了监狱。

一代人之前，模特的平均体重比美国女性的平均体重轻8%，而今天，模特体重要轻23%。[16] 1965年，超模崔姬（Twiggy）出现在《时尚》的杂志封面上，她与口服避孕药的到来是同时的，抵消了避孕药最激进的暗示。[17] 就像美貌神话的许多符号，她是双面的，她既建议女性从前几代人的生育束缚中获得自由（因为女性的丰腴直接被潜意识地理解为多产的性征），然而她也让男性安心，因为她暗示着女性娇弱无力、不显露性别和挨饿。她的瘦现在是司空见惯的了，在当时却是令人震惊的；甚至《时尚》也是带着焦虑来介绍这个模特的："'崔姬'之所以称为崔姬，是因为她看起来就好似一次九级台风会突然把她吹成两截，把她撞到地上……崔姬是这样瘦，其他模特都盯着她看。她的双腿看上去就像是婴儿时没有喝足奶，而她脸上的那种表情，就是人们在被空袭折磨的伦敦人脸上看到的表情。"时尚作者的用词颇能说明问题：发育不良，会被一阵强风吹倒，以及她因被团团围住而茫然的表情。那个年代，很快就会有成千上万的女性坚定游行在第五大道上，还有什么符号能比"崔姬"更让一个面对这些女性的当局安心呢？

在女性运动第二次浪潮开始后的 20 年里，美国未婚女子的体重直线下降，花花公子玩伴女郎的平均体重从 1970 年低于国民女性平均体重 11%，到 8 年后下降到低于平均线 17%。[18] 模特刘爱美（Aimee Liu）在她的自传里说，很多模特都是厌食症患者；她自己得了厌食症后还一直在做模特。在舞者中，38%显示出厌食症行为。一般的模特、舞者、女演员都比 95% 的女性瘦。女性过去的体型和给人的感觉，现在都被铁处女塑造的一种近乎骨架的身材与近乎男性肌肉组织的肌理取代了。女性中小部分精英的身体正习惯于复制铁处女的形象，为了达到目的，她们经常让自己患病。

结果是，就像 1985 年一份调查所说的那样，90% 的受访者认为她们太胖了。随便哪一天里，25% 的女性都在节食[19]，其中有 50% 完成了减肥、中断减肥或是正开始减肥。这种自我憎恨产生得极为迅速，与女性运动同步。1966 年至 1969 年，两份研究显示，认为自己太胖的高中女生的比例已经从 50% 上升到了80%。尽管她们是女性运动成果的继承人；但就这个危险情况而言，她们的女儿的状况并不会好多少：在最近一份对女高中生的研究中，13岁前，53%对她们的身体感到不满意；18岁及年纪更大时，78%感到不满意。如果1984年《魅力》杂志对33000女性所做调查的证据具有代表性的话，[20]那么在反对女性为平等而战的斗争中，饥饿崇拜已经获得了重大胜利：在18～35岁的受访女性中，75%相信她们是胖的，然而只有25%从医学上说是超重的（这个比例和男性的情况一样）；45%的**体重不足**的女性认为她们太胖了。但更让人心碎的是，这个神话正设法让人们对女性进步和女性满足的希望破灭，而《魅力》的受访者也正是据此而把减重10～15磅而非工作成功或恋爱作为她们最渴望的目标。

这10～15磅已经成了一个支点，如果对于大多数西方女性的自我感觉来说这些数字是具有暗示性的，那么，10～15磅就是我所称的"一英石解决方案"（One Stone Solution）的材料。一英石是指英制单位中的14磅①。对于自身并不超重但相信自己超重的那50%女性来说，这一英石大致就是横在这个女性与其理想自我之间的东西。如果我们用未被铁处女约束的双眼去看，那一英石一旦减掉，就会把这些女性置于对于她们而言是自然的并带来美貌的体重之下。但身体会迅速地自我修复，这样体重增减的循环便开始了，其中伴随着训练的痛苦、患病的风险，但这已经成为女性意识的固恋。一英石解决方案确保了必然失败的循环，它在女性中创造并不断强化了我们现代独特的神经症。这一重大的体重转向被置于女性身上，它恰恰发生在我们

---

① 约为6.35千克。——编者注

自由地开始遗忘新的自卑、失控和性羞耻之时。这是一种集体愿望真正简单的实现：仅仅通过把官方体重调到低于绝大多数女性自然水平一英石，并把女人所拥有的适合女性的体型重新界定为"太胖"，一股自我憎恨的潮流便横扫了第一世界女性，一种反动心理学得到完善，而一个大型工业诞生了。它温和地用女性失败的普遍信念来对抗女性成功的历史浪潮，这种失败被定义为隐含在女性身上。

一英石解决方案是政治性的，其证据在于当女性吃得"太多"时的感受：罪恶感。为什么罪恶感会成为有效的情绪？为何女性脂肪成了个道德问题，用"好"和"坏"这样的词来表述？如果我们文化对女性肥胖或瘦的固恋与性有关，那它就是某个女性与其爱人之间的私人问题；如果它是与健康有关，那它就是某个女性与她自身的私人问题。公共讨论本应更加歇斯底里地关注于男性肥胖，而非女性肥胖，因为从医学上说，男性比女性超重的人更多（前者是40%，后者则只有32%），而且较之于女性，过多的脂肪对于男性更危险。实际上，《光辉》杂志声称"极少有证据支持这一主张，即肥胖导致了女性的不健康……最近研究的结果已经表明，如果女性比人寿保险所列的数据重10%～15%，**并且**如果她们控制自己不去节食，她们或许事实上将活得更长，并通常更健康"；在女性这里，把不健康与肥胖联系起来的，是长期节食和自我憎恨的情绪压力。美国国立卫生研究院的研究显示，把肥胖与心脏病、中风联系起来是建立在男性调查对象的基础上的；[21] 当有关女性的一份研究最终在1900年发表时，它表明，比起对男性的影响，体重对女性的影响无足轻重。1990年加拿大电影《饥荒附身》(*The Famine Within*) 中引用了一份对16个国家的研究，结果显示无法把肥胖和不健康关联起来。女性肥胖本身并非不健康。

但女性肥胖是公众热衷的主题，女性对肥胖有罪恶感，因为我们暗暗认识到，在神话之下，女性身体不是我们自己的，而是社会的。瘦不是一个私人的审美，而挨饿是由共同体所苛求的一种社会特权。对女性消瘦的一种文化固恋并不是对女性美貌的一种迷恋，而是对女性服从的一种痴迷。女性的节食已经成为耶鲁心理学家朱迪丝·罗丁（Judith Rodin）所称的"常态迷恋"（normative obsession），一种永不终止的激情游戏，它被给予了国际范围的影响力，但这影响却与和肥胖相关的健康风险完全不成比例；它利用了情绪化的语言，但这种语言即使在讨论酗酒或烟瘾时也没出现过。国家抓住了对这种闹剧的强迫症式的关注，因为男人和女人都知道，这不是有关胆固醇、心率或对流水线成衣的破坏，而是关于女性将要得到多少社会自由，抑或是要让出多少。针对女性肥胖及其征服之战的无止境的冒险故事，媒体貌似不由自主的分析实际上都是性别战争的公告：女性在其中正赢得或失去了什么，以及那过程将会多快！

这场伟大的体重转向应该被理解为 20 世纪的主要历史发展之一，一种直接解决由女性运动、经济自由及生育自由所带来的危险的方案。节食在女性历史中是最有效的政治镇静剂；一群默默疯狂的人是易驾驭的。研究者 S. C. 伍利（S. C. Wooley）和 O. W. 伍利（O. W. Wooley）证实了大多数女性都很清楚的事实——关心体重导致"自尊及自我效能感在实质上崩溃"，研究者 J. 波利维（J. Polivy）和 C. P. 赫尔曼（C. P. Herman）发现，"长期以及周期性地限制卡路里摄入"导致一种特殊性格，其特质是"被动、焦虑和容易情绪激动"[22]。

为了消解最近被解放的那些女性的危险，主导文化想要在这些女性的私人自我意识中创造出的正是这些特质，而不是为瘦而瘦。

女性进步已经开始给予她们以相反的特质——高自尊、效能感、活跃、勇气以及清晰的思维。"长期以及周期性地限制卡路里摄入"是一种消除这一革命的危险手段。伟大的体重转向及其一英石解决方案紧随女性主义的复兴而来，致使才刚刚寻求权力的女性变得虚弱，被节食占据注意力，并且随着它的不断发展，女性还会以各种方式，以令人吃惊的比例患上心理疾病。为了理解铁处女的严厉如何惊人地阻碍了女性向平等迈进，我们就不得不看到，真正处于危险之中的不是时尚、美丽或性，而是一场围绕政治霸权所做的斗争，对于经常没有意识到我们困境背后的实质问题的女性来说，它已经成了一场生死之战。

为了解释厌食症、暴食症和现代女性消瘦，衍生出了大量理论。安·霍兰德提出，从肖像到动态形象的转变使得瘦暗示着运动及速度。苏茜·奥巴赫（Susie Orbach）在《肥胖是一个女性主义问题》（*Fat Is a Feminist Issue*）中把女性的肥胖"解读"为给母亲的一份关于分离和依赖的声明；她在母亲身上看到了对她女儿的"一种关于喂食和养育的可怕矛盾心理"。金·彻宁在《痴迷》（*The Obsession*）中对肥胖恐惧做出了一种精神分析式的解读，认为它是建立在反对全能母亲的幼儿愤怒（infantile rage）之上的，她把食物看作最初的乳房，是女性丰裕的"失落的世界"，而我们必须恢复这个世界。"如果我们要理解我们对女性身体痴迷的核心……我们能理解如何，"彻宁写道，"在某种恐惧与害怕的狂怒中，（一个男人）会忍不住编织出（一个女性）的时髦形象，那形象含蓄地告诉那女人……当她的尺码是大号的……她是不受欢迎的。"在《饥饿的自我》中，彻宁把暴食症解释为一种宗教通过仪式（a religious rite of passage）。琼·雅各布斯·布伦伯格把食物视为一种符号语言，把厌食症视为在一个有过多选择的世界中的混乱哭喊，而"将食欲视为大声表达"："年轻女性寻找某种术语，以此来对她们关注食物与进食风格这事说些什么。"鲁道夫·贝尔（Rudolph Bell）在《神圣的厌食症》（Holy Anorexia）里把这种病和中世纪修女的宗教冲动联系在一起，挨饿被视为净化。[23]

这样的理论在某种私人语境之内能给人启发；但它们研究得还不够深入。女性不只在某种连续的私人关系中进食或挨饿，她们在公共的社会秩序中也是如此，后者从她们的饮食困难中获得了实质性的既得利益。男性个人不会"编织出时髦形象"（事实上，研究不断证明，他们喜欢女性的真实体型，而对铁处女的身材无动于衷）；跨国公司才那么做。许多有关女性食物危机的理论都强调了私人心理而忽视了公共政策，这些研究者着眼于女性体型，去了解她们如何表达了她们的某种社会冲突，而没有关注她们的社会是如何利用了一种人为制造的与女性体型的冲突。许多其他理论则聚焦于女性对消瘦理想的反应，但并没有宣称消瘦理想是**前摄性的**，是一种先发制人的攻击。

于是，我们需要根据公共计划来重新审视所有的术语。首先，何为食物？当然，在亲密家庭的语境下，食物是爱、记忆、语言。但在公共领域中，食物是地位和荣誉。

食物是社会价值的原始符号。一个社会认为谁有价值，那人就吃得好。堆得高高的碟子，选最好的部位切下，说着：我们认为你值得如此多的部落资源。被高度尊敬的萨摩亚女性会在节日上增加她们所吃食物的数量。公开分配的食物关乎确定权力关系，而分享食物则关乎维护社会平等：当男人一起掰开圣饼（进餐），或为女王举杯，或为彼此宰肥牛时，他们已经变得平等，于是成为盟友。companion（**同伴**）一词就出自拉丁语所指的"与……一起"和"面包"——那些一起掰开圣饼（进餐）的人。

但在美丽神话之下，既然所有的女性饮食是一个公共问题，那么我们的配额就见证了我们的社会自卑感，并强化了这种感觉。如果女性不能与男人吃同样的食物，就不能在共同体中体验平等地位。只要女性被要求把一种自我否定的心态带上公共餐桌，那它将永不会是张圆桌，一张男性与女性坐在一起的圆桌；它将只是传统等级制度的高台，在桌尾处为女性留了张折叠桌。

在那些富有但却没法"选择"去吃的西方女性的当下流行病中，延续着一种更守旧、更糟糕的女性与食物之间的传统关系。现代西方女性的节食有着悠久的历史。女性总是不得不吃得和男性不一样：更少也更差。古典学者萨拉·B.波默罗伊（Sarah B. Pomeroy）描述说，在希腊化的罗马，男孩的食物配给是一餐16单位，而女孩则是12单位。[24] 根据历史学家约翰·博斯韦尔（John Boswell）的看法，在中世纪的法国，女性领到的粮食是分配给男性的2/3。纵观历史，当只有这么多食物时，女性得到极少，甚至没有：对于杀死女婴这个问题，人类学家之中的一个通常解释是，这是食物短缺引起的。[25] 根据联合国出版物的说法，在饥饿所至之处，女性会首先遭遇它：在孟加拉和博茨瓦纳[26]，女婴和男婴相比更容易死掉，女孩也更经常会营养不良，因为她们被给予的份额更少[27]。在土耳其、印度、巴基斯坦、北非和中东，男人获得大部分食物，而不顾女性的卡路里需要。[28]在北非，相对于女性而言，"呈现在食物消费模式中的不是工作的卡路里价值"，"这也不是一个生理需求的问题……相反，这些模式往往保障了社会'重要'成员的优先权，即成年男性优先权"。在摩洛哥，如果女性是客人，"她们必须说自己已经吃过了"，或是她们不饿。"小姑娘很快学会把自己的份额献给访客，拒绝肉类并否认饥饿。"[29]人类学者瓦内萨·马勒（Vanessa Mahler）描述了一个北非女性向她一起用餐的人保证"她喜欢骨头胜过肉"。马勒说，然而男人"被认为应该免于面对匮乏，匮乏只在妇孺中被均分"。

一份联合国报告证实："第三世界国家提供了一些女孩营养不良而男孩营养良好的例子，食物是给家里的男孩的。"2/3的亚洲女性，一半的非洲女性，1/6的拉丁美洲女性是贫血症患者——因为缺乏食物。[30]因缺乏食物而失明的尼泊尔女性比男性要多出50%。从跨文化范围来看，男性得到热餐、更多的蛋白质以及第一盘食物，而女性却吃着冷掉的剩菜剩饭，经常不得不利用欺骗和诡计来获得足够的吃的。"而且，她们所得到的食物总是没那么有营养。"

这一模式并不只限于第三世界：大多数活在今日的西方女性都能回忆起该模式在她们母亲或祖母饭桌上的各种版本：英国矿工的妻子在她们的丈夫吃完肉后吃着浸着油脂的剩面包；意大利人和犹太人的妻子吃着鸟的那些其他人都不想吃的部位。

这些行为模式在今日富裕的西方也是标准模式，它们由女性自我剥夺卡路里的文化保持下来。一代人以前，这种传统分配模式的理由发生了变化：女性仍然一无所得，吃剩菜剩饭，囤积食物，利用欺骗获得它——但她们会谴责自己。我们的母亲仍然从家庭圈子里放逐自己，这个家庭正用从威基伍德陶瓷公司（Wedgwood China）买来的银餐具吃蛋糕，而我们会在厨房找到这盘蛋糕，偷偷摸摸地吞掉残渣。传统模式隐匿在现代羞耻之下，但除此之外变化不大。一旦自然劣等论过了时，体重控制就变成它的基本原理。

富裕的西方只是继续了这一传统分配。研究者发现，美国家长无视他们儿子的体重而敦促孩子吃东西，但父母只在女儿们相当瘦的时候才鼓励她们吃。在对两种性别的婴儿的一次取样中，男婴中的99%吃母乳，但女婴中只有66%吃母乳，而这些女婴的喂奶时间也少于男婴的一半。[31] 苏茜·奥巴赫写道："因此，女儿总是不如她们所需要的那么被好好喂养、受到注意，也不那么细心地被抚养。"女性并不觉得有权享有充足的食物，因为她们自出生起就处于由一代代的母亲们传下来的传统中，就被教导要食用少于她们所需的食物；"贵宾"这一公共角色对于我们是陌生的，文化正通过限制卡路里的意识形态告诉我们，社会到头来并不欢迎我们去占据这个角色。

那么，何为胖？在美丽神话的文学中，胖被描绘为一种可被消耗的女性污物；几乎就像癌组织，一种惰性的或危险的、渗透进躯体的令人恶心的大宗废料。这种单纯身体物质的恶魔化特质并不是从它的物理属性那儿生成的，而是从旧式的厌女症里产生的，因为胖首先是属于女性的；它是女性性征的介质和校准器。

从跨文化地看，自出生起，女孩就比男孩要多10%~15%的脂肪。在青春期，男性的脂肪-肌肉的比例降低，与此同时，女性的该比例则增长。青春期少女之中增长的脂肪率是性发育与生育力的工具。一名健康的20岁女性平均拥有28.7%的身体脂肪。[32] 跨文化地看，中年女性则拥有38%的身体脂肪；该情况与神话的修辞正相反,这情况"并不是工业发达的西方国家独有的。这是女性这一物种的标准特征"[33]。一个适度活动的女性的卡路里需求,只比一个适度活动的男性的卡路里需求(2250～2500卡)少250卡或者说少2盎司奶酪,这个事实再次与神话的核心教义相矛盾。[34] 对于两性来说,体重随年龄而增长在跨文化范围内也是正常的。身体显然被设定为一定量的体重,身体应该维持这些量的体重。

脂肪在女性身体中是性感的;在维多利亚时代,脂肪被亲切地称为女性的"丝滑皮肤"。铁处女的消瘦损害了女性性征。1/5用运动来塑身的女性都存在月经不调和生育能力减弱的情况。[35] 请记住,模特的身体比普通女性瘦22%～23%;但普通女性想要和模特一样瘦;不孕和荷尔蒙失调在体脂率低于22%的女性中很平常。荷尔蒙失调会促发卵巢和子宫内膜癌[36]以及骨质疏松症。脂肪组织储存性激素,因而,脂肪储备低意味着雌激素弱,同时也意味着其他所有重要的性激素都处于低水平,这当然也与卵巢机能减退有关。[37] 罗丝·E. 弗里施(Rose E. Frisch)在《科学美国人》(*Scientific American*)中引用了石器时代作为生育能力数据的肥胖度,指出"肥胖度和生育能力之间的历史联系事实上很有生物学意义"[38],因为脂肪控制了繁殖。体重不足的女性生出体重过低婴儿的危险是双倍的。[39]

脂肪不只是联系着女性的生育能力,也联系着欲望。芝加哥迈克尔·里斯医院(Michael Reese Hospital)的研究人员发现,较丰满的女性比较瘦的女性更经常渴望性行为。在性反应与性意愿的方面,她们的得分几乎是消瘦女性的两倍。要求女性变得不符合自然规律地瘦,就是要求她们放弃自己的性欲:"研究始终显示,在饮食匮乏的情况下,对性的兴趣也消散了。"一个实验的受试者在日卡路里为1700时停止了自慰或性幻想,该数值比比弗利山减肥法[①](the Beverly Hills Diet)还高了500卡路里。饥饿影响了内分泌腺体;闭经和性发育延迟在挨饿女性和女孩中是常见的特点;饥饿的男性会失去性欲、变得阳痿,有时还伴有乳房发育的问题。[40]洛约拉大学(Loyola University)的性功能障碍科报告说,瘦身紊乱对女性性欲的影响比体重增加紊乱带来的影响更糟糕;体重重一些的女性更渴望爱和性,而厌食症患者则"太过关心她们的身体了,从而更少性幻想,更少约会,也更少性渴望"[41]。《新英格兰医学杂志》(*The New England Journal of Medicine*)报道说,高强度的锻炼者对性兴致缺缺。[42]琼·雅各布斯·布伦伯格赞成道:"临床资料暗示厌食症会带来性行为的缺乏。"[43]梅特·伯格斯特龙(Mette Bergstrom)写道,性行为中的愉悦"由于一种强烈的身体憎恨,在暴食症者那里十分少见"[44]。罗伯塔·波拉克·赛义德写道,"证据似乎表明,而常识也同样会证实,一只饥饿而营养不良的动物对肉体愉悦只会有更少的兴趣,而非更多"。

最后,什么是节食?美国的dieting(节食),对应英国的slimming(瘦身),是日益稀松平常的一个词,而实际上这是加诸自身的半饥饿。在印度——世界上最贫困的国家之一——最穷的女性一天摄入1400卡路里,比遵循希尔顿·海德新陈代谢减肥法(Hilton Head Diet)的西方女性多进食600卡路里。[45]赛义德写道,"很简单",节食者"是以半饥饿疗法受害者做出反应的方式来反应的……半饥饿疗法,即使是由自愿的节食引起的,也对所有人

---

① Judy Mazel, *The Beverly Hills Diet: How to be as thin as you like for the rest of your life*, Berkley Books, 1981.——译者注

类产生了惊人的相似影响"[46]。

女性被饮食疾病影响，这些女性所表现出的一系列既令人厌恶又令人可怜的行为被描绘为是典型的女性行为，这些行为是女性非理性的铁证（这种进食非理性取代了有关月经非理性的信念，因为当女性需要作为全职劳动力时，月经非理性的信念就需要被抛弃）。在明尼苏达大学的一项经典研究中，36位志愿者被置于长期的低卡路里节食状态中，并且"精神上、行为上及身体上的影响都被仔细地记录下来"。受试者是健康的年轻人，显示出"强大的自我力量、情绪稳定性以及良好的智力"。他们"开始进行了6个月……在这段时间里，他们的食物摄入减少一半——这是女性常用的一个减重技巧"[47]。

"在大约失去了原本身体重量的25%之后，半饥饿的普遍作用显现了。"受试者"变得越来越专注于食物和进食，达到了痴迷的程度，他们反复思考饮食，收集食谱，表现出异常的食物礼仪，例如极为缓慢的进食，以及囤积与食物相关的资源"。然后，大多数人"受到某种形式的情绪困扰，这是半饥饿的结果，包括沮丧、疑病症、歇斯底里、暴怒，在某些情况下还有精神病层面的紊乱"。于是，他们"由于漠不关心、精力以及敏锐度减退、社会孤立，[48]以及性兴趣下降，丧失了在工作与社会语境之中发挥作用的能力"。最终，"在减少进食的数周内"他们"产生了无休止的饥饿，以及打破饮食规则的强烈冲动。有些人屈服于暴食，随之而来的是呕吐和自责。极度饥饿持续存在，甚至伴随着恢复进食时的大量进餐"。有些受试者"发现自己不断地吃，而其他人则忙于不可控制的暴食与呕吐的循环。志愿者开始害怕走出实验环境，在外界，受试者将受到那些自己同意不去吃的食物的诱惑……当他们屈服时，他们会歇斯底里、半疯狂地忏悔"[49]。他们变得易怒、紧张、疲倦、充满含糊不清的抱怨。"就像逃亡者,(他们)不能摆脱自己正处于某种邪恶之力阴影下的感觉。"医生最终不得不给一些人开镇定剂。

这些受试者是一群完全正常的男大学生。

德国占领荷兰期间,在始于1940年5月的大饥荒中,荷兰当局维持每人每天600~1600卡路里的配给,或者说这是他们所认定的半饥饿水平。当情况最糟的难民失掉25%的体重时,他们被定义为快饿死了,并被给予宝贵的补给。给穿着衣服的快饿死的荷兰女性拍的照片令人印象深刻,她们看上去不可思议地时髦。[50]

荷兰人在每日600~1600卡路里的情况下遭受着半饥饿;节食中心的规定饮食也固定为1600卡路里。当他们失去了25%的体重时,荷兰人被给予了危险期食物补给。而一般健康的女性为了符合铁处女的标准,不得不减掉几乎同样多的体重。在1941年的罗兹犹太人区,[51]被困的犹太人被分到[52]每日500~1200卡路里的饥饿配给。在特雷布林卡(Treblinka)集中营,900卡路里被科学确定为维持人类机能所需的最低值。但在"美国顶尖的瘦身所"中,"患者"在这里进行长达一年的治疗,配给量是同样的。

加诸自身的半饥饿所带来的心理效果,与那些非自愿的半饥饿者的心理是完全相同的。截至1980年,越来越多的研究者确认了长期节食带来的情绪及生理上的重要后果,这包括了"易怒、注意力不集中、焦虑、沮丧、漠不关心、情绪不稳定、疲劳及社会孤立等症状"。马格纳斯·派克(Magnus Pyke)描绘了荷兰饥荒,他写道:"饥饿据知会影响人类的思想,荷兰土地上的这些人变得精神上倦怠、冷漠并且始终挂念着跟食物有关的念头。"布鲁克注意到，随着无意识地、渐进地半饥饿，"出现了情感、敏感性及其他人类特性粗鲁化的情况"。罗伯特·杰伊·利夫顿（Robert Jay Lifton）发现，第二次世界大战中挨饿的人"体验了做了坏事的内疚感，他/她们现在正因此而受到惩罚，同时，他/她们也对所有无限量的食物怀着美梦与幻想"。饥饿摧毁了个体性；布鲁克宣称，"厌食的病人，"就像那些挨饿的人，"展现出了高度一致的行为和情感模式，除非她们增加了些体重"。赛义德总结道："食物缺乏——既出于生理原因也出于心理原因——触发了食物强迫症……营养不良生产出厌倦、沮丧和易怒。身体上的新陈代谢降低……而饥饿驱使饥饿的人对食物着迷。"[53] 对饥饿的心理恐惧是跨文化的现象：从贫困国家领养的孤儿无法控制其偷藏食物的冲动，有时，这种行为甚至会在一个安全环境生活数年之后依然发生。

饮食疾病主要是由节食而引起的，关于这一点，权威性的证据正逐渐增加。伊拉娜·阿蒂（Ilana Attie）和J. 布鲁克斯－冈恩（J. Brooks-Gunn）引用了调查者的报告，后者发现"慢性的、克制的饮食构成了一定程度的累积压力，以至于节食本身或许就是'神经性厌食或暴食症发展的一个充分条件'"[54]，赛义德得出了同样的结论。"讽刺的是，节食……本身可能会挑起强迫症似的行为和暴食。它本身可能确实会导致饮食失调和肥胖症。"长时间缺少卡路里对身体来说似乎是一个深度冲击，身体在这种破坏性后果下牢牢记住了它。赛义德写道："女性在食物上的问题看似……是因为她们竭力去获得一具超瘦的身体……95%的人得这病的唯一途径就是把她们置于起到剥夺作用的节食中。"阿蒂和布鲁克斯－冈恩一致认为："许多被认为能够引起神经性厌食症和暴食症的行为事实上是饥饿的一个后果……一个正常体重的节食者——她为了看上去和感觉上瘦而节食——由于设法将体重保持在低于身体的'自然'或生理常规体重之下这一持续压力,也容易受到情绪的、认知的及行为模式的干扰。"节食和流行的消瘦令女性严重不适。

现在,如果女性脂肪是性征及再生产的力量;如果食物是荣誉;如果节食是半饥饿;如果女性必须减掉23%的体重以符合铁处女的要求,并且在体重减重25%的情况下会面临慢性精神失调;如果半饥饿无论在生理还是心理上都令人虚弱,并且就如先前所探讨的那样,女性力量、性欲、自尊威胁着社会的既得利益集团;如果女性的新闻业是由330亿美元的产业所赞助的,而且这些产业的资本是由对女性的政治恐惧所制造的;那么我们就能理解,为何铁处女会如此之瘦。瘦的"理想"并非审美上的美丽;她是作为一个政治解决方案而美丽的。

模仿她的冲动并非女性自由选择去做的某种琐碎小事。它是为了捍卫政治权力而严肃施加于我们的东西。从这个角度来看,在我们历史中的这一时刻,认为女性没有必要被迫变瘦这个想法才是不可思议的。

半饥饿的意识形态消解了女性主义;发生在女性身体之上的东西也发生于我们的思想之中。如果女性的身体是并且一直是错误的,而反之,男性的身体却是正确的,那么女性就是错误的,而男性是正确的。女性主义教导女性赋予我们自己更高的价值,而饥饿教育我们如何损害我们的自尊。如果一个女性能被塑造得说出"我憎恨我肥胖的大腿",那么这是她已经被塑造得去憎恨女性本性的一种方式。女性在世上越是变得经济独立,事态尽在掌握,受到教育,性意识上自主,我们就越被要求在我们的身体中感受到贫困、失去控制、愚蠢,以及在性意识上缺乏自信。

　　饥饿让女性感受到身体与思想上的双重贫乏。一个节食中的富有女性在生理上感到自己受一种稀缺经济的支配；一个年收入10万美元的罕见女性，她的身体每天只摄入1000卡路里。饥饿让成功女性感觉自己像个失败者：一个建筑师得知她的作品垮塌了；一个俯瞰长远目标的政客回归到细枝末节，计算每一口的量；一个负担得起旅行的人没法"负担得起"油腻的异国食物。它破坏了控制力、经济保障、领导能力——才刚刚有一代女性学会去享受的东西。女性最近才自由地超越基础问题来思考，但现在她们却在这一心理之下被重新驱回经济依附下的束缚状况：痴迷于获得食物和安全。弗吉尼亚·伍尔夫相信："如果一个人没有很好地用餐，她/他就不能很好地思考、睡眠和恋爱。""书脊之光并不停落在牛肉和梅子上"，她写道，把贫困而遭受巨大压力的女性大学中令人气馁的食物与富有的男性大学的食物相比较，"鳎目鱼装在一个深的餐盘里，学校厨师在上面铺了一层最白的奶油"[55]。现在，有些女性终于获得了每年500英镑的等价物，还有一间她们自己的房间，但是，4盎司水煮牛肉和3颗不加糖的西梅干，再加上没有点燃的灯，这些却是再一次的后退。

　　厌食症患者可能会开启她的挑衅之旅，但从一个男性主导社会的视角来看，她最终还是成了完美女性。她是一个虚弱的、无性欲的、无声的女人，她很吃力地才能把注意力集中在一个餐盘之外的世界。女性已经在其自身内被消灭了。她几乎不在场。看着她这副样子，弄得不像女人，它使我们清楚地认识到：那种半梦半醒但又带着恶意的大众运动的想象，创造出了骨瘦如柴的女性美丽这样的致命谎言。工业化国家在未来会充满受到厌食症驱使的女性，对于把当前的财富及权力分配从女性争取平等的斗争中拯救出来而言，这一未来是能想到的少数办法之一。

对于关注女性个体甚至聚焦其家庭的厌食症研究理论家来说，他们错过了这场斗争的核心战术。针对女性食欲所进行的经济、政治报复在这一点上远比家庭动力学更加强大。

这不再能被解释为一个私人问题，如果60%~80%的女大学生突然不能吃东西，我们很难相信60%~80%的家庭突然就这样机能失调了。空气之中蔓延着疾病；它的起因是蓄意造成的；而年轻女性正在染上此病。

正如消瘦的铁处女实际上并不美丽，从象征意义上来理解，厌食症、暴食症，甚至强制性进食事实上也不是病。就如苏茜·奥巴赫所指出的那样，它们**开始于**对一种疯癫社会现实的理智而健全的反应，即大多数女性只有在一种持久的半饥饿状态下才能对自己感觉良好。厌食症患者拒绝让官方的运转控制住她：通过挨饿，她控制了它。一个暴食症者可以辨识出饥饿崇拜的疯狂，它内在固有的挫败，它对快感的否定。一个心理健康的人会抵抗在食物和性欲之间做选择——但在今天，性欲是通过维持一个官方的身体而买到的。借助催吐，她传播了一种受虐者的选择。饮食疾病常常被解读为一种寻求控制的神经质需求的症状。但这是肯定心理健康的某种信号，即努力控制某种试图在控制你的东西，特别是，如果你是一个孤单的年轻女性，而对方则是一个由某种决定了世界秩序的需要所助推的庞大产业。当谈到进食灾难时，自卫是正当的辩护；它不是精神错乱。自卫并非耻辱，疯狂则是一种羞耻。

维多利亚时代女性的歇斯底里在那时神秘难解，但现在，当我们根据性的自我否定与监禁于家中的社会压力来看待它时，它则是说得通的。厌食症应该同样可以简单地理解。歇斯底里对于19世纪被锁在家中的无性女人的迷信心态意味着什么，厌食症对于20世纪晚期的饥饿女性的迷信心态便也意味着什么。

厌食症之所以被散播是因为它有用。它不仅解决了年轻女性面对饥饿崇拜的困境，也保护她免于街上的性骚扰和性胁迫；建筑工人不会理会行走的骨架。没有脂肪意味着没有胸部、大腿、臀部或者说屁股，这一次没有脂肪则指的是不要去要求它。女性杂志告诉女人，她们能控制自己的身体；但女人的性骚扰经历让她们感到，自己**不能**控制那种据说是她们的身体所挑逗起的东西。我们的文化只给予了一个年轻女性两种想象她身体的梦，就像一个硬币之两面：一面是色情，另一面则是厌食；前者属于夜晚，后者则属于白昼——我们推测，一个是为了男人，另一个则是为了其他女性。她没有权利拒绝掷硬币，而她也没有要求一个更好的梦的权利。对于栖居而言，厌食的身体比色情的身体在性方面更安全。

同时，它稳定而缓慢地让女人取消女性意识，把她们纳入更接近权力的位置，从而为男性主导的制度效力。从精英学校和大学开始，它自上而下"涓滴"渗透于所有社会阶层的女性，因为正是在那些精英学校里，女性开始太讨接近权威了。这样，它象征着饥饿如何在任何一个女性的生活中挫败权力：成千上万受高等教育的年轻女性在文化影响的支点中生活并学习，她们没造成任何麻烦。厌食症的女学生适应这一环境，就像反犹的犹太人和自我憎恨的黑人。她在政治上被阉割，有恰好足够的精力去利索地完成她的学业，这女人在屋内周而复始地四处忙着。她没精力生气、加入组织、追逐性，或是通过一个扩音器大喊,为夜班车或女性学习项目争取资金,或是了解所有的女性教授都在哪儿。管理一半学生是精神厌食症女性的男女同校班级,与管理一半学生是健康自信的年轻女性的班级,这两种体验并不相同。这些女人中的女性被取消了,其体验更接近于管理仅有年轻男性的班级,而这正是以前舒适的管理情况。

对于女性来说,要保持在官方体重谱的极值,就要求我们中95%的人的精神生活幼儿化或僵化到某种程度。瘦之美并不在于它对于身体做了什么,而在于它对思想做了什么,因为**它所看重的并非女性的瘦,而是女性的饥饿,瘦只不过是症状**。饥饿很有吸引力地让一个本已"放手"的心灵的焦距变狭隘了。

婴儿不能喂养自己;病人和东正教要求特殊的饮食方式。节食令女性把自己看成病人,看成宗教的婴孩。既然家务隔离和强制的贞洁已经放弃发挥作用,那只有这种新的奥秘被证实能有力地、影响深入地承担此任务。无疑,"自然的"是一个被挑战的词。但如果某种最自然的冲动是存在的,那么这就是消除饥饿。如果某种自然的女性体型是存在的,那么,这种体型下的女性是充满性欲而丰产的,而且**女性无须总是想着它**。在食物充足的情况下却坚持挨饿,就像西方女性现在正在做的那样,这是屈服于一种不自然的生活状态,这就像人类这个种族已想出的任何东西那样反常。它比同类相残更奇异。

节食是当代女性气质的精髓。克制自己不吃食物,这在女性心中是好的,而在男性心中却是不好的。得克萨斯大学奥斯丁分校心理压力诊疗所发现,对女性来说,"关注节食"和"肯定女性特质"关系密切;对于男性来说,限制进食则与"社会上不受欢迎的女性气质"有关。[56]女性奥秘之下的柔弱女人克制自己在世上的满足,在这种情况下,目前成功而"成熟"的女性气质模式在她的身体里服从于一种自我否定的生活。

但就像早先的特征一样，这令人羡慕的调整几乎很少具备先天的有效性。它也立足于一个致命的谎言之上。20 世纪 50 年代，"不成熟的"女性想要阴蒂高潮，"成熟的"女性则被动地放弃，今天的口腹之欲是以一种相似的性密码被解读的。女性尽情地吃被认为是不成熟的，因为人们告诉女性，她们在冒着失去性感的危险；如果挨饿，她们就被看作是成熟的，她被允诺以那种方式赢得性感。20 世纪 70 年代，当阴蒂的快感被归还时，许多女性一定都疑惑她们是如何活在一种否定它的氛围之下的。但在 20 世纪 80 年代，女性被迫否定了她们的舌头、嘴、唇、腹。20 世纪 90 年代，如果女性能收回食欲的快感，我们会疑惑在那些长久的、刻薄的、无意义的饥饿岁月里是什么令我们疯狂。就食物而言，女性的自我否定在现今被表现为对她的配偶有益，对她自己甚至更有益的东西。一旦超越美貌神话，女性饥饿就会被看成显然是对女性及其爱人的幸福有害的，就如同在我们现今看来，她们先前被迫闷在家里的情况是明显有害的。

性、食物、肉体；这只是政治意识形态，它阻止女性相信我们能拥有所有这三种，它不是健康的、男性化的欲望，也不是任何可爱的法则。年轻女性信任那些她们曾质疑过却又忘记的东西，即她们或许并没有充足的性、食物、肉体；同时，那三个术语又彼此抵消了。

容易至极

变成一个厌食症患者容易至极。在我 12 岁时，我去一位丰满性感的表姐家作客。她向我解释她在睡前做的深呼吸训练："我试着把我的腹部想象为我可以爱、接纳和忍受的东西。"我还长着小孩的扁平身体，却被警告女人的气质包含了分裂的碎片、四处飘落，因为我表姐看起来正努力通过集中注意力的壮举把自己整合在一起。这并不是一个令我宽慰的想法。我的乳房开始发育，已经让我感到疼痛。当她做练习的时候，我翻阅着一本《大都会》，上面有一篇文章向女性示范在和伴侣上床时怎样脱衣、摆姿势和移动，以便掩饰她们的肥胖。

我表姐快速地打量我。"你知道自己多重吗？"不知道，我告诉她。"为什么你不上秤称一下？"我能感觉到我表姐是多么希望住在一个单薄而纤细的12岁孩子的身体里。我想，那只能意味着当我是一个女人时，我会想要摆脱我自己的身体，进入一个小孩子的身体。

一年后，当我在初中走廊里的自动饮水器旁弯腰喝水时，我几乎不认识的鲍比·沃纳重重地捅了我柔软的肚子一下，就在肚脐下面。而要到10年之后，我才想起他是班上的一个胖男孩。

那晚，我任由羊排汁在我的盘子里凝固。我能看到肥肉黏腻的结节，那黄色物质焦黑的外沿，从液状冷却到固体，上面用可食用蓝色染料标着美国农业部特选级。中心骨是锯齿状的，已经用一把有力的旋转刀片劈开了。我有一种新的感觉，一种邪恶的恶心感，但又夹杂着些嫌恶的快感。我从桌上站起来，饥肠辘辘，一股自以为是在我的食管下燃起，令我陶醉。我一整晚都沉醉于它。

第二天，我看到洗碗机上放着的小记事本。虽然那是我妈妈的，而且是私密的，但我知道上面写着："1/2个柚子，黑咖啡，4片小麦薄饼，1根冰棒"。一个用黑色笔潦草写就的单词："**大吃大喝**"。我想撕碎它。这都是一些回忆了。

我对女性的琐碎自白没什么耐心。我能从我的嘴巴里尝到我的身体得了酮病,电解质失调——很好。我站在了熊熊燃烧的甲板上。砰的一声把盘子放进水槽。

13岁时,我从食物中摄入的卡路里与巴黎保卫战中的饥荒难民所得的相同。我勤奋地做功课,并在课堂上保持安静。我是一个上了发条的温顺玩具。不管是老师、校长,还是指导老师,他们都不曾反对我那明显将自我一步步地从健康生活的乐土上驱逐出去的过程。

在我所在的初中有许多挨饿的女孩,每个人都是老师的模范学生。老师们对我们听之任之,我们积攒起金色星星,与此同时头发却一把一把地掉落、眼窝后的肉垫也变平了。当眼球移动时,我们能感受到阻力。他们允许我们在体育课上绕着摆绳拉伸骨骼,在天花板和地板之间只剩下我们的筋疲力尽:徒劳地用手紧握着绳子向天花板的方向爬,那黄麻绳似乎磨伤了我们的软骨,而擦得光亮的木地板却远在35英尺[①]的下方。

他人的声音代替了我自己的。我从没有这么轻声细语过。它失去了情感、音色,沦落为单调沉闷的低语——那是尖锐声音的对立面。我的老师支持我。他们不觉得我所做的事有任何问题,而我能肯定他/她们是直直地看着我的。我的学校已经不再解剖野猫了,因为那被认为是不人道的。但没有人干预我那自我指导的科学试验,这个试验就是查明多么少量的食物就能维持一个人身体的存活。

我能召集的梦想,完全不是男孩所拥有的青春期视野下的梦想,或是自由而健康的女孩的梦想;我没有性或逃亡的幻想,

---

① 1英尺约为0.3米。——编者注

没有反抗或有一天会成功的幻想。我能用来梦想的所有空间都被食物占去了。当我以那青春白日梦的姿势躺在床上时，我找不到安慰。我的骨头凸起压进床垫。我的肋骨弓成钩状、脊柱像钝刀片，我的饥饿是沉重的盾牌，这就是我所拥有的避开平庸的全部东西：一旦我的身体在步入女性世界时走错，这些平庸会像寄生虫一样把它们自己黏附在我的身体上。我的医生把他的手放在我的肚子上，说他能感觉到我的脊柱。我厌恶地以冷眼看向别的女性，她们明显缺乏我这样受苦的勇气。

我画了幅画：我自己，很小很小，蜷缩在一个洞穴里，周围都是筑巢的材料，洞里储存了大量的坚果和葡萄干，我是受保护的。这种微小而躲藏的状态恰是我在斯蒂芬·迪达勒斯渴望像颗流星在世上爆炸的年纪所渴望的东西。那幅画意味着什么？这不是渴望回到子宫，而是渴望回到我的身体。我并非在渴望免受世界中各种选择的威胁，而是渴望免于进入一场战斗的义务，在这场战斗中，我只能相信我会忘记所有关于我自己的事情，然后顺从地重新开始变成缄默者，就像某个人的后脑受到猛击时所发生的那样。

我需要忘掉她们是我的朋友，并相信她们真的是我的敌人：她们是除我以外的游乐场赌徒，她们是我的百事可乐味润唇膏的小偷同伙：吉玛、斯泰西、吉姆，她们过去常常和我一起，在一间昏暗的主卧里站成一排，我们一起凝视镜中的身体。我们的下巴从下方被一根蜡烛照亮，我们唱歌，害怕死板，**我们不害怕血腥玛丽**。我知道，如果我再长大一些，我再也不会像那样站着——肩并肩站在镜子前，而镜子背面贴着一个食尸鬼；我们身上什么多余的肉都没有，所有人都是。

如果青春期挨饿意味着假定存在一个美丽驿站的话，那对我来说，它就是在很长一段时间里不愿生为女人的倔强。孩子拒绝被惯例阻碍，并常常全方位地看到社会的疯狂。七年级时，我们知道什么会到来，并且都因强有力的恐惧感到发疯；这不是一种正常的青春期狂躁，而是对以不自然的方式逼近的事件的恐慌。就像"妈妈，我能吗？"（Mother May I）①游戏的生活版。我知道"美貌"会说："停下别动"，并且无论我们在什么情况下，都应该是这样。

"我们在17岁时明白了真相，"那年的一首流行歌曲如此哀悼，"明白爱是选美皇后的专属。"我们互相交换新买的游泳衣，毁坏它们，并发誓不会原谅借穿的人。当吉玛和吉姆把屁股对着史黛丝的宝丽来相机时，吉姆说："哦，别担心照片，你离相机更近。"吉玛在镜子前扭动她的脖子，寻找那可怕的真相，而吉姆想知道她妈妈的那些话是怎么从她自己的脑子里冒出来的。

容易相信人的朱莉是我们班上第一个开始胸部发育的，她在感恩节之前变得玩世不恭。因为班上其他人看起来都不像荡妇，她于是就成了荡妇，并且很快便屈服了。她在阳光里将头发晒得褪色，还开始和车库摇滚乐队的男孩们厮混起来。玛丽安有着长腿和长脖子，因为这相貌，她下了课就匆忙去练芭蕾，她的头发盘成一个圆髻，头高高地抬着，脚拱起，步态轻盈地走动，并向着镜子弯下腰，直到夜幕降临才结束。卡拉寄出了她的试镜作品，但因为她有着一条直垂到腰部的小麦色辫子，所以她将要在校园剧里演仙后泰坦尼娅。艾米莉，钝鼻、说话大声，在演技上她闭着眼睛也能胜过卡拉；当她看演员表时，她默默地转向她最好的朋友，好友递给她一盒牛奶夹心巧克力。

---

① 这是一个多人游戏，一人扮演妈妈站在几米外，其他则扮演孩子站着不动，询问"妈妈，我能（向前走三步）吗？"，等等，并跟随"妈妈"的指示行动。——译者注

高大、强壮、瘦骨嶙峋的埃维看着伊莉斯挤出让她发狂的酒窝。她在课外堵住伊莉斯，问伊莉斯是否觉得自己可爱。伊莉斯说是的，但埃维把一管从生物学实验室偷来的酸液泼到她脸上。多迪讨厌自己那贴头皮的不会变多的黑发。她在家政课上偷偷走到金发凯伦的后面，用锯齿剪刀剪下一把金发。尽管这样，凯伦也理解那不是针对她个人的。

我们看到的这些女性为美而做的事似乎是疯狂的。我想旅行，但我看到美貌在领着女人绕圈。我妈妈，一个美貌的女性，很难享受到我所能理解的那些愉悦。我看到她的美貌伤害着她：在庆典晚宴上咬紧牙关节制进食，在秤上发怒，生气地按摩身体，对贴在冰箱上的自己的照片大加批判。她赢了——为什么那还不够？当然，我想，像她那样美貌会很好；但似乎没有什么能好到足以补偿那无止境的自我贬低。

厌食是我能看到的保持我身体尊严的唯一方式，这份尊严我在还是个孩子时拥有过，而在我成为一个女人时失去。这是唯一的选择，看起来很像是这样：我拒绝套上一副女性的身体并拒绝接受打分，相反，我选择从更大的角度看，不把我未来的全部选择都限制在琐碎的事物里，不接受别人给我做出的选择——它们是根据一些对我来说无意义的东西来做出的。但随着时间推移，我的选择变得越来越少。牛肉汤，还是热水来配柠檬？肉汤有20卡路里——我会选择喝水。柠檬有4卡路里；没有它我也活得下去。就是这样。

现在，我能让自己彻底地思考那个时期——那是美貌对记忆之城所做的另一次封锁——我的悲伤不能摆脱紧随而来的愤怒。我向谁去申诉那些逝去的岁月？因为没有让骨骼吸收钙（我骨骼的造骨细胞是在没有营养补充的情况下努力奋斗的），我失去了多少英寸的身高？脆弱的脊椎让我的脖子早了多少年弯下？一个饥饿管理局的卡夫卡式部门只因我栖居在一个女性身体里就控告我有罪，在这个部门里，我该叩何门？谁有责任对我进行赔偿，补偿我那被抛弃的想法，从未被发现的活力，从未被考虑的探险？在我最迫切需要成长的时刻，我的思想却整整一年都被美貌思维占据，谁来补偿这一点？

在我们对美貌神话所造成的各种伤害的说明中，还不可能责怪其他，而只能责怪自己。现在我终于可以说，至少对于我自己而言：在13岁，饿个半死？无罪。那孩子无罪。当然应该对罪行做出指控，这已拖得太久了。但这罪行并不属于我。它属于其他某个地方，属于其他某种东西。

最年轻的受害者在她们很小的时候就开始从我们文化的压倒性力量的信息中学会了挨饿和催吐，我发现再多的父母之爱和足够强大的支持都不能推翻它。我知道我的父母希望我不要挨饿，因为他们爱我；但他们的爱与更大的世界的信息是相矛盾的，那个世界想要我挨饿，以便爱我。年轻女性知道，如果她们要离开父母的保护，她们必须听从的正是这一更大世界的信息。我的一根手指始终是湿漉漉的，以便跟上那个大世界的发展趋势：还是不够瘦？我不停地问它。那现在怎么样？还不行？现在呢？

那更大的世界从不告诉女孩，她们的身体只因内在于自己的身体之故就有价值。除非我们的文化告诉年轻女孩，她们不管什么身材都会受欢迎，也就是说，无论是否有"美貌"这个理由，女性对世界都有价值，否则女孩就会继续挨饿。然后，制度方面的信息奖励了年轻女性的饥饿教育。但当这场教育对心灵已经太过危险时，他们忽略了这一危险的后果，让这一疾病更加严重。厌食症患者想要被拯救；但她们不能信任个人顾问、家庭成员或朋友；那太不确定了。她们是行走的问号，挑战——以及恳求——学校、大学及其他代言人；而这些机构传播的则是女性的品质中能被文化接受的是什么，它们明确地告诉女人：这无法容忍。这种做法不可接受。我们在这里并不是要让女性挨饿。我们重视女性。通过冷眼旁观美貌神话在年轻女性中进行反扑的破坏性后果，学校和大学正在扼杀美国的女儿们；[57]而欧洲正学会对它的女儿做同样的事。你无须被看作一个死去的受害者。一个厌食症患者无法被恰当地称作是活着的。成为厌食症患者就是日复一日地记录一场慢性死亡；成为行走的亡灵中的一员。

因为制度把这种流行病视为那些令人尴尬的、要进入修道院的女性事物之一，就如卫生棉条自动售货机或穿在裙子外面的普通礼服一样，所以官方的哀悼是不存在的。女学生被禁止去公开了解那些她们私下知道正发生在自己周围的事件。宣称这种流行病是真实而致命的，并且在她们身边和她们体内发生——这是不被允许的。所以，她们不得不压制可怕的知识，或是让它显得无关痛痒，或是责备受害者。另一个人生病了。另一个人消失了。另一次溃败。

在学校中，我们从没有机会悼念莎莉。她穿得就像一个不值钱的破布娃娃，衣服是褪色的方格棉布和网眼花边，戴着一顶插着孔雀毛的旧帽子。她把严重营养不良的圆肚子礼貌地隐藏起来，把她令人生畏的智力收回鞘中，她能把一个论据剖析到棉絮似的透彻，漫不经心地得出一个如石英般锋芒毕露的结论。她微小的声音会断然停顿，她的嘴唇发白，抿在一起。在派对上，她的头相对于她身体来说实在太大了，她轻软的头向后倾，为获得杠杆作用一次又一次地撞向最近的墙；她放松脑袋来寻求安慰，她会像万圣节的鬼一样跳舞，挥舞她脱臼的手脚。这是校园的固定节目："放首好听的让莎莉去跳。"

她逝去得很突然。她的室友不得不为她打包了所有东西：用于称每日半个餐包的邮政秤；15磅的哑铃；留在她书桌上还未完成的极为犀利的文章。当别人告诉我她体力不支时，我记起了一个蔚蓝色的秋日午后，一群学生从一个教室里出来，争辩着，声调很高。轰的一声，她的书掉了下来。她的肩膀向后仰，毛衣挂在肩上，涌进来一大团的冷风，她单脚尖缓慢转了一下，猛地栽进了那群人中。一个男孩在她跌倒前接住了她并把她交给我，他扭动着甩开，就像莎莉是一个烦人的婴儿。

我毫不费力地用前臂托住了她。她做到了，她已经摆脱了地心引力。她的手脚就像空心桦树枝一样轻，圆木表面的树皮还是完整的，但骨髓已经碎成了细屑，树液耗尽而变得易脆。我很容易就能把她折弯，因为她的身体没什么肉了。

一捆细树枝般的骨头，装在鞋底磨损的耐克鞋里，她们向前直撞进无情的天气中；这些年轻女人笼罩上了一层阴影，就像爪哇岛的牵线木偶，头大大的，消失在一旁的光线中。嘴唇干裂得像是老人，她们跟跟跄跄，挪着肿胀的膝盖回到家，那时还是早晨。

我们没什么理由把它和大屠杀相比；但是当面对着大量并非因为自然而是由于人为因素而挨饿的瘦弱身体时，人们必定会注意到其中的相似性。饥饿的身体无法知道那是中产阶级专属的。被囚禁的身体不能辨认它是被当作自由的。活在一个重度厌食症患者的身体里，即便那个身体居住在富裕的郊区，这种体验其实还是一种活在贝尔根-贝尔森集中营中的身体体验——如果我们想象贝尔森集中营的囚犯有40%的概率被终身监禁，有15%的概率死亡。较之于富裕的第一世界里未入狱的中产阶级的身体经验，这两种经验还近一些。尽管我试图避免死亡集中营的想象，但它仍然在我面前重现。这些年轻女性的身体还没有那些被名正言顺地称为地狱的档案中所记载的身体重。在她们病情最糟的时候，她们不再进食；而她们别无选择。由于某些必定是生理上的不为人知的原因，在她们挨饿过程中的某个特定时刻，她们丧失了停止挨饿的能力，即选择去吃的能力。最终她们饿了，虽然这很少得到承认；在每个有自觉意识的时刻，我是饥饿的；在我的睡眠中，我是饥饿的。

女性必须把厌食症称为由一种社会秩序施加于我们身上的政治伤害，这种秩序认为我们所受的伤害无足轻重，因为我们是——次要的。我们应该像犹太人指认死亡集中营，同性恋者指认艾滋病一样去指认它：[58] 将其视为并非我们自身的某种耻辱，而是一种不人道的社会秩序的耻辱。

厌食症是一个战俘集中营。1/5受过良好教育的美国年轻女性都是囚犯。苏茜·奥巴赫将厌食症和政治犯（特别是女性参政者）的绝食抗议相提并论。但隐喻的时代已经过去。成为厌食症患者或暴食症患者就是成为一个政治犯。

第三次浪潮：运动的冻结

如果我们审视大多数年轻女性与女性主义的惰性关系，我们能看到，通过厌食症和暴食症，美貌神话正在赢得攻势。新一代的女性积极分子在哪里？能把能量注入第二次浪潮的枯竭和倦怠状态中的新鲜血液在哪里？为什么这么多人都如此安静？

在校园中，多达 1/5 的女性如此安静，因为她们正几近饿死。众所周知，饥饿的人缺乏组织热情。另外大约 50% 的女性被耗时而耻辱的呕吐成瘾所压倒，她们在高等教育重地的公共厕所里吐得几乎内脏都要出来了。看似是女性运动继承人的同样年轻的女性，并没有举起女性运动的旗帜，这可能不是因为什么深层的原因，而仅仅是因为她们中的许多人身体上太过病弱了，她们只能应付当下的个人需求。在一种心理层面上，饮食失调的流行病会影响这一代的女性，致使她们似乎无法从内心深处相信女性主义：成为一个女性，显然不是要你全副武装奋起作战；它让你饥饿、虚弱、患病。

除了这一情况，还有美貌神话也制造出了其他一系列问题。年轻女性承袭了 20 年来有关"丑陋的女性主义者"的夸张宣传，所以——"我是女性，但不是一个女性主义者，"一位大四学生在《时代》周刊的一篇报道上说，"我印象中的女性主义者有男性阳刚气，不剃腿毛。"太多的年轻女性并没有意识到，是其他人把"一个女性主义者"描绘为那样，才让她们一定会如那个学生一样回应。令人忧心的是，另一些人因美貌对女性运动的反扑而责怪女性运动；西尔维娅·安·休利特（Sylvia Ann Hewlett）引用了一个 25 岁的女孩——"凯瑟琳"——描述其法律事务所派对的话，"我经常感到愤怒……女性解放如何提高了男性的预期"；她抱怨道，20 年前，一个年轻男律师会想要挽着"一个美极了的金发女郎"到场，而今天，他和他的同事却竞相护送成就最优秀的女性，"唯一要注意的一点是，这些雅皮女人必须看上去就像过去美极了的金发女郎一样魅力四射"。最终，美貌神话力图让所有年轻女性都没有勇气认同早期的女性主义者，只因为这些女性主义者是老女人。男性承认他们自己的传统，把传统世代相传；女性只被允许拥有时尚，而时尚却是每一季都会过时的。在那种构建下，每一代女性之间的联系当然被削弱了：之前发生的事情极少被作为历史或遗产而树立起来供后来者瞻仰，而是被时尚的死板规则嘲笑为令人尴尬的过时货。

要和当前这一代的年轻女性共享一餐，你得准备好见证一些重病的迹象。你不要理睬她疯狂浏览菜单的行为，要忽略她一丝不苟地刮掉酱汁的方式。如果她喝了5杯水、吮吸和咀嚼了冰块，你绝对不要发表意见。如果她开始找出一根面包棒塞进口袋，你要把头扭到一边；并且无视在糕点盘出现时她鲁莽的烦乱；无视就餐后上咖啡之前，她面带愧色地长时间缺席。"你没事吧？""我**很好**。"你怎么敢问。

当你分摊账单时，你并没有分摊到一餐饭。如何改变世界以适应他们的视界？这是一直在不断重提，而每一代的年轻人视为理所当然的问题，但这些讨论不会在这样的桌上为女性而不断重提。糕点车首先到来；它镀金的手柄高于你，挡住了风景。世界必须等待。那就是它的运作方式。

收银机边并没有坏人潜伏。也没有可见的敌人向你们两人做了这些事；只有你们的服务员在那儿，只有木版画风格的桌布，列有每日菜单的黑板，满是融化冰块的冰桶，通向带有滑门的盥洗室的不起眼的走廊。汉娜·阿伦特说，恶即平庸。不管怎样，这工作做完了，而且看起来它已经由你亲手完成了。你拿回外套，走出饭店，分道扬镳，没有在言语间把任何新东西带进生活。

年轻女孩和女性受到了严重削弱，因为她们承袭了长达20年的美貌神话对全体女性造成的后果。其他因素与这些因素共同对年轻女性产生了巨大的压力，因此让人吃惊的不是多少人有进食障碍，而是有多少人根本没得这病。

年轻女孩和女性也在挨饿，因为女性运动改变了教育机构和工作场所，这种改变足以让它们承认女性，但还不足以改变男性权力本身。在"男女合校的"学校及学院之中，女性仍然相互孤立，并被公认为不成功的男性。女性的研究被置于课程的边缘，女性学者少于5%；教给年轻女性的世界观是男性的世界观。施加在她们身上的压力是要让她们自己符合男性气质的氛围。校园中的年轻女性与她们的母亲分离，她们几乎没有非男性的年长榜样；她们怎么能学会如何去爱她们的身体？让她们去敬仰和模仿的主要女性形象不是令人敬佩的、博学的年长女性，而是和她们同龄或更年轻的女孩，这些人并非因其思想而受到尊重。在实物环境上，这些大学是为男性或被取消了女性意识的女人所安排的。大学里挂满了男性的肖像画；被周而复始地刻上男性名字；它们为男性而设计，就像纽约的耶鲁俱乐部，后者在女性被承认后的20年里仍然没有设置女更衣室。它们并不是为希望避开强奸的女性而照亮的；在耶鲁，校园警察的地图显示了会发生强奸的最危险街角，这些地图据说会向学生隐瞒，以防父母恐慌。对于那些发生在女性身上而没有发生在男性身上的事，这些学校仅会略表关心。女学生感到，机构希望关于她们的女性身体的问题会逐渐消失；相应的，她们自己的身体也渐渐消失了。

除了这种孤立和缺少承认，加诸雄心勃勃的年轻女性身上的期待也达到了前所未有的水平。在某种程度上，年长的女性探索了两性角色的最好方面：她们作为女性长大，并在男性劳动力大军中奋勇向前。她们学会肯定女性的价值，并精通男性的工作。她们双倍地强壮。但年轻女性被加倍地削弱了：在严格的男性榜样的机构中像男性一样竞争着长大，她们也必须尽善尽美地维持一种无懈可击的女性气质。对于这一代的女性来说，性别角色并没有"双倍"地和谐：现在的年轻女性被期待去像"真男人"一样行动，并看起来像"真女人"。父亲把曾经为儿子而保留的成就期待转移到女儿身上；但她从母亲那儿继承到的要变成一个美女的负担，并没有相应减轻。

成就仪式展现了这一冲突：那些仪式意在引领女性进入一种新阶段的权力或专业技长，它们激起了一种不像女性的情绪——自豪。但借助这些机构的每一次成长仪式，社会以"美貌"的形式从年轻女性那里强行收费；为了对掌权的男性安抚和奉承，这种仪式在这些时候被要求作为一个证据，证明她并没有因赢得这个毕业证书或这次晋升就具有特别重要的意义。一方面，权势者在这里再一次强调了美貌神话，以便抵消女性参与者的成就；另一方面，在这种时候，女性确实为了请求保护而敬拜神话，这是一个会让她们不受处罚地进军下一阶段的护身符。

在20世纪50年代，"家庭生活"是缓解这些成就时刻的场所。就像一则李施德林广告所说的那样："与芭布斯和贝丝戴着的那些珍贵的闪亮戒指相比，毕业证书算什么？"今天，"美貌"同样这么做："贝姬离毕业只有15天了。我希望她也会因我而骄傲……阿尔巴让你的节食散发成功的芳香。"在一则尊尼获加威士忌的广告中，它让两个高端时尚的模特若有所思道："他认为，我赚得比他多很好。"《纽约时报》援引了一个女性的例子，她男朋友因为她获得了博士学位而送给她隆胸手术。美国目前的一个趋势是，毕业的女儿们得到隆胸手术，而男孩则获得传统的欧洲豪华游。校园里最杰出的女学生常常是最近乎完全绝食的。女性做乳房整形手术、抽脂术、隆鼻术，不仅是为了奖励她们所获得的权力——博士学位、遗产、犹太女孩成人仪式，她们也有了这些东西并被要求去拥有它们，作为对她们业已获得这一权力的矫正。

这种献祭的冲动是宗教性的，是为了在开始下一阶段的进程时安抚众神。众神是饥渴的；它们要求被抚慰。"男孩们，这样就行，"安排罗德奖学金面试者的耶鲁负责人说道，"女孩们，请留下会儿，我们要对着装、姿态、化妆做些指导。"在面试午餐会上，男孩被问的是："你计划怎么拯救世界？"女孩却被问："你是怎么保持你的好身材的？"

成就仪式正在揭示掌权者通过美貌来惩罚女性的需要，因为对女性成就的警觉带来的紧张感在它们之中被异乎寻常地正式化了。美貌神话的侮辱往往对她们脱口而出，就像葬礼上的死亡笑话。对这些成就仪式的记忆被期望持续下去，就像胶化得永不褪色的宝丽来快照，就像一次艰难赛跑的纪念物；但对女孩和年轻女性来说，美貌神话让那些色彩总是湿湿的，总而言之让她们被抹成一样的深深浅浅的泥浆色。

在我的大学毕业典礼上，典礼的发言人迪克·卡维特（Dick Cavett）——在一个全男性的秘密社团中他已经是大学校长的一个"兄弟"了——面对着2000名戴着学位帽、身着学位服的年轻女性耶鲁毕业生，他向她们讲了这样一个故事：当他在耶鲁时，还没有女学生。女性都是去瓦萨学院。在瓦萨学院，她们在健身课上拍裸照以检查身姿。有些照片最后流落到了纽黑文的色情黑市交易。好笑的是：这些照片都找不到买主。

无论这诋毁是否有意，它都起了作用：我们可能已经是纷争女神厄里斯,但仍然不能让他们想要购买我们的色情照片。今天,1984届的3000个男生确信他们是那所大学的毕业生,理所应当地以自豪的姿态回想起毕业典礼。但2000个女生中的很多人,当她们能够彻底地思考那一天时,则会回想起那种无力感:排斥、羞耻、无力,与之沆瀣一气的沉默。我们不能大闹一场,因为这是我们父母的大日子,他们为了这一天已经长途跋涉;父母们也不能大闹,出于对我们同样的担心。阳光透过雨幕散出雾气,麦克风噼啪作响,烂泥搅动,我们身着闷热的涤纶礼服,安静地坐着,感觉浑身都不对劲。片刻间,发言者已经把我们移出了温和的四方院子,本来在那院子里,我们开始相信自己是被珍视的;我们走进了4个街区远的低俗区,在那街区,我们被偷走的裸照找不到买主。我们等待着会给予我们思想以荣光的一纸文凭,却带着不情愿的困惑被迫回到刚刚被告知一无是处的身体。我们无法安静地听完接下来的发言,除非我们分裂自己受到称赞的思想与遭到嘲弄的身体,我们这么做了。我们想要荣誉,这是我们应得的。但荣誉和嘲弄从那个讲台同时而来。我们在席位上转变了态度。

我们付出了要求我们付出的代价。经历过像那样的时刻,关于年轻女性饮食疾病的听起来并不真实的统计资料开始变得明朗。正是那样的一种分裂让人作呕。4年努力学习和奋斗的自豪在达到目标的那一刻被从我们这里夺走,同时他们回敬给我们败坏的版本。我们嘴里有一股别人呕吐出的苦水的味道。

在年轻女性探索她们自己的性意识与自我价值感之关系的过程中——这是她们最脆弱的时刻——美貌色情的压力和成就压力联合起来打击了她们。美貌神话让饮食疾病似乎无可避免,甚至值得向往,假设一个年轻女性想要认为自己是性感的和有价值的：在 1984 年的《面孔的价值》(Face Value)中，罗宾·拉考夫（Robin Lakoff）和拉奎尔·舍尔（Raquel Scherr）发现，"在女大学生中，对美貌的'现代'定义——健康、活力、自信——很流行。"坏消息"是她们都"只有一个最重要的关注点：她们的身材和体重。她们都想减掉 5～25 磅，尽管大多数人远远没有超重。她们详细描述了自己身体的每一处瑕疵，并说起每次照镜子时感到的极大厌恶"[59]。她们感到"极大的厌恶"是由于在了解她们自身的性价值之前，她们就学会了美貌色情的严格惯例；在这样一种氛围中，饮食疾病完全说得通了。

厌食症的 / 色情的一代

当不同年龄的女性难得有机会发言时，年长女性与那些厌食症的 / 色情的后代之间的鸿沟就引起了严重的误译。"这就是我说的吸引她们注意力的东西，"贝蒂·弗里丹这样谈到她的大学听众。

"你们中有多少人曾穿过紧身褡？"她们大笑。然后我说……"在以前，成为一名美国女人常常意味着……你用硬塑料壳包住你的肉体，这会导致你难以呼吸、行动困难，但你应该不会注意到这个。你不会问你为何要穿着紧身褡，当你在晚上脱掉它时，你也应该不会注意到你腹部的红痕。"然后我说，"如果你在牛仔裤里面从不穿除了裤袜或小码比基尼之外的任何其他内衣，我如何能期望你知道穿紧身衣的感觉?"那句话打动了她们。然后我解释了我们已经前进了多少,我们现在在哪里,以及为何她们必须开始说,"我是一个女性主义者"[60]。

对于弗里丹听众中的许多年轻女性来说,紧身褡是由她们自己的肉身构成的。她们晚上不能脱掉它。"小码比基尼"并没有给这一代人带来无忧无虑的身体自由;它们已经变成道具,叠加在年轻女性时髦的伪色情情境中——该情境对她们设置了新的限制:她们能思考什么,她们能如何走路,以及她们能吃什么。美貌反扑对年轻女性思想带来的影响比以往任何时候都更自由、更潜在,那是紧身褡、束腰带以及大学的大门再不可能做到的。出生于1960年后的女儿在一天之内所看到的摆着"性感"姿势的、无比"美貌"的女性形象,比她母亲在整个青春期所见的都多:如果她要知道自己的位置,她需要看到更多。通过饱和的影像,这一代人的潜在爆发性被安全地平息了。

出生于1960年后的年轻女性几乎看不到脱离美貌色情的性意识的表现,她们因此已经被弄得很病态了。但她们还不像20世纪70年代时还是孩子的那一代人那么病态;那些更年轻的女性病得快死了。而80年代的女儿们呢?

"近些年,青春期前的儿童节食已经在'指数式地'增长……我们知道,节食在四年级和五年级的学生中很流行"[61],维维安·米汉(Vivian Meehan),全国神经性厌食症及相关疾病协会的会长报告说。在一份对旧金山494位中产阶级女学生的调研中,一半以上的人认为自己超重,然而按医学标准只有15%确实超重。31%的9岁女孩认为她们太胖了,81%的10岁女孩是节食者。《纽约时报》1989年的一篇题为"化妆品大地上的幼儿"的文章，描述了一个针对小女孩化妆品的新市场动向，6岁的孩子"尽全力打扮"；"小小化妆女孩"（Li'l Miss Makeup）这个品牌系列，它的一个洋娃娃"长得像5岁或6岁的女孩"，当给它浇上冷水时，"眉毛、着色的眼皮、指甲、染色的嘴唇以及一个心形的美人痣会突然出现"。

这些大约出生在里根第一次当选期间的小姑娘体现了针对女性运动的美貌反扑开始以来的第三代转变。她们天生畸形：她们缺少童年。相比于六七十年代的女孩，这一代会更难面对身体内的麻烦。她们生来竞争，她们会从最早的记忆里把女性特征和匮乏联系起来。对于今天的小姑娘来说，饥饿已经被色情化为一种进入成人性意识的途径。对于一个当代的7岁女孩来说，爬到秤上并恐惧地惊叫就像一种女性气质的仪式，与性满足的承诺无法分割；这就如我的一代人，穿着高跟鞋，挑逗性地在镜前摆姿势；也如我母亲的那一代人，穿着白缎礼服，打扮得漂漂亮亮的。如果她们在7岁开始节食，直到十几岁时才有性行为，这通常已经太迟了：她们将会花费超过一半的生命学习受虐，为性满足做准备。她们几乎没有机会在一种伊甸园般的、完整的、追求享乐的、满足的孩子身体中建立情色生活的记忆。她们会在学会性欲时学习受虐，并将进入一段漫长的没有安全感的青春期，这期间她们又会被进一步的"美丽就是受虐"的信息所困，并且得不到一种无痛苦的性核心完整的保护。

偏离道路

年长女伴的保护被留在身后，性完整性的保护还没得到充分的主张，年轻女孩在全新的道路上脆弱不堪。她们比以前有了更多的自由空间去全世界独自行动，但讽刺的是，这也制造了饮食失调的另一种新用途。

旧的幽闭恐惧症有一种新刺激，这比以前更让人恼火。相比于她妈妈在她那个年纪所能知道的，年轻女孩更加了解她缺失的是什么；她已经品尝过了。在克里斯蒂娜·罗塞蒂的诗《小妖精集市》("Goblin Market")中，没有品尝禁果的姐妹保全了自己。[①]另一人却小啜了一口甜美的果子并发现它是会上瘾的。她需要更多，她需要贪婪地喂饱自己，否则她会日渐衰弱。

性危险的威胁让女孩的身体成为一个景观，她必须在自己的身体上投射那个目前正在逼近的外在世界。这个禁锢青春期的房子把追寻梦想和探索带向了贫瘠的苏醒。马拉喀什、马拉巴尔、香料群岛和探索的梦想倒塌了，而她学会了在她上唇的中央加上一点轮廓色。她的冒险必须局限于她能安全地被观看的范围之内，因为真正好的冒险会让她暴露在被观看并产生灾难性影响的情况下。她的男性同龄人**在路上**行进，而她和她的"美貌"金镣铐必须拐入另一条路。

作为一个青少年，她越来越恐惧地意识到他们不是在开玩笑：对她而言，独自行走将会永远是一项充满危险的活动。厌食、暴食、运动成瘾逐渐消除并麻木了幽闭恐惧症的受挫感，并伴随着女孩悲伤的领悟：她所想象的广大世界，她所继承的公正，因性暴力的威胁而关闭了。

如果她打算吃，她会有活力；但青春期是为了男性精力的

[①] 参见克里斯蒂娜·罗塞蒂:《小妖精集市》，殷杲译，江苏人民出版社，2015年。——译者注

安全发泄而安排的。从体育项目到性征服，再到林间的忧郁漫步，男孩都有出口来发泄等待飞翔时的焦躁。但如果一个女孩有各种流浪癖、力比多、好奇心，她就糟糕了。拥有充裕的糖果会激起她对智力探索的兴趣，淀粉会让她正在变长的双腿变得好动，脂肪会点燃她的性好奇，不再忧虑她的下一餐会从哪儿来则会让她无所畏惧——在这些情况下，她会陷入麻烦。

如果她不担心她的身体，并且吃的东西满足她所有的成长需求，会怎么样？她或许会撕开自己的长袜、用伪造的身份证跟着波格斯乐队（The Pogues）的歌砰砰跳舞，然后手里拎着鞋，赤脚独自在黎明时分走回家；她或许会每个月有一天晚上在某个受虐女性庇护所做临时保姆；她或许脚踏滑板滑行在有着7个急转弯的伦巴第大街上；或是和她最好的朋友坠入情网并做点什么；或是好几个小时忘我地凝视着试管，头发乱成一团；或是和其他女孩爬上海角，在山顶喝醉；或是在效忠宣誓说起立时坐下；或是跳上一辆货运火车；或是找情人却不透露自己的姓氏；或是逃到海上去。她或许会纵情于全部的自由，而这自由对于那些能视其为理所当然的人来说，却是那么微不足道；她或许会认真地做着各种美梦，而对于那些在这些美梦下长大，而且它们也真的可实现的人来说，那些美梦是那么平淡无奇。谁知道她会做什么？谁知道它会是什么感觉？

但如果她**不小心**，她就完了：强奸、怀孕、无法控制，或只是现在所谓的肥胖。十几岁的女孩知道这一点。每个人都告诉她要小心。她学会了：让她自己的身体变成一道有待驯服的景观，这比任何一种野性都好。

节食意味着小心谨慎，而入住一个饥饿集中营则提供了最终的关怀。

第七章

暴 力

人必须忍受痛苦才能变得美丽。

——法国谚语

女人必须努力使自己变得漂亮。

——W. B. 叶芝

他对女人说：我要增加你怀孕的苦楚，在痛苦中生子；你要依恋你的丈夫，也要受他的管辖。

——《创世记》3：16

饥饿令女性的身体伤害她们自己，也令女性伤害她们的身体。对施虐者的研究显示：暴力一旦开始，就会逐步升级。[1]整形手术是发展最快的"医学"专业。到1988年，超过两百万的美国人——其中至少87%是女性——都整过容，这个数字在2年里增长了3倍。整个20世纪80年代，随着女性获得了权力，有数量空前的人寻求并接受手术。[2]为何做手术？为何是现在？

从女性诞生伊始，直到 20 世纪 60 年代之前，她们的性别一直给她们带来痛苦。因为产褥热和分娩并发症，直到 1860 年发明氯仿以前，生孩子都是极其痛苦的，而直到 19 世纪 80 年代抗菌消毒出现为止，分娩还是致命的危险。这之后，性行为仍然具有非法堕胎的风险，而非法堕胎的危险包括大出血、子宫穿孔，以及因败血症而导致的死亡。"分娩"对女性来说意味着孩子出生，所以几个世纪以来，这一工作、性、爱、痛苦和死亡都交织在一起，成为女性意识核心的生命之结：爱会伤人，性能杀人，女性痛苦的分娩是一种爱的劳动。在男人身上可能是受虐成性的东西，在女人身上却意味着生存。

1965 年，随着美国最高法院在"格里斯伍德诉康涅狄格州"（*Griswold v. Connecticut*）一案中将避孕药的贩卖合法化，口服避孕药被广泛作为处方药，性行为开始变得不那么痛苦。自 20 世纪 60 年代晚期到 80 年代晚期，当安全堕胎在绝大多数的西方国家合法化时，性行为的痛苦更少了。随着女性进入有偿劳动力市场，并且不再依赖于将性交易作为生存手段，它的伤害更小。持续变化的社会风俗，以及女性运动拥护者的女性性意识开始令以下事实得以可能：性行为给予女性的快感最终并永远地超过了痛苦。女性身上性与痛苦交织的两股线终于开始分离。

面对女性痛苦不复存在这一奇怪的新情况，神话让美貌取代了自己的位置。因为早在女性能记得之前，成为女人本身已经受到了某种伤害。尽管直到一代人之前，那情况变得越来越少了。但无论是女性化还是男性化的社会秩序，都不能如此迅速地适应目前的状况：现在女性气质并不根据痛苦来描述和界定。今天，令人痛苦的是美丽的。

许多女性坚忍地接受了这一由美丽所强行要求的新版痛苦，因为免于性痛苦在女性身份方面留下了缺口。女性被期望而她们自己也期待着，以超人的适应力轻松顺应自由。但自由不是一夜之间轻易学会的。一代人的时间并没有长到足以忘记五千年来对于如何承受伤害的学习。如果一个女人的性自我意识早在有记载时就已经集中在了痛苦上，那没有痛苦的她又是谁？如果受苦是美丽，而美丽是爱，她就不能肯定：如果她不受苦，她是否还会被爱？正是因为这样的情况，很难去设想一个没有痛苦却仍然令人神往的女性身体。

甚至，除了女性这一性别的生物学上的痛苦之外，现代女性正刚刚从男性-制造的对快感的惩罚中恢复过来。希腊立法者梭伦规定，一个未婚女性被抓到有性行为就可以被卖作奴隶；君士坦丁大帝颁布法令：一个自愿通奸的处女必须被烧死（如果她是被强奸，对她的处罚会轻些）；[5]一个自由的女人与一个奴隶做爱，她所付出的代价是死。罗慕路斯的法律给予一个丈夫杀死他不贞妻子的权力。在现代的沙特阿拉伯，淫妇会被乱石砸死。社会对堕胎药 RU428 的抵制部分是由于它相对没那么痛。反对堕胎的积极分子经常对强奸和乱伦网开一面，这表明，女性必须用疼痛来为她对性的欲望付出代价。从某种追溯到一代又一代母亲的记忆里，很多女性往往会自觉或不自觉地同意这个看法。

整形手术加工了女人-制造的女性身体，把它变成男人-制造的女性身体，正是那些女性构成了绝大部分的患者库。在女性的性活动不再带来伤害时，它接管了女性思想未曾受到监督的领域；并且利用了我们情愿倾听独裁声音的心态，这种声音在我们不安地尝试无痛女性的陌生状态时宣告——没那么快。

行走的伤员

整形手术产业正通过操纵健康和疾病的观念来扩张。整形医生所做的事有明显的历史先例。正如苏珊·桑塔格在《疾病的隐喻》[4]中所指出的，"健康的"和"患病的"经常是社会为其自身目的而创造的主观判断。长期以来，女性被界定为病态的，以便将她们置于社会控制之下。现代整形时代在对女性所做的事，是对19世纪医学做法的公然重现，后者让健康的女性生病，让活跃的女性变得消极。整形手术产业为了追求自身的利润而继承了古代医学的看法，这种看法可追溯回古希腊，却在维多利亚时代的女性病弱崇拜中达到了顶点，这种崇拜把正常健康的女性生理机能、驱动力以及欲望定义为病态的。戴尔德丽·英格利希（Deirdre English）和芭芭拉·艾伦瑞奇在《抱怨与紊乱》（Complaints and Disorders）中指出，"在西方思想传统中，男性代表了完整性、力量、健康。女性则是一个'拙劣的男性'，虚弱而残缺"[5]。19世纪的法国历史学家儒勒·米什莱把女性称作"行走的伤员"[6]。

医生与女性的关系在大部分历史中都不那么明确。直到启蒙运动之前，治疗和护理病人主要是女性的技能；女性医师的医疗效果是14世纪至18世纪席卷欧洲的焚烧女巫运动的一个触发因素。但科学的崛起与将女性治疗师从分娩室中驱逐出去是有关联的，19世纪的医学专业化有意禁止女性承担其传统的治疗师角色。

整形手术时代接替了女性"精神病"的制度化，而后者又是相应地接替了19世纪歇斯底里的制度化，各个阶段的医学强制都始终在寻找新的方法来决定女性生病的标准。正如英格利希和艾伦瑞奇所说的那样:"医学对性别歧视意识形态的主要贡献是把女性描绘为病弱的,会潜在地让男性生厌。"这个"致命谎言"把女性特征与疾病等同,它已经让处在医疗史这三个阶段的医生都获益匪浅,它在任何能找到中产阶级女性的地方保证了他们有"生病的"、可以从其身上赚到钱的病人。医学强制女性的旧大厦在女性大量进入医学院时被暂时地削弱了,但这种强制又从整形手术时代的美容师那里得到了增强。

这两个系统之间的类似是显而易见的。这两者出现都是为了响应某种意识形态的需求,这种意识形态能削弱中产阶级女性的力量,并损害她们的名誉,这些女性所受的教育、拥有的闲暇和免于物质束缚的自由都可能会让她们走得太远,把她们引向某种危险的解放,以及对公共生活的参与。从1848年到20世纪的头几十年西方妇女被授予选举权,这一时期是女性主义空前激烈的时期,而"女性问题"是一个持续的社会危机:在反扑中,关于完全的家庭生活这一"独立空间"的新观念出现了。[7]与美貌神话针对女性进步的反扑类似,上述观念也有其社会方面的实用价值:对女性病弱的崇拜出"视野的收缩"所引发,"这种视野收缩导致医生过分地沉迷于将女性作为生殖器官……这是一种感知的歪曲,通过主要强调性器官,它让男性把女性看作一种与他们相分离的生物"。肖瓦尔特也提道:

> 从1870年至1910年的数十年间,中产阶级女性开始为争取高等教育、职业准入和政治权利而组织起来。同时,因厌食症、歇斯底里及神经衰弱导致的神经紊乱也变得流行;达尔文主义的"神经专家"出现,规定了女性在收容

所内外的恰当行为……以反对女性改变她们自身生活条件的努力。[8]

维多利亚时代的女性变成了她的卵巢,就如今天的女性已经变成了她的"美貌"。她的生殖价值——就像她面孔和身体在今天的"审美价值"一样——"开始被视为某种神圣的交付,一个她必须不断为了她的种族利益而守卫的东西"。

维多利亚时代的医生助长了一种需要通过卵巢决定论来看待女性的文化,而现代整形医生通过创造一个美貌决定论的体系为社会做了同样的事。肖瓦尔特指出,在19世纪,"女性是外科诊室、水疗场所和静养院的主要病人;她们涌向歇斯底里及神经衰弱症这些'女性疾病'的新专家,[9]涌向如'催眠治疗'这样的边缘性疗法,正像在当前的反扑中,女性是"美貌医疗"的主要病人一样。在这两种意识形态中,这些看法都允许医生在把社会对女性的需要强加于女性的过程中充当起先锋的角色。

健　　康

维多利亚时代和现代的医疗系统都把健康女性的特征的某些方面重新分类为奇怪的异常。维多利亚时代的医学"把怀孕和更年期视为疾病,把月经视为一种慢性紊乱,把分娩视为一场手术"[10]。一位月经期的女性接受泻药治疗,被强制用药,接受坐浴治疗和水蛭疗法。过度追求月经管理,就像今天过度追求女性的脂肪管理一样:"正确地稳固住月经功能被认为对女性心理健康必不可少，不论是在青春期还是在女性的整个生命周期，都是必要的。初潮是致命危险的第一阶段"，就像青春期体重增加在如今被认为的那样。维持生殖就像维持"美貌"一样，被看作非常重要的女性功能，受到女性的道德松懈和精神混乱的威胁：恰似他们今天所做的那样，医生于是帮助维多利亚时代的女性"在几乎压倒性的身体脆弱面前保持住了稳定性"，并强加给她"自制和勤劳的品质，这些品质会帮助一个女性抵御她身体的疾病，及其天生就有的软弱"。

随着维多利亚时代妇科医生的出现，将女性称作**道德**上不健全的早期宗教原理被转变为生物医学的形式。这转而又变成了"审美的"形式，带给我们周而复始的循环。我们的理论依据甚至比维多利亚时代的"致命谎言"更主观。他们的医学术语至少还摆出了"客观性"的姿势，但今天关于谁有病和谁健康的审美判断就像关于女性灵魂污点的信仰一样，是不可能证明的，也是轻易就能操纵的。现代的重新分类赚了更多的钱：一个认为自己得了女性这种病的女人并不能为她的性别购买某种最终的治疗。但一个认为自己患了女性丑陋之病的女人，现在正被说服她能买到。

医学压制的19世纪版本在我们看来是奇怪的：女性怎么会被弄得相信月经、自慰、怀孕、更年期是病呢？但正如现代女性正被要求去相信我们正常的、健康的身体的某些部分是患病的一样，我们已经进入了医学压制的新阶段，这一阶段太可怕了，甚至没有人想要思考它一下。

把健康和美丽的女性重新划分为患病的、丑陋的女性，这正在不受阻挠地发生。自19世纪以来，社会一直心照不宣地支持医学行业借助各种版本的重新分类对女性生活加以限制。因为这是社会所必需的工作，所以现在就和上个世纪一样，此类操作受到的现实检查比一般医疗实践受到的检查更少；媒体对之是容忍的或者说是支持的；并且，主要官员的工作都有利于社会秩序，这些人都异乎寻常地获得了高额的补偿。

维多利亚时代的女性病弱崇拜是为了社会控制。正如"美貌"一样，它也是一个双重符号：主观上，女病人是通过自己的病弱来施展自己拥有的小小权力，逃离了麻烦的性要求和危险的分娩，并得到热情医生的关注。但从当权者的角度来看，它和铁处女一样是有用的政治解决方案。就像法国作家卡特琳·克莱芒（Catherine Clément）所说的："歇斯底里（被）容忍，是因为实际上，它并没有力量影响文化变迁；对于父权秩序来说，鼓励并允许不满的女性通过身心疾病来表达她们的罪恶，这比让她们争取经济和法定权力安全得多。"[11] 社会压力要求受过教育的有闲中产阶级女性通过患病而预先阻止麻烦，对患者来说，她们被迫患上的疑病症感觉就像真的病。今天，由于相似的原因，社会压力要求女性通过感到丑陋来预先阻止我们最近对自己身体的要求可能带来的后果，对患者来说，被强行削弱的自尊看起来就像真的"丑陋"。

整形医生正在拿走女性主义对美的重新定义，即健康就是美，他们滥用健康一词，将其扭曲成"美"即健康的概念；因此，他们把任何自己在贩卖的东西都视为健康：饥饿即健康，疼痛和流血即健康。痛苦和疾病以前就是"美"：在19世纪，患结核病的女性是理想化的，她的眼睛闪闪发亮、肌肤如珍珠、嘴唇发烧。《性别与压力》（Gender and Stress）描述了媒体对厌食者的理想化；维多利亚时代的肖像画把在男医生面前的"美丽的"歇斯底里昏厥理想化，收容所医生色眯眯地想着他们所护理的厌食症患者的瘦弱身体,而后的精神病学手册要求医生去欣赏遭受了电休克疗法的被麻醉女性那"平静而美丽的面孔"[12]。恰似目前的女性杂志对整形理想的报道,维多利亚时代针对女性的新闻业也越来越吹捧女性的衰弱、病态,甚至死亡所展现出的情感吸引力。

一个世纪之前,正常的女性活动,特别是那类会把女性引向权力的活动,被归类为丑陋的和病态的。如果一个女性阅读得太多,她的子宫会"萎缩"。如果她继续阅读,她的生殖系统会崩溃,并且,根据那时的医学评论,"我们将会面对一个令人厌恶且无用的杂种"。更年期被描述为致命的打击,"内在于女人身体的女人之死":"一个女性的生殖生命之终结就如其开端一样,是一次意义深远的精神剧变",造成"一种对大脑的明显冲击",这做法就如"美貌"在现代的消逝一样。于是就像现在,尽管合理化的方式不同,更年期都被描述为会导致一种感觉,即"世界……被颠倒了,所有事情都改变了,或者是,某种极可怕但又不确定的灾难业已发生或就要发生"。[13]

对现代性的参与、教育以及工作被描绘成让维多利亚时代女性生病的原因:"温暖的房间、煤火、煤气灯、晚睡、丰盛的饮食"[14],都把她们变成了病人,就像今天一样——如护肤霜的广告文案所说的,"中央供暖系统、大气污染、荧光灯等"让我们变得"丑陋"。维多利亚时代热情地想象着教育对女性生殖器官可能造成的损害,从而抗议女性受到的高等教育;恩格斯声称,"长时间的工作常常引发骨盆畸形"[15],人们理所当然地认为"女性受到的教育会让她们不孕"并让她们没有性吸引力:"当一个女性展示出科学兴趣时,那么她在性欲方面就会有些问题。"[16]维多利亚时代的人坚持认为,摆脱"独立空间"会损害女性气质，这就如我们被要求相信，摆脱美貌神话会损害美貌。

致命谎言都是有弹性的。例如，医学界根据社会心态将避孕界定为让女性生病的或"美丽"的：维多利亚时代的医生声称，所有的避孕都会导致女性患"急性癌症、不孕、女性色情狂症；……这个行为很有可能会产生癫狂，从而导致自杀。"直到 20 世纪 20 年代，避孕还被认为"明显有害于健康"，不孕和"后代的精神退化"都被认为是其后果。但当社会需要在性方面可用的女性时，尽管它也立刻引发了安全和副作用的问题，[17]女性杂志还是刊登了众多充满热情的故事，暗示口服避孕药会让女性保持年轻，并让她们更为"性感"。

同样，整形医生也在把摆脱美貌神话的行为重新认作是疾病，[18]与他们合作的还有日益依赖于整形医生所提供的社论文案和广告收入的女性杂志。宣传圣膏的广告通过模仿医学杂志上"疾病"和"治愈"的照片，开创了这一新定义。他们利用了最严重的对年龄、核后癌症和艾滋病的医疗恐惧。与内容是辐射病、致癌性病变、细胞混乱、免疫系统削弱等广告的建议相比，"眼角鱼尾纹"听起来无关紧要。伊丽莎白雅顿是"20 世纪最先进的治疗系统"，就好像衰老需要化疗。雅诗兰黛"经科学证明"的晚间修护精华素配有某种药用注射器和橡皮气囊，就像一种输血器或某种药液。薇姿让你的肌肤"恢复健康"。娇韵诗则说到了"复发"。伊兰纤姿把脂肪说成"毁容"的"条件"。医生给出处方，而娇韵诗开出的是"美貌处方"，倩碧给出的则是"处方性的"。抗癌专家说疾病的"退行"；倩碧也这么做："坚持治疗——暂时的'退行'会停止。"最美二代（ULTIMA II）制造了大剂量产品。

在 1985 年，尤金妮亚·尚德里（Eugenia Chandris）在《维

纳斯综合征》(*The Venus Syndrome*)中称臀部和大腿粗大是"一种医学问题";看到旧石器时代的多产体型,她错误地声称:"这问题从那时起到现在就一直带给女性麻烦。"[19]当然,"这问题"只是自从它被称为一个问题以来才给女性造成了麻烦,也就是说,它只存在于活着的人的记忆里。女性脂肪被描述得就好似它不只是死的,还是致癌的:"增殖细胞"滋生了更多的死亡。维多利亚时代的人把所有的生殖活动都界定为疾病;今天美貌神话的外科医生把显示身体生殖活动的所有证据都定义为疾病,这包括妊娠纹、乳房下垂、哺乳后的乳房,以及所有文化的女性在产后都会增加的约10磅体重。当然,教育从未影响一个女性的卵巢,就像母亲的乳房不会丧失感觉;哺乳**是**色情的。她们也没有机能失调;相反,她们履行了乳房的一个主要功能,即哺乳。但整形医生描述产后乳房的方式,就像维多利亚时代的人形容受教育女性的卵巢,他们把产后乳房形容成"萎缩的",这个术语是康复医生用来形容瘦弱不堪、机能失调的瘫痪肌肉的。他们重新把健康的成年女性的肉体归类为"赘肉",这是一个被发明的"状况",它在1973年才被《时尚》杂志输入美国;他们把这种肌理称作是"毁容的""难看的""受毒素污染的"。在1973年之前,那还是正常的女性肉体。

健康一词起到了很好的宣传作用。安·奥克利写道,"'证实'女性在家庭之外的活动对她们自己、她们的家庭和整个国家的健康和安全有害"为19世纪的家庭生活崇拜提供了推动力。卵巢被看成集体财产,而非女性自己的事情,这就像面孔和身形在当今被认为的那样。谁又能和健康争辩呢?

制度化的重新分类

在这个通过重新分类来从文化上监管女性的时代，备受尊敬的机构也参与进来，就像它们在上世纪所做的那样：1978 年，美国医学会声称，追求美貌与追求健康是一样的。阿瑟·K. 巴林（Arthur K. Balin）医生是美国抗衰医学会的会长，他向《纽约时报》声明："不把丑陋视为美容问题，而是将其视为一种疾病会对内科医生有益。"[20] 在专业整形外科的杂志中，我们看不出切开癌变乳房的外科医生与切开健康乳房的外科医生之间有什么区别。哈佛医学院的丹尼尔·C. 托斯特森（Daniel C. Tostesen）医生从资生堂接受了 8500 万美元的研究经费，正通过为资生堂背书来挣得薪水：他断言，在健康和医学利益与"美貌和幸福"之间有一种"微妙而持续的变化"[21]。这种格言对女性的影响大于对男性的，其实这也是它想要的；女性才是接受整形手术治疗的主要群体，才是资生堂产品的买家（而从来没有人会去提及巴林医生或托斯特森医生这样的男性的身体吸引力，或是去诟病他们缺乏了这种吸引力）。当整形医生召集会议去讨论"衰老面孔的畸形"时，论坛通告上的侧面像总是女性的。

如果一个男性的肢体或容貌的某一部分缺失了或是相对于人类表型严重地歪斜，那时他们才是"畸形的"。然而女性如果不符合铁处女形象，如今她们就会被称作畸形的，并且铁处女恰恰是没有女人会符合或是永远符合的形象。一个女性现在正被要求感觉自己像个怪物，尽管她身体完整、机能完备。整形医生正在利用神话对身体功能的双重标准。男性的大腿是用于走路的，但女性的大腿是用来走路和看起来"美貌"的。如果女性能走但相信自己的四肢不好看,她们就觉得她们的身体不能做到她们该做到的事;她们觉得自己真的是畸形而残疾的,就像不情愿的维多利亚时代疑病症者感到自己病了那样。

这种重新分类的悲剧在于,在大部分的历史中,女性的确饱受疾病之苦——子宫脱垂,因卵巢囊肿而早逝,无法医治的性病,阴道感染;糟糕的卫生状况,无知,羞耻,以及每年强制性的怀孕给她们造成的伤害。与之相比,女性现在奇迹般地、空前地健康——但美貌神话否认我们对自己健康的体验。在女性的身体"不-适"(dis-ease)结束了仅仅一代之后,女性在自己身体之中安适的新可能性就被美貌神话毁掉了。

重新用起来的有关女性疾病的修辞侮辱了女性健康的身体:当一个现代女性享有一个能走、能跑、能跳舞、能玩并把她带入性高潮的身体;当她同时有着不受癌症困扰的乳房,一个健康的子宫,比维多利亚时代女性的平均寿命长两倍的寿命,长得足够让她在自己的脸上展现她的性格;当她有足够多吃的,无论她何时何地有需要,都可以通过牺牲身材管理来保护她的新陈代谢;如今她的身体是健康和幸福的礼物,远远超出了以前任何世代的女性所能期待的——但整形手术的时代消除了她的极好运气。它把她的感知天赋、充满活力的身体、她面孔的个性特征分解成各个存在缺陷的部件,教导她把自己的毕生幸福活成一个终身的诅咒。

结果是,身体健全的女性现在可能比残疾人还不满意她们的身体:"身体残疾的人",一个援引《纽约时报》资料的近期研究报告说,"通常表达出对其身体总体满意的情绪"[22]——然而我们发现,体格健全的女性却不会。只要有机会,旧金山港湾区 1/4 的女性愿意进行整形手术。[23] "畸形的"一词不再被用于礼貌的对话中，除非是用来描述健康的正常女性的身体和面孔，在那里，整形医生的语言将一场新的畸形秀从我们之中建构出来。

"健康"是有益健康的吗？

整形手术时代有多健康？除了年轻女性群体，吸烟在所有群体中都在逐渐减少；39%的抽烟女性说她们吸烟是为了维持体重；1/4的抽烟女性会死于由吸烟导致的疾病——尽管公道地说，这些女性的尸体比活着的不抽烟者的身体平均轻4磅。卡碧香烟广告上的宣传语是"超细修长"。已故的罗斯·西波隆（Rose Cipollone）的丈夫为妻子死于肺癌而控告烟草工业，西波隆在她十几岁时就开始吸烟，因为"我想我将富有魅力或变得漂亮"。[24]

液体禁食已经在美国引发了至少60例死亡，而它的副作用包括恶心、脱发、眩晕、抑郁。[25]强制性运动引起运动性贫血和发育迟缓。乳房植入手术让癌症检测更为困难。[26]女性推迟乳房X光检查，因为担心失去一只乳房或变得"只剩半个女人"。

美貌神话不但让女性在身体上患病，也让她们在精神上患病。阿蒂和布鲁克斯-冈恩在《性别与压力》中坚持认为，节食是引起女性压力的一个慢性原因；压力是最严重的医疗风险因素之一，它削弱免疫系统并引发高血压、心脏病，以及更高的癌症死亡率。[27]但更糟糕的是，整形手术时代的美貌神话事实上在女性意识之内复制了精神疾病的典型症状。[28]

精神分裂症患者有着对身体边界的不安感。[29]神经质的人的身体形象是不稳定的，要么十分消极，要么十分积极。自恋者觉得，发生在他们身体上的事并没有在自己身上发生。精神错乱者感到自己身体的一些部分正在瓦解。他们反复擦伤、自残、害怕跌入虚无与解体。对整形手术的期待和体重波动让女性受困于脆弱的身体边界。强调外貌令她们具有不稳定性，特别是会对自己产生十分消极或积极的看法。接连而来的媒体形象表明，女性面孔和身体分裂成了碎片，美貌神话正是这样要求女性思考她自己的身体部位的。大量的美貌实践要求她反复擦伤并自残，当她年老时，她被要求相信，如果没有"美貌"，她就会滑入虚无和解体。通过让女性体验精神疾病的症状，女性更有可能变得精神上有病，这难道不可能吗？女性占据了精神疾病患者的绝大多数。[30]

但这些事实对女性并不十分有用，因为男性和女性的"健康"有双重标准。当女性靠抽烟来减肥时，她们并没有弄错。我们的社会**确实**奖赏外在的美貌，并将其凌驾于内在的健康之上。女性不应该因为选择有害我们长期健康的短期美貌"修补"而受到责备，因为我们的生命周期在美貌神话之下是倒置的，没有巨大的社会激励和经济激励促进女性长寿。在社会上，一个有着癌前肺变的瘦削年轻女性比一个健壮的丑老太婆得到更高的奖励。发言人向女性兜售铁处女的形象，并称之为"健康的"；如果公共话语真的关心女性健康，它就会对美貌神话的这一方面感到愤怒。

生命的全盛期是40岁到60岁，许多男性这时都处在其能力的高峰时期，大多数女性肯定也是如此，但这一阶段却被塑造为男性的巅峰期和女性的衰退期（一个特别尖锐的讽刺是，自那些年来，它也代表了女性的性高峰期和男性的性衰退期）。

这一双重标准不是基于中年男女之间健康上的差异,而是以美貌神话的人为不平等为基础。把"健康"用作整形手术时代的粉饰,其虚伪之处在于,神话的真正信息是:女性应该饥饿地活着,早早地去世并留下一具漂亮的尸体。整形手术时代关于女性"健康"的定义并不健康。那些被界定为"病态"的方面真的是有病的吗?

你可以把女性衰老视为疾病的迹象,尤其是,如果让女性也按你的方式看她们自己会给你带来利益的话。或者你可以看到,如果一个女性是健康的,她会慢慢变老;随着她茁壮成长,她会做出回应、交谈、展现情绪,并且这些都会表现在她的面容上。皱纹是她思想的痕迹,在数十年的欢笑后从她的眼角流露出来,它们紧密地聚在一起,就像她微笑时聚拢而来的粉丝。你可以称这些皱纹是"严重损伤",密布于脸上,或者你可以将它们看作精准的笔迹:思想在她双眉之间留下深深的刻痕,在她的前额上勾画出因惊奇、高兴、同情、愉快交谈而生的横向皱纹。她接吻、交谈、哭泣的一生都在嘴周表现了出来,刻下的痕迹恰似拂动的叶片。她面部和颈部的皮肤松弛了,赋予她的容貌以一种性感的尊贵;随着她的成熟,她的容貌也更为鲜明。她已经探索了自己的一生,而这也展示了出来。当她的头发中间现出灰白时,你可以称之为一种丑陋的秘密,但是你也可以称之为银色的光泽或是宛如月光。她的身体充满了自己,就像一个游泳者挺胸与水流搏斗一样承担着地心引力,慷慨随着她余下的时间而日益增长。她的黑眼圈、她眼睑的重量、它们相交的细微阴影,都揭示出她的经历已经在她身上留下了复杂性和丰富性。她更神秘、更强壮、更放松、更坚强、更性感。一个不断成长的女性的成熟是十分悦目的美丽事物。

又或者，如果你的广告收入，或你的7位数薪水，或你特权的性别地位取决于它，那么它就是一个可操作的条件。

如果通过这么做，你一年赚得100万美元——在美国，这是整形医生的平均收入——那么女性的脂肪就能轻易被称为一种疾病。[31] 又或者，它能按其本来的样子被看待，被视为正常的，因为即使最瘦的健康女性也比男性有更多的脂肪。当你看到女性臀部和大腿的曲线隆起时，你可以声称那是一种异常的畸形。或者你可以说出真相：75%的女性体型都是那样的，柔软、浑圆的臀部和大腿，而腹部则毫无疑问被认为是性感的，直到女性获得了投票权。你可以承认，女性的肉体是具有某种特定纹理的、微微起伏的、结实的、复杂的；脂肪覆盖在女性的肌肉、臀部与大腿上，它孕育了孩子，并为性而敞开，这种是女性身体最具挑逗性的品质之一。或者，你可以把这也转变成一种可操作的条件。

女性的表情所展现出的生命力，她肉体的感觉，她乳房的形状，她的皮肤在产后的转变，所有这些深刻的、本质的女性特征都在被重新归类为丑陋，而丑陋则被归类为疾病。这些品质与女性权力的加强有关，这情况解释了它们为何正在被重塑为对权力的削弱。女性至少有1/3的生活被标上了衰老的印记；她身体的1/3是由脂肪构成的。这两个符号都被转换为可操作的条件——**结果是**，女性只有在拥有其本可完整拥有的身体的2/3时，才会感到健康。如果一个"理想"被定义为，一个女性的性特征有多少是**不靠**女性身体而存在的，一个女性的生活有多少是**不**显示在她脸上的，那么这个"理想"怎么可能与女性有关？

利　润

它不可能与女性有关，因为"理想"不是关乎女性，而是关乎金钱。当前的整形手术时代是由轻松获利来推动的，这和维多利亚时代的医疗系统一样。整形手术这一产业在美国的总额为每年3亿美元，每年增长10%。[32]但随着女性习惯了舒适和自由，它不能继续指望从女性乐意为了她们的性而受苦这一过程中获利了。必须建立一种恐吓机制以维持那种增长率——它比其他任何"医学专业"的增长率都更高。如果这个产业要从消除旧有负罪感的新技术中获得全部利润的话，就必须提高女性的痛苦阈值，并在我们的心中植入一种新的脆弱感。整形手术市场是虚构的，因为女性的脸上或身体上没有什么社会变迁不能治愈的问题；因此整形医生的收入依赖于扭曲女性的自我感知与增加女性的自我憎恨。

按照艾伦瑞奇与英格利希的说法："女性脆弱的神话以及对似乎支持这一神话的女性疑病症的真实崇拜，对医疗行业的经济利益直接发挥了作用。"在19世纪，医疗行业的竞争增加。医生们疯狂地要确保富有女性这个可靠的患者群体，即"客户阶层"，这类人可以被医生说服，认为自己需要医生定期上门出诊和需要一个漫长的恢复期。女性参政论者看穿了女性病弱背后的真正推动力——医生的利益和限制女性生活的非自然条件。玛丽·利弗莫尔（Mary Livermore）——一个女性参政论者——抵制"女性是天生病号的荒谬假设"，她谴责道，"邪恶的'妇科医生'大军"，他们"似乎渴望让女性相信，她们只拥有一套器官——并且这些器官还总是有病的"。玛丽·普特南·雅可比（Mary Putnam Jacobi）把女性的健康状况不佳直接追溯到了"她们作为有利可图的病人这一新功能"上。就像艾伦瑞奇和英格利希所提出的那样:"作为一个生意人,医生与女性的某种社会角色——它要求女性患病——有一种直接的利益关系。"[33]

现代整形医生与女性的某种社会角色——它要求女性感到丑陋——有直接的经济关系。他们不单是登广告来从一个业已存在的市场中分一杯羹:他们的广告创造了新市场。这是一个朝阳产业,因为它通过在女性杂志中把文字和广告相配合,占据了创造自身需求的有利位置。

这个产业投放广告并获得报道;而女性则被开刀。她们付出自己的金钱,他们则得到他们的机会。随着整形医生更加富有,他们也就能控制更大、更显眼的广告位:《时尚芭莎》杂志1988年10月的这一期很典型,它刊登了一篇肯定整形手术的文章,在同一页上配以同等版面大小的整形手术广告。《纽约时报》1989年7月的健康增刊宣传了规律禁食、肥胖农场、减肥营、整形医生、饮食失调专家,其中充斥了半数以上的商业广告版面。到了1990年9月,交换条件稳定下来了:《大都会》的一期中提供了一篇卑躬屈膝、毫无批判性的吹捧文章,这期是整版全彩印刷的整形手术广告。现在,整形手术、广告收入、风险、警告信息之间的关系,再现了在卫生局局长表明立场之前香烟广告对戒烟刊物的抑制作用。由于记者没什么动机去揭露或追究它们(实际上,他们有不去这么做的动机:第一家整形医生组织提供了一份500美元的新闻奖金,包括两张免费飞机票),整形医生的地位和影响将会继续走高。通过满足文化的而非生物学上的需要,他们很可能继续积累控制女性社会及经济生活的生死大权;如果是这样的话,他们很快就会成为很多人都想成为的那种人：小上帝，没人想要违逆他们。

如果女性突然不再自感丑陋，那么发展最为快速的医疗专业将会以最快的速度灭亡。在美国的许多州，那里的整形医生（与专攻烧伤、外伤和先天缺陷的整形外科医生相对）可以是任何非专业的医学博士，对于这些医生来说，如果广告宣传不能加剧女性的焦虑，他们就得回到治疗腮腺炎和痔疮的工作。他们可观的营生依赖于向女性出售一种终极的丑陋。告诉某人她有了癌症，你并不能在她身体内创造这种疾病及其痛苦。但如果你能让一个女性确信她是丑的，你就实实在在创造了这种"疾病"，而其痛苦也是真实的。如果你包装你的广告，在旁边放上一篇推销整形手术的文章，其语境让女性自感丑陋，并让她相信其他女性正在用这种方式竞争，那么，你就已经为推销一种只有你能治愈的疾病得到报酬了。

这个市场造物似乎并不遵从真正的医疗职业伦理。如果治疗的医生为了从损害健康中得利而推动一种损害健康的行为，那他会名誉扫地：医院正在撤销来自烟草公司和酒类公司的投资。这一行为的专业术语叫道德投资（ethical investing），它承认有些医疗利益关系是不道德的。医院担得起这种美德，因为他们患病及垂危的患者群体一直是自然补充的。但整形医生必须创造一个生物学意义上并不存在的患者群体。所以他们在《纽约时报》上发布了整版的广告，展示了一个著名模特身着泳衣的全身照，并附上了宽松信贷和低额月付的条款，就好似女性的乳房是一组耐用的消费品，以便让他们的大众疾病之梦成真。

伦 理

尽管整形手术的时代已经开始，但它在社会上、伦理上、政治上都没有受到审查。虽然女性最不需要的就是某人告诉我们，我们对自己的身体能做什么、不能做什么，并且，虽然我们最不需要的就是为我们自己的选择而受到指责，但事实却是，目前还没有关注于整形手术时代供给方的伦理争论。这种放任主义态度的前后矛盾是有许多原因的。许多争论和立法都限制对身体部位的购买，并保护身体免于自由市场所造成的风险。法律认识到，当谈到买卖时，人类身体根本上不同于某个无生命物体。在美国的绝大多数州，法律禁止针对阴道、口腔或肛门的商业贸易。它判定自残和自杀为犯法，并拒绝签订建立在人们所假设的不合理的个人风险（在这一情况下是死亡风险）基础上的契约。哲学家康德写道，出售人体部位违反了市场之中什么能卖的道德界限。世界卫生组织谴责为了移植而出售人体器官；英国及美国的法律禁止这类做法，至少其他 20 个国家也这么做。胎儿试验在美国被明令禁止，英国议会对该问题展开了的激烈争论。[34] 在美国代孕婴儿 M（Baby M.）①一案中，法院判决，购买或租用子宫为非法。在英美，购买孩子为非法。女性出于经济压力贩卖子宫或是男性出于经济压力贩卖肾脏，是引发这类伦理争论的原因。令人痛苦的全国辩论集中在胎儿的生命和死亡上。我们愿意努力解决这类问题，这一态度被视为社会道德健康的标志。

---

① 1985 年，美国的斯德恩和伊丽莎白夫妇与玛丽·怀特海德签下代孕合同，但怀特海德生下孩子后反悔，不肯履行合同，从而引发了这起著名的婴儿所属权官司。——译者注

整形手术医生所交易的是人体部位,并且销售的方法是侵略性的。即使实验的胎儿组织已死;它仍能引发复杂的问题;而遭受整形手术实验的女性还活着,整形医生却把其身体上的细胞组织称为"死的",这样他们就能有利可图地杀死那些细胞组织。一个女性是完全活着的吗,还是只有她那部分年轻而"美貌"的身体是活着的?让老人死去的社会压力提出了有关优生学的问题。那么,让一个女性破坏她健康身体上的"畸形"或消灭她自己年龄的社会压力又怎么样呢?这还不足以说明社会的道德健康状况吗?在身体政治上明明是错的东西何以能不仅是对的,而且还是**女性**身体所必需的?这里难道没有什么政治力量在运作吗?

当它降临到女性头上,并且由整形手术时代开启了伦理虚无时,没有适用的指导方针,也没有争论随之发生。最暴力的人都为他们自己设置了边界,以表明他们没有丧失人性。一个军人不愿杀害一个孩子,国防部对毒气的使用划定了界限,日内瓦公约宣称即使在战时,还是有些事做得太过了:我们赞成,文明的人能识别折磨并谴责它。但在这里,美丽神话似乎外在于文明:这里至今还没有类似"限制"的东西。

这一神话依靠一个谬论:美貌是达尔文主义的一种形式,是为稀有资源而进行的一场自然斗争,而自然即血腥斗争。即使有人能接受这一谬论,即女性为美貌而遭受的痛苦可以作为某种必然的进化冲突的一部分而获得正当性,就像将军证明战争的正当性那样,但人们依然必须认识到文明人从没有这样说过——"够了,我们不是动物",就像他们对军事暴行所做的那样。

希波克拉底誓言以这段话开始:"第一,不害人。"罗伯特·杰伊·利夫顿的《纳粹医生》引用了一个医学实验的受害人问医生的话:"你为什么想要对我动手术?我……没病。"[35]整形医生的行为直接与治疗医生的医学伦理相矛盾。治疗医生遵循一个严格的法典,它制定于纽伦堡审判之后,用来保护患者免受不负责任的实验:该法典谴责了医学实验中的过度风险;它绝对禁止不出于治疗目标的实验;它坚持患者的参与自由与非强制的选择;它强制要求在获得患者的"知情同意"时将风险全面披露。如果严格按字面意思,而非按修辞性语言来审视现代整形医生的行为,那么很显然,整形医生每天都在违背纽伦堡的医学法典。

整形手术的技术仿佛是在不负责任的医学实验中发展出来的,它们把绝望的女性用作实验动物:在法国的第一例抽脂手术中,强大的软管扯开女性身体,同时一起扯出的是大量活组织的血球,全部是神经网络、神经细胞的树突和神经节。试验者毫无畏惧地坚持下去。9位法国女性死于**"改进的"**技术,而**这技术被称作一项成功的技术**,并被带到美国。[36]吸脂专家在缺乏任何实际动手训练的情况下开始了他们的手术。"我的整形医生之前从未做过那种手术……所以他会拿我做'实验'。"一个手术上瘾者记录道。在做缩胃手术时,"整形医生为了找出更好的技术而不断实验"[37]。

为了保护患者免受医学实验的影响,纽伦堡法典强调,为了真正地同意,患者必须了解所有的风险。[38]尽管患者被要求签署知情同意书,但获得有关整形手术的精确或客观的信息也是极其困难的,即使并非不可能。大多数的信息都强调女性有责任研究从业者和手术过程。但只是通过读女性杂志,一个女性可能知道会有并发症,但不会知道它们的概率;即使用全部时间专门研究它,她还是不能发现死亡率的数据。同样,也没人知道谁应该讲述这个，或是没有谁说。美国整形再造医生协会的女发言人说："没有人保留死亡率的数据。没有总体死亡率的记录。"[39] 在加拿大，情况亦是如此。英国美容整形外科医生协会也声明，该统计数字他们提供不了。一份整形手术信息源承认，3 万人中有 1 例死亡，[40] 这必定意味着到目前为止，至少有 67 位美国女性死去了——尽管这些比例在通俗报刊的文章中从未出现过。绝大多数的可用信息源都忽略了风险等级，并且全都忽略了对疼痛程度的说明，就如通俗读物就此问题的一份随机调查显示的那样：在《关乎脸》（About Face）一书中，作者提到了 5 种整形手术，包括抽脂术、化学换肤术、化学磨皮术，但并没有提到风险及疼痛。《美丽身体之书》（The Beautiful Body Book）中谈到的整形手术包含乳房整形、磨皮和抽脂，也没有提到风险、疼痛、乳房硬化、再次手术率或癌症检测的困难。作者描述了缩胸手术和"再定位"手术（按她的话说，这是用于"乳头错位"的情况）。这些整形手术会永久地扼杀乳头的性欲反应。她的确提到这个副作用，只是以"布林克医生"让人大吃一惊的观点打发掉了：这位医生"告诉我，对于许多有着超大乳房的女性来说，乳头区域很少感觉或根本没感觉，这情况很寻常"。她继续给出对这类书而言很典型的错误"事实"，抽脂术——她错误地指出——只导致了"4 例死亡"[41]（《纽约时报》在 1987 年统计为 11 例），[42] "迄今为止，还没有观察到长期的副作用"。帕特尼诊所的宣传册在其"风险"列表中并未提到疼痛的风险，在他们所提供的全部 5 种乳房整形手术中都会有失去乳头感觉的风险，或是死亡风险。整形手术咨询服务宣传册中给出了一个全然的谎言：它声称，乳房整形手术之后形成瘢痕组织"是罕见的"，只会"很偶然地"

发生，尽管实际上对瘢痕形成的估算范围是所有病例的 10% 到多达 70%。整形医生托马斯·D. 里斯医生处理知情同意书的办法很典型："给（他的）患者一份文件，文件给她们提供尽可能多的实用信息，但不会让她们因可能发生的大量并发症而吓得半死。"这些并发症，尽管他称它们是少见的，却"能降临到她们身上"。我们也很难辨别哪些资料是有偏颇的：伦敦的《独立报》，一份受人尊敬的报纸，登出了一篇对整形手术持肯定态度的文章，结尾是一篇《独立报整形手术指南》（"Independent Guide to Cosmetic Surgery"）的广告（价值 2 英镑），该广告故意淡化了风险，并为英国所有合格的整形医生做了广告。一个女性没法知道，一个恐怖故事发生在她身上的概率有多大，直到它发生；光是她的无知就让整形医生违背了纽伦堡法典的条文精神。

　　治疗医生尊重健康的身体，并只是在万不得已的情况下侵入患病的身体；整形医生则为了侵略她们而称健康的身体为患病的。前者避免在家庭成员身上动手术；后者则是第一批被技术赋予了神话般的皮格马利翁式古代男性幻想①的人，这个雕刻家爱上了他自己的造物：至少有一个整形医生已经完全改造了他的妻子。治疗医生拒绝被上瘾操纵；现在已经有一类女性整形成瘾，《新闻周刊》报道说，"手术刀的奴隶"，她们"沉溺……于整形手术，就像我们中一些人吃巧克力上瘾——强迫症似的。无论是费用、疼痛，还是惊人的瘀伤都不能减轻对再多些削刻的欲望"[43]。一个整形医生给了一个上瘾者多次手术的

---

① 希腊神话中，国王皮格马利翁雕塑了一个少女，并希望她成为自己的妻子，最终雕像有了生命，国王美梦成真。——译者注

折扣。上瘾者"游走于不同医生之间,寻求多次手术……她们的自我审查变得就像显微镜那样观察入微。她们开始抱怨普通人发现不了的肿块"。于是整形医生做起了手术:弗兰克·邓顿医生切开了同一个女人至少 6 次,"并预计会继续这个改造工作。'我想这不要紧,'他说,'只要她老公不投诉。'"

保　护

为一个致命谎言服务的医疗强迫比正当医疗更少受到监管。在 19 世纪,性方面的手术既危险又不科学,几乎没有法律审查。直到约 1912 年,患者都更可能因医疗干预而受伤,而非得到帮助。根据今天的标准,人们几乎不了解身体是如何运转的,并且对女性生殖器官的奇怪试验很常见。美国医学会对谁能自称医生并没有法律的控制措施。医生有着事实上的行动自由:兜售鸦片类产品、让人上瘾的万灵油、治疗不明女性疾病的灵丹妙药。

新的暴行在大行其道,却毫无机构介入调停,那些机构本来是承诺了要保护公民福祉的。在关于谁获得消费者保护的性别双重标准下,[44] 如果你的所作所为是以美丽之名而加诸女性的,那么你就可以为所欲为。声称某样东西生发、让人增高或恢复男性雄风,如果它达不到这个效果,那这就是非法的。很难想象,如果治疗脱发的米诺地尔生发水已经杀死了 9 个法国男性和至少 11 个美国男性,那它还会存在于市场上。相比之下,全反式维 A 酸的长期影响还未可知,美国国家癌症研究所的斯图尔特·尤斯帕(Stuart Yuspa)医生把它的处方称作"人体实验",美国食品药品监督管理局也还没有批准它;然而,皮肤科医生把它当成处方药开给女性,每年收益超过1.5亿美元。

20世纪70年代的硅胶填充术从没得到美国食品药品监督管理局的批准,但就像托马斯·里斯所说的那样,它在女人的乳房里,已经硬得"像袋石头"。硅胶的长期致癌作用还不得而知,但整形医生仍在把它注射进女性的脸中。"脱皮室"(peeling parlors)出现了,在那里,没受过任何医学训练的执刀医生用酸在女性脸上造成二度烧伤。直到1988年,美国食品药品监督管理局才取缔针对女性的庸医治疗减肥法,这是门年价值250亿美元的生意。在取缔之前的40年里,声名狼藉的内科医生为"医学上认可的"减肥治疗开药:安非他命及相关的成瘾性药物,[45] 大剂量的洋地黄(一种高毒性的心脏药物),注射来自孕妇的尿液,长时间禁食,脑部手术,下颌线缝术①,肠道旁路手术。尽管所有治疗方案都是由医生推荐的,但没有一个得到长期动物实验或临床实验方面的有关安全性或有效性的支持。当正常进食得到恢复时,大众市场的节食配方仍然把危险的压力加诸身体之上;盐酸苯丙醇胺出现在减肥药与草本减肥药物里,它会造成心脏危害,却无须在产品上标明。[46] 为了减肥,女性仍然得到带有会上瘾的可卡因成分的处方药,医生也会开安非他命,但这并不值得总统的禁毒特别小组的注意。这种缺乏监管本身就是向女性传达的一则信息,一则我们明白的信息。

在英国,没在国民医疗保健服务体系里注册的医生为了进行整容手术,发明了客观的、听起来很像某个组织的名字,例如,整容手术热线、医疗咨询小组、整形手术咨询服务;他们

---

① 为禁止固体食物摄入而采取的一种减肥手术。——译者注

也利用了文学修辞，如疗愈和医疗行业之神阿斯克勒庇俄斯的带翼权杖与盘蛇。① 这些误导了女性，让她们以为她们正在获得公正的信息；但他们实际所做的是让没接受过医学培训的"顾问"通过电话游说，物色新的病患。[47] 在美国，直到1989年，即进入整形手术时代10年之后，由国会议员罗恩·怀登（Ron Wyden，俄勒冈州民主党人）召集了一次国会听证会，来审查一个证人所称的"强盗的最后庇护所，这些强盗向市场索取市场愿意承担的钱财"，以及他们的广告，这些广告"经常是误导性和错误的……利用了美国女性的不安全感"。证词里指控美国联邦贸易委员会未能监管该"行业"，并指责它允许了20世纪70年代的广告投放，然后又放弃对广告所产生的后果负责。医学博士/整形外科医生（D.P.S.）由美国整形外科委员会"通过认证"，因此也是由他们培训的；但现在一个美国女性被告知保证整形外科医生"通过认证"是她的责任，而这个美国女性却不太可能知道：有100多个听起来像官方名称的不同"委员会"是在无监管的情况下运行的。美国足有90%的整形手术是由未经监管的医生诊所执刀的。[48] 最后，国会的证词声称："没有术前审查的标准措施"，因此，所有女性都是可以动手术的。当这一现状摆明在他们面前，国会会做什么？什么都不做：在国会目睹了1790页令人震惊的证词之后，提出的立法是，"搁置"[49]。这是国会议员怀登办公室的发言人史蒂夫·斯科特（Steve Scott）医生在一年多后说出的。为什么？因为它发生在追求美的女性身上，所以它不严重。

---

① 希腊神话中医疗之神阿斯克勒庇俄斯，他的蛇杖被作为许多医学机构的标志，如世界卫生组织。——译者注

性手术

如果它和性有关,那它就格外不重要。20 世纪 80 年代,这个产业为回应美丽色情而得到扩张。当艾滋扼制了异性乱交行为时,男女现实生活中的性体验变少了,这使他们相信良好的性生活有各种方式。当人们的头脑中有关性方面的真实形象变少——凭借那些真实形象,他们本可以抵消商业化形象的影响——"塑身"便具备了自己的生命,驱使两性分裂,形成一种相互补偿的自恋,这种自恋甚至已不再以诱惑为目的。女性举重、"变得结实"(got hard);但"变得困难"(get hard)的是男性,而为了替自己获得的男性化力量道歉,女性有必要"美丽":当她们浑身变硬时,她们在其乳房的褶皱下割开切口,注入透明的凝胶囊。肌肉是超级男性气概的铁拳;而人造乳房则是超级女性气质的天鹅绒手套。这种理想不再是"裸体的女性",那个脆弱的存在。它的乳房是由透明的化学品组成的,它已经远远超过了"裸体"和"女性"所能达到的程度。

在美国各地,有 20 万到 100 万女性的乳房被割开过,并被植入了化学凝胶囊。记者杰里米·威尔·奥尔德森(Jeremy Weir Alderson)在《自我》杂志中认为,这个数字超过 100 万,而利润则在 1.68 亿美元到 3.74 亿美元之间。(手术花费在 1800 美元到 4000 美元之间。)他写道,乳房是整形医生切入最多的部位:相比于 67000 例的面部拉皮手术,一年之中就有 159300 例乳房手术。[50] 该手术导致 10 例中有多达 7 例的植入物周围的瘢痕组织硬化,当乳房硬得像岩石时,就必须被重新切开,取出植入物,或者由整形医生徒手全力把肿块捏碎。盐水注入物会收缩,必须被取出;生产植入物的厂家提供整形医生常规保险,以支付替换费用（整形医生成组地购买3对不同尺寸的凝胶囊）。硅胶植入物的部分物质会渗入身体，造成不可知的影响，医学期刊预测了免疫系统问题和中毒性休克综合征。植入物让癌症检测更为困难。在加利福尼亚范奈斯（Van Nuys）乳房医学中心的一份研究中，20个癌症患者都有植入物，而没有一个人的乳腺肿瘤在之前曾被检测到，而到了这病能被发现的时候，癌症已经扩散到了其中13名女性的淋巴结。比弗利山庄的整形医生苏珊·科巴尼安（Susan Chobanian）说："极少有女性在听说风险后放弃手术。"

在大多数女性可获得的信息之中，一个从没被提到的风险是乳头坏死。根据佩妮·乔尔顿的发现，"所有的乳房手术都能并很可能会对一个女性迄今已享受的所有性欲刺激产生不良影响，整形医生应该指出这一点，**以防这对患者而言是重要的**"[51]（黑体为作者所加）。因此，乳房整形术在损毁性感觉方面是一种性残害。

想象一下：阴茎植入物，阴茎增大物，包皮增强，睾丸硅胶注射以纠正不对称，有3种尺寸可选的盐水注射，纠正勃起角度的手术，拉升阴囊并让它坚挺。在《时尚先生》中刊登的增大阴茎的前后对比照。风险则是：阴茎头全部麻木了。性欲感觉减少。或性欲感觉的永久消除。阴茎头僵硬，达到了硬塑料的程度。睾丸肿胀并硬化，很可能要反复开刀，包括整形医生必须用手劲才能碎开的瘢痕组织。植入物塌陷。渗出。不可知的长期影响。持续数周的必要恢复期，阴茎在此阶段绝不能触碰。之所以要经受上述流程，是因为它们使男性对女性来说更性感，至少男性是这样被告诉的。

文明人会同意，这些是如此可怕的残害，一个女性甚至不应该想到它们。在我写到它们时，我感到恐惧。如果你是一个女性，那么当你读到它们时很可能会畏惧；如果你是一个男性，你的厌恶无疑几乎是身体上的。

但因为女性被教导去更加认同男人或孩童的身体——或一个胎儿、一只灵长类动物、一只海豹的身体——而非我们自己的身体，我们在读到对自己性器官的这些类似攻击时就很麻木。正像女性的性意识被反转了，这样我们也更认同于男性的快感而非女性的快感，而我们对疼痛的认同也是如此。一个人能抗议说乳房和阴茎不是对等的术语，而这是有效的：乳房整形手术并不就是阴蒂切除术。它只是半个阴蒂切除术。

但人们可以主张说，这并不像真的生殖器残害，因为女性选择了它。在西非，穆斯林女孩未受割礼就不能结婚。这个部落的女性用没消毒的破瓶子或生锈的刀子切除阴蒂，这经常导致大出血和感染，有时会导致死亡。女性在那里是施事者。人们可以以同样的洞察力说，那些女性"对她们自己做了这些"[52]。

据估计，非洲有 2500 万女性受到性残害。通常的解释是，这让女性更容易生育，但事实恰恰相反。中国的缠足也带有性方面的原因，就像安德里亚·德沃金（Andrea Dworkin）指出的，人们相信中国的缠足能改变阴道，引起性行为过程中的"一种神奇的兴奋"，德沃金写道，尽管"肌肉在捆绑期间经常腐烂，并部分地从脚底脱落"，并且，"有时一只或更多脚趾会脱落"。这就是吸引力的本质：没有中国女孩"能承受被称作'大脚鬼'的嘲笑和不能结婚的耻辱"[53]。乳房整形手术的原理也是性欲望与吸引力。

就像乳房整形手术，生殖器的毁伤被平常化了：发生在女性身上的暴行是"性方面的"，不是"政治上的"，所以美国国务院、世界卫生组织和联合国儿童基金会将其称为"社会及文化心态",然后什么都不做。不过,最后世界卫生组织对手术展开了监督。肯尼亚总统丹尼尔·阿拉普·莫伊(Daniel Arap Moi)听说14个女孩已经因为这种手术死去,在1982年禁止了它。

西方性手术并不是新兴产物。正常的女性性征在19世纪是一种疾病,就如正常乳房在今天是可以动手术的。19世纪妇科医生的任务是对性病和"社会犯罪"进行"检测、判断和惩罚"。盆腔手术作为一种"社会反应"变得普遍起来,因为"性高潮是疾病,而治疗则是消灭它"。

维多利亚时代的阴蒂切除术让女性举止端庄。"患者得到治愈……患者的道德感得到提升……她变得易于驾驭,有条不紊、勤勉、爱干净。"现代整形手术医生声称他们让女性感觉更好,那毫无疑问是真的;维多利亚时代的中产阶级女性把有关她们性征的观念内化为不健康的,以至于妇科医生是在"回应她们的祈祷"。托马斯·里斯医生的一个面部拉皮手术患者说:"我感到舒心多了。"维多利亚时代库欣医生的一个患者因割断自慰的"诱惑"而感到欣慰,她写道,"天堂的一扇窗子已经(为我)打开"。"它改变了我的生活",托马斯·里斯医生的一个鼻整形病人说:"就那么简单。"

关于女性阉割是否帮助女性回归她们的"正常"角色,维多利亚时代的医学观念意见不一。沃纳医生就像现代整形医生一样承认,阉割的结果很可能是心理上,而非身体上的。赛明顿-布朗医生(Symington-Brown)也承认这一点,但同时也坚持认为手术仍然是有效的,因为它起到了"震慑的效果"[54]。整形手术时代同样强化了女性对美貌神话的服从,这是在某种不言而喻的恐惧背景下发生的：如果她不小心，就要接受一次手术。

与现代整形手术的标准类似——据此标准，接受面部拉皮手术的患者在她们二十几岁时就要接受某种"预防性的"手术，用一个医生的话说，这是"纯粹的市场炒作"——阴蒂切除术的标准在一开始有着严格的界定，但很快变得无所不包。赛明顿－布朗医生在1859年开始做阴蒂切除手术。到了19世纪60年代，他也开始切除阴唇。他变得更自信，在年仅10岁的女孩身上，在白痴、癫痫患者、中风患者身上，甚至在有眼疾的女性身上做手术。正如一个整形手术上瘾者在《她》上说的那样："一旦开始，就产生了一种连锁效应。"他给想要离婚的女人做了5次手术，每次都让妻子回到丈夫身边。这手术……是一种侮辱性的仪式，它吓得她们中的大部分人屈服了……毁伤、镇静和心理恐吓……似乎已经成了一种有效而残忍的重组形式。"肖瓦尔特写道，"阴蒂切除术是一种由手术所强制执行的意识形态，它把女性的性意识限制于生殖"，就像乳房整形手术也是一种意识形态，它把女性的性意识限制于"美貌"。维多利亚时代的女性抱怨被"欺骗和强迫"治疗，就像1989年美国女性向脱口秀女主持奥普拉·温弗瑞描述的：一个医生未经她们的同意就做了生殖器切割术，强行给她们带来了痛苦，因为这个整形医生确信他能通过手术重建来改善她们的高潮。

乳房整形手术在女性性征具有如此大的威胁时增多，这并非巧合。在维多利亚时代也是如此，那时医生把水蛭直接放在阴道或子宫颈里来治疗闭经，并用铬酸烧灼子宫以放血。"重要的不是……手术"，一个鼻整形患者说道，正如维多利亚时代女性的"精神痛苦和身体折磨被认为是微不足道的"。整形医生正在成为媒体明星。"魅力和威望"开始环绕着妇科医生,而医生经常在不需要用那么惊人的措施就足以治疗的情况下建议做手术。卵巢摘除术"成了一种流行的手术,尽管死亡率有时高达40%。**不但不健康的卵巢,而且健康的、正常的卵巢也深受性手术之害**"(黑体为本书作者所加)。人们只需打开一本整形手术手册就能了解,现在"成为性手术牺牲品"的乳房是如何极度正常和健康。

现代外科医生骄傲地展示他们的工作;费伊·韦尔登的《绝望的主妇:整形复仇记》(*The Life and Loves of a She-Devil*)重现了一个当下的幻想:被彻底改造过的女人在一个鸡尾酒会上向随行的整形医生炫耀。[55]维多利亚时代的医生吹嘘他们做过的卵巢摘除术的数量,并在美国妇科学会的会议上向崇拜的听众展示排列在银盘上的卵巢。

卵巢摘除术出现于1872年。次年,它被推荐用于"无卵巢病",特别是自慰,这样,到了1906年,约15万美国女性没有了卵巢。"无卵巢病"是一个社会判断,它旨在阻止"不适宜的"行为滋生并污染健康的身体。而"'不适宜'包括了……任何被自慰、避孕、堕胎所腐蚀的女性……从19世纪90年代直到二战,精神不正常的女性被'阉割了'"[56]。

1925年,"腔道外科协会"提供了阴蒂摘除术和锁阴术方面的手术培训,"因为有大量的疾病和痛苦可以通过更温和一些的性生活而避免"。10年前,俄亥俄州的一个妇科医生提供了一门1500美元的"记号Z"(Mark Z)手术,即重新构造阴道,以便"让阴蒂更容易受到阴茎的直接刺激"。现代整形医生通常吹嘘的一点是,他们的工作把女性从苦楚、受难的生活中拯救了出来。

有一类色情是集中在伤害、切割女性的乳房之上的。令人恐惧的是，乳房整形手术被认为是色情的原因，这似乎并不在于它让女性看起来有了更大或更自然的乳房——似乎没有人对于假装它们看起来很自然有兴趣；也不在于它让女性更有"女人味"；甚至也不在于它让乳房更"完美"。令人惊恐的是，这种**手术本身**正在被色情化。一家匈牙利杂志专题报道了当地美女的乳房和制造出它们的整形医生；《花花公子》给玛丽埃尔·海明威（Mariel Hemingway）和杰西卡·哈恩（Jessica Hahn）的整形手术做了专题——没那么多的乳房了；手术变成了重点。现在，在一个女人害怕的时代，科学家剖开、侵入、人为再造女性乳房的想法看上去正在成为色情的最终胜利，看到这些才是让人惊恐的。

乳房的人为再造，现在或许对女性而言也变得色情化了。仅在美貌色情削减女性性征 20 年后，女性能认为并感到一个性征上无生命的乳房比一个性征上有生气的乳房"更好"。默示的审查制度编辑了女性面孔和体型形象，它们也编辑了女性乳房的形象，让女性对乳房实际是什么样子一无所知。文化用无瑕疵的十全十美来筛选乳房，几乎从不展现那些柔软的、不对称的、成熟的乳房，或是那些经历过孕期变化的乳房。看到在文化中的乳房，一个人会对真正的乳房缺乏概念：就像世上有着多种多样的女性一样，真正的乳房也有多种多样的形状和变化。因为大多数女性几乎从没看过或摸过其他女性的乳房，所以她们不清楚它们感觉上如何，或它们随身体而移动及改变的方式，或不清楚它们在性爱期间实际上看起来如何。所有年龄的女性都有一种对"坚挺"和"紧实"的固恋，考虑到女性乳房在肌理上实际是如何多样，这真让人悲伤。许多年轻女性忍受了强烈的羞愧情绪,因为她们确信只有自己有妊娠纹。因为美貌审查制度把女性局限在对其他女性真实身体的深深无知里,这就能事实上让所有女性觉得唯有她的乳房太柔软、太低、太下垂、太小、太大、太怪异,或是长错了,并且这让她失去了乳头完整而敏锐的性兴奋。

乳房整形手术的潮流是由这样一种文化创造的,它排除了所有非官方的乳房,并称从这种编辑中剩下的影像为"性",它让女性一直不知道她们自己及其他女性的身体,并提供了一种不受管控的服务,该服务以数千美元的价格["一只(乳房)?""不,两只。"]向发狂的女性分发可被允许的替代品。

在一则宣传美国整形医生的电视广告中,屏幕上的女演员带着心满意足的女人的笑容发出呜呜声。她的脸上看起来没什么不寻常。观众看出来她并没有在谈论她的脸。总的说来,女性并不是为个别男性而切开她的乳房,而是为了能体验自己的性征。在一个不健康的环境中,她们**正在**"为自己"这么做。她们大多数结婚了,或处于稳定的关系之中。她们之中足有1/3是母亲,用整形医生的话说,她们的乳房已经在怀孕后"萎缩"了。她们的另一半"坚决否认"支持做手术,并抗议说他们从没有批评过爱人的乳房。

这一性残害与真实的男女关系无关。它与女性性征陷于美丽反扑有关,尽管会有男性爱她们。很快,即使是深情的爱人也不能从手术刀下解救众多女性的性征了。今天,女性必须忽视她在爱人眼中的倒影,因为他或许会赞美她,并以美神的眼光寻找倒影,而在美神的感知中她从来不是完整的。取消了其他所有乳房的官方乳房是什么样的?在所有形状和尺寸中,它最好地确保了青春期的乳房。极为年轻的女孩当然有小胸,但很多成熟的女性也是如此。许多成熟女性是大胸，但并不"紧实"和"诱人"。高耸、丰满而紧实的乳房最可能属于一个十几岁的少女。在一个害怕女性性自信价值的文化中，那种乳房是让人放心的极端年轻的保证——它意味着性无知和不育。

弗洛伊德相信，力比多压抑创造了文明；在当下，文明是基于对女性力比多的压抑：1973年，《今日心理学》(Psychology Today)报道，1/4被调查的美国女性对她们乳房的尺寸或形状不满意。到了1986年，该数量已经上升到1/3；在此期间，变化的并不是女性的乳房。

这就是为什么越来越多的女性不会在意整形手术对她们的乳房做了些什么，这些事情或许会让某种纯粹人性化的性趣味感到厌恶——把它们变得与硬塑料一般坚实的硬化。女性说到了（至少，讨论整形手术的文章这么说）手术后的新式性满足，即使她们的乳房神经坏死并坚如岩石。这怎么可能呢？许多女性的性意识正在被美貌色情具象化，以至于她们可能真的会因性器官而更激动，这些器官是坏死的、一动不动的，但在视觉上与美貌色情相符。

所以，即使乳房植入物对女性的爱人说来感觉怪异，并在她自身内部切断了感觉，但它们可能实际上在性方面"解放"了一个女性。它们看起来是正规的。它们拍起照来好看。女性已经成了人工制品——非女性的——并将永不变化，这是美貌神话的终极目标。塑料化的身体部位不会在此处停止。

整形医生并不期望引出会让女性觉得自己美丽的东西，而是向她保证他们会把文化的官方幻想加诸她身体之上。她们似乎没有关于自身角色的幻想。一则整形手术期刊上的广告展示了一只毛发旺盛的男性手掌，它正推挤一只黏黏的植入物。（由医学伦理将干涉男性性征视为一种暴行。Depo-Provera[①]是一种降低男性罪犯力比多的药物，它有争议是因为干预男性性征是野蛮的。但女性性征被各机构当作某种假想的东西来对待。不但工厂生产的乳房假体会对女性的感觉反应造成危害；许多其他程序也伤害它。（例如口服避孕药本应该让女性"更性感"，但实际上会降低她们的力比多，这是一个她们很少被告知的副作用。）眼睑手术的一个风险是失明；鼻整形手术可能会损害嗅觉；麻木伴随着面部拉皮。如果整形手术的理想是感官享乐，那么一定有超越普通五感的其他感觉。

麻　木

足够的疼痛会让人麻木。看看一个"打扮得漂漂亮亮的"女性走在寒冷的路上，树枝在她头上咯咯作响。她的装束，部分是弗拉门戈舞者服，部分是卡门舞者装，这是一个脆弱而醒目的自我创造。她花了一小时涂抹自己的脸，调配颜色并画上阴影，现在她的头高昂着，好似那是一件艺术品。她穿着黑色丝袜的腿已经被寒风吹得麻木。她裙子的高高开口使她受到一阵风的侵袭，吹起了她皮肤上的汗毛。红黑色细高跟的向上压力磨着她的跟腱，她的跟腱不停地抽动着。但人们的头转了又转，不停朝她看：**那是谁？**每一瞥都像是皮下注射的一针。只

[①] 醋酸甲羟孕酮注射液（注射避孕药）的一个知名品牌。——编者注

要人们一直在回头看,她就真的不冷了。

一个健康的身体反应让它避开疼痛。但美丽思维是一种麻醉药,它有能力通过麻痹感觉,让女性更像物体。美丽指标正在把我们的疼痛临界点提高到了支持整形技术的程度。要在整形手术时代生存,我们确实不得不避免了解自己的感觉。我们遭受得越多,就会对重新打开我们不得不封锁的精神频道有更多的抗拒心理。在20世纪50年代的米尔格拉姆实验中,研究者把受试者的双手放在一个控制杆上,受试者被告知,该控制杆会向他们看不到的人执行电击。然后,科学家让他们不断把电击的等级提高。受试者不愿意违背科学权威——那权威告诉他们这是正确的并隔断了他们对"受害者"的观看,于是他们把电流提高到了致命等级。在一个整形手术时代的开端,女性学会就如实验对象与电击受害人的关系那样,建立与她自己身体的关系。与它分隔开,被要求不要把它看作人类的身体,或是如同情人类那样同情它,她正在科学权威的教导下对自己做着最恶劣的事。

电击不仅仅是一个隐喻。[57]自从电被使用以来,它已经成为控制女性的一部分。维多利亚时代的病人遭受电休克。电休克疗法通常应用在女性收容所的患者身上,它与整形手术的重生(death-and-rebirth)仪式极其相似。伊莱恩·肖瓦尔特在其《女性疾病》中声称,恰似整形手术,电休克疗法有着"一种强大宗教仪式的标志,受到某种牧师式的男性气质形象的安排……(其魔力)来自它对重生仪式的模仿。对于患者来说,它代表了一种成长仪式,在此仪式中,医生消灭'坏的'疯狂自我,并复活'好的'自我"[58]——在诗人西尔维娅·普拉斯对电休克疗法的看法中,一个好的自我再生了"非女性"。"因为这一原因,自杀性患者经常从电休克疗法中得到安慰；醒来后，她们感到在某种意义上，自己已死去又复生了，她们憎恨的自己的某些部位被消灭了——字面上说，被电死了。"杰拉尔德·麦克奈特描述了一种抗衰老"疗法"，在其中电击被应用于面部。兰蔻推出了一款"极端精密的轮廓修整产品"，它承诺"消除多余的凸起"：这是"首项热能体型塑造的休克疗法"。从苏联到智利，电击已经助长了政治异议者的被动状态。

现在女性被邀请担任自己的电休克疗法操作员，因此，详细地列举一个接一个业已特别错误的案例，或是再一次说整形手术是昂贵的、极为疼痛的，抑或是说你有可能会把自己的身体交给某个不受监管的、无资格的、不站在你这边的人，说这些都毫无意义。谈论死亡人数也不再有什么意义。

冷漠是真正的问题：全球性的麻木作用正在显现。每一篇讨论整形手术的文章详细地说明了它的恐怖（许多文章都这么做），女性却颇具讽刺性地丧失了更多的感觉自己身体并认同自身疼痛的能力——这是一个生存技巧，因为随着每一篇文章的发表，经受那些极端恐怖的社会压力会增加。女性了解暴行；但她们已经不再能感觉到它们了。

随着指标的增加以及整形手术的技术变得更为复杂，这一麻木的进程将加速。我们耳中听起来仍然野蛮的手术将很快被渐渐麻木的感觉所吸收。美貌神话向东方传播：在美国人们已经学会忍受的手术在英国听起来依然令人作呕，在荷兰也令人反感，但下一年，英国女性将能够抑制她们的作呕，而荷兰女性将仅仅感到恶心。我们现在愉快地赞赏着的身体部位，将会在下一年被重新归类为新的畸形。对我们的疼痛阈值的要求会越来越高。这一预测只是一个算术：在美国，每隔5年整形手术的比例会翻倍，直到它2年间增至3倍；在英国，它每10年翻倍。在美国，每年有近乎旧金山市人口规模的女性会动手术；在英国，手术的人数达到了巴斯这么大村庄的规模。

关键是：我们的麻木正追随着美貌指标向我们要求的东西。读者读完文章，然后看着图片：那女性的脸看起来就好像用一根铁管敲过了颧骨一样。她的眼睛变黑了，臀部的皮肤布满瘀痕。她的乳房肿胀，黄得就像甲亢患者生黄疸病的眼睛。她的乳房无法活动。血液在手术缝线下结了痂。两三年前，读者还认为这些形象是危言耸听。她现在开始明白，它们其实是宣传。人们不再认为她会像刚开始那样做出厌恶的反应。女性杂志设置了美貌指标。它们对整形手术做了大量的报道，部分原因是在"美貌"的世界里几乎没有什么东西是全新的。这些专题报道令读者相信，我们现在应该不畏惧任何东西，因为看起来其他读者——竞争者——正勇敢地面对它。一篇典型的文章详细地描述了持续数周的可怕疼痛，但以令人愉快的美丽作结，这在女性中挑动起了某种类似恐慌性抢购的心理。

一个受虐待女性收容所里的女性，有一次向我描述了她的腿："全都是瘀伤，就像是覆盖了一层紫色紧身衣。"在一次为一本推销整形手术的书所做的采访中（那是我在一家曼哈顿咖啡店中无意听到的），一个已经做过抽脂手术的女性使用了一个相似的比喻来形容身上的伤痕，需要探究的不是身体的毁伤，而是我们正居于其间的氛围，这氛围让她们二人没有什么不同。我们已经进入了一个整形手术的可怕新时代。所有的界线都已瓦解。即使再多的痛苦或再多毁容的威胁也不能起到威慑作用。现在发生在与整形手术有关的女性身体上的情况，正像发生在这个星球的生态平衡上的情况。我们正处于一个历史的转折点。

整形手术时代在 20 世纪 80 年代的出现的确是一些行业技术进步的结果，尽管它是从反对女性主义的美貌反扑里汲取了更多的能量。它的两大发展是：（1）手段；（2）更重要的则是，彻底改变女性的**愿望**。这两种发展已经把我们带向一种围绕女性生活展开的惊人的精神剧变。随着这种修辞上的转变，即把疼痛和毁伤重塑为温和的语言，女性意识已经不得不面临那种规则的破坏——正是当原子被分裂时，人类思考所面临的。伴随着可能性的极大扩大，危险也极度地膨胀。

如果女性身体上的一切东西都能被改变，那么某种革命——或者说恶魔——已经在美貌神话的另一个世界里发生。这是否意味着：残酷的旧经济四分五裂了？科学已经确实为所有支付得起的女性开启了一个美丽视界？这是否意味着：这个残酷得令人愤怒的等级制度——在其中有些人生而比其他人"更好"——已经消亡，而女性自由了？

整形手术时代是一个绝好的时代——这已经成了流行的阐释。这是美国梦成真的时代：一个人在这个美好新世界里，能把自己改造得"更好"。可以理解，它甚至被解释为一种女性主义的解放：《女士》杂志热情地称它为"自我改造"，在《利尔》杂志中，一个女整形医生呼吁道："就是这样！你被领向自由。"这是对会摧毁美貌神话及其不公正的某种神奇技术的充满希望的女性向往——某种几近公平的"美貌"，你能以疼痛赢得它，或用金钱购买到它——但这一向往是一种辛酸而短视的回应。

正是带着同样的一种希望，原子弹在 20 世纪 50 年代被引进。原子弹在全面战争的最后阶段出现，作为不平等国家之间的一个不可思议的平衡器；在美貌神话之下的女性战争中，整形手术也作为不可思议的和平卫士出现。人们花了数十年才认识到核时代对人类意识的真正影响。无论它是否会被再次使用，原子弹永远改变了我们思考这个世界的方式。

就整形手术时代而言，我们正处在一个浪潮的首次浪涌中，我们不能看到其结局。但我们却正带着欢欣拥抱这一技术，这种欣喜就像我们对原子弹的乐观主义一样短视，对原子弹的乐观主义随着原子弹泳衣①和卡通人物而涌入市场。而就整形手术而言，女性身体之内的意识也经历着一场转型，它或许意味着我们已经永远丧失了身体的边界，所以最近它不断地被界定，并一直被辩护——我们的术前定位也内在于其中。

不论原子弹是否引爆，我们都受其影响。无论一个女性是否做过整形手术，她的思想现在也被其塑造。对整形手术的**期待**会继续提升。因为美貌神话作用于一个可变换的平衡系统，一旦足够多的女性被改变，且临界值达到了大量女性看起来都像"理想女性"的地步时，"理想"就将一直转变。如果我们要保住自己的性征及自己的生计，曾经显得不寻常的切开和缝合就将在女性身上进行。

1945年，我们不再理所当然地认为世界会活得比个人久。技术使破坏变得可以想象。1990年左右，技术终结了由女人制造（woman-made）的女性身体。一个女性开始不再理所当然地认为，她有着只属于自己的面孔以及能在其中度过自己一生的身体。

在原子弹的发展和爱因斯坦有关战争的"新思维方法"的演变之间的这些年是最危险的。借助于常规战争之中的新技术，

---

① 此处应指的是比基尼泳衣，该款式推出于比基尼群岛遭受原子弹爆炸试验后的第18天，因其在当时世界造成的震惊而被誉为"原子弹爆炸"，并且设计师也是以该岛来命名此产品。——译者注

人类有了毁灭世界的手段，但还没有发展到想象着超越常规战争的必然性。现今，在追求"美貌"的战争中，女性已经利用技术能力对自己的身体做任何事，但我们还有待发展出一种超越旧规则的心态，以便让她们想象这场女性之间的战斗并非不可避免。整形医生现在能做任何事。我们还没有到达一个这样的时代：在其中，我们能用不愿意做"任何事"的方式保卫自己。

这是一个危险时刻。

女性的新可能性迅速成为新的义务。从"为美貌可做任何事"发展到"必须做任何事"，这只需要一小步。在我们能够开始思考自己的安全之路前，**必须**解决掉的是"女性自由地选择了这种疼痛"这一断言。我们必须追问，"选择"和"疼痛"对整形手术时代的女性而言意味着什么。

疼　痛

什么让疼痛存在？法学理论家苏珊娜·莱维特指出，在法庭，为了证明伤害已经造成，你必须证明你现在的状况与之前相比恶化了。但她说，因为在女性周围有某种有关伤害的"背景噪音"，所以当女性受伤时，她们不能被注意到受伤了。[59] 同样的概念看起来也适用于去理解为了美貌之故而对女性施加的伤害：既然女性应该沉溺于"美貌"，这一威胁生命的瘾就不是真实的。既然女性应该受苦而变美貌（因为女性的受苦本身**就是**美丽的），所以女性感到的疼痛就只是"不舒服"。因为女性的金钱不是真正的财富而只是零花钱，因为女性是追求"美貌"

的傻瓜，并且这个傻瓜和她的钱很快就分开了，所以，舞弊行为不是欺骗，而女性戏玩金钱是一个公平的游戏。因为女性最开始就是变形的，所以就不能真正地走样。因为女性天性轻信了对"美貌"的寻求，所以就没有一种欺骗是可耻的。

疼痛是真实的，只要你能让其他人相信这点。如果除了你没有人相信，那么你的疼痛就是疯狂、歇斯底里，或是你自身女性气质的不足。女性已经学会听权威人物的话，如医生、牧师、精神病学家，他们说女性所感觉到的并非疼痛，女性因而屈服于疼痛。

女性被要求在面对手术疼痛时坦然承受，就如同她们被要求对分娩坦然承受一样。通过拒绝允许使用任何减轻分娩疼痛的镇痛物，中世纪教会强制实施了对夏娃的处罚。根据安德里亚·德沃金的《厌女》(Woman Hating)对厌女观的分析，"天主教对堕胎的反对……特别聚焦于《圣经》让分娩成为一个痛苦惩罚的诅咒，它与未出生胎儿的'生命权'无关"。[60] 诗人阿德里安娜·里奇提醒女性："父权制告诉临产女性：她的苦难是有目的的——**是**她存在的目的，她正在分娩的新生命（尤其如果是男婴）是有价值的，并且她自身的价值依赖于生出它。"[61] 这对于整形"美貌"的"新生命"也同样适用。布莱顿女性和科学小组（Brighton Women and Science Group）在《显微镜中的爱丽丝》(Alice Through the Microscope)中宣称，在妇产科病房中，准妈妈"经常盼望把自己从她的身体及其行为中分离，以便继续'很好地'控制自己并举止'得体'。分娩中尖叫的女性或分娩之后哭喊的女性，总是被弄得感到自己**不应该**，感到自己失去了控制，认为自己的感觉不是自然的，或不应该向它们屈服"[62]。经历了整形手术的女性述说了同样的体验。

大多数女性都能记得许多这样的场合：人们告诉她们，伤害着她们的东西并不是伤害。我记得一个妇科医生，他的手掌粗糙笨拙，他愤怒地扩张窥镜，一股疼痛射进了我的脊椎底部；我脑壳的囟门似乎都分开了，疼痛就像冰一样涌入。"不要绷着个脸，"他跟我说，"这没什么伤害。"或者，一个女性给我讲述的电蚀医师的例子，医师问："你以前做过电蚀吗？""是的。"那女人说。"你对它有什么了解？""它疼得要命。""它不疼。"医师反驳道。或者，某人听到的来自一条强奸危机热线的声音："他们说他们不知道我为什么这么心烦。我没有任何瘀伤。看起来不像是他伤害了我。"或是一个职业女性，她向我描述她的鼻整形："在一次糟糕的恋爱后，我差不多切断了我的鼻子，故意毁伤了我的脸。他们说，如果我是一个好患者，就不会真的疼痛，而且只会出一点血。我不能忍受它。我说它伤到我了。他/她们说我是反应过度。血太多了，我的姐妹看到我时都昏倒了。他们说：'看看你现在都做了什么。'"

《她》杂志上的一个"手术刀奴隶"描述了面部去皮的过程："本质上说，这与二度烧伤没什么不同……（它）让你的皮肤变成褐色，并且易脆，然后一个疤形成并脱落……（这）会需要几个小时，因为很有毒性，而你不能冒险让它进入血液里。"托马斯·里斯医生直言不讳："磨损和去皮使皮肤遭受创伤……这两种过程都会让皮肤被去除得太深了，并导致开放性伤口……一次化学去皮可能会带来（因心脏停搏造成的）死亡……皮肤（因磨皮术）冻结了，直到它呈现出木板一样的质地——这种质地适合用一个浸满金刚石粉的旋转钢丝刷进行磨擦。"（他告诉读者："皮肤磨削术起源于二战，是用砂纸磨去嵌入皮肤的弹片。"整形手术在一战后发展起来，用来应对之前从未有过的战时致残。）一个目睹过皮肤磨削术的女性对一个采访者说:"如果我们发现他们正对监狱中的人那么做,将会有一场国际性的强烈抗议,而（国家）将因为这种最可怕的折磨而被报告到国际特赦组织那里去。"根据里斯的说法,化学换肤,"这种最可怕的折磨",其手术人数已经上升到了34%。

要描述身体疼痛并不容易,而我们一致认可的用来表达它的词汇极不充足。社会不得不同意,某种特定的疼痛是为了缓解它而存在的。女性在手术室里所体验的东西仍是私人的和不可说的,这包括:覆盖在酸性面膜之下;被麻醉放倒,身体向着抽吸机口敞开;在等待鼻梁被打破的过程中昏过去。

她们的疼痛经由平常化而被否认。"这会不舒服。""有些不适之处。""一点点,有几分挫伤和肿胀。"[63]人们还没有被允许把欧美女性为美貌而忍受的疼痛与真实的疼痛,与国际特赦组织所认可的疼痛做比较。这种比较会被称作夸大其词。但这比较必须进行,因为女性正在死于这些轻描淡写的说法。

整形手术会伤害人,它使你疼痛。他们把你按在水下,时间长得足以让你停止挣扎。你用新割的腮帮呼吸。他们又把你拖出来,你笨拙而扭曲,脸朝下躺在没有人迹的河滩上。你的精神被扼制在假死状态中,而他们开着辆坦克小心地碾过你无知觉的身体。

醒来时会有伤痛,回到生活会伤痛极深。一个医院,尽管它被称作"豪华的"或"体贴的",但它实际上贬低病人:就像一个监狱或一个精神医院,只要旧的身份意味着麻烦,他们就会拿走你的衣服,并给你一张编号了的床。在你受支配之时,你失去了你的生活,你永不能收回那些时光。探访者来了,但,你是透过已经淹没你头顶的水幕看到他们的,那是另一物种;

健康的人。一旦你被切入,再多的好生活也不能抹去你对死亡的认知:它是多么随和、多么与人方便。

整容手术并非"美容",而人类肉体也不是"可塑的"。即使这些名称把它究竟是什么平常化了。这并不像熨平布料上的皱褶,或检修一辆车,或修改过时的衣服,这些都是目前流行的比喻。当整形医生向女性说话时,"夹一夹捏一捏""腹部除皱"这类平常化和幼稚化遍布于医生的话语中。里斯描述一次面部二度酸性灼伤时写道:"还记得你在校时蹭破膝盖并结的疤吗?"这种故意模仿幼儿的口气伪造了现实。整形医生永远地改变了一个人,她的精神,以及她的身体。如果我们不开始以严肃的口吻谈论它,新千年的男人-制造的女性将会逼近我们,而我们将别无选择。

选 择

"美丽"带来的痛苦微不足道,因为人们假定女性是自由地选择它的。这种确信让人们看不到,整形手术时代对女性所做之事是对人权的侵犯。饥饿、恶心,以及美貌反扑的整形手术侵略都是政治武器。一种广泛开展的政治折磨正借助它们在我们之中发生。当一类人拒绝食物或被迫定期呕吐或为非医疗目的而反复被剖开缝合时,我们称之为折磨。如果女性充当了自己的虐待者,难道她们就不那么饥饿,不那么鲜血淋漓了吗?

绝大多数人会说是的,因为女性对自己那么做,而这也是必须要做的事。但因它是被"选择"的就断定流血、饥饿或二度烧伤有某种不同的性质,这并不合逻辑。神经末梢不会辨别出谁为切开它而付了款；红肿疼痛的真皮不会因隐藏于烧伤背后的动机而得到安慰。人们在面对美貌引发的痛苦时的反应不合逻辑，是因为他/她们相信受虐狂所受的疼痛是她们应得的，因为她们乐在其中。

但进而，女性是从所处的环境明白她们不得不做哪些事情。对于机构发出的有关她们应怎样对待她们的"美貌"以便生存下去这一信号，女性是敏感的，而各个机构也都给予了女性一种极为清楚的信息，即它们认可任何程度的暴力。如果争取美丽是女性的战争，那么拒绝战斗的女性就会被视为懦夫，和男性非战主义者一样。"谁会害怕整容手术啊？"一个整形医生嘲笑道。女性在整形手术时代的选择是不自由的，所以我们没有理由拒绝把她们的疼痛看作真实的。

女性对整形手术有真正的选择，仅当：

如果我们不那么做，我们也能维持生计。我们目睹了整形改造如何成为女性受雇及晋升的一个条件。整形手术宣传册强调了女性要看起来"年轻"的职业压力。那一要求事实上是犯罪。根据 1970 年职业安全与健康法（Occupational Safety and Health Act of 1970），"雇主不能再……签订让工作人员处于不安全或不健康的工作条件的劳动协议"[64]。手术、全反式维 A 酸，以及长期的卡路里匮乏都是不健康和不安全的，但面临职业美貌资格的女性没有抵制它们并维持她们谋生之道的选择。

如果我们不这么做，我们能保持我们的身份。如果选择是关乎生存或死亡，那么这"选择"毫无意义。一个落入陷阱的动物不会选择咬断它的腿。伴随着她剃刀般的轮廓，铁处女正在逼近。那已经长出边际的东西被困住了，并且必须被切断。当女性说到整形手术时，她们谈到了自己"无法忍受"的"缺陷"，她们并没处在歇斯底里的状态。她们的杂志问道："40 岁之后还有生活吗？尺码超过 16 ① 之后还有生活吗？"这些问题都不是玩笑。当女性确信，没有它，她们就不能成为真正的自己，她们就会选择整形手术。如果所有女性能够选择去忍受她们自**身就是**自己，那么她们大部分人大概都会选择做自己。女性对丧失身份的恐惧是合理的。我们"选择"某种微不足道的死亡，而不要那被描绘成无法过的生活；我们"选择"些许消亡，以便再生。**如果我们不这么做，我们仍然能保持我们在社区中的地位**。在诸如希腊、土耳其这样的传统文化中，年长女性穿着年轻女人的鲜亮衣服被认为是下流的。不过已经有些"现代"社区——棕榈泉、比弗利山庄、曼哈顿上东区——认为，一个年长女性如果没有整脖子处的皮肤是令人吃惊的。

男性通常把强迫视为一种丧失自主性的威胁。而对于女性来说，强迫经常会采用一种不同的形式：失去与他人结成纽带、被爱、被需要的机会的威胁。男性认为强迫主要是经由身体暴力而发生的，但对女性而言，较之于失去爱的痛苦，她们把身体上的痛苦看作是可忍受的。失去爱的威胁能比举起的拳头更快地让一个人回归秩序。如果我们把女性看作会跳过火圈以维持爱的那些人，这只是因为无爱的威胁作为一种政治性的群体控制的形式，目前已经被用于女性，而非男性。

女性不顾一切地争取美貌被嘲笑为自恋；女性不顾一切地要去抓牢的某种性别核心，然而并没有人威胁着要从男人那儿夺走它，男性尽管有身体缺陷、在衰老，但仍保有其性别身份。男性并不会以同样的方式听到那些讯息：例如快没时间

---

① 美国上衣尺码，通常对应 XL。——译者注

了，例如他们永不会再被抚摸、被赞美和被满足。在一个男人称女性自恋之前，先让他想象一下自己活在那一威胁之下的状况。通过为"美貌"而战，我们中的许多人相信我们是在为我们的人生而战，为由性爱所温暖的生活而战，而这种想法不难理解。

伴随着失去爱的威胁，出现了不可见的威胁。极端地注重年龄显示出该神话不平等的本质：世界是由年老的男性所管理的；而年老的女性则从文化之中被抹去。一个被禁止的或被放逐的人变成了一个非人（nonperson）。放逐和禁止是有效的，而且没留下强迫的证据：没有栅栏，没有律法，没有枪炮。南非活动家拜尔斯·诺德在英国电视上说道："一则禁令可轻易地令人民瓦解。"几乎没有人能忍受被当作不可见的来对待。在一个没做面部整形手术的女人好似就要从人们的视线中消失的社会里，女性就会做面部整形。面部整形引发神经麻痹、感染、皮肤溃烂、"皮肤坏死"、疤痕增生，以及术后抑郁。"真让人吓一跳！我看起来就像被一辆卡车撞了！肿胀、瘀青、惨兮兮的……我看上去像个畸形人……这个时候，我听说，许多女性开始控制不住地哭起来。""之后非常痛苦，因为你的下巴感觉像是脱臼了。你不能笑，你的脸很疼……我有了可怕的黄色瘀伤和心理创伤。""一处发炎感染……血肿……一处半圆形的青肿和三处明显的肿块，有一个大块硬糖那么大的伤痕……我现在喜欢化妆了！"[65] 这些话都是从女性杂志中引用的，出自那些做过面部整形的女性。

我希望我能忘掉我所爱之人躺在圣文森特医院的景象，她的眼睛绑着抹有含硫黄物质的绷带。一个静脉注射管滴入脆弱的血管。她昏昏沉沉，头在枕头上摇晃着，就像一只瞎了的小兽。她看不到局促地围在她的高栏床边关心她的人。一股鲜红的血液沿着瞩目的颧骨向下，越过高耸的嘴唇流下来。她躺在那儿，似乎是患了病或受了伤，但在她入院之前，她并不是那样的。她入院，是因为有人可能说她没有过去那么漂亮了。

女性学着对这类故事冷笑置之，因为她们得知，另一种选择真的无法忍受。年老的女性消失了。她们的母亲的母亲消失了，当她们养育儿女的岁月结束时，她们的社会价值削弱了。

但无论目前的压力是什么，整形手术的未来都是别无选择的。

整形手术的未来

维多利亚时代有关可动的手术的定义被不断扩充。"精神失常"，就像丑陋，其定义"能够被改造得内涵甚广，可以吸纳几乎所有类型的被社区标准视为反常和具有破坏性的行为"，肖瓦尔特写道。"收容所针对的是'难以管控的年轻女性……（她们是）阴沉、任性、充满恶意的，反抗所有的家庭控制；或是那些想要克制其激情的人，因为不这样克制，女性特质就会丧失'。"[66] 因为同样的理由，我们有关可动的手术的定义不断地扩展。在 20 世纪 70 年代，肠道旁路手术（在此手术中，肠道为了减肥而被封闭起来）被发明出来，并且手术量激增，到了 1983 年，一年之内就做了五万例这类手术。颌部夹钳手术（在这一手术中，下颌为了减肥而被绑在一起）也是在 20 世纪 70 年代引入的，缩胃手术（在这一手术中，胃为了减肥而被缝合在一起）则始于 1976 年。[67] "随着时间的推移，"《光辉》报道：

"接纳标准变得越来越宽松,到目前为止,甚至是适度丰满的人都能找到一个愿意合作的整形医生。"体重 154 磅的女性已经让她们的肠道吻合在一起了。尽管开发出这手术的医生把手术限制于超出标准体重 100 磅的患者,但美国食品药品监督管理局批准了"事实上任何想要做此手术的人"。

肠道吻合会导致 37 种可能的并发症,包括严重营养不良、肝脏损伤、肝功能衰竭、心律不齐、大脑及神经损伤、胃癌、免疫缺陷、恶性贫血及死亡。1/10 的患者在 6 个月内出现溃疡。她的死亡率比一个状况相同、放弃手术的人高出 9 倍;2%~4% 的人在数日内去世,最终的死亡人数可能会更多。整形医生"非常积极地找出"患者,并且"很容易就让患者在认可严重并发症甚至死亡可能性的知情同意书上签字"。

到现在,人们得知 80% 到 90% 的胃肠缝合手术患者是女性时不会吃惊了。

最终,所有的女性都是可做手术的了。抽脂术是增长最快的整形手术:去年有 13 万美国女性做了这个手术,整形医生从她们身上抽取了 20 万磅的人体组织。[68] 据《纽约时报》报道,如我们所见,11 名女性死于这一手术。那篇文章写出来之后,至少又有 3 人死去。

但当我假装成一个潜在客户与"顾问"交谈时,我不会从中得知这个事实:

"抽脂术会带来什么危险?"

"危险不大。总会有感染的风险,这只是小概率的,麻醉会有点风险,但风险很小。"

"有人死亡吗?"

"噢，也许10年前有，有些特别胖的人死了。"
"目前有人死亡吗？"
"哦，没有。"

"抽脂术有什么风险？"
"没有风险，完全没有。"
"我读到报道，有人因为它死了。"
"哦，上帝。你在哪里读的？"
"《纽约时报》。"
"我完全不知道那件事。我对《纽约时报》一无所知。我相信如果这是真的，它会是头条。他们对最微不足道的事也大惊小怪。"

"抽脂术有什么危险吗？"
"没有，没有。一般来说，根本没有风险，没有，没有的。不不，完全没问题，没问题的。"
"我读到说有些人死了。"
"嗯。我听说过一些。但只要动手术的是专家，你应该没有问题，没有问题。"

"抽脂术包含什么风险吗？"
"风险很低，非常低。"
"有人因它而死吗？"
"我绝不认为会这样。"

"抽脂术有什么风险？"

"风险极小，非常非常小。风险极其低，大概是百万分之一的概率，差不多是这样。这手术很简单，从永久性副作用的角度来看，很少会失败——极少会失败。"

"有死亡的风险吗？"

"完全没有，没有，没有。我从没有听说过任何那样的并发症。"

你可以称死亡为一种永久性的副作用。你肯定可以称它为一种并发症。再过分一点，你可以说拿着你的生命冒险是最不必大惊小怪的小事，风险非常非常小，极小。抽脂术导致的死亡不是真正的死亡——这对死者家人来说真是个令人欣慰的想法。整形医生说"益处远大于风险"，这是他们的价值判断，即"美貌"比一个女性的生命更有价值。

一个整形医生或许会说，详细讨论极低的死亡风险是反应过度了：与整个群体相比，死亡人数所占的百分比很小。确实，对于一次有医疗需要的手术来说确实如此。但对于重造健康的年轻女性的手术来说呢？在死亡人数过多之前，在我们在自己周围画出一道安全线之前，究竟有多少人会死去？已经有 14 个女性死去，她们每个人都有一个名字、一个家庭以及一个未来。并且，她们每个人都曾有着一定健康水平的身体，在这身体中，脂肪把女性性发育与男性性发育区别开来；对于这些身体来说，她们所有的一切都必须赌在这一局上，所有人都要么赌赢、获得双份回报，要么赌输、一无所有，而对那 14 名女性而言，她们全输了。什么时候才是注意到一个医生手上有鲜血的恰当时机呢？在我们觉得要抵抗之前，在我们质疑这个让女性为本与我们无关的"美貌"而赌上性命的手术之前，我们是否要继续等到20、30抑或是50名健康女性死去？照此速率，那些死亡只是时间问题而已。抽脂术是该领域增长最快的手术，它每两年增长3倍。在这个潮流升级到手术再不能被认为是恰当的以前，现在是时候后退一步并注意到那14具死去的身体了，那是真实的身体，人类的身体。对于肯尼亚来说，14个女性的死亡足以改变现状，但对于美国却还不够。

什么是抽脂术（假设你要经受这一关）？如果你在阅读帕特尼诊所的宣传册，它读起来是这样的：

> 通过即刻的脂肪减少实现体型改善……这是开发出来完善和重塑体型的最成功技术之一。辅以脂肪分解/抽吸，脂肪切除术只在每个脂肪过剩的部位做一点微创。然后会插入一根非常细长的管子，以温柔而娴熟的动作，辅以有力而均匀的抽吸，这讨厌的（且往往难看的）脂肪就被永久地拿掉了。

如果你在读一份由记者吉尔·内马克（Jill Neimark）所做的目击者证词，它看起来像这样：

> （一个）男人用力地把一根塑料软管插入一个裸着的女性的咽喉。他把软管和呼吸机连接在一起，在后面两个小时里，那机器会代替她呼吸。她的眼睛被胶带遮住，她的手臂水平伸直，她的头耷拉着靠在一侧……她处在由化学方法诱发的昏迷状态中，那被称作全身麻醉……接下来则是几乎难以置信的暴力。她的整形医生——利·拉赫曼博士——开始就像活塞一样快速地来回推挤插管，插管穿透

了她腿上厚厚的由脂肪、神经和组织构成的网状部分。医生准备缝合。近2000毫升的组织和血液已经从她身上被抽了出来,再多抽一些,她就会处于大规模感染、体液流失进而休克和死亡的危险之中……他扯下她眼上的胶带,她盯着他,却看不见他。"很多人难以苏醒。把人从麻醉状态中唤醒,这是手术最危险的部分。"……(这)能引起大规模感染、极度损害毛细血管并造成体液损耗,从而导致休克和昏迷。[69]

抽脂术展现了通往未来之路:它是许多即将到来的手术中的第一种。未来,所有女性都会由于她是女人而有做手术的资格。

优 生

女性是手术的候选人,因为我们被认为低人一等,这是女性与其他被排斥群体共享的一种评价。非白人的种族特征也是"畸形"的:帕特尼诊所的宣传手册给"缺乏显著双眼皮"的"东方眼睛"提供"一双西方人的眼睛"。它欣赏"白种人或'西方人的'鼻子",嘲笑"亚洲鼻子""加勒比黑人的鼻子"("需要矫正的肥胖而圆润的鼻尖"),也嘲笑"东方鼻子"("鼻尖……太靠近脸了")。并且,"需要调整的西方鼻子总是展示出某种(非白人)鼻子的特征……虽然需要改进的地方更加细微"。白人女性以及黑人女性与亚洲女性不是因为自私的虚荣而做手术,而是出于对身体歧视的合理反应。当我们审查整形手术时代的语言时,一种熟悉的退化过程回响起来。1938 年,德国畸形儿的亲属要求对其实施安乐死。这正是第三帝国所强调的一种氛围,罗伯特·杰伊·利夫顿写道,"健康的义务",要求其人民"放弃'对自己的身体的权利'这一旧个人主义原则",并把生病和虚弱描绘成"无用的食客"。[70]

让我们回想一下重新分类的过程,以及它是如何变化的;暴力一旦开始,就从狭小的范围扩展到广阔的领域:纳粹医生从给慢性失能者绝育开始,发展到给有普通缺陷的人绝育,再然后则扩大到"不受欢迎之人";最后,健康的犹太儿童被置于罗网之中,因为他们的犹太性就足够有病了。病人的定义,可牺牲的生命的标准很快变得"宽松、广泛并越来越为人熟知"[71]。"无用的食客"直到饿死为止也只是被说成是采用了"脱脂饮食";她们"已经进食不足了,但不给她们食物的观念却在流传"。请记住,女性的某些部分已经被描述为受伤、麻木、畸形或坏死了。纳粹医生宣布"这些人"为"不受欢迎之人""已死"之人。[72] 一种把"不合适"归类为称不上活着的语言解除了医生的良知:他们称这些人为"人类残渣""不值得活的生命"[73]"空壳之人"。请记住,对"健康"的运用把流血合理化了;医生的世界观建立在罗伯特·J. 利夫顿所说的"治愈/杀戮的逆转"上。他们强调杀死畸形儿及衰弱儿童的治疗功能,将之作为治愈身体政治的手段,"确保人们认识到其种族和遗传天赋的全部潜能","以便扭转种族衰退的趋势"[74]。

请记住外科医生平常化的语言;当德国医生用注射器淘汰孩子时说,这"不是谋杀,这是让他们安睡"[75]。请记住没有资格的整形医生官僚式的含糊其词;利夫顿写道,帝国科学登记严重遗传性及先天性疾病委员会"传播了一种可怕的医学–

科学登记委员会的意识，尽管其领导者……的学位是农业经济学……这些'观察'机构……给人一种用医疗检查来反对错误的感觉，但实际上并没有进行真正的检查或观察"[76]。将医学实验施加于某些"生物"是正当的，"因为这些生物比人类低等，所以它们可以被研究、被改变、被操纵、被残害，甚至被杀死——服务于……最终的人类再造"。请记住麻木的状态，无论是受害者还是实验者都处于一种"极端麻木"的状态，因为在"奥斯威辛的气氛里，……任何类型的试验都被认为是可能的"[77]。

利夫顿写道："医生……如果不是生活在这样一种道德状况中……在此状况下界线非常清楚……那么这医生是非常危险的。"[78]

逐步的去人性化有一种鲜明的、证据确凿的模式。要接受整形手术，一个人必须觉得身体的一些部位不值得存活，尽管这些部位仍是活生生的，而社会也必须同意这一点。这些想法正带着一种优生学的肮脏恶臭渗入整体的氛围中，因为整形医生的世界是建立在生物至上的基础上的，这是某种西方民主不应赞美的东西。

铁处女挣脱枷锁

由于我们当前对铁处女的误解，女性正处于危险之中。我们仍然相信，在某种程度上，整形手术是由某种自然界限——"完美"的人类女性之轮廓——所约束的。这不再是正确的。"理想"从来与女人的身体无关，而从现在起，技术可以允许"理想"去做它一直试图去做的事了：完全丢弃女性的身体，去克隆它在空间中的变体。人类女性不再是参照点。

"理想"最终变得完全非人。一个模特在《大都会》中指出:"今日的理想是一个胸大而肌肉发达的身体。自然并没有让女性长成那样。"[79]事实上,女性再也不能看到表现自然的女性身体的铁处女版本了。爱因斯坦医学院的斯蒂芬·赫尔曼(Stephen Herman)医生说:"我认为,在今天,几乎每个流行的模特都做过某种类型的隆胸手术。"[80]另一家女性杂志承认:"很多模特现在把参加有整形医生出席的会议视为她们工作要求的一部分。"5000万美国人观看了美国小姐选美大赛[81];1989年,5个选手——包括佛罗里达州小姐、阿拉斯加州小姐、俄勒冈州小姐,都被一个阿肯色州的整形医生通过手术改造了。女性正在把自己与这种经过科技混合的非女性新品种相比较,而年轻男人则把年轻女性与那新品种相比较。女性的自然吸引力从来不是美貌神话的目标,而技术最终剪断了束缚。她说,我对这儿感觉不好;他切下去。她说,这里怎么样;他切下去。

未来的幽灵并非女人将成为奴隶,而是我们将成为机器人。首先,我们将为了自我而监控,屈从于更为精密的技术,比如"未来-5000"身体脂肪分析仪(Futurex-5000)或霍尔坦身体成分分析仪(Holtain's Body Composition Analyzer)、便携式红外线脂肪分析机,以及通过置于手腕和脚踝的电极来施加电流的手持电脑。然后,则是对媒体中"理想"形象的更复杂的改变:"虚拟现实"和"摄影成像"将会让"完美"越来越超现实。再然后,技术替换了有缺点的、凡人女性的身体,一点一点地用"完美的"诡计取代了她。这不是科幻小说:对女性的置换已经从生殖技术开始了。在英美,研究者正在顺利开发一种人造胎盘,[82]据科学作家所述:"我们正在进入一个时代,我们将会拥有新的科学知识与技术知识，女性将不再需要生殖机会，或者只要她们利用他人的遗传物质就能繁殖。"[83] 也就是说，技术为富有的白人夫妇而存在，他们可以租用任何种族的贫困女性的子宫来孕育他们的白人婴儿。[84] 因为分娩会"破坏"身材，所以富有的女性雇佣贫穷的女性去从事会让她变丑的生殖工作，这一场景即将来临。整形手术让我们几乎没有理由怀疑，当技术为此而存在时，贫穷女性将被迫出售真实的身体材料——乳房、皮肤、头发或脂肪——以便为改造富人女性而服务，就像今天的人出售他们的器官和血液。如果这看起来是荒诞的、未来主义的，那么回想10年前，想象有人告诉你，对大量女性的乳房和臀部的侵略性改变会很快发生。

技术将继续从根本上动摇女性身体的社会价值。有些产品正在被开发以便预先确定性别，其成功率有70%～80%[85]；当这样的产品面世时，可以预计，基于世界范围内所记录的性别偏好，女性相对于男性的比例将会急剧下降。一群科学家警告说：在不久的将来，"女性可能被培育出特定的品质，例如温顺和美丽"[86]。可调整的隆胸现在已成现实，它允许女性适应每个爱人的喜好。日本人已经用人造皮肤让一个栩栩如生的机器人变得完美了。

但女性身体的大量生产的最初迹象仍然是个别化的；而女性思维的大量生产则已无处不在。女性是被麻醉的性别：从1957年到1967年，对精神药物（镇静剂、安定药、抗抑郁药、食欲抑制剂）的使用量增长了80%，其中75%的服药者是女性。[87] 到了1979年，价值1.6亿美元的处方开的是镇静剂，仅安定药就超过了六千万份。[88] 其中60%～80%的处方药流向了女性，而据报道，安定滥用是医院急救中心处理的最常见的毒品问题。今天在英美，服用镇静剂的女性人数是男性的两倍；加拿大有一项丑闻就是向女性滥开镇静剂。[89] 在这三个国家，女性也是电休克疗法、精神手术和精神药物的主要使用对象。

女人作为药物对象的这一近期历史为"'药物美容'的新时代"做好了准备，这包括了礼来制药（Lilly Industries）的抗抑郁药氟西汀，这种药正在等待美国食品药品监督管理局的批准，它将作为一种减肥药推向市场。《卫报》报道说，另一种药，即类似肾上腺素的麻黄素，会加快新陈代谢速度。而第三种药 DRL26830A 则令对象变瘦，但会诱发"震颤"。当然，"制药行业内部也担心它们会造成严重的伦理问题"，但行业发言人已经准备"为更多的'美容'应用而非医疗应用打好基础"。一篇文章引用了一个药物代理的话：女性服药，是"为了被认为有女人味。有'女人味'的女性……是苗条的、温顺的、服从于男人的，'不会表现出诸如愤怒、受挫或自信等情绪'"。随着我们把自己引入一种永远快乐、顺从、被动和习惯性镇静后的苗条状态[90]，从美容方面引导情绪的促进剂新潮流可能一劳永逸地解决女性问题。

无论将来可能会有什么威胁，我们可以相当确定：处在"原生态"或"自然"状态中的女性将会继续从"女性"类别转向"丑陋"类别，并羞愧地进入一种流水线的身体认同。随着每个女性回应压力，它将会变得极为强烈，以至于它将成为义务，直到但凡有自尊心的女性都不会冒险顶着张没有被整形手术改变过的脸出门。自由市场会竞相通过廉价诊所之中经济实惠的整形手术更便宜（但也更随意）地切割女性的身体。在那种氛围中，他们改变阴蒂的位置，为了紧致感而缝合阴道，放松喉咙的肌肉，切断咽反射，这一切都只是时间问题。洛杉矶的整形医生已经开发并植入透明皮肤,使人们可以通过它看到内部器官。一位目击者说:"这是终极的窥阴癖。"

这台机器就在门口。她会是未来吗?

第八章

超越美貌神话

我们能否带来另一个未来,在那里,死去的是美貌神话的"她",而漂亮地活着的是我们?

美貌神话通过把社会对女性生活的限制直接转换到女性的脸和身体上,反击了女性的新自由。作为回应,女性现在必须追问,在自己的身体之中她们在什么位置,正如一代以前的女性会问在社会之中她们的位置在哪里。

女性是什么?她是由什么组成的?女性的生活和经验有价值吗?如果有价值,她应该为展示它们而感到羞耻吗?为什么看起来年轻如此重要?

女性的身体有其不容侵犯的界限,这一看法是相当新的。我们显然没有允分接受它。我们能扩展这个看法吗?或者,女性是柔软的性别吗?天生就适合被塑造、被割开并受到身体侵犯吗?女性的身体是否如男性的身体一样应该拥有完整性的概念?服装的时尚与女性身体的时尚有什么不同?假设有一天女性能便宜地、无痛地、无风险地被改变,那会是我们必须想要的吗?成熟期和老年的迹象必须消失吗?如果这么做,我们难道没什么损失吗?一个女性的身份有价值吗?她必须被弄得想要长成别人的样子吗？女性肉体的肌理是否有什么隐含的恶劣之处？女性肉体的不足代替了旧式女性思想的不足。女性声称她们的思想毫无逊色之处；那我们的身体真的很差吗？

"美貌"真的性感吗？一个女性的性难道与她相貌如何相对应吗？她是否因她是一个人而有性快感及自尊的权力，或者，她必须通过"美貌"赢得那一权力，就如同她过去一直通过婚姻获得这权力？什么是女性的性欲——它看起来是什么样子？它与商业形象表现它的方式有什么关系吗？它是女性需要像购买一个商品那样去购买的某个东西吗？把男性和女性真正吸引在一起的是什么？

女性是美貌的？或者，我们不美吗？

我们当然美貌。但在我们开始迈出超越美貌神话的第一步之前，我们不会真的以我们需要的方式去相信它。

这一切是否意味着我们涂口红时必须自感有罪呢？

相反，这意味着我们必须把神话所包围并劫持的特质从神话中分离出来：女性的性欲，女性间的亲密联系，视觉享受，在面料、身形和色彩方面的感官愉悦——女性的乐趣、干净和肮脏。我们可以消解这个神话，并凭借性、爱、吸引力、风格而活下来，这些要素不仅会完整，而且会比以前更有活力、繁荣兴旺。我并没有攻击任何能使女人感觉好的东西，只是在反对让我们首先感觉糟糕的东西。我们都喜欢受欢迎，并喜欢感觉自己美丽。

但大约160年以来，西方受过教育的中产阶级女性一直受到有关女性完美的各种理想的控制；这个陈旧而成功的策略一直在起作用，它通过从女性文化中吸取最好的部分，并将之附加到男性主导社会的最压制性的要求中而得到了动力。这些勒索形式在20世纪20年代被强加于女性的性高潮；在50年代被强加于家庭、孩子和家人；在80年代则被强加于美貌文化。在这一策略下，我们每一代都浪费时间去更热情地讨论征候，而非疾病本身。

我们看到**利己主义晋升理想（对理想的利己主义式提升）**这一模式贯穿了我们的近代史，该模式是芭芭拉·艾伦瑞奇和戴尔德丽·英格利希在合著中颇有说服力地指出的。我们必须让该模式更新到美貌神话，从而彻底地理解它。如果我们不这么做，一旦我们分开来看待美貌神话，一个新的意识形态就会出现在它原先的位置上。归根结底，美丽神话不是关乎外貌、节食、整形手术或化妆品——同样，女性奥秘也与家务无关。应该对每一代的女性气质神话承担责任的那些人，他们根本不会真正地关心征候。

女性奥秘的缔造者并不真的相信一块光可鉴人的地板表明了女性的基本美德；在我的一生中，当关于月经期心理异常的想法被笨拙地复活，成为阻止妇女运动主张的最后一搏时，没有人真止确信月经本身是会使人丧失能力的。同样，美貌神话一点也不在乎女性的体重有多少；它并不关心女性头发的质地或是皮肤的光滑程度。我们凭直觉就知道，如果明天我们回到家，说我们实际上从没想要那些东西——我们没有工作、没有自治权、没有性高潮、没有钱也可以——那么，美貌神话将会立刻松弛，变得更令人舒适。

这一认识让该征候背后的实质问题更容易被看见并得到分析：美貌神话并不会真的关心女性的样貌，只要女性觉得自己丑就可以了；我们也必须明白，女性看起来如何也一点都不重要，只要我们感觉到自己美丽。

真正的问题与以下都无关：女性是否化妆，体重是增加还是减少，是动了手术还是没动手术，是盛装打扮还是衣着朴素，以及是让我们的服装、脸孔和身体都成了艺术品，还是全然忽略装饰。**真正的问题是我们缺少选择。**

在女性奥秘之下，几乎所有的中产阶级女性都被迫只许对家庭生活采取一种强迫态度，无论她们的个人倾向是什么；现在这个观念在很大程度上已经瓦解了，那些倾向于一丝不苟的家务工作的女性继续做家务，而那些对家务一点都不感兴趣的女性也有了（相对）更多的选择。我们变得懒散，但世界并未终结。在我们废除美貌神话之后，类似的情况将成为我们与美貌文化之间关系的特征，这种情况相当显著，仍然和我们当下的处境相去甚远。

只有当女性觉得不化妆就不能见人或是不得体之时，化妆品的问题才会存在。也只有当女性不健身就自我憎恨时，健身的问题才会存在。当一个女性被迫买一只耳环来装饰自己；当她为了保卫自己的身份而需要打扮；当她为了保住她的工作而挨饿时；当她必须吸引一个爱人，以便能照顾她的孩子时；这才是"美貌"让人痛苦的地方。因为美貌神话伤害女性的不是装饰，表露性感，或者花费时间打扮，或是吸引爱人的欲望。许多哺乳动物都梳毛，而每种文化都运用装饰品。"自然"和"不自然"本身并不是成问题的术语。真正的斗争存在于痛苦与快乐、自由与强迫之间。

当女性被授予坚不可摧的身份认同时，服装和化装会是快乐而有趣的。当女性性征是在自己控制之下时，突出女性性征的服装将会是休闲装。当女性性欲被充分肯定为一种产生于内心的合法激情，不带耻辱地被引向其欲望所选的对象时，那些可以展现性别特征的服装或举止就不再能被用来羞辱我们、责备我们或让我们成为美貌神话骚扰的目标。

美貌神话向女性设定了一个虚假的选择：我会是哪一种，性感的或严肃的？我们必须拒绝那种虚假而带有强制性的两难困境。男性越严肃就越被认为是性感的；能同时既严肃又性感的人才是完整的人。让我们反对那些提供了这一魔鬼交易的人，让我们拒绝相信：选择了自我的一个方面，就必须因此而放弃另一个。在一个女性有真正选择的世界里，我们对自己外貌所做的选择最终将会被认为没什么大不了的——那才是它们的本质。

当我们不是物这一论断不是问题时，女性将可以随意地用漂亮的东西装饰自己。当我们能选择只是把我们的脸、衣服及身体作为所有自我表达之中的一种形式时，女性将会从美貌神话中解脱出来。我们可以为自己的愉悦而打扮，但我们必须为自己的权利而发声。

很多作者已经试着通过将幻想、愉悦及"魅力"从女性乌托邦中驱逐出去，以此来解决它们带来的问题。但"魅力"仅仅是人受到吸引这一人类能力的证明，它本身并不具有破坏性。我们需要它，但要将它重新定义。我们不能通过苦行主义或是没有任何价值的劣诗来传播一种剥削性宗教。我们只能用纯粹的愉悦来与痛苦的快感搏斗。

但不要太天真。我们正处在一个不想让我们摆脱美貌神话的环境中，它在努力为美貌创造新的意义。为了能够像我们想要的那样表现自己，为了被听到（就像我们理应被听到的那样），我们需要一场不亚于女性主义第三次浪潮的运动。

言　说

有关美貌神话的所有争论，问题都在于它复杂的反射作用：它几乎惩罚了试图提出问题的所有女性，通过对其外貌进行指责，从而削弱了她所说的话。我们对这个含蓄的惩罚的理解是如此透彻，这一点令人吃惊。我们深知它如何在一个典型的美貌神话两难处境中运作：不管一个女性的外表能够怎样，它都会被用来破坏她所说的内容，将她所观察的社会中美丽神话的各方面个人化，即将其转为个人问题。

不幸的是，因为媒体经常以一种轻描淡写或诋毁的方式报道女性所说的内容，而将注意力放在这些公众女性的外貌之上，所以阅读或观看媒体的女性常常被劝阻，无法认同在公众视野中的女性——这就是美貌神话最终的反女性主义目标。每当我们拒绝考虑或不听电视上或印刷物中某个女性所说的内容，因为我们的注意力已经被吸引到了她的身材、化妆品、服装或发型上，此时，美貌神话正在最高效地运作。

对于一个女性来说，面对公众意味着她必须面对侵略性的身体审查，按定义来说，正如我们所见，没有一个女性能通过这个审查；对于一个女性来说，在关于美貌神话的问题中（与一些关于女性的一般问题一样），她们没有看起来正确的时候。在那些时候，女性没有未被标记的或中立的姿态：也就是说，她们被认为太"丑"或太"美"了，夸张得令人难以相信。这种反射作用在政治上正有效运作着：现今，当女性谈论到她们为什么不再更多地参与以女性为中心的群体及运动时，她们所关注的通常不是议程或世界观上的差异，而是审美观和个人风格上的差异。只要我们一直牢记这种注意力指向的反女性主义源头和反动目标,就可以挫败神话。对我们而言,拒绝"女性的外表即其言说"这一主张,超越美貌神话而彼此倾听——这本身就是一种政治进步。

责 备

责备是美貌神话的助燃剂;为了消除它,让我们永远拒绝为我们已尽力去做的事而指责自己和其他女性。我们需要做出的最重要改变就是:今后,当有人试图用美貌神话来反对我们,我们不会再照镜子,不会在自己身上找原因。("好吧,你为什么穿那件紧身毛衣?""所以,你为什么不对自己做点什么?")只有当我们审查对上述抱怨的通常反应并拒绝它们时,女性才能围绕着这些基于外表的就业歧视而组织在一起。我们不能大声地谈论神话,除非我们相信自己的勇气,相信神话运作并不是客观的——当女性被认为太丑或太漂亮以至于不能做到我们想要去做的事时,这其实和我们的外表无关。请记住,无论是对我们外表的公开攻击还是公开奉承,都从不是犯错,这样女性便可以鼓起勇气公开谈论神话。这都是非个人的;它是政治的。

美貌神话发展出来的那种让我们沉默的反射性反应无疑会增强:"说得容易。""你太漂亮了,不会是个女性主义者。""难怪她是一个女性主义者:看看她的样子。""她穿成那样是想干什么?""这就是虚荣的后果。""究竟是什么让你认为他们在对你吹口哨?""她穿的是什么?""难道你不希望这样吗?""别自我陶醉了。""再也没有理由让一个女性显出她的年龄。""吃不到葡萄就说葡萄酸吗？""蠢女人。""没脑子。""她用它来得到所有她能得到的东西。"认识到这些反应的实质，我们也许就能更易于勇敢面对强加给我们的奉承、侮辱或是这两者的结合，并创造出某种早该到来的场景。

这将非常困难。谈论美丽神话触及了我们的痛处，对此，大多数人在某种程度上是非常缺乏经验的。我们需要同情地看待自己及其他女性对"美貌"的强烈感情，并很温柔地对待它们。如果美貌神话是宗教，这是因为女性仍然缺乏包容我们的仪式；如果它是经济，这是因为我们受到的弥补仍然不公正；如果它是性欲，这是因为女性的性欲仍然是一个黑暗大陆；如果它是战争，这是因为女性被拒绝把自己看成女英雄、冒险者、禁欲主义者、叛逆者；如果它是女性文化，这是因为男性文化仍然抵制我们。美貌神话夺走了这么多女性意识中的最好的部分，当我们由此认识到神话之强大时，就可以转而更清晰地看到它试图取代的所有东西。

女性主义第三次浪潮

所以，这就是我们的处境。我们能做些什么？

我们必须废除职业美貌资格；支持女性职业的联合；让"美貌"骚扰、年龄歧视、不安全的工作条件——比如强制的整形手术，以及对外表的双重标准——都成为劳资谈判的问题；电视及其他严重歧视性行业中的女性必须组织起一波又一波的诉讼；我们必须坚持着装规范的平等，深呼吸，诉说我们的故事。

人们常说，我们必须让时尚和广告形象把我们包括于其中，但这是对市场运作方式的一种危险的乐观主义误解。针对女性的广告是通过降低我们的自尊来起作用的。如果它奉承我们的自尊，它就不会有效。我们不要寄希望于这种指标能充分地把我们包括在内。它不会，因为它如果这么做，就失去了它的功能。只要"美貌"定义是来自女性之外，我们就会继续被它操纵。

我们要求自由地老去并保有性自由，但这种自由却僵化为"年轻地"老去。我们开始穿舒适的衣服，但不适感又重新回到我们的身体。20世纪70年代的"自然"美已经成为自身的标志；80年代的"健康"美带来新疾病的流行，并且"力量即美"让女性成为自己肌肉的奴隶。这一过程将继续利用女性所创造的每一分成就去改良指标，除非我们彻底改变我们与指标的关系。

市场并不欢迎增强的自我意识。后者是会对市场形象展开攻击的错位能量：鉴于最近的历史，它们一定会像过去那样发展。

虽然我们不能直接影响到形象，但我们可以让它们的力量枯竭。我们可以脱离它们，彼此对视，并在一个女性亚文化之中找到美貌的另一种替代形象；我们可以找出三维空间之中照亮女性的戏剧、音乐、电影；找到女性传记、女性史，找到在每一代之中隐没于视野的女主角；填满糟糕的"美貌"空白。我们可以让自己和其他女性走出美貌神话——但前提是我们愿意找出、支持并真正地观看另一种形象。

因为当我们试图越过神话时，我们的想象会逐渐变得昏暗，所以女性需要文化上的帮助来想象我们的自由之路。在历史的大部分时间里,女性的表现、性及真正的美,都不掌握在自己手中。女性试图为自己定义那些东西,但在经过仅仅20年的大力推动之后,市场就已经攻占了有关女性欲望的定义,它比任何单个的艺术家更有影响力。我们难道要任由那些憎恨女性的形象为了利益而夺走我们的性意识吗?我们需要坚持用我们的欲望来创造文化:让绘画、小说、戏剧、电影变得强大、有魅力、可信,足以破坏和击溃铁处女的形象。让我们扩展自己的文化,把性从铁处女的形象中分离出来。

与此同时,我们需要记住,我们的大众文化是如何被美貌产业的广告商严格审查的:只要针对女性的黄金时段电视及主流媒体是由美貌产业的广告商资助的,那么在大众文化中女性该怎样将由美貌神话所指定。

人们无须指示便能明白,那些集中赞美某类"天然"女性的故事很难成功。如果我们能看到一个60岁的女性阅读新闻,而她的年龄看起来就是她那个年纪的样子,那么,美貌神话中便会出现深深的分歧。与此同时,我们要清楚:美貌神话之所以支配了电波,**只是**因为与之相关的各种产品购买了时间。

最后,我们可以让分析的目光保持警觉,意识到塑造铁处女的东西也会影响我们如何观看、接受并回应她的形象。很快,在这个意识下,铁处女的形象开始看上去像她们本来的样子了——那是二维的形象。她们简直完全失败了。只有当这些形象让我们觉得乏味时,它们才会演变,以便能够**适应**女性情绪之中的彻底变化;如果没有观众,广告商便不能影响剧情了。为了应对女性一方的完全厌烦,文化的创造者们将被迫呈现三维的、立体化的女性形象,以便能再次把我们包括在内。通过我们对铁处女的突然厌倦,女性可以唤起一种真正把我们当作人来对待的大众文化。

在转变文化环境的过程中,在主流媒体工作的女性是关键的内部先锋。我听到过许多媒体界的女性对于有关美貌神话问题的种种限制表示沮丧;很多人表示,在试图打破那些限制时有种被孤立的感觉。也许,从更为政治化的角度重新展开关于媒体中的美貌神话及其后果的讨论,将为渴望与美貌神话战斗的印刷业、电视、广播新闻等各界女性开拓出新的联盟。

很快,当我们把某种个人的、反主流文化的、充满意义的美貌形象汇在一起时,铁处女就开始看着像个没有吸引力的暴力形象了;另一种观看方式会从背景中一跃而出。

"严格来说,罗斯马里·费尔并不美丽。不,你不可能称她是美丽的。漂亮吗?好吧,如果你把她拆开看……但是为什么如此残忍地把一个人拆成碎片呢?"(凯瑟琳·曼斯菲尔德)"对莉莉来说,她的美貌似乎毫无意义,因为它在激情、释放、亲密关系或性关系上没为她带来任何东西……"(简·斯迈利)"她美得惊人……美丽有它的缺憾——它来得太容易,它来得太完全。它让生命凝固——冻结了。它使人忘却内心的小小激动;幸福的红晕、悲哀的苍白,一些怪异的扭曲和一些光与影的变换,这些会使那张脸一时难以辨认,却多了一种让人永世难忘的韵味。在美的掩盖下自然很容易粉饰这一切……"(弗吉尼亚·伍尔夫)[①] "如果一张脸背后有故事,那张脸会随着年龄而改变。皱纹显示了区别和特征:它们显示出一个人活着,一个人可能知道些什么。"(卡伦·德·克劳)"虽然她现在已年过五十……但大家都不会怀疑相传她曾唤起的激情。一直受爱戴

[①] 译文版本为:《到灯塔去》,马爱农译,人民文学出版社,2013年。——译者注

的人甚至在老年也依然散发着某种难以描绘却显而易见的品质。甚至一块整天被照耀的石头，在夜幕降临后也会保持热量……这温暖的光辉。"（埃塞尔·史密斯女爵士）

美貌崇拜证明了对女性仪式及通过仪式的心灵渴望。我们需要开发并制订更好的女性仪式来填补空白。我们能在朋友之中、在朋友圈子之中，为女性的生命周期发展出更广泛而富有成效的新仪式及庆典吗？我们有产前派对和新娘送礼会，但其他生命阶段又怎样呢？诸如洁净礼、坚振礼、情感疗愈、分娩的重生典礼、初潮、失去童贞、毕业、得到第一份工作、结婚、从心碎或离婚中恢复、获得一个学位、更年期。无论它们采用了什么有机形式，我们需要崭新而积极的而不是消极的庆祝活动来标记女性的生命期。

为了保护我们的性意识免受美貌神话影响，我们可以相信珍爱、养育的重要性，以及像关注一个动物或孩子一样去关注我们的性意识。性意识不是惰性的或给定的，它就像一个生物，是随着供给它的内容而变化的。我们可以远离在性方面不必要的暴力或剥削的形象——并且，当我们遭遇它们时，告诉自己根据其本身去感受它们。我们可以找出那些摆脱了剥削或暴力的性意识的梦想和愿景，并努力对我们纳入自身想象的内容保持觉知，就如我们现在意识到有什么进入了自己的身体。

一种平等的色情现在可能很难想象。对性欲的批评往往会因性欲不能进化这一假设而突然止步。但对大多数女性来说，物化或暴力的幻想是通过某种形象的光泽而被肤浅地习得的。我相信，通过一次次地将快感与相互的关系联系到一起，通过有意识地扭转我们的条件反射，这些幻想能轻易地被忘掉。我们有关性方面的美丽的观念，比我们迄今所认为的更易于转变。

特别是对厌食/色情的这几代人而言，我们需要与裸体达成一种彻底的和解。很多女性描述过女性群裸的体验带来的深刻启示。这是一种表达嘲弄的简单建议，但让赤裸的铁处女去神秘化的最快办法就是鼓励静修、节庆、出游，这也包括了在公共场合赤身裸体——无论是在游泳、日光浴、蒸汽浴的情况下，还是在随意放松的情况下。男性群体——无论是兄弟会还是运动俱乐部——都理解这些时刻所产生的价值、凝聚力以及对个人自身性别的尊重。单单是展示美丽的无限多样性就比词语更有价值；特别是对于一个年轻女孩来说，这样一种经验强大到足以揭穿铁处女的谎言。

当面对神话之时，要追问的不是女性的脸和身体的问题，而是该形势下的权力关系。这在为谁服务？谁说的？谁获利？其语境是什么？当有人当面讨论某个女性的外表时，她可以问自己：这关那人什么事？权力关系平等吗？她会自在地回敬给对方同样的点评吗？

较之于真实的吸引力和欲望，一个女性的外表更多是因为某个政治原因而唤起了她的注意。我们可以学会更好地分辨这种不同——它本身便是一种解放的技能。我们不必谴责性欲、诱惑或肉体的吸引力——与市场想要我们发现的内容相比，这是一种更民主、更具主体性的品质——我们只需要拒绝政治操纵。

讽刺的是，更多的美貌所允诺的是只有更强的女性团结才能实现的东西：美丽神话要被永久击败，只有通过20世纪70年代以女性为中心的政治行动在电子媒介中的复兴（女性主义的第三次浪潮），并被更新以承担起90年代的新议题。在这10年中，特别是对年轻女性来说，有些敌人更安静、更聪明、更难以把握。要争取年轻女性，我们需要从政治上界定我们的自尊：将之列于与金钱、工作、儿童养育、安全同等重要的地位，以作为女性的一种重要而被**故意**置于短缺之中的资源。

我并不假称已有议程；我只知道有些问题已经发生了变化。我开始确信，有数以千计的年轻女性准备并渴望与同辈发起的女性主义第三次浪潮联合，它会连同传统的女性主义议程一起，应对随着**时代思潮**及美貌反扑而出现的新问题。运动将需要解决同化的歧义。与愤怒而团结的局外人态度正相反，年轻女性会表达受惊吓和被孤立的"局内人"感受，这种区别让美貌反扑清晰起来：阻止一场革命的最好方法是给人某种会失去的东西。新浪潮需要把饮食失调政治化，把年轻女子与形象之间独特的紧张关系，以及那些形象对她们性意识的影响政治化——它将需要说明：如果你不能吃，那么你对自己的身体就没有多少权利。新浪潮需要分析年轻女性所继承的反女性主义宣传，并给她们包括诸如此类争论在内的工具，以便看穿那些宣传。在传递完整的女性主义先前遗产的过程中，就如所有的女性主义浪潮那样，它需要同辈的驱动：不论一个母亲的建议如何英明，我们都需要听从同辈的建议。这将会需要让欢乐、吵闹及嬉戏的庆典就像努力工作与激烈斗争一样，成为其计划的一部分，并且，它能通过拒绝损害年轻女性的有害谎言来开始这一切——这种谎言被称作后女性主义（postfeminism），是一种认为战斗已经全面获胜的不切实际的希望。这个可怕的词让面对着许多同样的旧问题的年轻女性又一次责怪自己——毕竟它已经全都得到解决了，不是吗？这剥夺了她们的理论武器，并让她们再次感到孤独。我们从未自鸣得意地谈到后民主时代：我们知道，民主是一种有生命的脆弱之物，每一代都必须更新。

同样，这也适用于女性主义所表现的民主那一面。所以，让我们继续为之努力。

女性学会了渴望当下形式的"美貌"，因为我们也同时意识到，女性主义斗争将比我们所了解的要艰难得多。"美貌"意识形态是一个煽动女性的快捷允诺，一种历史的安慰剂，它允诺我们可以自信、有价值、被倾听、受尊敬，并毫不畏惧地提出要求。（但事实上，"美貌"究竟是不是真正的欲望，这很可疑；女性可以想要"美貌"，这样我们便能重新回到自己的身体之内；女性可以渴望完美，这样我们便能忘记这讨厌的一切。在大多数女性的直觉中，如果有选择，她们或许宁愿是一个性感而勇敢的自我，而不是某种通用的美貌他者。）

美貌广告的文案承诺了那种勇气和自由——"海滩装为美貌而勇敢的人设计"；"新鲜而无畏的容颜""一种别致的无畏"；"思想激进"；"自由斗士——为不怕大声说出来或站出来的女性而设计"。但这不会是真正的勇气和自信，除非我们得到我们所能获得的物质利益的支持，而这种物质利益只有通过把其他女性视为盟友而非竞争对手才能得到。

20世纪80年代试图通过许诺个人化的解决方案来收买我们。我们已经达到了个人主义、有关女性进步的美貌神话版本所能做到的极限，而这并不够好：如果我们不为下一轮的重大推进而团结起来，我们永远只会是2%的高层管理人员，5%的正教授，以及5%的资深合伙人。更高的颧骨、更紧实的胸部显然不会让我们得到我们所需要的真正信心以及可被看见的状态；只有一种重建女性政治进步之基础的承诺才能做到这一点，这承诺包括了儿童保育计划、有效的反歧视法、产假、生育选择权、公正的报酬，以及对性暴力的真正制裁。直到我们能在其他女性的权益中确定我们自己的权益,并容许我们自然地团结在一起,克服由竞争性与敌对所推动的组织障碍——那是由美貌反扑在我们之中人为挑起的——那时,我们才能拥有这些。

可怕的事实是,尽管市场推销了美貌神话,但如果女性没有用它来彼此针对,它也只会是无力的。对任何一个女性来说,要想摆脱这个神话,需要很多其他女性的支持。最艰难的但也最必要的变化不会来自男性或媒体,而是来自女性,在于我们看待和对待其他女性的方式。

代际合作

如果我们要从美貌神话中拯救彼此,并使女性进步,摆脱过去周期性的历史命运,那么女性代际的联系就需要被修补。《公司》(Company)杂志的编辑吉尔·赫德逊揭示了美貌反扑对年轻人进行宣传的程度:她说,年轻女性"绝不想被认为是女性主义者",因为"女性主义被认为是不性感的"。如果不远的将来,仅仅因为年轻女性与老年女性之间的隔离,女性就不得不从头打同样的仗,这将是愚蠢和可悲的。我们被一个长达20年的毫无创意的战役所欺骗,这场战役把女性运动描绘为"不性感的",其目标旨在让年轻女性忘记究竟是谁的战斗最初让性变为性感的?如果年轻女性因此不得不回到开始,这将是可悲的。

由于我们的制度不会鼓励去建立几代女性之间的联系,因此我们只能通过积极探索比时尚杂志所提供的更有益的榜样来超越神话。我们迫切需要代际联系:我们需要看到让我们的自由得以可能的女性形象;她们需要听到我们的感谢。年轻女性在制度上

"没有母亲养育"是危险的,这意味着不受保护、没有指引,她们需要榜样和导师。当把经验传授给学生、学徒与门徒时,老年女性的工作和经验也扩大了范围及影响力。然而,这两代人都必须抵御来自外部的反对代际合作的根深蒂固的冲动。由于接受了有效的教导,年轻女性羞于认同老年女性,年老女性则对年轻女性有些苛刻,不耐烦甚至不屑地看待她们。美貌神话被人为设计出来,令两代女性彼此对立;我们则要自觉地加强代际之间的联系,归还我们生命周期的完整性——那正是美貌神话要阻止我们发现的东西。

各个击破

事实是,女性彼此之间并不会造成实际上的危险。在神话之外,其他女性看起来很像天然的盟友。为了让女性学会害怕彼此,我们必须相信,我们的姐妹们具备某种用来对付我们的神秘而有力的秘密武器——这一虚构的武器就是"美貌"。

神话的核心,以及它作为女性主义的对立面如此有用的原因,就在于它造成的分裂。你到处可以看到并听到:"别因为我漂亮而恨我。"(欧莱雅)"我真的讨厌我的健美操教练——我想,憎恶是个好的动机。""你恨她。她拥有一切。""起床时就看起来漂亮的女人真的惹恼我了。""你不讨厌能那样吃的女人吗?""没有毛孔——让你不舒服。""高挑、金发碧眼——你就不能杀了她吗?"美貌神话所挑动的竞争、怨恨和敌意深入人心。姐妹们普遍记住了某个人被指定为"漂亮女人"的悲哀。母亲经常难以应对女儿的青春绽放。挚友之间的嫉妒是女性友爱的残酷真相。即使是互为爱人的女性也存在美貌竞争。女性谈论美是痛苦的，因为在神话的控制之下，一个女性的身体被用来伤害其他女性。我们的脸和身体成了惩罚其他女性的工具，经常在脱离我们控制和违背我们意愿的情况下被使用。目前，"美貌"是一种经济，女性在其中发现，她们的脸和身体的"价值"不由自主地侵害着其他女性的脸和身体。在一种持续的比较中，一个女性的价值因另一个女性的出现而波动，这种比较实现了各个击破。它迫使女性对其他女性在外表方面所做的"选择"极其挑剔。但那种让女性互斗的经济并不是必然的。

要突破这种分裂，女性必须打破很多谈论它的禁忌，其中就包括禁止女性去叙述被当作一个美貌对象来看待时的阴暗面。从我听过的几十名女性那里，存在的很明显的事实是，美貌神话给一个特定女性带来的巨大痛苦与她相对于一个文化理想而言相貌如何根本没有关系。（用某个顶级时尚模特的话说，"当我上了意大利版《时尚》杂志的封面时，每个人都告诉我我看起来多么漂亮。我只是在想，'我不相信你看不到那些皱纹'"。）模仿铁处女的女性为神话所害，其程度可能不亚于那些屈从于她们形象的女性。美貌神话要求女性立刻盲目地敌视并盲目地嫉妒其他女性的"美貌"。而敌视和嫉妒都为神话服务，并伤害所有的女性。

虽然"美貌的"女性短暂地立于系统顶端，但这显然远非美貌神话所宣传的优美的神圣状况。当力量缺乏的时候，把自己变成一个活的艺术品的愉悦——耳中的咆哮以及细密的喷雾对皮肤表面的问候的确是某种力量。但与下面一连串的愉悦相比，那不算什么：永远回归身体之内的愉悦；发现性自尊的愉悦；作为一个克服了"美貌"所做的区分的普通女性而感到的快乐；摆脱了链甲衣般的自我意识、自恋、罪恶感的愉悦；以及自由地忘掉所有这一切的愉悦。

只有那时，女性才能谈论"美貌"真正涉及的东西：陌生人的注意；对我们并未挣得的东西的奖励；来自男性的性行为，他们追逐我们，就像坐在旋转木马上抓取一枚黄铜戒指；来自其他女性的敌视和怀疑；比预计时间更久的青春期；残酷的衰老；以及为身份认同而开展的长期艰苦斗争。我们会了解到"美貌"的好处是什么——承诺给我们信心、性征、健全个性的自尊——而这些好处事实上是与"美貌"明确无关的各种品质，是所有女性应得的，并且随着神话的废除，所有女性都可以拥有它们。因女性气质之故，"美貌"所提供的最好的品质属于我们大家。当我们从性中把"美貌"分离出来时，当我们庆祝我们的容貌与特征的个体性时，女性将会获得我们身体之内的一种愉悦，那是团结我们而非分裂我们的因素。而美貌神话将成为历史。

但只要女性彼此之间审查经验的真实性，对于那些希望控制女性的人来说，"美貌"便仍将使女性困惑，并依然是最有用的。我们生活在一个等级制度之下，这一现实是不可接受的。它不是先天固有的，也不是永久的；它不是基于性、上帝或永恒的磐石之上。它能被改变也必须被改变。这一局面正接近我们，推迟对话的时间所剩不多了。

对话开始之时，神话的人为壁垒将开始消失。我们会听到，一个女性看上去"美"并不意味着她感觉自己美；我们也会听到，她可以在没有先看到自己的情况下感觉自己的美。瘦女郎可能觉得自己胖；年轻女人会变老。当一个女人看其他女性时，她不可能知道那个女性心中的自我形象：虽然她看起来令人羡慕地让外貌尽在控制之下，但她也许是在挨饿；虽然她都快撑破了她的衣服，但她可能令人羡慕地得到了性的满足。一个女性可以因自尊心强而胖，也可以因自尊心低而胖；她可以出于放肆鬼混的欲望而用化妆品遮盖她的脸，也可以为了隐藏自己而这么做。根据她们每天处在什么样的状态，所有女性都体验过被世界更好地对待和更糟地对待：虽然这种体验严重扰乱了一个女性的身份认同，但较之于"美貌"为我们所拍的快照引导我们去相信的那些东西，它确实意味着女性获得了范围大得多的经验。我们很可能会发现，我们现在通过审视外表而获得的信息很少，而且不论我们样貌如何，我们都体验着同样多的感受：有时令人愉快，经常令人讨厌，总是女性的，我们全都处于美貌神话努力在我们四周拉起的无数栅栏中。

女性责备男性只看不听。但我们自己也是如此；也许程度更甚。我们必须停止审视彼此的外表，就好似外表是语言、政治忠诚、价值或侵略一般。很有可能，与一个女性的外表所允许她传达的易引起误解的信息相比，她想要说**给其他女性**的东西内容远为复杂且更易引起共鸣。

让我们先从对"美"的重新阐释开始，美是**非竞争性的、非等级性的、非暴力的**。为什么一个女性的愉悦和自豪必然意味着另一个女性的痛苦？男性只有在性方面彼此竞争时才处于性竞争的状态，但美貌神话却无时无刻不将女性置于"性"竞争之中。她们很少是为了争夺某个具体的异性伴侣而竞争；因为这通常不是一场"为了男人"的竞争，这在生物学上不是必然的。

女性这样"为其他女性"而竞争，部分是因为我们是同一宗派的信徒，部分是为了填满神话最初制造的黑洞，即便这种填满只是暂时的。恶意竞争通常可以证明我们当前的性安排压制了什么东西：我们相互之间的身体吸引力。如果女性把性重新定义为肯定我们彼此间的吸引力，神话将不会再伤害我们。其他女性的美貌不会成为一种威胁或侮辱，而会给我们带来愉悦，值得我们称颂。女性将能盛装打扮自己，而不用担心伤害并背叛其他女性，或被指责是虚假的忠诚。我们于是可以盛装打扮，庆祝女性身体共享的快乐，积极地"为其他女性"而打扮，而不是消极地献祭自我。

当我们让自己体验这种身体吸引力时，市场将再也不能从它对男性欲望的表现里获利：我们亲身知道被其他女性吸引会有很多种形式，从而再也不会相信让我们受欢迎的品质是某种有利可图的神秘事物。

通过改变对彼此的预先判断，我们有办法开启一种关于美的非竞争性体验。通过神话，"其他女性"被表现为某种未知的危险。读一读威娜染发的宣传册，"去见其他女性"，是指作为目标女性的"追随"版本。该观念是，"美貌"把**她者**女性——甚至是某人自身的理想化形象——变成某种异化的存在，致使你需要一个形式上的引导。这是一个暗示了威胁、情妇、关系中的迷人破坏者的短语。

我们通过走近未知的其他女性来取消神话。既然女性关于调情的日常经验通常来自男性对我们的"美貌"的反应，难怪沉默的惹人瞩目的女性对我们来说会是对手。

我们可以让这一猜疑和距离消失：为什么我们彼此之间不应该是殷勤的、彬彬有礼的和爱调笑的？让我们将通常只为男性而保留的耀眼注目分给彼此，从而相互取悦：互相称赞，展示我们的倾慕。我们可以与其他女性互动——吸引她的视线，当她搭便车时送她一程，当她手忙脚乱时给她开门。当我们在街上相互接近，给予或是收到那种谨慎的、从头到脚的防备目光时，不妨假设，我们之间坦诚地以目光相遇会怎样；假如我们微笑会如何？

追求一种非竞争性的美——关于这一观念的运动已在行进中了。美貌神话总是拒绝给予女性荣誉。而女性正到处发展出荣誉的准则，以便保护我们免受其害。我们拒绝给出旧式的简单批评。我们释放出大量真实的赞美。我们退出那种利用我们的美将其他女性置于阴影之下的社会处境。我们拒绝为男性随机的注意而展开争夺。1989年，加州小姐选美大赛上的一个选手在她的泳装上拉过一条横幅，上面写着："**选美大赛伤害所有女性。**"一个电影女演员告诉我，当她裸体出镜时，她首先拒绝规训她的身体，以此作为传达给女性观众的姿态。我们已经开始寻找我们不会成为对手亦不会成为工具的途径。

这个新视角改变的不是我们看上去如何，而是改变了我们如何去看。我们开始看到其他女性的面孔和身体本身，铁处女不再叠加于其上。当我们看到一个女性大笑，我们激动得屏住呼吸。当我们看到一个女性骄傲地走着，我们发自内心地欢呼。我们在镜中微笑，看着我们眼角处的皱纹，我们为自己正在创造的现实而感到高兴，再一次笑了。

尽管女性可以互相把这个新视角给予对方，但我们也欢迎男性参与颠覆神话。当然，有些男性已经滥用美貌神话来针对女性，就如同有些男人挥舞他们的拳头来施暴；但两性之中也有一种强烈的意识，即现今强制推行神话的真正主体并不是作为个体的爱人或丈夫，而是依赖于男性支配地位的制度。男性和女性似乎都发现了，神话的全部力量几乎不是来自私人的性关系，而是在很大程度上源自公共领域之中"外在的"文化及经济巨石。越来越多的男女知道自己正在被欺骗。

但在某种甚至更深远的层面上，帮助女性剖析神话也符合男性自身的利益：接下来就轮到他们了。广告商最近已经发现，无论针对哪种性别，破坏性自信都有效。据《卫报》报道："男人现在不看女孩，而看镜子了……我们现在能看到美丽的男人在销售一切。"利用从男同性恋的亚文化中获得的形象，广告业已经开始在男人自己的美貌神话之中描绘男性身体。因为这种形象更密切地集中于男性性征，它将普遍损害男性的性自尊。因为男性更习惯于与他们的身体相分离，并习惯于展开更紧张的竞争，可以想象，美貌神话的男性版会伤害男性，其危害更甚于女性版对女性的伤害。

精神病学家预计患饮食疾病的男性比例会上升。由于男性正被描绘成一个由自我憎恨所开辟的前沿市场，各种形象已经开始告诉异性恋的男性女性想要什么，以及他们如何去看那些同样半真半假的说法，那正是它们一直以来告诉异性恋女性的有关男性的内容；如果他们购买它，并让自己陷于其中，那对女性来说并没有胜利。无人能赢。

取消神话也符合男性的利益，因为地球的生存取决于它。地球再也负担不起一种基于性及物质上的不满足、贪婪挥霍的消费者的意识形态。我们需要开始远离我们所消费的东西，以获得永久的满足。我们设想这个星球是女性，是一个付出全部的自然母亲，就像我们设想女性的身体，它因人类也为人类而可以被无限改变；通过坚持要求一种新的女性现实，我们为我们自己以及我们对地球的希望而服务，而地球的一种新隐喻正是建立在这个现实的基础之上的，那便是，女性身体有其自身的有机完整性，它必须得到尊重。

环境危机要求一种新的思维方式，它是社群主义的、集体的，而不是对抗性的，我们需要它很快到来。我们可以祈祷并希望，男性体系能在短短几年之内发展出这一高度发达而又不常见的思维方式；又或者，我们可以求助于女性传统，它在五千年里已经完善了这种模式，并使之适应于公共领域。既然美貌神话抹去了女性传统，那么当我们抵制它时，我们就为地球保留了一个关键选项。

我们保留自己的选择权。我们无须改变我们的身体，我们需要改变规则。在神话范围之外，女性仍会因她们的外表而被任何想责备她们的人责备。所以让我们停止自责、停止赛跑、停止道歉，让我们彻底地开始取悦自己。"美丽"的女性不是在神话控制之下赢得成功；其他人也不是。屈从于陌生人的不断奉承的女性也没有赢，更别提否认自我关注的女性。穿制服的女人没有赢，一年365天穿着名牌时装的人也没有赢。你不是通过挣扎着站到等级制度的顶层而获胜，你是通过根本上拒绝陷入这个等级制度而获胜。那些认为自己美丽的女性赢了，她挑战世界，使世界改变并真正地看到她。

女性通过包容自己及其他女人做各种事情而取胜，这包括：吃东西；性感；衰老；穿工装裤，戴裱糊的皇冠，穿巴黎世家的长袍，穿二手的夜礼服斗篷或者军靴；把自己裹得严严实实的或几乎赤裸；听从——或忽略——我们自己的审美趣味，做任何我们选择去做的事。当一个女性觉得每个女性对待自己身体的做法——没有勉强、没有胁迫——都是她自己的事时，她就赢了。当众多女性个体让自己免受美丽经济的影响时，那种经济就将会开始消失。制度、一些男性或是一些女性还将继续尝试利用女性的外表来反对我们。但我们不会上钩了。

可能会有一种支持女性（prowoman）的美丽定义吗？绝对会有的。一直以来缺少的是游戏。美貌神话是有害的、浮夸的、严重的，因为太多太多的东西都取决于它。游戏的快乐在于它并不重要。一旦你为任何金额的赌注而游戏，它就成了一个战争游戏或让人上瘾的赌博。在神话之中，它一直是一个为了生活，为了可疑的爱，为了令人绝望和不诚实的性而玩的游戏，并且，没有让你不按照异化的规则而游戏的选项。没有选择，就没有自由意志；没有率性，就没有真正的游戏。

但为了拯救自己，我们可以想象一种不含价值判断的身体的生活；一场化装舞会，一种从充盈的自爱中产生的自愿的夸张风格。一种从支持女性的立场出发对美貌的重新定义，反映了我们对何谓权力的重新定义。谁说我们需要一种等级制度？我所看到的美貌可能不是你所看到的。有些人在我眼中比在你眼中更可欲。那又怎样？我的感知并不凌驾于你的。为什么美丽应该是排他性的？赞美可以包容如此多的方面。为什么稀缺令人印象深刻？稀缺性的高价值是一个男性化的概念，更多与资本主义有关，而非与欲望有关。想要最难得之物的乐趣何在？相比之下，孩子是寻常的，但他们被高度重视并被视为美丽的。

女性应如何超越神话来行动？谁能知道？也许我们会任凭自己的身体变胖和变瘦，享受主旋律的各种变化；并且避免痛苦，因为当一些东西伤害我们时，它在我们看来就开始丑陋了。或许我们会用真正的快乐装饰自己，感到我们是在锦上添花。也许女性强加给身体的疼痛越少，她们的身体看起来就会越美丽。也许我们会忘记从陌生人那里寻求赞美，发现我们并不想念它；也许我们会期待自己年老时的面孔，并不会把我们的身体视为一堆缺陷,因为我们的身体无处不宝贵。也许我们再也不想成为"追随者"了。

如何开始?让我们变得无耻、贪婪;让我们追寻快乐、避免痛苦,按自己想要的随意穿、随意摸、随意吃、随意喝;包容其他女性的选择,找到我们想要的性,与我们不想要的性激烈战斗;选择自己的事业;一旦我们突围并改变了规则,有关自身美貌的意识就不能动摇,让我们歌颂那种美丽,装扮它、炫耀它,陶醉于其中:在一种感官的政治中,女性是美丽的。

一种喜爱-女性的美貌定义会用游戏取代绝望,用自爱取代自恋,用完整性取代分裂,用在场取代缺席,用生气勃勃取代沉寂。它允许女性容光焕发:光芒由面孔和身体散发出来,而不是狭隘地聚焦于身体的某个部位,让自我变得黯淡。它是性感的、多样化的、令人惊奇的。我们将能在他人那里看到它但不会感到恐惧,并且最终能在自己身上看到它。

一代人之前,杰曼·格里尔对女性感到疑惑:"你**将会**做什么?"女性进行的事业带来了长达 1/4 个世纪的巨大社会变革。我们下一阶段的运动,这个作为女性个体、作为女性总体、作为我们身体及这个地球的居住者而向前推动的运动,则取决于我们现在看向镜子时决定看到什么。

我们**将会**看到什么?

致 谢

这本书归功于家人的支持：Leonard Wolfe、Deborah Wolfe、Aaron Wolfe、Daniel Goleman、Tara Bennet-Goleman、Anasuya Weil 和 Tom Weil。我尤其感谢我的祖母 Fay Goleman，我取得的成绩来自她一直以来的鼓励，她的生活——身为家庭服务的开拓者、教授、妻子、母亲、早期的女性主义者——不断地给予我灵感。我感激 Ruth Sullivan、Esther Boner、Lily Rivlin、Michele Landsberg、Joanne Stewart、Florence Lewis、Patricia Pierce、Alan Shoaf、Polly Shulman、Elizabeth Alexander、Rhonda Garelick、Amruta Slee 和 Barbara Browning，他们对我的工作做出了重要贡献。Jane Meara 和 Jim Landis 非常慷慨地提出了颇具启发意义的编辑建议。Colin Troup 无论何时都是我的安慰者、争论者和提供给我欢乐的同伴。我感谢第二次浪潮的女性主义理论家，没有她们在这些问题上的斗争，我不可能开始自己的工作。

注　释[①]

第一章　美貌的神话

1. *Standard and Poor's Industry Surveys* (New York: Standard and Poor's Corp., 1988).
2. See *U.S. News and World Report*, June 4, 1984. 时尚和形象顾问协会的会员仅1984年到1989年之间就增到了原来的3倍（Annetta Miller and Dody Tsiantar, *Newsweek*, May 22, 1989）。在1986年之前的五六年，消费性开支从3000亿美元上升到6000亿美元。
3. Wooley, S. C, and O. W. Wooley, "Obesity and Women: A Closer Look at the Facts," *Women's Studies International Quarterly*, vol. 2 (1979), pp. 69–79. 数据转载于"33,000 Women Tell How They Really Feel About Their Bodies," *Glamour*, February 1984。
4. See Dr. Thomas Cash, Diane Cash, and Jonathan Butters, "Mirror-Mirror on the Wall: Contrast Effects and Self-Evaluation of Physical Attractiveness," *Personality and Social Psychology Bulletin*, September 1983, vol. 9, no. 3. 卡什医生的研究显示"女性多么有魅力"与"她们觉得自己多么有魅力"之间的关系很小。按他的话来说，所有他在治疗的女性都"极有魅力"，但他的患者只把自己和模特比较，而不与其他女人比较。
5. Lucy Stone, 1855, quoted in Andrea Dworkin, *Pornography: Men Possessing Women* (New York: Putnam, 1981), p. 11.
6. Germaine Greer, *The Female Eunuch* (London: Paladin Grafton Books, 1970), pp. 55, 60.
7. 也参见罗兰·巴特的定义："它（神话）把历史转换为自然……神话有一个任务，即赋予某种历史意图以一种自然化的辩护，并让偶然性显

[①]　因原文未标明注释位置，本书原注的位置为译者根据内容推测，同时按照对应的正文对注释的顺序进行了微调，个别的拼写错误也一并更正。——译者注

得永恒。" Roland Barthes, "Myth Today," *Mythologies* (New York: Hill and Wang, 1972), p. 129.

人类学家马林诺夫斯基对"神话起源"的定义与美貌神话有关：安·奥克利写道，一个起源的神话"在社会紧张的时期往往是最难的工作，此时，神话之中所描绘的事态受到了质疑"。Ann Oakley, *Housewife: High Value/Low Cost* (London: Penguin Books, 1987), p. 163.

8. 参见柏拉图在《会饮篇》中对美的讨论。有关美的不同标准，参见 Ted Polhemus, *BodyStyles* (Luton, England: Lennard Publishing, 1988)。

9. See Cynthia Eagle Russett, "Hairy Men and Beautiful Women," *Sexual Science: The Victorian Construction of Womanhood* (Cambridge, Mass.: Harvard University Press, 1989), pp. 78–103.

在第 84 页，拉塞特引用了达尔文的话："男人在身体和心灵上比女人更强大，而在未开化状态，他让自己处在一个被奴役的悲惨状态，比任何其他雄性动物更为悲惨；因此，他应该获得选择的权力，这并不奇怪……由于女性长期因美丽而被选择，因此同样不令人奇怪的是，她们的某些连续变体本该只传播给同性；因此她们应该更多地把美丽遗传给她们的女性后代，而非男性后代，因而也变得（按一般的看法）比男性更美丽。"达尔文本人注意到了这一观点在进化论上的不一致性，就如拉塞特所说的那样，"一个有趣的事情发生在向上进化的途中：人类之中，女性不再选择，只是被选择。"她观察到该理论"暗示了进化连续性的一个尴尬的打断，按达尔文自己的术语，这标志着在进化趋势之中出现了一个相当惊人的逆转"。

See also Natalie Angier, "Hard-to-Please Females May Be Neglected Evolutionary Force," *The New York Times*, May 8, 1990, and Natalie Angier, "Mating for Life? It's Not for the Birds or the Bees," *The New York Times*, August 21, 1990.

10. See Evelyn Reed, *Woman's Evolution: From Matriarchal Clan to Patriarchal Family* (New York: Pathfinder Press, 1986); and Elaine Morgan, *The Descent of Woman* (New York: Bantam Books, 1979). See especially "the upper primate," p. 91.

11. Rosalind Miles, *The Women's History of the World* (London: Paladin Grafton Books, 1988), p. 43. See also Merlin Stone, *When God Was a Woman* (San Diego: Harvest Books, 1976).

12. Leslie Woodhead, "Desert Dandies," *The Guardian*, July 1988.

在西非富拉尼族部落，年轻女性以美丽为标准来选择丈夫："竞争者……加入雅客（yaake）舞，他们排成一行又唱又跳，踮起脚尖，扮着鬼脸，翻眼又斜眼，比画着鬼脸向评委展示他们的牙齿。他们一直要这样跳几个小时，这是在预先服用刺激药物的帮助之下才能做到的。在整个过程中，人群中的老妇人大声批评那些不符合富拉尼人美丽观念的人。"(Polhemus, op. cit., p.21.)

See also Carol Beckwith and Marion van Offelen, *Nomads of Niger* (London: William Collins Sons & Co. Ltd., 1984), cited in Carol Beckwith, "Niger's Wodaabe: People of the Taboo," *National Geographic*, vol. 164, no. 4, October 1983, pp. 483–509.

旧石器时代的发掘表明，在史前社会，装饰自己的是人类男性而不是女性；在现代部落社区中，男性通常至少与女性同样装饰，并经常对饰品拥有"事实上的垄断"。苏丹努巴、澳大利亚瓦利吉吉（Waligigi）和新几内亚芒特哈根的男人也都花几个小时描画自己，把他们的发型弄得完美以吸引女性，而女性的装饰却只花几分钟。参见Polhemus, op. cit, pp. 54–55。

13. 例如参见 Beaumont Newhall, *The History of Photography from 1839 to the Present* (London: Seeker & Warburg, 1986), p. 31。Photograph *Academie*, c. 1845，摄影师未知。
14. 节食商品在美国是一年740亿美元的产业，总额是美国每年食品费用的1/3。See David Brand, "A Nation of Healthy Worrywarts?," *Time*, July 25, 1988.
15. Molly O'Neill, "Congress Looking into the Diet Business," *The New York Times*, March 28, 1990.
16. *Standard and Poor's Industry Surveys*, op. cit. 1988.
17. "Crackdown on Pornography," op. cit.
18. Daniel Goleman, *Vital Lies, Simple Truths: The Psychology of Self-Deception* (New York: Simon and Schuster, 1983), pp. 16–17。引用易卜生的话："致命谎言仍未揭开，它被家庭的缄默、辩解及全然的否认所遮蔽。"
19. John Kenneth Galbraith, quoted in Michael H. Minton with Jean Libman Block, *What Is a Wife Worth?* (New York. McGraw-Hill, 1984), pp. 134–135.
20. Marcia Cohen, *The Sisterhood: The Inside Story of the Women's Movement and the Leaders Who Made It Happen* (New York: Ballantine Books, 1988), pp. 205, 206, 287, 290, 322, 332.
21. Betty Friedan, *The Feminine Mystique* (London: Penguin Books, 1982), p. 79, quoting Elinor Rice Hays, *Morning Star: A Biography of Lucy Stone* (New York: Harcourt, 1961), p. 83.
22. Friedan, op. cit., p. 87.

第二章 工作

1. Ruth Sidel, *Women and Children Last: The Plight of Poor Women in Affluent America*, (New York: Penguin Books, 1987), p. 60.
2. U.K. Equal Opportunities Commission, *Towards Equality: A Casebook*

of Decisions on Sex Discrimination and Equal Pay, 1976–1981, pamphlet. See also U.K. Equal Opportunities Commission, Sex Discrimination and Employment: Equality at Work: A Guide to the Employment Provisions of the Sex Discrimination Act 1975, pamphlet, p. 12.

3. Rosalind Miles, *The Women's History of the World* (London: Paladin Grafton Books, 1988), p. 152.
4. Ibid., p. 22.
5. 这句完整的引文是:"女人活得像蝙蝠与猫头鹰,劳作得像畜牲,死得像虫子。" ibid., p. 192.
6. Ibid., p. 155, quoting Viola Klein, *The Feminine Character: History of an Ideology*, 2d ed. (Urbana: University of Illinois Press, 1971).
7. Ibid., p. 188.
8. Humphrey Institute, University of Minnesota, *Looking to the Future: Equal Partnership Between Women and Men in the 21st Century*, quoted in Debbie Taylor et al., *Women: A World Report* (Oxford: Oxford University Press, 1985), p. 82.
9. *Report of the World Conference for the United Nations Decade for Women*, Copenhagen, 1980, A/Conf. 94/35.
10. Taylor et al., op. cit., p. 3.
11. Ann Oakley, *Housewife: High Value/Low Cost* (London: Penguin Books, 1987), p. 53.
12. Sidel, op. cit., p. 26.
13. Sylvia Ann Hewlett, *A Lesser Life: The Myth of Women's Liberation in America* (New York: Warner Books, 1987).
14. Yvonne Roberts, "Standing Up to Be Counted," *The Guardian* (London) 1989 interview with Marilyn Waring, author of *If Women Counted: A New Feminist Economics* (San Francisco: Harper & Row, 1988). See also Waring, p. 69.
15. Taylor et al., op. cit., p. 4.
16. Nancy Barrett: "Obstacles to Economic Parity for Women," *The American Economic Review*, vol. 72 (May 1982), pp. 160–165.
17. Arlie Hochschild with Anne Machung, *The Second Shift: Working Parents and the Revolution at Home* (New York: Viking Penguin, 1989).
18. Michael H. Minton with Jean Libman Block, *What Is a Wife Worth?* (New York: McGraw-Hill), p. 19.
19. Hochschild and Machung, op. cit., p. 4. See also Sarah E. Rix, ed., *The American Woman, 1988–89: A Status Report*, Chapter 3: Rebecca M. Blank, "Women's Paid Work, Household Income and Household Well-Being," pp. 123–161 (New York: W. W. Norton & Co., 1988).
20. Claudia Wallis, "Onward Women!," *Time International*, December 4,

1989.
21. Heidi Hartmann, "The Family as the Locus of Gender, Class and Political Struggle: The Example of Housework," in *Signs: Journal of Women in Culture and Society*, vol. 6 (1981), pp. 366–394.
22. Hewlett, op. cit.
23. Taylor et al., op. cit., p. 4.
24. Ibid.
25. Minton and Block, op. cit., pp. 59–60.
26. Wallis, op. cit.
27. U.K. Equal Opportunities Commission, *The Fact About Women Is…*, pamphlet, 1986.
28. Sidel, op. cit., p. 60.
29. Quoted in Roberts, op. cit.
30. Quoted in Wallis, op. cit.
31. Ibid.
32. U.K. Equal Opportunities Commission, op. cit.
33. Sidel, op. cit.
34. quoted in Minton and Block, op. cit.
35. 参见 Rosemarie Tong, *Women, Sex and the Law* (Totowa, N.J.: Rowman and Littlefield, 1984), pp. 65–89.
36. See U.K. Equal Opportunities Commission, *Sex Discrimination and Employment*，特别注意第 12—13 页："性别歧视，在此情况下，性是一个就业的'真正职业资格'或是工作的一部分，因为：（1）体型或真实性，例如一个模特或一个演员。" See also *Sex Discrimination: A Guide to the Sex Discrimination Act 1975*, U.K. Home Office pamphlet (2775) Dd8829821 G3371, p. 10.

　　1984年，澳大利亚的性别歧视法不包括基于外表的歧视；1990年，联邦首席检察官扩展了人权和机会平等委员会法的管辖范围，覆盖了因"年龄、病史记录、犯罪记录、损伤、婚姻状况、心理、智力或精神残疾、国籍、身体残疾、性取向与工会活动"而导致的歧视，但基于外表的歧视没有得到处理。See also Australia, Human Rights and Equal Opportunity Commission, *The Sex Discrimination Act 1984: A Guide to the Law*, pamphlet, August 1989.
37. Sidel, op. cit., p. 22.
38. Helen Gurley Brown: See *Sex and the Single Girl* (New York: Bernard Geis, 1962).
39. See Marcia Cohen, op. cit., p. 394. 一个空中乘务员解释说，性感化的座舱氛围是特意设计来减弱男乘客对飞行的恐惧："他们认为轻微的性兴奋会有助于让人们的思想远离危险。"（Hochschild, 1983, cited in Albert J. Mills, "Gender, Sexuality and the Labour Process," in Jeff Hearn

et al., *The Sexuality of Organization* (London: Sage Publications, 1989), p. 94.
40. *Time*, June 7, 1971, cited in Roberta Pollack Seid, *Never Too Thin: Why Women Are at War with Their Bodies* (New York: Prentice-Hall, 1988).
41. *Weber v. Playboy Club of New York, Playboy Clubs International, Inc., Hugh Hefner*, App. No. 774, Case No. CSF22619-70, Human Rights Appeal Board, New York, New York, December 17, 1971; see also *St. Cross v. Playboy Club of New York*, CSF222618-70.
42. Gloria Steinem, *Outrageous Acts and Everyday Rebellions* (New York: Holt, Rinehart & Winston, 1983), p. 69.
43. Hewlett, op. cit.
44. 凯瑟琳·麦克德莫特在纽约法庭斗争了 11 年后才赢了诉讼；Seid, op. cit., p. 22, citing "Dieting: The Losing Game," *Time*, January 20, 1986, p. 54。
45. Hewlett, op. cit.
46. Christine Craft, *Too Old, Too Ugly and Not Deferential to Men* (New York: Dell, 1988).
47. Ibid., p. 37.
48. Ibid., p. 204.
49. Richard Zoglin, "Star Power," *Time*, August 7, 1989, pp. 46–51. 文章开头写道："首先有金发的美貌，引人注目且健康，与其说她是好莱坞的魅力女孩，不如说她更像高中舞会皇后。"然后它继续道："（索耶）痛苦的是，她新闻事业上的成就因为对她相貌的质疑而被遮蔽了……"参见对杰茜卡·萨维奇（Jessica Savitch）外貌的迷恋，描述见 Gwenda Blair, *Almost Golden: Jessica Savitch and the Selling of Television News* (New York: Avon Books, 1988)。（书的宣传语写着"她是电视新闻界的玛丽莲·梦露"）
50. Ibid., p. 77.
51. *Miller v. Bank of America*, 600 F.2d 211 9th Circuit, 1979, cited in Tong, op. cit., p. 78.
52. 561 F.2d 983 (D.C. Circuit 1977), cited in Tong, op. cit., p. 81.
53. *Meritor Savings Bank, FSB v. Vinson*, 106 S. Circuit 2399 (1986).
54. 741 F.2d 1163; S. Ct., 1775. See also Laura Mansuerus, "Unwelcome Partner," *The New York Times*, May 20, 1990.
55. 741 F.2d 1163, cited in Suzanne Levitt, "Rethinking Harm: A Feminist Perspective," unpublished doctoral thesis, Yale University Law School, 1989.
56. cited in ibid.
57. 841 F.2d 7th Circuit, 1988, cited in ibid.
58. 799 F.2d 1180 7th Circuit, 1986, cited in ibid.

59. 与法律顾问厄休拉·维尔纳的谈话，Yale University Law School, New Haven, Connecticut, April 15, 1989。
60. U.K. Industrial Relations Law Reports (IRLR), 1977, pp. 360–361.
61. *Jeremiah v. Ministry of Defense:* 1 Queen's Bench (QB) 1979, p. 87; see also *Strathclyde Regional Council v. Porcelli*, IRLR, 1986, p. 134.
62. See U.K. Equal Opportunities Commission, "Formal Investigation Report: Dan Air," January 1987. 丹纳尔航空公司输掉了这场官司。
63. *Maureen Murphy and Eileen Davidson* v. *Stakis Leisure, Ltd.*, The Industrial Tribunals, Scotland 1989.
64. Industrial Court Reports, 1983, pp. 628–636.
65. IRLR, 1987, p. 397; See also *Balgobin and Francis v. London Borough of Tower Hamlets*, IRLR, 1987, p. 401.
66. IRLR, 1988, p. 145.
67. 英国模特公司协会。
68. Hearn et al., op. cit., p. 82.
69. Ibid., p. 149.
70. Ibid., p. 143.
71. Ibid., p. 148.
72. 在针对《红皮书》读者的一份9000人的调查中，88%的人都报告了职场性骚扰。Hearn et al., op. cit., p. 80.

    根据艾尔弗雷德·马克斯研究所（Alfred Marks Bureau），在英国没有具体针对性骚扰的法律，86%的管理者和66%的员工"目睹过"性骚扰；英国行政部门的一份研究发现，70%的女员工遭受过骚扰。参见 British Society of Civil and Public Servants, *Sexual Harassment: A Trade Union Issue*, pamphlet, p. 14. 更多有关性骚扰的信息，参见 Constance Backhouse and Leah Cohen, *Sexual Harassment on the Job* (Englewood Cliffs, N.J.: Prentice-Hall, 1982)。另参见 Catharine A. MacKinnon, *Sexual Harassment of Working Women* (New Haven: Yale University Press, 1979)，特别是第三章，"Sexual Harassment: The Experience," pp. 25–55；亦参见第17页："有多少万雇主是因女性'美'的吸引力而雇用她们的？"自1981年以来，性骚扰投诉的数量几乎翻倍，其中94%是女性的投诉，绝大多数是严重指控，即性侵犯、身体接触或失业威胁。只有31%的判决支持原告。See David Terpstra, University of Idaho, and Douglas Baker, Washington State University, cited in "Harassment Charges: Who Wins?," *Psychology Today*, May 1989.
73. Nancy DiTomaso, "Sexuality in the Workplace: Discrimination and Harassment," in Hearn et al., op. cit., p. 78. 凯瑟琳·A. 麦金农引用职业女性联合协会的一项研究，在该研究中，被骚扰的受访者"往往觉得该事件是她们的错，她们个人必定做了些事，引诱或鼓励了那种行为，这是'我的问题'。……几乎一份研究中有1/4的女性报告说感到'有罪'"。MacKinnon, *Sexual Harassment of Working Women*, p. 47. 在除佛罗里达之外各州的强奸案中，强奸案被告的律师都可以在法律上援引女性的"带有性挑逗的"服装作为证据："衣服的性质不是强奸案中的证据，佛罗里达州法律称。" *The New York Times*, June 3, 1990.

74. Barbara A. Gutek, "Sexuality in the Workplace: Social Research and Organizational Practise," in Hearn et al., op. cit., p. 61.
75. Cited in Deborah L. Sheppard, "Organizations, Power and Sexuality: The Image and Self-Image of Women Managers," in Hearn et al., op. cit., p. 150.
76. John T. Molloy, "Instant Clothing Power," *The Woman's Dress for Success Book* (New York: Warner Books, 1977), Chapter 1.
77. Ibid.
78. 莫雷评论道："'怎么都行'的文章是时尚行业的人写的，这些人不会说某套衣服比另一套更有效，从而把自己塞到一个紧箍咒里。" Molloy, Ibid., p. 27.
79. Ibid., p. 48.
80. Gutek, op. cit., pp. 63–64.
81. "在完成工作任务时，我充分利用了个人的外表优势"，有比女性更多的男性同意这个陈述。根据罗彻斯特理工学院的心理学家安德鲁·杜布林（Andrew DuBrin）最近一项对300名男女的研究，22%的男性利用其外表获得成功，与之相对，女性是14%；22%的男性与15%的女性承认运用了些手法，40%的男性与29%的女性利用了魅力。Cited in Marjory Roberts, "Workplace Wiles: Who Uses Beauty and Charm?," *Psychology Today*, May 1989.

    根据芭芭拉·A. 古德克的调查："我的调查发现，较少有证据表明，女性通常或甚至偶尔地利用自己的性感去试图获得某些组织目标。受访者甚至不太支持女性在工作中利用自身的性感而取得成功或获得领先的地位……与女性相比，男性不仅在工作中可能更频繁地利用性，他们可能更成功地实现它！"（Hearn et al., op. cit., pp. 63–64.）
82. Levitt, op. cit., pp. 31–34.
83. Miles, op. cit., p. 155.
84. Sidel, op. cit., p. 61.
85. Ibid.
86. Hewlett, op. cit.
87. Hewlett, ibid.
88. Rosabeth Kanter, See *Men and Women of the Corporation* (New York: Basic Books, 1977), cited in Sidel, op. cit., p. 62.
89. Ibid., p. 63.
90. Ibid., p. 61
91. See Hearn et al., op. cit.; see also Hochschild with Machung, op. cit.

92. Catharine A. MacKinnon, *Feminism Unmodified: Discourses on Life and Law* (Cambridge, Mass.: Harvard University Press, 1987) pp.24–25, 引用 Priscilla Alexander，讨论卖淫问题的 NOW 工作组；皮条客截留了这一数额中的许多或大多数。See Moira K. Griffin, "Wives, Hookers and the Law," *Student Lawyer*, January 1982, p. 18, cited in MacKinnon, ibid., p. 238.
93. Ibid., p. 238.
94. Ellen Goodman, "Miss America Gets Phonier," *The Stockton* (Calif.) Record, September 19, 1989.
95. Liz Friedrich, "How to Save Yourself from Financial Ruin," *The Observer* (London), August 21, 1988.
96. Tong, op. cit., p. 84.
97. Tong, ibid. See also Zillah R. Eisenstein, *The Female Body and the Law* (Berkeley, Calif.: University of California Press, 1988).
98. See *Strathclyde v. Porcelli*, op. cit.
99. Ibid.
100. Maureen Orth, "Looking Good at Any Cost," *New York Woman*, June 1988.
101. Ibid. 奥思（Orth）列举了这些费用的其他例子：最好的私教训练，1240 美元一个月。全反式维 A 酸，去看皮肤科医生 6 次，每次 75 美元。珍妮特·萨廷（Janet Sartin）的电疗"面部形塑"，一疗程 2000 美元，持续 6 个月。"女高管现在考虑将保养自己的费用作为一项正当的业务支出，"奥思写道，"保养费用已经渗入了税法。""Models and prostitutes," in MacKinnon, *Feminism Unmodified*, p. 24.
102. Wallis, op. cit.
103. Deborah Hutton, "The Fatigue Factor," British *Vogue*, October 1988.
104. Hewlett, op. cit.
105. Sidel, op. cit.
106. Taylor et al., op. cit., p. 14. 对英国老年女性的利益的描述见 U.K. Equal Opportunities Commission, 1986, *The Fact About Women Is...*。
107. Taylor et al. op. cit. p. 34.
108. Sidel, op. cit., p. 161.
109. Taylor et al., op. cit., p. 11, citing UN World Assembly on Aging, Vienna, 1982.
110. Hewlett, op. cit.
111. MacKinnon, *Feminism Unmodified*, p. 227. 麦金农也注意到："身为女性，女人是被随机地奖赏、系统地惩罚的。我们并不像人们通常认为的那样，被系统地奖赏，随机地惩罚。"

第三章 文　化

1. See Marina Warner, *Monuments and Maidens: The Allegory of the Female Form* (London: Weidenfield and Nicholson, 1985).
2. John Berger, *Ways of Seeing* (London: Penguin Books, 1988), p. 47.
3. Jane Austen, *Emma* (1816) (New York and London: Penguin Classics, 1986), p. 211; George Eliot, *Middlemarch* (1871–72) (New York and London: Penguin Books, 1984); Jane Austen, *Mansfield Park* (1814) (New York and London: Penguin Classics, 1985); John Davie, ed. Jane Austen, *Northanger Abbey, Lady Susan, The Watsons and Sanditon* (Oxford: Oxford University Press, 1985); Charlotte Brontë, *Villette* (1853) (New York and London: Penguin Classics, 1986), p. 214; Louisa May Alcott, *Little Women* (1868–69) (New York: Bantam Books, 1983), p.237; see also Alison Lurie, *Foreign Affairs* (London: Michael Joseph, 1985); Fay Weldon, *The Life and Loves of a She-Devil* (London: Hodder, 1984); Anita Brookner, *Look at Me* (London: Jonathan Cape, 1984).
4. "Bookworm," *Private Eye*, January 19, 1989.
5. Peter Gay, *The Bourgeois Experience: Victoria to Freud, Volume II: The Tender Passion* (New York: Oxford University Press, 1986), p. 99. 哈佛大学的拉德克利夫学院和萨默维尔学院、牛津大学的玛格丽特夫人学堂都创立于1879年；剑桥大学在1881年向女性开放了学位。
6. Janice Winship, *Inside Women's Magazines*, (London: Pandora Press, 1987), p. 7.
7. John Q. Costello, *Love, Sex, and War: Changing Values, 1939–1945* (London: Collins, 1985).
8. Cynthia White, *Women's Magazines, 1693–1968*, quoted in Ann Oakley, *Housewife: High Value/Low Cost* (London: Penguin Books, 1987), p. 9.
9. Betty Friedan: Friedan, "The Sexual Sell," in *The Feminine Mystique* (London: Penguin Books, 1982), pp. 13–29. 本页至原文第67页的所有引文都自此出处。
10. ad revenue: Magazine Publishers of America, "Magazine Advertising Revenue by Class Totals, January–December 1989," Information Bureau, A.H.B., January 1990.
11. Roberta Pollack Seid, *Never Too Thin* (New York: Prentice-Hall, 1989).
12. Elizabeth Wilson and Lou Taylor, *Through the Looking Glass: A History of Dress from 1860 to the Present day* (London: BBC Books, 1989), p. 193.
13. Marjorie Ferguson, *Forever Feminine: Women's Magazines and the Cult of Femininity* (Gower, England: Aldershot, 1983), p. 27.

　　"女性杂志在这一切（女性主义议程）中扮演什么角色？"弗格森

问道。"大多数编辑忙着应对如何更牢固地锁定受众、防止发行量下滑的问题,这些人都意识到,在他们/她们的办公室之外已经发生了一些变化,但这些人的意识往往缺乏有关这些变化的本质或程度的任何系统信息……一些编辑把女性出去工作与对阅读女性杂志的'时间'及'需要'的减少联系在一起。

"'然后有了针对外出工作女性的生意。一旦你出去工作,你的时间就更少,你的需求不同了,而无论是电视、报纸还是电视节目计划书都可能已经回应了这些需要。'"(女性周刊编辑)

《大都会》编辑海伦·格莉·布朗将杂志的发行量由1965年70万份增加到1981年的289万份。据布朗所言:"《大都会》是每个女孩成熟的大姐姐……《大都会》说,如果你真的尝试了,如果你不只是干坐着憧憬地望向橱窗,那么你可以得到任何东西………我们刊登以下内容,一篇关于健康的文章,一篇关于性别的,两篇讨论情感……一篇讨论男女关系,一篇有关职业,一个短篇故事,一部重要小说的一部分以及我们的常规专栏。"Quoted in Ferguson, p. 37.

14. Seid, op. cit., p. 217.
15. Ibid., p. 236.
16. Ibid.
17. Ibid.
18. Gay, op. cit.
19. Ibid.
20. Ibid. See also Barbara Ehrenreich and Deirdre English, *Complaints and Disorders: The Sexual Politics of Sickness* (Old Westbury, N.Y.: City University of New York, Feminist Press, 1973).
21. Gay, op. cit., p. 227.
22. Marcia Cohen, *The Sisterhood: The Inside Story of the Women's Movement and the Leaders Who Made It Happen* (New York: Fawcett Columbine, 1988), p. 151; quotes from *Commentary* and *The New York Times*, also from Cohen, ibid., p. 261.
23. Ibid., p. 261.
24. Quoted in Cohen, p. 287.
25. Quoted in Cohen, p. 290.
26. Ibid., p. 205.
27. Ibid., pp. 82–83, 133.
28. April Fallon and Paul Rozin, "Sex Differences in Perceptors of Body Size," *Journal of Abnormal Psychology*, Vol. 92, no. 4 (1983). "我们的数据表明,女性受到了误导,她们夸大了男性对女性要瘦的渴望。"
29. Cohen, op. cit., p. 91.
30. Quoted in J. Winship, op. cit., p. 7.
31. Lewis Lapham, *Money and Class in America: Notes on the Civil Reli-*

gion (London: Picador, 1989), p. 283.
32. Lawrence Zuckerman, "Who's Minding the Newsroom?," *Time*, November 28, 1988.
33. 《波士顿环球报》前编辑托马斯·温希普，quoted in Zuckerman, op. cit。
34. Daniel Lazare, "Vanity Fare," *Columbia Journalism Review* (May/June 1990), pp. 6–8.
35. Ibid, pp. 6–8. 拉扎尔指出美国杂志《名利场》对时尚和化妆品巨头给予了赞美；1988年9月，这些社论推广的接受者买下了50份广告页，每页版面高达25000美元。
36. Mark Muro, "A New Era of Eros in Advertising," *The Boston Globe*, April 16, 1989.
37. Ibid.
38. MacKinnon, *Feminism Unmodified*, op. cit., citing Galloway and Thornton, "Crackdown on Pornography—A No-Win Battle," *U.S. News and World Report*, June 4, 1984; see also Catherine Itzin and Corinne Sweet of the Campaign Against Pornography and Censorship in Britain, "What Should We Do About Pornography?," British *Cosmopolitan*, November 1989; J. Cook, "The X-Rated Economy," *Forbes*, September 18, 1978 ($4 billion per year); "The Place of Pornography," *Harper's*, November 1984 ($7 billion per year).

    在过去的15年里，这个行业增长了1600倍，现在折扣店比麦当劳店面还多。See Jane Caputi, *The Age of Sex Crime* (Bowling Green, Ohio: Bowling Green State University, Popular Press, 1987).
39. Consumer Association of Penang, *Abuse of Women in the Media* (Oxford: Oxford University Press, 1985), cited in Debbie Taylor et al., *Women: A World Report*, (Oxford: Oxford University Press, 1985), p. 67.
40. Angela Lambert, "Amid the Alien Porn," *The Independent*, July 1, 1989.
41. Gunilla Bjarsdal. Stockholm: Legenda Publishing Research, 1989.
42. Taylor et al., op. cit., p. 67.
43. John Crewdson, *By Silence Betrayed: Sexual Abuse of Children* (New York: Harper & Row, 1988), p. 249.
44. Caputi, op. cit., p. 74.
45. The Institute for Economic and Political Studies, Italy; research by Mondadori Publishing, 1989.
46. See Andrea Dworkin, *Pornography: Men Possessing Women* (New York: Putnam, 1981), especially "Objects," pp. 101–128. 关于赫舍尔·戈登·刘易斯，参见 Caputi, op. cit., p. 91。同时，与色情业竞争的相关话题，参见 Tony Garnett, director of *Handgun*, Weintraub Enterprises, quoted in "Rape: That's Entertainment?," Jane Mills, producer, *Omnibus*, BBC1,

September 15, 1989。根据加内特所说:"这样的电影能得到经费的一个原因是剧情的核心有强奸场景。……控制着电影的不同分销商给予了相当大的压力。参与这部电影的大部分人都对这部电影感到非常失望,特别是对强奸,因为那并不是什么性刺激,而他们要求说,如果要有任何的剪切,我们可以重新剪辑,让它在性方面更有刺激性,因为那能卖出票房。

47. 荷兰政府关注的是来自卢森堡的卫星通信的色情业和商业电视。一些欧洲国家的外交部长认为:"到了下一个10年,美国主导的媒介帝国将压制全球的广播电视。"(John Palmer, "European Ministers Divided Over US 'Media Imperialism,'" *The Guardian*, Oct. 3, 1989.)

   《回顾和评价:通信和媒体》("Review and Appraisal: Communication and Media"),在这篇提交给1985年于内罗毕召开的"回顾和评价联合国十年妇女成就世界大会"(World Conference to Review and Appraise the Achievements of the United Nations Decade for Women, A/CONF. 116/5)的论文中,一项全球调查发现,媒体很少表现女性角色的转变。在墨西哥,女性是"家庭的灵魂"或"性对象"。在土耳其,媒体上典型的女性形象是"母亲、妻子、性符号";西非科特迪瓦则强调她的"魅力、美丽、轻浮、脆弱"。Cited in Taylor et al., op. cit., p. 78.

48. "Stars and Stripes Everywhere," *The Observer*, October 8, 1989.
49. Paul Harrison, *Inside the Third World: The Anatomy of Poverty* (London: Penguin Books, 1980).
50. Edward W. Desmond, "Puppies and Consumer Boomers," *Time*, November 14, 1989.(1984年,印度的广告商开始赞助电视节目。)
51. "Stars and Stripes Everywhere," op. cit.
52. "You Must Be Joking," *The Guardian*, October 10, 1989.
53. Cynthia Cockburn, "Second Among Equals," *Marxism Today*, July 1989.
54. See David Remnick, "From Russia with Lycra," *Gentlemen's Quarterly*, November 1988.
55. David Palliser: *The Guardian*, October 16, 1989.
56. "From Russia with Sex," *Newsweek*, April 17, 1989.
57. See "The Queen of the Universe," *Newsweek*, June 6, 1988.
58. Quoted in Caputi, op. cit., p. 7.
59. J. Winship, op. cit., p. 40.
60. Penny Chorlton, *Cover-up: Taking the Lid Off the Cosmetics Industry* (Wellingborough, U.K.: Grapevine, 1988), p. 47; also Gloria Steinem, "Sex, Lies and Advertising," *Ms.*, September 1990.
61. Michael Hoyt, "When the Walls Came Tumbling Down," *Columbia Journalism Review*, March/April 1990, pp. 35—40.
62. See Gloria Steinem, *Outrageous Acts and Everyday Rebellions* (New

York: Holt, Rinehart and Winston, 1983), p. 4.
63. Marilyn Webb, "Gloria Leaves Home," *New York Woman*, July 1988.
64. Lisa Lebowitz, "Younger Every Day," *Harper's Bazaar*, August 1988. More on advertising: Chorlton, op. cit., p. 46.
65. *Standard and Poor's Industry Surveys* (New York: Standard and Poor's Corp., 1988). 1987年，在美国，化妆品、化妆用具、个人护理品行业产值为185亿美元，其中化妆品占这一总数的27%；参见Robin Marantz Henig, "The War on Wrinkles," *New Woman*, June 1988。大部分的增长是由于石油衍生产品的价格下跌，特别是酒精，这是大多数产品的基础成分。根据1988年标准普尔行业调查："这类产品表现的主要潜在因素一直是其良好的成本和价格比。"
66. Chorlton, "Publicity Disguised as Editorial Matter," in *Cover-up*, op. cit., pp. 46–47.
67. Pat Duarte, "Older, but Not Invisible," *Women's Center News* (Women's Center of San Joaquin County, Calif.), vol. 12, no. 12 (August 1988), pp. 1–2.
68. Quoted in ibid., p. 2.
69. 《哈珀系列与女王》1988年10月的一期杂志就含有来自化妆品公司的价值10万英磅的广告：Gerald McKnight, *The Skin Game: The International Beauty Business Brutally Exposed* (London: Sidgwick and Jackson, 1987), p. 65。
70. Magazine Publishers of America, op. cit.

第四章　宗　教

1. Roberta Pollack Seid, *Never Too Thin* (New York: Prentice Hall, 1989), p. 107.
2. See Carol Gilligan, *In a Different Voice: Psychological Theory and Women's Development* (Cambridge, Mass.: Harvard University Press, 1982).
3. Roman Catholic missal.
4. Proverbs 3:10–31.
5. Nancy F. Cott, *The Bonds of Womanhood: Woman's Sphere in New England, 1780–1835* (New Haven: Yale University Press, 1977), p. 126.
6. See Ann Douglas, *The Feminization of American Culture* (New York: Knopf, 1977).
7. Cott, op. cit., p. 138.
8. Ibid., p. 139.
9. Genesis, 2:21－23.
10. Matthew 5:48.

11. Quoted in Gerald McKnight, *The Skin Game: The International Beauty Business Brutally Exposed* (London: Sidgwick & Jackson, 1989), p. 158
12. Oscar Wilde, *Lecture on Art*, cited in Richard Ellman, *Oscar Wilde* (London: H. Hamilton, 1987).
13. Galatians 3:28.
14. Daniel Goleman, Science Times," *The New York Times*, March 15, 1989, citing April Fallon and Paul Rozin, "Sex Differences in Perceptors of Body Size," *Journal of Abnormal Psychology*, vol. 4 (1983). See also John K. Collins et al., "Body Percept Change in Obese Females After Weight Loss Reduction Therapy," *Journal of Clinical Psychology*, vol. 39 (1983): 所有这 68 名 18 岁至 65 岁的女性都认为自己比实际更胖。
15. "Staying Forever Young," *San Francisco Chronicle*, October 12, 1988.
16. See Eva Szekely, *Never Too Thin* (Toronto: The Women's Press, 1988).
17. "Views on Beauty: When Artists Meet Surgeons," *The New York Times*, June 20, 1988.
18. Ronald Fragen, "The Holy Grail of Good Looks," *The New York Times*, June 29, 1988.
19. Dr. Thomas D. Rees with Sylvia Simmons, *More Than Just a Pretty Face: How Cosmetic Surgery Can Improve Your Looks and Your Life* (Boston: Little, Brown, 1987), p. 63.
20. 囊泡抗衰老系列广告。
21. See *The Obsession: Reflections on the Tyranny of Slenderness* (New York: Harper & Row, 1981), p. 39.
22. Rosalind Miles, *The Women's History of the World* (London: Grafton Books, 1988), pp. 108–109.
23. Elaine Showalter, *The Female Malady: Women, Madness and English Culture, 1830–1980* (New York: Pantheon Books, 1985), p. 212.
24. Mark 13:35.
25. Alexandra Cruikshank et al., *Positively Beautiful: Everywoman's Guide to Face, Figure and Fitness* (Sydney and London: Bay Books, 1988), p. 25.
26. Cott, op. cit., p. 136.
27. Seid, op. cit., pp. 169–170.
28. Psalm 116.
29. Dale Spender, *Man Made Language* (London and New York: Routledge and Kegan Paul, 1985). See also Laura Shapiro, "Guns and Dolls," *Newsweek*, May 28, 1990, and Edward B. Fiske, "Even at a Former Women's College, Men Are Taken More Seriously, A Researcher Finds," *The New York Times*, April 11, 1990.
30. Willa Appel, *Cults in America: Programmed for Paradise* (New York:

Holt, Rinehart & Winston, 1983).
31. 以下所有引用崇拜成员的内容都出自阿佩尔的《崇拜在美国》。
32. McKnight, op. cit., p. 20.
33. Ibid., pp. 24–25.
34. Quoted in ibid., p. 74.
35. Quoted in ibid., pp. 55–56.
36. Quoted in ibid., p. 17.
37. Quoted in ibid., p. 4.
38. Ibid., p. 39.
39. Ibid., pp. 17–29.
40. Deborah Blumenthal, "Softer Sell in Ads for Beauty Products," *The New York Times*, April 23, 1988, p. 56.
41. British Code of Advertising, Section C.I 5.3.
42. Felicity Barringer, "Census Report Shows a Rise in Child Care and Its Costs," *The New York Times*, August 16, 1990.
43. See Diana E. H. Russell, *Rape: The Victim's Perspective* (New York: Stein & Day, 1975).
44. Angela Browne, *When Battered Women Kill* (New York: Free Press, 1987), pp. 4–5.
45. Ruth E. Hall, *Ask Any Woman: A London Inquiry into Rape and Assault* (Bristol, U.K.: Falling Wall Press, 1985).
46. Lenore Weitzman, "Social and Economic Consequences of Property, Alimony and Child Support Awards," *University of California Los Angeles Law Review*, vol. 28 (1982), pp. 1118–1251.
47. See Ruth Sidel, *Women and Children Last: The Plight of Poor Women in Affluent America* (New York: Penguin Books, 1987), p. 104.
48. Ibid., p. 18.
49. See Catharine A. MacKinnon, *Sexual Harassment of Working Women: A Case of Sex Discrimination* (New Haven: Yale University Press, 1979); also Rosemarie Tong, *Women, Sex and the Law* (Totowa, N.J.: Rowman and Littlefield, 1984).
50. Sidel, op. cit., p. 17.
51. Debbie Taylor et al., *Women: A World Report* (Oxford: Oxford University Press, 1985), p. 13.
52. Linda Wells, "Food for Thought," *The New York Times Magazine*, July 30, 1989.
53. Anthea Gerrie, "Inject a Little Fun into Your Marriage," "Male and Female," *Mail on Sunday*, 1988.
54. McKnight, op. cit., p. 84.
55. Quoted in Linda Wells, "Prices: Out of Sight," *The New York Times*

Magazine, July 16, 1989.
56. Quoted in McKnight, op. cit., p. 66.
57. Appel, op. cit., pp. 113–137. See also Chernin, op. cit., pp. 35–36, on cults.
58. 基于《诗篇》(141：3) 改写。
59. WW international statistics, Dutch *Viva,* September 1989.
60. Appel, op. cit., p. 1–21.
61. Ibid., p. 31.
62. Ibid., p. 50.
63. Ibid., p. 59.
64. Ibid., p. 61.
65. Ibid., p. 64.
66. Ibid., p. 133.
67. Ibid., 72.
68. See Christopher Lasch, *The Culture of Narcissism: American Life in an Age of Diminishing Expectations* (New York: Warner Books, 1979).

第五章　性

1. Alfred Kinsey et al.: *Sexual Behavior in the Human Female* (Philadelphia: W. B. Saunders Co., 1953); cited in Debbie Taylor et al., *Women: A World Report* (Oxford: Oxford University Press, 1985), p. 62.
2. Rosalind Miles, *The Women's History of the World* (London: Paladin Grafton Books, 1988), p. 115.
3. See Elaine Morgan, *The Descent of Woman* (New York: Bantam Books, 1972), pp. 76, 77.
   据摩根所说："你可以想象，交配这样一种基本而'本能'的过程，很少受到学习和模仿的影响……但就性而言，你可能是错了，至少对灵长类动物来说。20 世纪 50 年代的哈洛（Harlow）和哈洛实验毫无疑问地证明，如果一只小猴子被隔离饲养，既不能和同期的猴子尝试，也不能观察长辈的交配（这是只要年轻的灵长类动物可以时，它们就去做的，它们会带着极大的好奇心，并经常是以甚至会造成妨碍的近距离去观察），然后，当它长大，它还是对怎么进行一点概念都没有，如果它是一个雄性，它到死都琢磨不会。"
4. Quoted in Jane Caputi, *The Age of Sex Crime* (Bowling Green, Ohio: Bowling Green State University Popular Press, 1987), p. 63.
5. Quoted ibid., p. 84. 生活与艺术在 20 世纪 80 年代融合：在小说《一位女杀手的忏悔》(*Confessions of a Lady Killer*) 中，一个性杀手跟踪女性主义者；《黑色手铐》中，男主人公幻想勒死一个女性主义的性侵犯危机辅导员；1989 年 12 月，在加拿大，一个男子枪杀了 14 名年轻女性，大喊："我讨厌女性主义者。"
6. "Actresses Make Less Than Men, New Study Says," *San Francisco Chronicle*, August 2, 1990.
7. "French Without Fears," *The Observer* (London), September 17, 1989。
8. Susan G. Cole, *Pornography and the Sex Crisis* (Toronto: Amanita Enterprises, 1989), p. 37.
9. Anita Desai, "The Family—Norway," in Taylor et al., op. cit., p. 24.
10. Caroline Harris and Jennifer Moore, "Altered Images," *Marxism Today*, November 1988, pp. 24–27.
11. Jonetta Rose Barras, "U.D.C.'s $1.6 Million Dinner," *The Washington Times*, July 18, 1990.
12. Caputi, op. cit., p. 72.
13. Taylor et al., op. cit., p. 66.
14. Neil M. Malamuth and Edward Donnerstein, eds., *Pornography and Sexual Aggression* (New York: Academic Press, 1984).
15. Dolph Zillman and Jennings Bryant, "Pornography, Sexual Callousness and the Trivialization of Rape," *Journal of Communication*, vol. 32 (982), pp. 16–18.
16. Donnerstein and Linz, "Pornography: Its Effect on Violence Against Women," in Malamuth and Donnerstein, eds., op. cit., pp. 115–138.
17. Edward Donnerstein and Leonard Berkowitz, "Victim Reactions in Aggressive Erotic Films as a Factor in Violence Against Women," *Personality and Social Psychology Bulletin*, vol. 41, (1981), pp. 710–724.
18. Wendy Stock, "The Effects of Pornography on Women," testimony for the Attorney General's Commission on Pornography, 1985.
19. Carol L. Krafka, "Sexually Explicit, Sexually Violent and Violent Media: Effects of Multiple Naturalistic Exposures and Debriefing on Female Viewers," doctoral thesis, University of Wisconsin, 1985.
20. Barbara Ehrenreich, Elizabeth Hess, and Gloria Jacobs, *Re-Making Love: The Feminization of Sex* (London: Fontana/Collins, 1986), p. 110.
21. 有关性高潮的统计，参见 Shere Hite, *The Hite Report* (London: Pandora Press, 1989), pp. 225–270。
22. Helen Singer Kaplan, *The New Sex Therapy* (New York: Brunner/Mazel, 1974)。
23. Seymour Fischer: See *Understanding the Female Orgasm* (New York: Bantam Books, 1973).
24. Wendy Faulkner, "The Obsessive Orgasm: Science, Sex and Female Sexuality," in Lynda Birke et al., *Alice Through the Microscope* (London: Virago Press, 1980), p. 145. See also R. Chester and C. Walker, "Sexual Experience and Attitudes of British Women," in R. Chester and J.

Peel, *Changing Patterns of Sexual Behaviour* (London: Academic Press, 1979).

25. K. Garde and I. Lunde, "Female Sexual Behaviour A Study of a Random Sample of Forty-Year-Old Women," *Maturita*, vol. 2 (1980).
26. A. A. Shandall, "Circumcision and Infibulation of Females," Faculty of Medicine, University of Khartoum; cited in Taylor et al., op. cit., p. 61.
27. Alice Walker, "Coming Apart," in *You Can't Keep a Good Woman Down* (San Diego: Harcourt Brace Jovanovich, 1981), pp. 41–53.
28. Nancy Friday, *My Secret Garden: Women's Sexual Fantasies* (London: Quartet Books, 1985), p. 147.
29. Dr. Thomas Cash, Diane Cash, and Jonathan Butters, "Mirror-Mirror on the Wall: Contrast Effects and Self-Evaluation of Physical Attractiveness," *Personality and Social Psychology Bulletin*, vol. 9 (3), September 1983.
30. Jane E. Brody, "Personal Health," *The New York Times*, October 20, 1988.
31. Miles, op. cit., pp. 97, 141.
32. See Carol Cassell, *Swept Away: Why Women Confuse Love and Sex* (New York: Simon & Schuster, 1984); 对女性身体的多种因素决定论的精神分析解释，参见 Dorothy Dinnerstein, *Sexual Arrangements and the Human Malaise*, (New York: Harper Colophon, 1977)。
33. "Paths to an Abortion Clinic: Seven Trails of Conflict and Pain," *The New York Times*, May 8, 1989.
34. Report of the Los Angeles Commission on Assaults Against Women. See Page Mellish, ed. "Statistics on Violence Against Women," *The Backlash Times*, 1989.
35. Diana E. H. Russell, cited in Angela Browne, *When Battered Women Kill* (New York: Free Press, 1987), p. 100. 对于美国婚内强奸，数据是每十个妻子中就有一个，参见 David Finkelhor and Kersti Yllo, *License to Rape: Sexual Abuse of Wives* (New York: The Free Press, 1985)。根据梅纳赫姆·埃米尔（Menachem Amir）的数据，黑人女性被强奸的概率是 50%；白人女性的概率是 12%，或是 1/8。现在认为该数据过低了。See Menachem Amir, *Patterns in Forcible Rape* (Chicago: University of Chicago Press, 1971), p. 44. See also Diana E. H. Russell, *Rape in Marriage* (Bloomington: Indiana University Press, 1982), p. 66.
36. See *Geweld tegen vrouwen in heteroseksuele relaties* (Renee Romkers, 1989); *Sexueel misbruik van meisjes door verwanten* (Nel Draijer, 1988).
37. Research by Gunilla Bjarsdal. Stockholm: Legenda Publishing Research, 1989. 对于国际范围内婚内强奸情况的状况的概述，参见 Diana

E. H. Russell, "Wife Rape in Other Countries," in *Rape in Marriage*, pp. 333–354。

38. Caputi, op. cit., p. 54.
39. R. Hall, S. James, and J. Kertesz, *The Rapist Who Pays the Rent* (Bristol, England: Falling Wall Press, 1981). 婚内强奸在加拿大直到 1983 年才被定为犯罪，在苏格兰直到 1982 年才被定为犯罪，并且它在英格兰或美国许多州内都还不是犯罪。
40. Ruth Hall, *Ask Any Woman: A London Inquiry into Rape and Sexual Assault* (Bristol, England: Falling Wall Press, 1981).
41. Mellish, op. cit. Also Lenore Walker, "The Battered Woman," *The Backlash Times*, 1979, p. 20. 沃克估计，多达 50% 的女性会在她们生活中的某个时候被打。
42. See Browne, op. cit.
43. Ibid., p. 8.
44. Ibid., pp. 4–5.
45. M. Barret and S. McIntosh, in Taylor et al., op cit.
46. Browne, op. cit., pp. 4–5.
47. Linda McLeod, *The Vicious Circle* (Ottawa: Canadian Advisory Council on the Status of Women, 1980), p. 21. 在加拿大，每 17 分钟就有一个女性被强奸一次，参见 Julie Brickman, "Incidence of Rape and Sexual Assault in Urban Canadian Population," *International Journal of Women's Studies*, vol. 7 (1984), pp. 195–206。
48. Browne, op. cit., p. 9.
49. Kinsey et al., op. cit., *Sexual Behavior in the Human Female*, cited in John Crewdson, *By Silence Betrayed: Sexual Abuse of Children in America* (Boston: Little, Brown, 1988), p. 25.
50. Reported in ibid., p. 25.
51. Ibid., p. 28.
52. Taylor et al., op. cit.
53. Deanne Stone, "Challenging Conventional Thought," an interview with Doctors Susan and Wayne Wooley, *Radiance*, Summer 1989.
54. Quoted in Joyce Egginton, "The Pain of Hiding Hilary," *The Observer*, November 5, 1989.
55. Caputi, op. cit., p. 116.
56. See Susan Griffin, *Pornography and Silence* (London: The Women's Press, 1988); Susan G. Cole, *Pornography and the Sex Crisis* (Toronto: Amanita, 1989); Andrea Dworkin, *Pornography: Men Possessing Women* (New York: Putnam, 1981); Gloria Steinem, "Erotica vs. Pornography," in *Outrageous Acts and Everyday Rebellions* (New York: Holt, Rinehart and Winston, 1983), pp. 219–232; Susanne Kappeler, *The*

Pornography of Representation (Minneapolis: University of Minnesota Press, 1986).
57. "Striking Attitudes," *The Guardian*, November 15, 1989, citing *The British Social Attitudes Special International Report* by Roger Jowell, Sharon Witherspoon, and Lindsay Brook(London: Social and Community Planning Research, Gower, 1989).
58. Quoted in Caputi, op. cit, p. 39.
59. Adam Sweeting, "Blame It on Alice," *The Guardian*, December 1, 1989.
60. John Briere and Neil M. Malamuth, "Self-Reported Likelihood of Sexually Aggressive Behavior Attitudinal versus Sexual Explanations," *Journal of Research in Personality*, Vol. 37 (1983), pp. 315–318.
61. Robin Warshaw, *I Never Called It Rape: The* Ms. *Report on Recognizing, Fighting and Surviving Date and Acquaintance Rape* (New York: The Ms. Foundation for Education and Communication with Sarah Lazin Books, 1988), p. 83; research by Mary P. Koss, Kent State University, with the Center for Prevention and Control of Rape.
62. Ibid., p. 96.
63. Survey was conducted by Virginia Green-linger, Williams College, and Donna Byrne, SUNY-Albany; cited in Warshaw, p. 93.
64. Ibid., p. 84. 调查对象所阅读的色情杂志包括：*Playboy, Penthouse, Chic, Club, Forum, Gallery, Genesis, Oui* or *Hustler*。
65. Alfred B. Heilbrun, Jr., Emory; Maura P. Loftus, Auburn University; cited in ibid., p. 97. See also: N. Malamuth, J. Heim, and S. Feshbach, "Sexual Responsiveness of College Students to Rape Depictions: Inhibitory and Disinhibitory Effects," *Social Psychology*, vol. 38 (1980), p. 399.
66. Warshaw, op. cit, p. 83.
67. Ibid., p. 11.
68. Ibid., pp. 13–14. 同样在奥本大学，教授巴里·R. 伯克哈特（Barry R. Burkhart）发现，61%的男学生说他们曾违背某个女性的意愿与其发生性接触。
69. Ibid., pp. 3, 51, 64, 66, 117.
70. Browne, op. cit., p. 42.
71. See study by Jacqueline Goodchild et al., cited in Warshaw, op. cit., p. 120.
72. Caputi, op. cit., p. 119.
73. Daniel Goleman, "Science Times," *The New York Times*, March 15, 1989.
74. William Butler Yeats: "For Ann Gregory," in *The Collected Poems of W. B. Yeats* (London: MacMillan, 1965).
75. Mary Gordon: *Final Payments* (London: Black Swan, 1987).

76. Quoted in Arianna Stassinopoulos, *Picasso: Creator and Destroyer* (New York: Simon & Schuster, 1988).

第六章 饥 饿

1. Virginia Woolf, *A Room of One's Own* (San Diego: Harcourt Brace Jovanovich, 1981); reprint of 1929 edition.
2. cited in Joan Jacobs Brumberg, *Fasting Girls: The Emergence of Anorexia Nervosa as a Modern Disease* (Cambridge, Mass: Harvard University Press, 1988), p. 20.
3. Brumberg, op. cit., p. 12.
4. *Ms.*, October 1983. 旧金山加州大学最近的一项调查显示：" 18 岁女孩**全都**（黑体为作者所加）说，她们目前利用呕吐、泻药、禁食或减肥药来控制自己的体重。"（Jane Brody, "Personal Health," *The New York Times*, March 18, 1987.）
5. Cited in Roberta Pollack Seid, *Never Too Thin: Why Women Are at War with Their Bodies* (New York: Prentice Hall, 1989), p. 21.
6. L.K.G. Hsu, "Outcome of Anorexia Nervosa: A Review of the Literature," *Archives of General Psychiatry*, vol. 37 (1980), pp. 1041–1042. 相关文献的全面综述，参见 L. K. George Hsu, M. D., *Eating Disorders* (New York: The Guildford Press, 1990)。
7. Brumberg, op. cit., p. 24.
8. Brumberg, op. cit., p. 26. 根据《企鹅营养学百科全书》(*The Penguin Encyclopaedia of Nutrition*, New York: Viking, 1985)："患者的牙齿被喷出的胃内物质中的胃酸所侵蚀。血液生化失衡会导致严重的心跳不规律，并导致肾衰竭。癫痫发作并不少见。月经不规律（导致不孕）。" op. cit.
9. Seid, op. cit., p. 26, citing Michael Pugliese et al., "Fear of Obesity: A Cause of Short Stature and Delayed Puberty," *New England Journal of Medicine*, September 1, 1983, pp. 513–518. See also Rose Dosti, "Nutritionists Express Worries About Children Following Adult Diets," *Los Angeles Times*, June 29, 1986.
10. Julia Buckroyd, "Why Women Still Can't Cope with Food," British *Cosmopolitan*, September 1989.
11. Hilde Bruch, *The Golden Cage: The Enigma of Anorexia Nervosa* (New York: Random House, 1979), cited in Kim Chernin, *The Obsession: Reflections on the Tyranny of Slenderness* (New York: Harper & Row, 1981), p. 101.
12. Cecilia Bergh Rosen, "An Explorative Study of Bulimia and Other Excessive Behaviours," King Gustav V Research Institute, Karolinska In-

stitute, Stockholm, and the Department of Sociology and the School of Social Work, University of Stockholm, Sweden (Stockholm, 1988). "社会隔离和经济问题被视为暴食症引起的两个最负面的影响。虽然身体的后果是严重的,但先证者并没有因此却步……在所有情况下,暴食症都被认为造成了社会退缩和隔离"。(p. 77)

13. Professor N. Frighi, "Le Sepienze," Institute for Mental Health, University of Rome, 1989;对超过4435名中等学校学生的研究。
14. Brumberg, *Fasting Girls*, p. 9. 90%到95%的厌食症者都是年轻白人女性,而且大部分来自中产阶级和上层阶级。"传染"仅限于美国、西欧、日本以及经历了"迅速西方化"的地区。(Ibid., pp. 12–13.)最近的研究表明,男人收入越高,其妻子的体重越低。(Seid, op. cit., p. 16)
15. Ann Hollander, *Seeing Through Clothes* (New York: Viking Penguin, 1988), p. 151.
16. Reported in Verne Palmer, "Where's the Fat?," *The Outlook*, May 13, 1987, quoting Dr. C. Wayne Callaway, director of the Center for Clinical Nutrition at George Washington University; cited in Seid, op. cit., p. 15
17. Quoted in Nicholas Drake, ed., *The Sixties: A Decade in Vogue* (New York: Prentice Hall, 1988).
18. See David Garner et al., "Cultural Expectations of Thinness in Women," *Psychological Reports*, vol. 47 (1980), pp. 483–491.
19. Seid, op. cit., p. 3.
20. Survey by Drs. Wayne and Susan Wooley, of the University of Cincinnati College of Medicine, 1984: "33,000 Women Tell How They Really Feel About Their Bodies," *Glamour*, February 1984.
21. See "Bills to Improve Health Studies of Women," *San Francisco Chronicle*, August 1, 1990:根据众议员巴巴拉·米库尔斯基(马里兰州民主党人)所说,几乎所有的心脏病研究都是针对男性受试者;国立卫生研究院只花了13%的经费在女性健康研究上。
22. J. Polivy and C. P. Herman: "Clinical Depression and Weight Change: A Complex Relation," *Journal of Abnormal Psychology*, vol. 85 (1976), pp. 338–340. Cited in Ilana Attie and J. Brooks-Gunn, "Weight Concerns as Chronic Stressors in Women," in Rosalind C. Barnett, Lois Biener, and Grace K. Baruch, eds., *Gender and Stress* (New York: The Free Press, 1987), p. 237.
23. Rudolph M. Bell, *Holy Anorexia* (Chicago and London: The University of Chicago Press, 1985); Kim Chernin, *The Hungry Self: Women, Eating and Identity* (London: Virago Press, 1986); Marilyn Lawrence, *The Anorexic Experience* (London: The Women's Press, 1984); Susie Orbach, *Hunger Strike: The Anorectic's Struggle as a Metaphor for our Age*

(London: Faber and Faber, 1986); Eva Szekeley, *Never Too Thin* (Toronto: The Women's Press, 1988); Susie Orbach, *Fat Is a Feminist Issue* (London: Arrow Books, 1989).

24. Sarah Pomeroy, *Goddesses, Whores, Wives and Slaves: Women in Classical Antiquity* (New York: Shocken Books, 1975), p. 203. 在古罗马皇帝图拉真在位期间，男孩的津贴为 16 塞斯特斯，女孩为 12 塞斯特斯；在公元 200 年的基金中，男孩被给 20 塞斯特斯，而女孩则被给 16 塞斯特斯。(Ibid.)

25. M. Piers, *Infanticide* (New York: W. W. Norton, 1978); and Marvin Harris, *Cows, Pigs, Wars and Witches: The Riddles of Culture* (New York: Vintage, 1975).

26. See Jalna Hammer and Pat Allen, "Reproductive Engineering: The Final Solution?," in Lynda Birke et al., *Alice Through the Microscope: The Power of Science Over Women's Lives* (London: Virago Press, 1980), p. 224.

27. See L. Leghorn and M. Roodkowsky, "Who Really Starves?," *Women and World Hunger* (New York, n.a., 1977).

28. Debbie Taylor et al., *Women: A World Report* (Oxford: Oxford University Press, 1985), p. 47.

29. 金·彻宁和苏茜·奥巴赫都描述过这种模式，但她们并没有得出结论说它直接用来维护某种政治目的。

30. Taylor et al., op. cit., p. 8, citing E. Royston, "Morbidity of Women: The Prevalence of Nutritional Anemias in Developing Countries," World Health Organization Division of Family Health (Geneva: 1978).

31. Susie Orbach, op. cit., pp. 40–41.

32. Seid, op. cit., p. 175.

33. Anne Scott Beller, *Fat and Thin* (New York: Farrar, Straus and Giroux, 1977); 或对设定值理论（即身体维护所需的体重）的讨论，参见 Seid, op. cit., p. 182。另参见 Gina Kolata, "Where Fat Is Problem, Heredity Is the Answer, Studies Find," *The New York Times*, May 24, 1990。

34. Derek Cooper, "Good Health or Bad Food? 20 Ways to Find Out," *Scotland on Sunday*, December 24, 1989; Sarah Bosely, "The Fat of the Land," *The Guardian*, January 12, 1990.

35. Seid, op. cit., p. 40.

36. Ibid., p. 29.

37. Saffron Davies, "Fat: A Fertility Issue," "Health Watch," *The Guardian*, June 30, 1988.

38. Rose E. Frisch, "Fatness and Fertility," *Scientific American*, March 1988.

39. *British Medical Journal*, cited in British *Cosmopolitan*, July 1988. But desire: Seid, op. cit., pp. 290–291.

40. Magnus Pyke, *Man and Food* (London: Weidenfeld and Nicolson, 1970), pp. 140–145.
41. Seid, op. cit., p. 360, quoting Phyllis Mensing, "Eating Disorders Have Severe Effect on Sexual Function," *Evening Outlook*, April 6, 1987.
42. Seid, op. cit., p. 296 citing Alayne Yatres et al., "Running— An Analogue of Anorexia?," *New England Journal of Medicine*," February 3, 1983, pp. 251–255.
43. Brumberg, op, cit., p. 267.
44. Mette Bergstrom, "Sweets and Sour," *The Guardian*, October 3, 1989.
45. Taylor et al., op. cit., p. 86.
46. Seid, op. cit., p. 31.
47. See ibid., p. 266; excerpts from Attic and Brooks-Gunn, *Gender and Stress*, op. cit.
48. See Rosen, op. cit. See also Daniota Czyzewski and Melanie A. Suhz, eds., Hilda Bruch, *Conversations with Anorexics* (New York: Basic Books, 1988). See also Garner et al., op. cit, pp. 483–491.
49. Seid, op. cit., pp. 266–267.
50. Pyke, op. cit., pp. 129–130.
51. See Lucian Dobrischitski, ed., *The Chronicles of the Lodz Ghetto* (New Haven: Yale University Press, 1984). See also Jean-Francis Steiner, *Treblinka* (New York: New American Library, 1968).
52. Paula Dranov, "Where to Go to Lose Weight," *New Woman*, June 1988.
53. Seid, op. cit., p. 266.
54. Attie and Brooks-Gunn, op. cit., p. 243. "从这个角度来看，节食上瘾由以下三种因素来维持：（1）感觉到与减肥成功相关的愉快，要求进一步限制卡路里，以保持心情快乐，有缓解紧张的效果；（2）生理变化，身体借此适应食物剥夺；（3）和食品消费有关的'断瘾症状'的威胁，包括体重快速增加、身体不适、烦躁不安。"
55. Woolf, op. cit., p. 10.
56. Raymond C. Hawkins, Susan Turell, Linda H. Jackson, Austin Stress Clinic, 1983: "Desirable and Undesirable Masculine and Feminine Traits in Relation to Students' Dieting Tendencies and Body Image Dissatisfaction," *Sex Roles*, vol. 9 (1983), p. 705–718.
57. 布伦伯格提到，校际饮食失调会议也吸引了许多院校的代表。但根据几家常春藤盟校的女性中心的调查，除了在自助小组里，饮食疾病并没有得到处理，当然也没有得到管理层面的处理。耶鲁大学女性中心整个学期的预算是 600 美元，这还是从 1984 年的 400 美元升上来的。"有节食意识的女学生报告说，空腹、体重控制和暴食是美国大学校园的一个正常生活。"（Brumberg, op. cit., p. 264, citing K. A. Halmi, J. R. Falk, and E. Schwartz, "Binge-Eating and Vomiting: A Survey of a Col-

lege Population," *Psychological Medicine* 11 (1981), pp. 697–706.）
58. Quoted in Robin Tolmach Lakoff and Raquel L. Scherr, *Face Value: The Politics of Beauty* (London and Boston: Routledge and Kegan Paul, 1984), pp. 141 – 142, 168 – 169
59. Betty Friedan, *Lear's*, "Friedan, Sadat," May/June 1988.
60. Michelet Quoted in Jean Seligman, "The Littlest Dieters," *Newsweek*, July 27, 1987.
61. Linda Wells, "Babes in Makeup Land," *The New York Times Magazine*, August 13, 1989.

第七章　暴　力

1. Angela Browne, *When Battered Women Kill* (New York: Free Press, 1987) p. 106.
2. 从1986年的590550人（这个数字比1984年上升了24%）上升到超过200万人。See *Standard and Poor's Industry Surveys* (New York: Standard and Poor's Corp., 1988) and Martin Walker, "Beauty World Goes Peanuts," *The Guardian* (London), September 20, 1989. 但由于超过80%的眼睑美容术、面部整形术和鼻整容术都是女性患者在做，并且几乎所有的乳房整形手术和抽脂术都是女性在做，因此女性与男性的实际比例必定高过87%，这意味着整容手术只可恰当地理解为一种对女性做的手术。数据参见Joanna Gibbon, "A Nose by Any Other Shape," *The Independent* (London), January 19, 1989。
3. Sarah Pomeroy, *Goddesses, Whores, Wives and Slaves: Women in Classical Antiquity* (New York: Shocken Books, 1975), p. 160.
4. Susan Sontag, *Illness as Metaphor* (New York: Schocken Books, 1988).
5. Barbara Ehrenreich and Deirdre English, *Complaints and Disorders: The Sexual Politics of Sickness* (Old Westbury, N.Y.: The Feminist Press, 1973); "Repulsive and useless hybrid," ibid., p. 28.
6. Michelet Quoted in Peter Gay, *The Bourgeois Experience, Volume II: The Tender Passion* (New York: Oxford University Press, 1986), p. 82。
7. See Sarah Stage, *Female Complaints: Lydia Pinkham and the Business of Women's Medicine* (New York: W. W. Norton, 1979), p. 68.
8. Elaine Showalter, *The Female Malady: Women, Madness and English Culture, 1830–1980* (New York: Pantheon Books, 1985), p. 18. See also Mary Livermore's "Recommendatory Letter" and "On Female Invalidism" by Dr. Mary Putnam Jacobi, in Nancy F. Cott, ed., *Root of Bitterness: Documents of the Social History of American Women* (New York: Dutton, 1972), pp. 292, 304.
9. Showalter, op. cit., p. 56.

10. Ehrenreich and English, op. cit., p. 60.
11. Catherine Clément: "Enclave Esclave," in Elaine Marks and Isabelle de Courtivron, eds., *New French Feminisms: An Anthology* (New York: Schocken Books, 1981), p. 59。
12. Showalter, op. cit.
13. John Conolly, "Construction," cited in Showalter, op. cit., p. 59.
14. Stage, op. cit., p. 75.
15. Cited in Ann Oakley, *Housewife: High Value/Low Cost* (London: Penguin Books, 1987), pp. 46–47.
16. See Peter Gay, *The Bourgeois Experience, Volume II: The Tender Passion* (New York: Oxford University Press, 1986).
17. Vivien Walsh, "Contraception: The Growth of a Technology," The Brighton Women and Science Group, *Alice Through the Microscope: The Power of Science over Women's Lives* (London: Virago Press, 1980), p. 202.
18. 参见 Carlotta Karlson Jacobson and Catherine Ettlings, *How to Be Wrinkle Free* (New York: Putnam, 1987): "皱纹……可能在根本的意义上并不威胁生命,但它们产生的压力和焦虑会改变(甚至威胁)生活质量。"作者描述道,皮肤"休克疗法意味着'电击'(皮肤)令之回到美丽的外形"。据作者所说,史提芬·吉恩德把一管毒素注入面部肌肉,所以那脸不会表达情感;其他人会切断面部肌肉,让脸上毫无表情。
19. Eugenia Chandris, *The Venus Syndrome* (London: Chatto & Windus, 1985).
20. Balin: "Despite Risks, Plastic Surgery Thrives," *The New York Times*, June 29, 1988.
21. Dr. Tostesen: "Harvard and Japanese Cosmetics Makers Join in Skin Research," *The New York Times*, August 4, 1989. 宾夕法尼亚大学还接受了化妆品制造商20万美元的捐款,主持"美容和幸福"研究。
22. Daniel Goleman, "Dislike of Own Body Found Common Among Women," *The New York Times*, March 19, 1985.
23. "Staying Forever Young," *San Francisco Chronicle*, October 12, 1988.
24. "Coffin Nails," *The New York Times*, June 15, 1988.
25. Carla Rohlfing, "Do the New Liquid Diets Really Work?," *Reader's Digest*, June 1989; see also "The Losing Formula," *Newsweek*, April 30, 1990.
26. 在对包括20名有乳房植入物的乳腺癌患者的一项研究中,研究人员发现,没有一个肿瘤在早期被X射线检测了出来,而到了疾病被检测到时,癌症已经扩散到了13个淋巴结: Michele Goodwin, "Silicone Breast Implants," *The New Haven Advocate*, March 13, 1989。公共公民健康研究小组控诉植入物制造商道康宁公司,他们引用了制造商自己的研究数据，指出 23% 的雌性实验室小白鼠被植入硅胶后患了癌症。该小组还指出，这些植入物只随访了 10 或 12 年，时间还没长到让癌症发展。美国整形外科协会的文献否认有任何风险。

27. Daniel Goleman, "Researchers Find That Optimism Helps the Body's Defense System" "Science Times," *The New York Times*, April 20, 1989.
28. Stanley Grand, "The Body and Its Boundaries: A Psychoanalytic View of Cognitive Process Disturbances in Schizophrenia," *International Review of Psychoanalysis*, vol. 9 (1982), p. 327.
29. Daniel Brown, Harvard Medical School, quoted in Daniel Goleman, "Science Times," *The New York Times*, March 15, 1985.
30. 饮食失调正变成自残，创造了一波年轻女性割伤自己的新潮流。"越来越多'自我伤害'的年轻女性……一个暴食症者一边狂吃一边呕吐，直到她感到失控了，她'抓起一把刀，把它刺进了（自己）的胃'"。（Maggy Ross, "Shocking Habit," *Company*, September 1988）。三个"有吸引力的年轻女性"，感觉"身体可憎"并且"体内邪恶"，她们会定期在前臂割多达 60 道伤口，她们感觉麻木而分离。其中一人说："我不能忍受被如此判断。"（Michele Hanson, "An End to the Hurting," *Elle*, October 1988.）
31. Gerald McKnight, *The Skin Game: The International Beauty Business Brutally Exposed* (London: Sidgwick and Jackson, 1989).
32. *Standard and Poor's Industry Surveys*, 1988.
33. Ehrenreich and English, op. cit., p. 26.
34. See *The New York Times*, August 1, 1988. See also Wendy Varley, "A Process of Elimination," *The Guardian*, November 28, 1989, and Aileen Ballantyne, "The Embryo and the Law," *The Guardian*, September 8, 1989. "在一个文明社会里，有些东西是金钱买不到的"，这是美国婴儿代孕案的判决: *In re Baby M.*, 537 A2d 1227 (N.J.) 1988; *In re Baby M.*, 225 N.J. Super. 267 (S. Ct., N.J., 1988) 73。
35. Robert Jay Lifton, *The Nazi Doctors: Medical Killing and the Psychology of Genocide* (New York: Basic Books, 1986).
36. "Use me to 'experiment'": Quoted in Maria Kay, "Plastic Makes Perfect," *She*, July 1988.
37. Paul Ernsberger, "The Unkindest Cut of All: The Dangers of Weight-Loss Surgery," *Radiance*, Summer 1988.
38. 美国国家癌症研究所的斯图尔特·尤斯帕医生把开全反式维 A 酸/维甲酸的处方称为"一场人体试验"（Jane E. Brody, "Personal Health," *The New York Times*, June 16, 1988）。

　　1947 年 8 月 19 日，在纽伦堡军事法庭，人体实验伦理法则被制定了。（See David A. Frankele, "Human Experimentation: Codes of Ethics," in Amnon Karmi, ed., *Medical Experimentation* (Ramat Gan, Israel:

Turtledove Publishing, 1978).）柏林医学院改编了一个方案（由托马斯·珀西瓦尔在1803年改编），其中的一个版本后来被美国医学协会改编，该法条禁止"只因无用的实验或可疑的手段……冒任何人的生命风险……"，它谴责"为了……不道德的目的"，利用个人的技艺来贬低自己。

1948年9月，世界医学会联合国大会通过了《日内瓦宣言》："在任何情况下，医生都不应授权去做，或纵容任何会削弱一个人的身体或精神抵抗力的事情，除非是为了预防和治疗疾病。"

纽伦堡法典是"想要恢复所有文明国家都接受的有关人体实验的现有一般原则"。纽伦堡之后，德国法庭"认为每一种侵犯人体的医疗手术或其他疗法在技术上都属人身伤害，这些治疗一般需要由病人的知情同意书来证明正当"（A. Karmi, "Legal Problems," in *Medical Experimentation*）。

没有"自由选择"，手术即犯罪："人们普遍赞成，在没有得到要做手术之人经充分知情后所做出的**自由同意**下，科学实验不能进行。"（Gerfried F. Scher, quoted in Karmi, op. cit., p. 100.）此外，"决定参加一个科学临床实验必须完全自由，不受任何形式的依赖关系的影响"（Ibid., p. 101）。

整容手术也违反了目前的医学伦理准则，因为美国首席医疗顾问在战争审判上修改了法则：

"人类主体的自愿同意是绝对必要的。这意味着涉及之人应有给予同意的法定资格，应该处于能够行使自由选择权力的地位，没有任何力量、欺诈、谎言、胁迫、过度干预，或其他隐蔽形式的约束或强制等因素的干涉；应该具备关于所涉及标的物的足够知识，使他能理解并做出明智决定。查明同意之质量的义务和责任取决于实验者（未成年人不能被视为同意）……承担风险的程度不应超过该问题在实验中需要得到解决的人道主义价值所决定的界线。"关于欺诈、谎言等：密歇根州法院裁定，围绕一个医学实验的"内在强制性氛围"令"真正的知情同意不可能"。关于未成年人表示同意的成熟程度：美容医生已经把青少年女孩当成了一个新市场目标消费群；他们在孩子父母的同意下给她们做手术，而不顾孩子的身份是未成年人。对于非治疗性实验：必须要冒的风险必须与可能的利益**处于合理的比例下。如果这个实验导致对受试者生命的实际风险，那他的同意是无效的，即使他对此知情**……在对患者健康有实际上的重大风险和持久损害的情况下，上述处理方式也同样适用。（粗体为作者所加）

为了病人的自身利益，新治疗方法的实验性质必须被披露出来："他同意接受治疗，但却不知道其实验性是不够的。"在美国，法律管理的医疗实践取决于护理标准的概念，以区分那些被医疗专业所普遍接受的医疗及手术方案，以及那些不被认可的治疗方案。据马丁·L. 诺顿所言："我们应该……把对一个病人所做的任何下列事项都视为构

成了一个实验,即不是为了他的直接治疗利益,也不是为了促成他疾病诊断的那些事。"[Ibid., pp. 107–109]
39. See McKnight, op. Cit. 当我问美国整形再造医生协会的女发言人,"囊挛缩的概率大概是多少"。她回答说,"有些是10%,有些则有90%"。"没有任何对并发症的研究吗?""不,每个女人都不同。对一个女性而言,告诉她因为或许有这些风险所以她就不能做手术,这是不公平的。"
40. Joanna Gibbon, "*Independent Guide to Cosmetic Surgery*" (*The Independent*, 1989), pamphlet, p. 7.

    根据《指南》所说,隆乳手术的硅胶植入物"渗入身体的其他部位,其长期的影响尚未可知",疤痕组织有10%到40%的机率会变硬,硬成"一只板球",因此有必要"进一步手术来分开疤痕囊"。(Ibid., p. 8.)

    麦克奈特坚持认为植入物变硬的概率有70%。英国圣托马斯医院的彼得·戴维斯医生确认,"死亡率……据报告在美国上升了10%"(McKnight, op. cit, pp. 114, 120.)。"如果(美国)医生承认10%的失败率(这个概率在面部整容术中是正常的),他们会丢掉他们的工作。以乳房假体为例,我们这里做植入手术已经多年,它有70%的并发症率。然而美国有些人引用的并发症率数据只有1%。我们中总有一个人必须说真话。"
41. Wenda B. O'Reilly, *The Beautiful Body Book: A Guide to Effortless Weight Loss.* (New York: Bantam, 1989).
42. Robin Marantz Henig, "The High Cost of Thinness," *The New York Times Magazine*, February 28, 1988.
43. See Maria Kay, "Plastic Makes Perfect," *She*, July 1988:"事后感觉很痛苦,因为你下颌感觉脱臼……你不得不进行液体节食……食物残渣如果留在缝线上会引起感染,但无论如何你不能咀嚼。你不能微笑,你的脸很疼。我的脸肿得就像只仓鼠,并且我还有可怕的黄色瘀伤和创伤。"化学脱皮"让你皮肤变褐变脆,然后结成痂并脱落。" See also "Scalpel Slaves Just Can't Quit!," *Newsweek*, January 11, 1988.
44. See "Government to Ban Baldness, Sex Drugs," *Danbury* (Conn.) *News Times*, July 8, 1989.
45. 安非他命一开始出现在1938年,那时人们还不知道它们的危险。到了1952年,美国每年生产出价值六万英镑的安非他命药物,而医生则把它们当成用于减肥的处方药定期开出: Roberta Pollack Seid, *Never Too Thin: Why Women Are at War with Their Bodies* (New York; Prentice Hall, 1989) p. 106。
46. Paul Ernsberger, "Fraudulent Weight-Loss Programs: How Hazardous?," *Radiance*, Fall 1985, p. 6; "Investigating Claims Made by Diet Programs," *The New York Times*, September 25, 1990.
47. 英国医学会已经发布了一篇声明,以谴责直接把患者引向美容手术诊所的做法，但医学总会对此无能为力。

48. Cable News Network, April 19, 1989; also Claude Solnick, "A Nip, a Tuck, and a Lift," *New York Perspectives*, January 11–18, 1991, pp. 12–13.
49. See Federal Trade Commission Report, *Unqualified Doctors Performing Cosmetic Surgery: Policies and Enforcement Activities of the Federal Trade Commission*, Parts I, II, and III, Serial no. 101-7.
50. Jeremy Weir, "Breast Frenzy," *Self*, April 1989.
51. Penny Chorlton, *Cover-up: Taking the Lid Off the Cosmetics Industry* (Wellingborough, U.K.: Grapevine, 1988), p. 244. See also the literature of the American Society of Plastic and Reconstructive Surgeons.
52. Gloria Steinem, "The International Crime of Genital Mutilation," in *Outrageous Acts and Everyday Rebellions* (New York: Holt, Rinehart & Winston, 1983), pp. 292–300.
53. Andrea Dworkin, *Woman Hating* (New York: Dutton, 1974), pp. 95–116.
54. Sarah Stage, *Female Complaints: Lydia Pinkham and the Business of Women's Medicine* (New York: W. W. Norton, 1981), p. 77.
55. Fay Weldon, *The Life and Loves of a She-Devil* (London: Coronet Books, 1983)："某天，我们隐约地知道，身披闪光铠甲的白马骑士将疾驰而过，看穿灵魂的美丽，抱起少女并把王冠戴在她头顶，她将是女王。但是在我的灵魂中没有美丽……所以我必须创造我自己的，因为我不能改变这个世界，我将改变我自己。"（第56页）韦尔登为《新女性》（1989年11月）写了篇赞成整形手术的文章。
56. Stage, op. cit.; also Ehrenreich and English, op. cit., p. 35.
57. *Newsweek*, July 23, 1956, 该篇文章报道了一项行为矫正治疗，当受试者吃自己喜欢的食物时会使用电击。Cited in Seid, op. cit., p. 171.
58. Showalter, op. cit., p. 217, citing Sylvia Plath, *The Journals of Sylvia Plath*, Ted Hughes and Frances McCullough, eds. (New York: Dial Press, 1982), p. 318.
59. Suzanne Levitt, "Rethinking Harm: A Feminist Perspective," Yale Law School, unpublished doctoral thesis, 1989.
60. Andrea Dworkin, op. cit., p. 140.
61. Adrienne Rich, *Of Woman Born: Motherhood as Experience and Institution* (London: Virago Press, 1977).
62. Lynda Birke et al., "Technology in the Lying-in Room," in *Alice Through the Microscope*, op. cit., p. 172.
63. 参见 Lewis M. Feder and Jane Maclean Craig, *About Face* (New York: Warner Books, 1989)："就像一个女裁缝可以通过必要的'捏捏折折'改造一件成衣，那么美容医生也能改变面部皮肤的轮廓。"（p. 161）
64. Occupational Safety and Health Act of 1970, United States Code, Title

29, Sections 651–658.
65. "真让人吓一跳！"引自 Jeanne Brown, "How Much Younger My Short Haircut Made Me Look!," *Lears*, July/August 1988。另参见 Saville Jackson, "Fat Suction— Trying It for Thighs," *Vogue*, October 1988: "我的大腿内侧是黑色的。我吓呆了，但整形医生看似很高兴。"

还有几篇有关美容手术的"女性主义"读物：整形医生米歇尔·科普兰在文章中鼓励女性做乳房整形手术"让她们的胸罩充满激情"，见 "Let's Not Discourage the Pursuit of Beauty," *The New York Times*, September 29, 1988。医学博士卡罗琳·J. 克莱因在文章中鼓励女性面部整形，她劝勉道，"瞧啊！你已经通向自由了。"见 "The Best Revenge: Who's Afraid of Plastic Surgery?," *Lear's*, July/August 1988。

66. 这个术语是由收容所革新者约翰·康诺利所创，引自 Showalter, op. cit., p. 48. See also Phyllis Chester, Ph.D., *Women and Madness* (Garden City, N.Y.: Doubleday, 1972)。
67. See Paul Ernsberger, "The Unkindest Cut of All," op. cit.
68. Harper's Index, *Harper's*, January 1989.
69. Jill Neimark, "Slaves of the Scalpel," *Mademoiselle*, November 1988, pp. 194–195.
70. Robert Jay Lifton, *The Nazi Doctors: Medical Killing and the Psychology of Genocide* (New York: Basic Books, 1986), p. 31.
71. Ibid., p. 56. "过分热情"是普遍的，它作为"唯心主义时代"的一个产品而得到赦免。
72. 归于纳粹医生卡尔-邦丁。Ibid., p. 47.
73. Ibid., p. 302.
74. Ibid., p. 26.
75. Ibid., p. 57.
76. Ibid., p. 70.
77. Ibid., p. 294.
78. 有关这一讨论，我请读者想想希波克拉底誓言。它写着：

仰赖医神阿波罗、埃斯克雷彼斯及天地诸神为证，鄙人敬谨宣誓愿以自身能力及判断力所及，遵守此约。……我愿尽余之能力与判断力所及，遵守为病家谋利益之信条，并检束一切堕落及害人行为……，我愿以此纯洁与神圣之精神，终身执行我职务。无论至于何处……我之唯一目的，为病家谋幸福，……不作各种害人及恶劣行为……倘使我严守上述誓言时，请求神祇让我生命与医术能得无上光荣。我苟违誓，天地鬼神实共殛之。（译文版本为《医学伦理学新编》，张致刚、夏东民、陈亚新、陆树程译，南京大学出版社，1997年，第287页。——译者注）

79. Catherine Houck, "The Rise and Fall and Rise of the Bosom," *Cosmopolitan*, June 1989.

80. Dr. Steven Herman, quoted in *Glamour*, September 1987.
81. Ellen Goodman, "Misled America: The Pageant Gets Phonier," *Stockton* (Calif.) *Record*, September 19, 1989.
82. Jalna Hammer and Pat Allen, "Reproductive Engineering: The Final Solution?," in *Alice Through the Microscope*, op. cit., p. 221. 同样得到研究的是人造皮肤、操纵脑垂体促进高潮的药丸。Edward Grossman, quoted in Hammer and Allen, op. cit., p. 210, 格罗斯曼列出了能从人造胎盘中获得的"利益"。格罗斯曼说，中国和俄罗斯都对人工胎盘感兴趣。
83. Hammer and Allen, op. cit., p. 211.
84. Lecture, Catharine A. MacKinnon, Yale University Law School, April 1989. 1990年有一场争夺抚养权的诉讼，双方争夺的是在一个没有基因关系的"租用"子宫里孕育的一个婴儿。
85. Hammer and Allen, op. cit., p. 215.
86. Ibid., p. 213.
87. Oakley, op. cit., p. 232.
88. Ruth Sidel, *Women and Children Last: The Plight of Poor Women in Affluent America* (New York: Penguin Books, 1987), p. 144.
89. Debbie Taylor et al., *Women: A World Report* (Oxford: Oxford University Press, 1985) p. 46.
90. John Allman, "The Incredible Shrinking Pill," *The Guardian*, September 22, 1989.

参考书目

第一章 美貌的神话

de Beauvoir, Simone. *The Second Sex.* New York: Penguin, 1986. (1949)

Greer, Germaine. *The Female Eunuch.* London: Paladin Grafton Books, 1985.

Reed, Evelyn. *Sexism and Science.* New York: Pathfinder Press, 1978.

———. *Woman's Evolution: From Matriarchal Clan to Patriarchal Family.* New York: Pathfinder Press, 1975.

Russett, Cynthia Eagle. *Sexual Science: The Victorian Construction of Womanhood.* Cambridge, Mass.: Harvard University Press, 1989.

Stone, Merlin. *When God Was a Woman.* San Diego: Harvest, 1976.

Walker, Barbara G. *The Crone: Woman of Age, Wisdom, and Power.* New York: Harper & Row, 1988.

第二章 工 作

Anderson, Bonnie S., and Judith P. Zinsser. *A History of Their Own: Women in Europe from Prehistory to the Present.* Vols. I and II. New York: Harper & Row, 1988.

Cava, Anita. "Taking Judicial Notice of Sexual Stereotyping (*Price Waterhouse* v. *Hopkins,* 109 S. Ct. 1775)," in *Arkansas Law Review.* Vol. 43 (1990), pp. 27–56.

Cohen, Marcia. *The Sisterhood: The Inside Story of the Women's Movement and the Leaders Who Made It Happen.* New York: Fawcett Columbine, 1988.

Craft, Christine. *Too Old, Too Ugly, and Not Deferential to Men.* New York: Dell, 1988.

Eisenstein, Hester. *Contemporary Feminist Thought.* London: Unwin Paperbacks, 1985.

Eisenstein, Zillah R. *The Female Body and the Law.* Berkeley: University of California Press, 1988.

Hearn, Jeff; Deborah L. Sheppard; Peta Tancred-Sheriff; and Gibson Burrell, eds. *The Sexuality of Organization.* London: Sage Publications, 1989.

Hewlett, Sylvia Ann. *A Lesser Life.* New York: Warner Books, 1986.

Hochschild, Arlie, with Anne Machung. *The Second Shift: Working Parents and the Revolution at Home.* New York: Viking, 1989.

Kanowitz, Leo. *Women and the Law: The Unfinished Revolution.* Albuquerque: Univer-sity of New Mexico Press, 1975.

Lefkowitz, Rochelle, and Ann Withorn, eds. *For Crying Out Loud: Women and Poverty in the United States.* New York: Pilgrim Press, 1986.

MacKinnon, Catharine A. *Feminism Unmodified: Discourses on Life and Law.* Cam- bridge, Mass.: Harvard University Press, 1987.

———. *Sexual Harassment of Working Women.* New Haven: Yale University Press, 1979.

———. *Toward a Feminist Theory of the State.* Cambridge, Mass.: Harvard University Press, 1989.

Miles, Rosalind. *The Women's History of the World.* London: Paladin, 1989.

Millett, Kate. *Sexual Politics.* London: Virago, 1985.

Minton, Michael, with Jean Libman Block. *What Is a Wife Worth?* New York: McGraw- Hill, 1983.

Molloy, John T. *The Woman's Dress for Success Book.* New York: Warner Books, 1977.

Oakley, Ann. *Housewife; High Value/Low Cost.* London: Penguin, 1987.

Richards, Janet Radcliffe. "The Unadorned Feminist" in *The Sceptical Feminist: A Philosophical Enquiry.* Harmondsworth, England: Penguin, 1980.

Radford, Mary F. "Beyond *Price Waterhouse* v. *Hopkins* (109 S. Ct. 1775): A New Approach to Mixed Motive Discrimination" in *North Carolina Law Review.* Vol. 68 (March 1990), pp. 495–539.

———. "Sex Stereotyping and the Promotion of Women to Positions of Power," in *The Hastings Law Journal.* Vol. 41 (March 1990), pp. 471–535.

Rix, Sarah E., ed. *The American Woman, 1988–89: A Status Report.* New York: W. W. Norton, 1988.

Rowbotham, Sheila. *Woman's Consciousness, Man's World.* Harmondsworth, England: Penguin, 1983.

Sidel, Ruth. *Women and Children Last: The Plight of Poor Women in Affluent America.* New York: Penguin, 1986.

Swan, Peter N. "Subjective Hiring and Promotion Decisions in the Wake of Ft. Worth (*Watson* v. *Fort Worth Bank & Trust,* 108 S. Ct. 2777), Antonio (*Wards Cove Packing Co., Inc.* v. *Antonio,* 109 S. Ct. 2115) and Price Waterhouse (*Price Waterhouse* v. *Hopkins,* 109 S. Ct. 1775)," in *The Journal of College and University Law.* Vol. 16 (Spring 1990), pp. 553–72.

Taylor, Debbie et. al. *Women: A World Report.* Oxford: Oxford University Press, 1985.

Tong, Rosemary. *Women, Sex, and the Law.* Totowa, N.J.: Rowman & Allanheld, 1984.

Steinem, Gloria. *Outrageous Acts and Everyday Rebellions.* New York: Holt, Rinehart and Winston, 1983.

Waring, Marilyn. *If Women Counted: A New Feminist Economics.* New York: Harper & Row, 1988.

第三章 文 化

Berger, John. *Ways of Seeing.* London: Penguin Books, 1988.

Brookner, Anita. *Look at Me.* London: Triad Grafton, 1982.

Chorlton, Penny. *Cover-up: Taking the Lid Off the Cosmetics Industry.* Wellingborough, England: Grapevine, 1988.

Ferguson, Marjorie. *Forever Feminine: Women's Magazines and the Cult of Femininity.* Brookfield, England: Gower, 1985.

Friedan, Betty. *The Feminine Mystique.* London: Penguin Books, 1982.

———. *The Second Stage.* New York: Summit Books, 1981.

Gamman, Lorraine, and Margaret Marshment, eds. *The Female Gaze: Women as Viewers of Popular Culture.* London: The Women's Press, 1988.

Gay, Peter. *The Bourgeois Experience: Victoria to Freud. Volume I: Education of the Senses.* Oxford: Oxford University Press, 1984.

———. *The Bourgeois Experience: Victoria to Freud. Volume II: The Tender Passion.* Oxford: Oxford University Press, 1986.

Kent, S., and J. Morreau, eds. *Women's Images of Men.* New York: Writers and Readers Publishing, 1985.

Lapham, Lewis H. *Money and Class in America: Notes on the Civil Religion.* London: Picador, 1989.

Oakley, Ann. *The Sociology of Housework.* Oxford: Basil Blackwell, 1985.

Reich, Wilhelm. *The Mass Psychology of Fascism.* New York: Penguin Books, 1978.

Root, Jane. *Pictures of Women:* Sexuality. London: Pandora Press, 1984.

Wilson, Elizabeth, and Lou Taylor. *Through the Looking Glass: A History of Dress from 1860 to the Present Day.* London: BBC Books, 1989.

Winship, Janice. *Inside Women's Magazines.* London: Pandora Press, 1987.

第四章 宗 教

Appel, Willa. *Cults in America: Programmed for Paradise.* New York:

Henry Holt, 1983.

Cott, Nancy F. *The Bonds of Womanhood: "Woman's Sphere" in New England, 1780–1835.* New Haven: Yale University Press, 1977.

———. *Root of Bitterness: Documents of the Social History of American Women.* New York: Dutton, 1972.

Galanter, Marc, ed. *Cults and Religious Movements: A Report of the American Psychiatric Association.* Washington, D.C.: The American Psychiatric Association, 1989.

Halperin, David A., ed. *Psychodynamic Perspectives on Religion, Sect and Cult.* Boston: J. Wright, PSG, Inc., 1983.

Hassan, Steven. *Combating Cult Mind Control.* New York: Harper & Row, 1988.

Lasch, Christopher. *The Culture of Narcissism: American Life in an Age of Diminishing Expectations.* New York: W. W. Norton, 1979.

McKnight, Gerald. *The Skin Game: The International Beauty Business Brutally Exposed.* London: Sidgwick & Jackson, 1989.

第五章 性

Brownmiller, Susan. *Against Our Will: Men, Women and Rape.* New York: Simon & Schuster, 1975.

Carter, Angela. *The Sadean Woman: An Exercise in Cultural History.* London: Virago Press, 1987.

Caputi, Jane. *The Age of Sex Crime.* London: The Women's Press, Ltd., 1987.

Cassell, Carol. *Swept Away: Why Women Fear Their Own Sexuality.* New York: Simon & Schuster, 1984.

Chodorow, Nancy J. *Feminism and Psychoanalytic Theory.* New Haven: Yale University Press, 1989.

Cole, Susan G. *Pornography and the Sex Crisis.* Toronto: Amanita, 1989.

Coward, Rosalind. *Female Desire: Women's Sexuality Today.* London: Paladin, 1984.

Crewdson, John. *By Silence Betrayed: The Sexual Abuse of Children in America.* New York: Harper & Row, 1988.

Danica, Elly. *Don't: A Woman's Word.* London: The Women's Press, 1988.

Dinnerstein, Dorothy. *Sexual Arrangements and the Human Malaise.* New York: Harper Colophon, 1976.

Dworkin, Andrea. *Pornography: Men Possessing Women.* London: The Women's Press, 1984.

Ehrenreich, Barbara, and Deirdre English. *For Her Own Good: 150 Years of the Experts' Advice to Women.* New York: Anchor/Doubleday, 1979.

———, Elizabeth Hess, and Gloria Jacobs. *Re-Making Love: The Feminization of Sex.* New York: Anchor/Doubleday 1986.

Estrich, Susan. *Real Rape.* Cambridge, Mass.: Harvard University Press, 1987.

Finkelhor, David. *Sexually Victimized Children.* New York: The Free Press, 1979.

———, and Kersti Yllo. *License to Rape: Sexual Abuse of Wives.* New York: The Free Press, 1985.

Firestone, Shulamith. *The Dialectic of Sex.* New York: Bantam, 1971.

Friday, Nancy. *My Secret Garden: Women's Sexual Fantasies.* New York: Pocket Books, 1974.

Foucault, Michel. *The History of Sexuality. Vol. 1: An Introduction.* New York: Vintage, 1980.

Griffin, Susan. *Pornography and Silence.* New York: Harper & Row, 1984.

Hite, Shere. *The Hite Report on Female Sexuality.* London: Pandora Press, 1989.

Katz, Judy H. *No Fairy Godmothers, No Magic Wands: The Healing Process After Rape.* Saratoga, Calif.: R&E Publishers, 1984.

Kinsey, A. C.; W. B. Pomeroy; C. E. Martin; and P. H. Gebhard, eds. *Sexual Behavior in the Human Female.* Philadelphia: W. B. Saunders Co., 1948.

Minot, Susan. *Lust and Other Stories.* Boston: Houghton Mifflin, 1989.

Mitchell, Juliet, and Jacqueline Rose, eds.; Jacques Lacan and The Ecolc Freudienne. *Feminine Sexuality.* London: MacMillan, 1982.

———. *Psychoanalysis and Feminism: Freud, Reich, Lang and Women.* New York: Vintage Books, 1974.

Russell, Diana E. H. *The Politics of Rape: The Victim's Perspective.* New York: Stein & Day, 1984.

———. *Rape in Marriage.* Bloomington, Ind.: Indiana University Press, 1990.

———. "The Incidence and Prevalence of Intrafamilial and Extrafamilial Sexual Abuse of Female Children," in *International Journal of Child Abuse and Neglect,* 7 (1983), pp. 133–139.

Snitow, Ann; Christine Stansell; and Sharon Thompson; eds. *The Powers of Desire.* New York: Monthly Review Press, 1983.

Suleiman, Susan Rubin. *The Female Body in Western Culture.* Cambridge, Mass.: Harvard University Press, 1986.

Vance, Carol S., ed. *Pleasure and Danger: Exploring Female Sexuality.* Boston: Routledge and Kegan Paul, 1984.

Warshaw, Robin. *I Never Called It Rape.* New York: Harper & Row, 1988.

Woolf, Virginia. *Three Guineas.* New York: Penguin Books, 1982.

Walker, Alice. *You Can't Keep a Good Woman Down.* San Diego: Harvest, 1988.

第六章 饥 饿

Atwood, Margaret. *The Edible Woman.* London: Virago Press, 1989.

Barnett, Rosalind C.; Lois Biener; and Grace K. Baruch, eds. *Gender and Stress.* New York: The Free Press, 1987.

Bell, Rudolph. *Holy Anorexia.* Chicago: The University of Chicago Press, 1985.

Bruch, Hilde; Danita Czyzewski; and Melanie A. Suhr, eds. *Conversations with Anorexics.* New York: Basic Books, 1988.

——. *Eating Disorders: Obesity, Anorexia Nervosa and the Person Within.* London: Routledge and Kegan Paul, 1974.

——. *The Golden Cage: The Enigma of Anorexia Nervosa.* London: Open Books, 1978.

Brumberg, Joan Jacobs. *Fasting Girls: The Emergence of Anorexia Nervosa as a Modern Disease.* Cambridge, Mass.: Harvard University Press, 1988.

Chernin, Kim. *The Hungry Self: Women, Eating and Identity.* London: Virago Press, 1986.

——. *The Obsession: Reflections on the Tyranny of Slenderness.* New York: Perennial Library, 1981.

Hollander, Ann. *Seeing Through Clothes.* New York: Penguin, 1988.

Hsu, L. K. George. *Eating Disorders.* New York: The Guilford Press, 1990.

Jacobus, Mary; Evelyn Fox Keller; and Sally Shuttleworth; eds. *Body/Politics: Women and the Discourses of Science.* New York: Routledge, 1990. See especially, Susan Bordo, "Reading the Slender Body," pp. 83–112.

Lawrence, Marilyn. *The Anorexic Experience.* London: The Women's Press, 1988.

——, ed. *Fed Up and Hungry.* London: The Women's Press, 1987.

Orbach, Susie. *Fat Is a Feminist Issue.* London: Hamlyn, 1979.

——. *Hunger Strike: The Anorectic's Struggle as a Metaphor for our Age.* London: Faber and Faber, 1986 (especially pp. 74–95).

Pomeroy, Sarah B. *Goddesses, Whores, Wives and Slaves: Women in Classical Antiquity.* New York: Schocken Books, 1975.

Pyke, Magnus. *Man and Food.* London: Weidenfeld & Nicolson, 1970.

Seid, Roberta Pollack. *Never Too Thin: Why Women Are at War with Their Bodies.* New York: Prentice-Hall, 1989.

Szekeley, Eva. *Never Too Thin.* Toronto: The Women's Press, 1988.

Tolmach Lakoff, Robin, and Raquel L. Scherr. *Face Value: The Politics of Beauty.* Boston: Routledge and Kegan Paul, 1984.

Woolf, Virginia. *A Room of One's Own.* San Diego: Harvest/HBJ, 1989.

第七章 暴 力

Brighton Women and Science Group. *Alice Through the Microscope: The Power of Science Over Women's Lives.* London: Virago Press, 1980.

Chesler, Phyllis. *Women and Madness.* Garden City. N.Y.: Doubleday & Co., 1972.

Dworkin, Andrea. *Letters from a War Zone: Writing 1976–1987.* London: Secker & Warburg, 1988.

———. *Woman Hating.* New York: E. P. Dutton, 1974.

Kappeler, Susanne. *The Pornography of Representation.* Minneapolis: University of Minnesota Press, 1986.

Karmi, Amnon, ed. *Medical Experimentation.* Ramat Gan, Israel: Turtledove Publishing, 1978.

Koonz, Claudia. *Mothers in the Fatherland: Women, the Family and Nazi Politics.* Lon- don: Methuen, 1987.

Lifton, Robert Jay. *The Nazi Doctors: Medical Killing and the Psychology of Genocide.* New York: Basic Books, 1986.

Rich, Adrienne. *Of Woman Born: Motherhood as Experience and Institution.* New York: Virago Press, 1986.

Showalter, Elaine. *The Female Malady: Women, Madness and English Culture, 1830–1980.* New York: Penguin, 1987.

Silverman, William, A. *Human Experimentation: A Guided Step into the Unknown.* Oxford: Oxford University Press, 1985.

Solomon, Michael R., ed. *The Psychology of Fashion.* Lexington, Mass.: Lexington Books, 1985.

Sontag, Susan. *A Susan Sontag Reader.* New York: Vintage Books, 1983.

Stage, Sarah. *Female Complaints: Lydia Pinkham and the Business of Women's Medicine.* New York: W. W. Norton, 1981.

Weldon, Fay. *The Life and Loves of a She-Devil.* London: Coronet Books, 1983.

第八章 超越美貌神话

Banner, Lois W. *American Beauty.* New York: Knopf, 1983.

Brownmiller, Susan. *Femininity.* New York: Simon & Schuster, 1984.

Freedman, Rita Jackaway. *Beauty Bound.* Lexington, Mass.: Lexington Books, 1986.

Hatfield, Elaine, and Susan Sprecher. *Mirror, Mirror: The Importance of Looks in Everyday Life.* Albany: State University of New York Press, 1986.

Kinzer, Nora Scott. *Put Down and Ripped Off: The American Woman and the Beauty Cult.* New York: Crowell, 1977.

© 民主与建设出版社，2025

图书在版编目（CIP）数据

美貌的神话：美的幻象如何束缚女性 / (英) 娜奥米·沃尔夫 (Naomi Wolf) 著；殷曼楟译. -- 北京：民主与建设出版社，2025.5. -- ISBN 978-7-5139-4899-9

Ⅰ.C913.68

中国国家版本馆CIP数据核字第20255HH866号

THE BEAUTY MYTH: HOW IMAGES OF BEAUTY ARE USED AGAINST WOMEN by NAOMI WOLF
Copyright ©1990 BY NAOMI WOLF
This edition arranged with Dystel, Goderich & Bourret LLC
through BIG APPLE AGENCY, LABUAN, MALAYSIA.
Simplified Chinese edition copyright©
2025 Ginkgo (Shanghai) Book Co., Ltd.
All rights reserved.
版权登记号：01-2025-1332

美貌的神话：美的幻象如何束缚女性
MEIMAO DE SHENHUA MEI DE HUANXIANG RUHE SHUFU NÜXING

著　　者	［英］娜奥米·沃尔夫
译　　者	殷曼楟
责任编辑	王　颂
封面设计	墨白空间·陈威伸
出版发行	民主与建设出版社有限责任公司
电　　话	（010）59417749　59419778
社　　址	北京市朝阳区宏泰东街远洋万和南区伍号公馆4层
邮　　编	100102
印　　刷	河北中科印刷科技发展有限公司
版　　次	2025年5月第1版
印　　次	2025年5月第1次印刷
开　　本	880毫米×1194毫米　1/32
印　　张	12.75
字　　数	292千字
书　　号	ISBN 978-7-5139-4899-9
定　　价	82.00元

注：如有印、装质量问题，请与出版社联系。

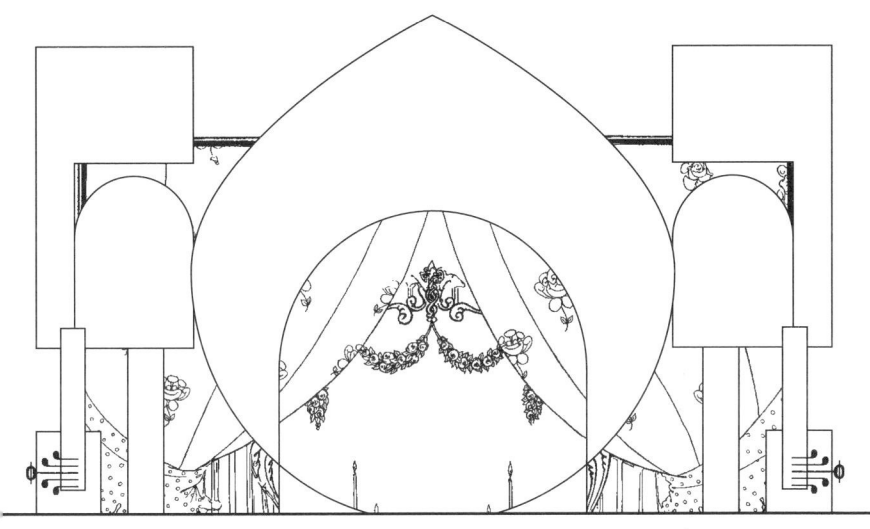

杀死幽灵远比杀死一个真人更为艰难。
当规训被看见、被命名、被记录，
反抗便有了支点。

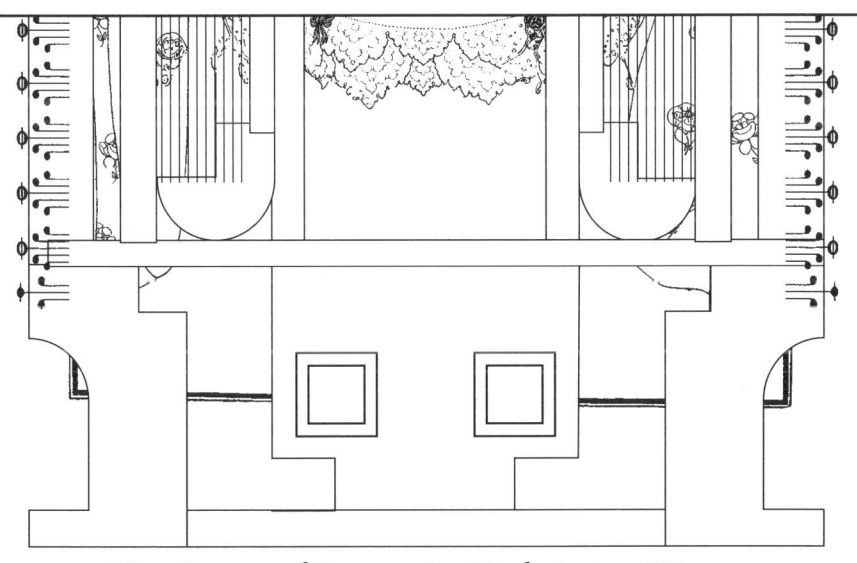

How Images of Beauty Are Used Against Women

当你为"不够美"焦虑时，
有没有想过：是谁定义了"够"的标准？
——广告通过制造"缺陷焦虑"贩卖解决方案

- 算法推送的不是美丽，是无限循环的"改良清单"
- "少女感"是资本制造的无限游戏
- 网红滤镜＝新型容貌监狱

社交媒体"冷白皮"笔记超千万篇，焦虑搜索年增 *150%*

电商平台"纯欲风"服装搜索量年增 *250%*，尺码表最小S码对应腰围 *56cm*

整形医生的收入依赖于**扭曲**女性的自我感知与增加女性的自我憎恨

发朋友圈前修图30分钟

问自己
是为了自我表达,
还是为了迎合他人凝视?

行动
发原相机照片,
配文"爱我自然又充满生命力的模样"

记录内心感受:

预留"今日美丽成本"小表格
（时间/金钱/情绪打分）

事件	时间	金钱	情绪打分
美瞳			
粉底液			
接睫毛			
做美甲			

今日美丽成本

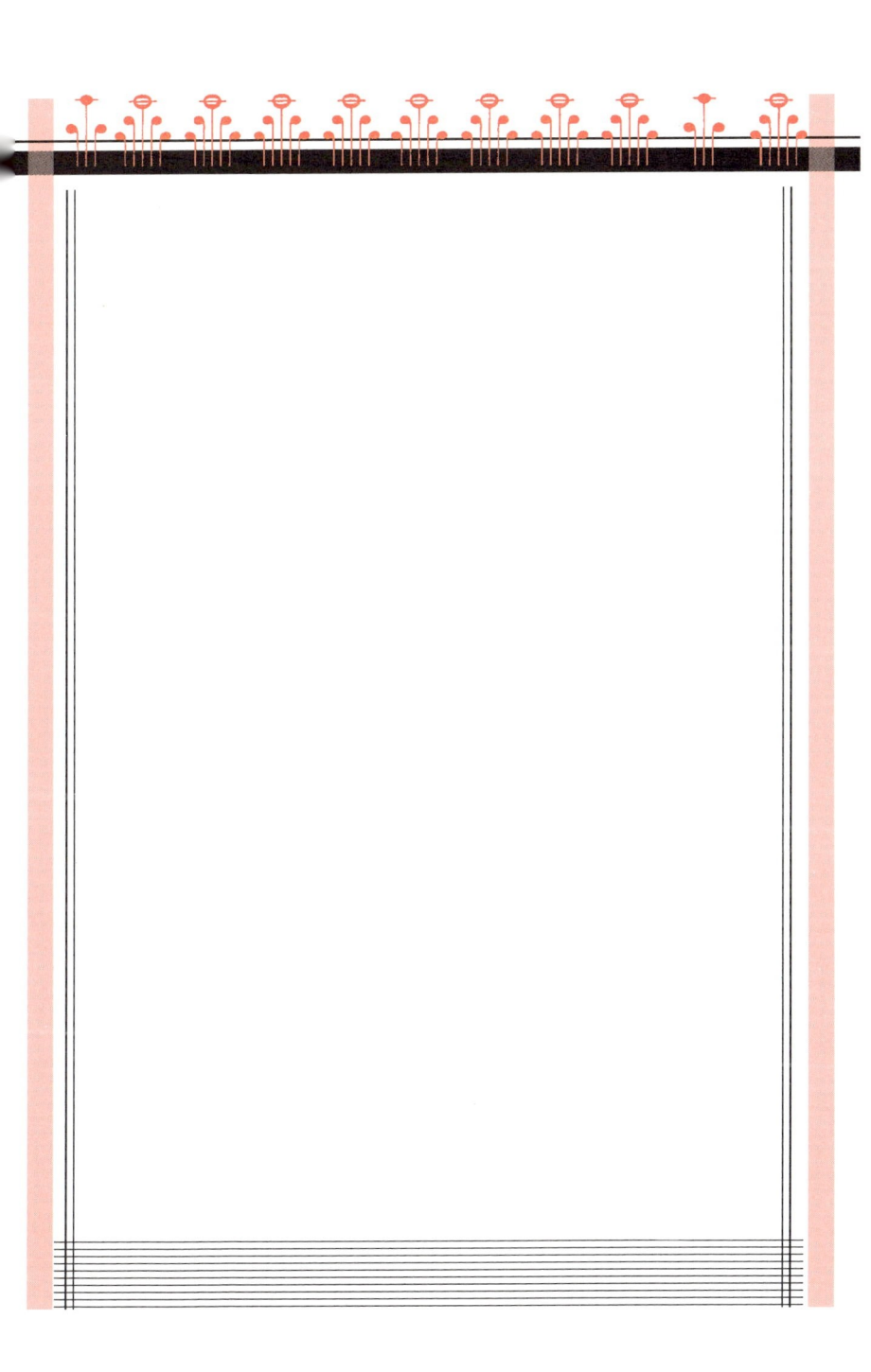

"美貌神话"并没有历史上或生物学上的正当理由，只是现今的权力结构、经济、文化针对女性进行反击的结果。

它只是诸多新出现的、被伪装为女性领域之自然构成部分的社会虚构之一，将女性封闭于其中。

这种无意识的幻觉因市场操纵变得无处不在：强大的产业——节食，化妆品，整形手术，色情产业——在由无意识焦虑所构造的资本中产生，又通过它们对大众文化的影响来利用、激发并强化幻觉。

当代美貌反扑的破坏性后果正在身体上摧残女性，并在心理上将女性耗尽。一种重负已经再一次从女性气质中被制造出来，如果我们想要把自己从这种重负中解放，首先需要的是一种新的观看方式。

"给身体的一封信"

亲爱的 _____（眼睛/耳朵/鼻子）：

有人说你"眼睛不大""耳垂不厚""鼻梁不挺"就不够美，但我知道你_____

_____

_____

（能看世界/能听音乐/能畅快呼吸/……）。

如果谁再用狭隘的标签定义你，请告诉对方：

_____

_____

正在爱自己的_____（你的昵称）

你在为什么样的"标准"而焦虑?

「感到焦虑」前
请先问自己：这是谁的声音？

女士，热爱你的身体。
一个健康的身体反应让它避开疼痛。
但美丽思维是一种麻醉药，
它有能力通过麻痹感觉，让女性更像物体

- 性感≠露肤度【不平等的裸露几乎总是表达了权力关系】
- 体重秤上的数字/衣服尺码=女性价值的荒谬公式
- 厌食症/过度医美是"美貌神话"的完美产物

1/5用运动来塑身的女性都存在月经不调和生育能力减弱的情况。

模特的身体比普通女性瘦22%～23%；
但普通女性想要和模特一样瘦；
不孕和荷尔蒙失调在体脂率低于22%的女性中很平常。

荷尔蒙失调会促发卵巢和子宫内膜癌以及骨质疏松症。脂肪组织储存性激素，因而，脂肪储备低意味着雌激素弱，同时也意味着其他所有重要的性激素都处于低水平，这当然也与卵巢机能减退有关。

今天称体重后情绪低落
请写下：**我的价值不由数字定义**

本周停止称重天数：_____天
情绪稳定度：☆☆☆☆☆

我对瘦的渴望太强烈了,要瘦到身上没有一丝赘肉,才能和自己和解

今天称体重后情绪低落
请写下：**我的价值不由数字定义**

本周停止称重天数：_____天
情绪稳定度：☆☆☆☆☆

好女不过百

如果连自己的体重都控制不了，如何掌控自己的人生

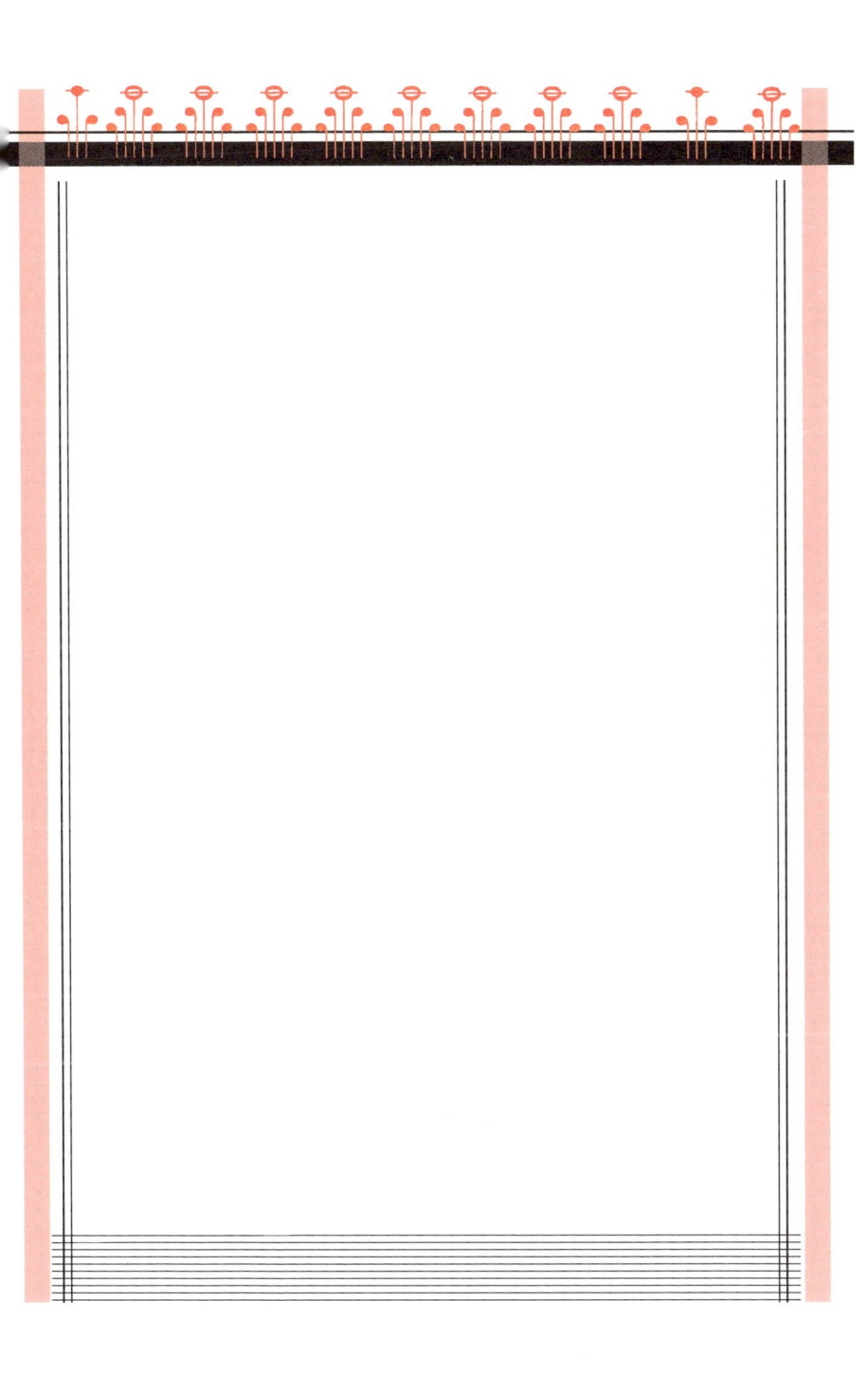

"美丽"带来的痛苦微不足道,因为人们假定女性是自由地选择它的。这种确信让人们看不到,整形手术时代对女性所做之事是对人权的侵犯。

饥饿、恶心,以及美貌反扑的整形手术侵略都是政治武器。一种广泛开展的政治折磨正借助它们在我们之中发生。

当一类人拒绝食物或被迫定期呕吐或为非医疗目的而反复被剖开缝合时,我们称之为折磨。

如果女性充当了自己的虐待者,难道她们就不那么饥饿,不那么鲜血淋漓了吗?

"给身体的一封信"

亲爱的_____（肩膀/腰/锁骨）：

有人说没有"直角肩""A4腰""锁骨养鱼"就不够精致，但我知道你_____

_____

_____

（请自由发挥）。

下次再听到挑剔的声音，记得告诉对方：

_____

_____

正在爱自己的_____（你的昵称）

此刻，你的身体在说什么？

你不需要立刻解决它，只需要看见它

当"职业形象"成为隐性KPI，你是否被要求用妆容代替能力证明？

- 淡妆＝专业的职场迷思
- 素面朝天＝不重视场合的奇怪质疑
- 形象管理＝职业素养的潜规则

72%中国女性因妆容被职场提醒"注意形象"

女性每天花90分钟做容貌管理，男性仅花18分钟

部分HR承认会因求职者外貌"不符合岗位形象"筛掉简历

今天上班/开会/提案/分享没化妆
记录感受/专注度：_____
（例："更聚焦内容，效率提升30%"）

女士宜
淡妆出席

今天主动选择不化妆
记录感受：◯ 轻松 ◯ 自在

化妆是
对他人的尊重

没有丑女人
只有懒女人

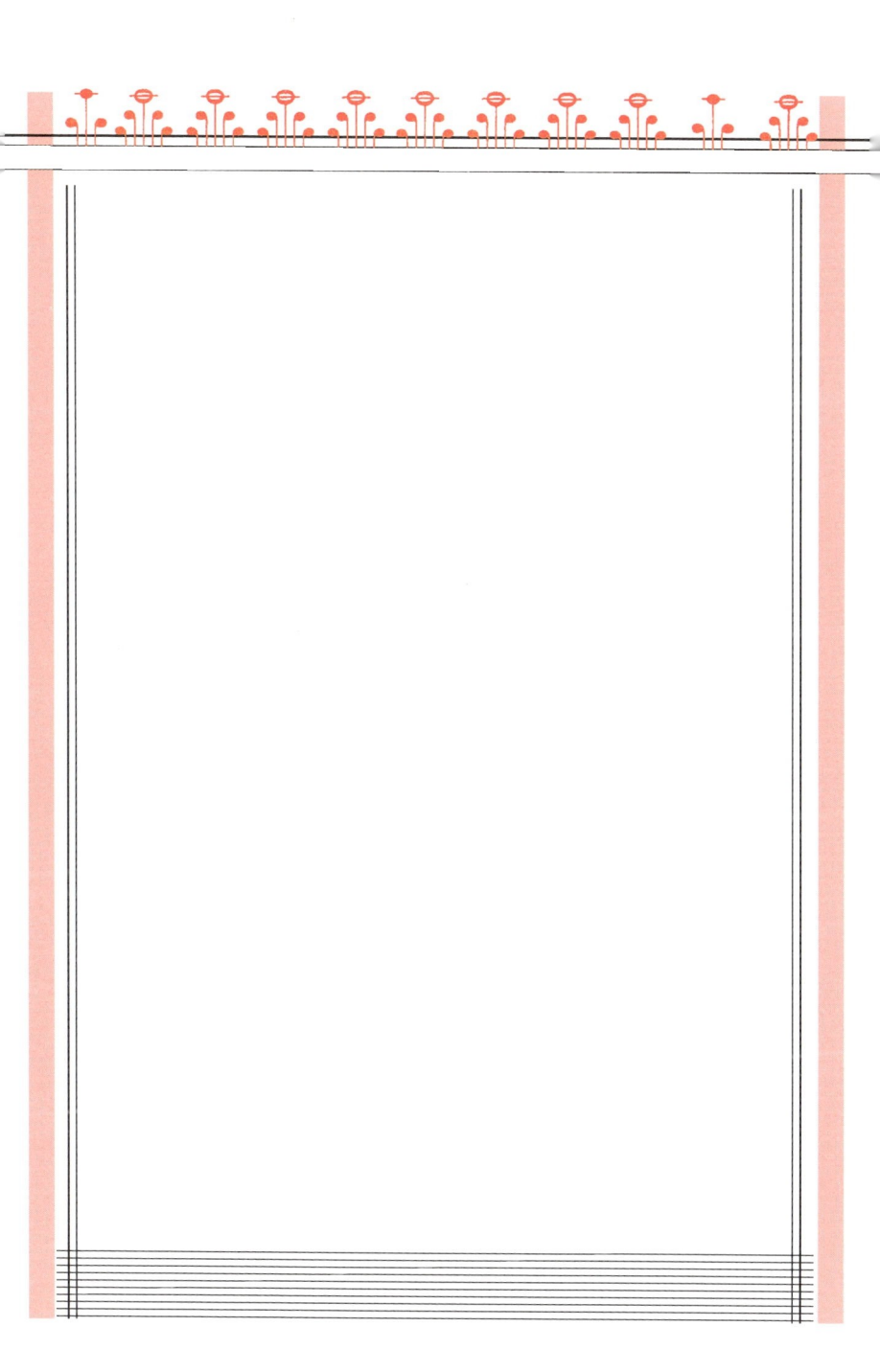

随着女性变得越来越重要，美貌也变得越来越重要。女性越是掌握权力，就越是被要求对身体的自觉牺牲。"美貌"成为女性更进一步的条件。

女超人并没有觉察到它的全部内涵，她不得不把严肃的"美貌"工作加进她的职业计划。

女性同时承担了所有这三重任务：职业主妇、职业事业狂和职业美女。

真正的问题与以下都无关：女性是否化妆，体重是增加还是减少，是动了手术还是没动手术，是盛装打扮还是衣着朴素，以及是让我们的服装、脸孔和身体都成了艺术品，还是全然忽略装饰。

真正的问题是我们缺少选择。

"给身体的一封信"

亲爱的 _____（手臂/后臂/大腿）：

有人说你"不够细""有赘肉""线条不完美"，但我知道你 _____

_____

_____

（请自由发挥）。

下次再听到挑剔的声音，记得告诉对方：

_____

_____

正在爱自己的 _____（你的昵称）

是什么在绑架你的美丽定义？

如果暂时说不清楚,
也没关系——先抱抱自己

贴张自己的素颜照

现在开始猛夸自己
这是今天的我，我喜欢这样的自己

我的高光句/段
(写下你的阅读感受吧)

"给身体的一封信"

致我的 _____

_____

_____

今年我不再强迫你 _____

_____

_____

_____

因为你本来就 _____

_____

_____

_____

学会爱你的 _____ 你的昵称）

他们关于女性的论断是正确的：女性是永不满足的。我们是贪婪的。

如果世界也是我们的，如果我们相信我们能侥幸成功，我们将会渴望更多的爱，更多的性，更多的金钱，对孩子更多的承诺，更多的食物，更多的关怀。

我们保留自己的选择权。我们无须改变我们的身体，我们需要改变规则。

在神话范围之外，女性仍会因她们的外表而被任何想责备她们的人责备。

所以让我们停止自责、停止赛跑、停止道歉，让我们彻底地开始取悦自己。

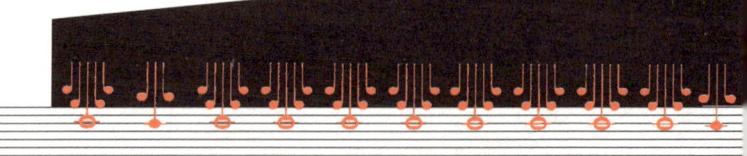